GRAMMAIRE

DE LA

LANGUE PERSANE

GRAMMAIRE

DE LA

LANGUE PERSANE

PAR

A. CHODZKO

Chargé du cours de langues et littératures d'origine slave au Collège de France; Membre correspondant de l'Académie des sciences morales et politiques de l'Université des Jaguellons, à Cracovie, etc.

DEUXIÈME ÉDITION AUGMENTÉE DE TEXTES PERSANS INÉDITS ET D'UN GLOSSAIRE.

PARIS
MAISONNEUVE & Cᴵᴱ LIBRAIRES ÉDITEURS
25, Quai Voltaire, 25
1883.

Imprimerie de E. J. BRILL, à Leide.

A

Monsieur HENRY BREWSTER

EN TÉMOIGNAGE DE SYMPATHIE.

PRÉFACE.

> I seek to teach the persian of Persians
> not the persian only of books.
> Mirza Mohammed Ibrahim, *A grammar of the persian Language*, préface, p. IV.

La date des origines littéraires du persan moderne est postérieure de trois siècles[1]) à celle de l'introduction de l'islamisme en Perse; voici sur quoi est basée cette assertion.

On sait que Mahomet n'a commencé l'œuvre de propagande du verbe de son Dieu (*Kelam Allah*) qu'à l'âge de quarante ans révolus, et que depuis lors, pendant les vingt-trois années que dura encore son existence, ce fut surtout chez lui, dans le *Heğaz* sa patrie, qu'il travailla, soit à convertir les Koreïchites et les autres Arabes, soit à réduire les tribus de Juifs qui s'y trouvaient campées, soit enfin, ce qui était le principal objet de ses efforts, à élever la ville de la Mecque, son berceau et la capitale du *Heğâz*, au rang suprême de cité sainte et de métropole (*umm ül-qorâ*) du monde musulman.

Au jour de sa mort (8 Juin 623 A. D.), l'envoyé (*reçoul*) d'Allah put se sentir satisfait et convaincu d'avoir fondé sur des bases solides la durée de ces trois points principaux de sa mission.

---

1) Voy. I. von Hammer, *Geschichte des schönen Red. Persiens*. Vienne, 1818. page 8.

La tâche de poursuivre son œuvre incomba à ses successeurs, les Khalifes; tâche bien lourde, sans doute, mais dans laquelle ils devaient être puissamment aidés par le prestige qui avait survécu aux succès du Prophète.

Ils eurent d'abord à venger une grave insulte nationale. Cosroës, souverain de l'Iran et descendant des rois Sassanides, avait dédaigneusement déchiré une lettre par laquelle le Prophète le conviait à se faire musulman et à se reconnaître serviteur d'Allah. Jugeant peu prudent d'aller défier ce puissant monarque les armes à la main, Mahomet riposta à distance, en proférant cette malédiction: «Que son empire, comme ma lettre, soit aussi déchiré et mis en pièces!» — Or, les menaces fatidiques du Prophète irrité devinrent, peu après sa mort, autant de faits accomplis par les Khalifes.

Dans la dix-huitième année de l'hégire, sous le Khalifat d'Omar, une armée de 150.000 hommes, envoyée par ce prince, envahit la province persane d'*Irâq aǧemy* et remporta, sous les murs de la ville de Nehavend, une victoire décisive sur les troupes de Yezdeǧird III. A partir de ce jour, le souverain sassanide traqué comme une bête fauve et poursuivi jusqu'aux confins orientaux de son empire, périt misérablement assassiné par un meunier [1]).

Les Guèbres, pour honorer sa mémoire, font dater, jusqu'à présent, leur ère de la première année de son règne. On l'appelle *Ziǧi Yezdeyird*, ère de *Yezdeǧird*, et elle correspond, dans notre calendrier, au 16 Juin 632.

Pendant plus de trois siècles consécutifs après cet effondrement de la dynastie des Sassanides, les Arabes régnèrent

---

1) Mirkhond: روضت الصفا, tome I, page 7 (édition de Perse).

en maîtres dans toutes les provinces de l'antique empire d'Iran. Le culte du feu, recommandé dans le Zendavesta, ce code sacré des Perses ignicoles, ainsi que leurs traditions écrites en langues *Zend* et *Farcy qedîm*, furent prohibés et punis comme autant de blasphèmes contre Allah et le Koran.

Ceux d'entre les Perses qui purent échapper à la persécution, s'enfuirent, emportant leurs pénates soit dans les montagnes inaccessibles de l'Iran, soit dans des villes hospitalières de l'Inde, riveraines du Sind et du Gange, et notamment, dans le Guzérate, aujourd'hui relevant de la présidence de Bombay, où le culte védique d'Agni, des Brahmannes, sympathisait avec celui du feu sacré des Guèbres. C'est, grâce à l'asile hospitalier qu'ils y trouvèrent que les livres sacrés de Zoroastre parvinrent jusqu'à nous.

En Perse, au contraire, tous les indigènes furent contraints de prier Dieu en arabe, langue parlée par Allah avec son Prophète, et consignée dans les versets du Koran, ainsi que dans les *hedis*, commentaires et traditions, auxquels le peuple iranien ne comprenait que peu de chose ou rien. Le peuple avait sa littérature orale à lui, c'est-à-dire, ses récits historiques et ses chants qu'on ne commença à mettre par écrit qu'au XVe siècle de notre ère, environ trois cents ans après la défaite de Nehavend. On peut consulter à ce sujet le تذكرة الشعرا « Mémoires biographiques des poètes. » Cet ouvrage auquel feu Quatremère consacra un article lu dans une des séances de l'Université de Paris, fut terminé en l'an de l'Hégire 892 (A. D. 1487.) (Voyez *Notices des manuscrits du Roi*, tome IV, page 220. Le manuscrit de l'ouvrage en question porte le n°24). L'auteur, Doûlet-Sâh, né à Samarkand était contemporain du célèbre historien Khondemir, et, pendant sa jeunesse, il combattit les infidèles, ce qui lui valut le surnom de *El-Ghâzy*. A l'en croire, le premier échantillon de la poésie persane doit être attribué à une improvisation spontanée de deux amoureux, le jeune roi Behram et son odalisque Dîlârâm, qui l'accompagnait dans ses parties de chasse. Une fois, ce prince ayant terrassé un lion en présence de sa belle, s'écria:

منم آن ببر دمان منم آن شیر یله

menem ân bebri demân menem ân šîri yelè.

«Me voici ce tigre furieux, me voici ce lion héroïque (de *yel* héros)!»

Immédiatement, Dîlâram répondit:

نام بهرام ترا و پدرت بو حیله

nâm behram türâ u pederet Bû-χîlé.

«Parceque tu t'appelles Behram, toi, et le surnom de ton père est *Bû χîlè*, fin matois (litt. père de la ruse).»

La jeune fille joue, ici, sur la double signification du mot بهرام qui est également le nom d'une divinité tutélaire dans le panthéon du Zendavesta. Les lettrés de la cour des Sassanides trouvèrent que le rythme et les rimes du distique improvisé étaient parfaitement d'accord avec les règles de l'art poétique.

Dôulet Šâh appartient à l'époque de la renaissance de la littérature persane dans les villes situées au pied du berceau des Aryas, c'est-à-dire, les derniers versants de la chaîne de l'Hindukûš qui se relie au Bulûr Dagh. Ces monts dominent les villes de Hérat, de Balkh, de Ghaznein, de Nichapour et d'autres localités importantes dont les souverains musulmans protégèrent les poëtes iraniens. Le plus célèbre d'entre ce sderniers, Ferdoûcy fut le créateur de l'épopée persane, «le Livre des Rois» (Šâh nâmè). La littérature nationale, ainsi fondée, se propagea dans toute la Perse. Suivant Dôulet Šâh, Khadjè Nizâm ul-mulk raconte, dans son ouvrage intitulé سير الملوك *seyer ül-mülûk*, qu'à partir du règne des premiers Khalifes jusqu'au temps du Sultan Mahmoud le Ghaznévide, les réglements, les registres, les pétitions et, en général, tous les documents qui émanaient de la cour des sultans furent rédigés en langue arabe (*bè zébâni tazy*). C'eut été un scandale (عيب بود), une honte, qu'un document officiel devant servir de modèle (املنله) fut rédigé en persan.

Voici ce qu'on raconte aussi de l'émir Abd-ullah ben Tahir lorsqu'il fut nommé, sous les Abbassides, gouverneur du Khoraçan. Un jour que dans la ville de Nichapour, il tenait une audience publique, un homme déposa un livre devant lui. «Quel est ce livre?» demanda l'émir. – «Vâmiq et Ezra» (وامق و عذرا), répondit cet homme, et il ajouta: «C'est un bon livre que les savants attribuent à l'époque de Nouchirvan». – L'émir reprit: «Nous sommes des lecteurs du Koran et, en dehors du Koran, nous n'avons rien à démêler avec des livres de cette sorte. Ton livre aura été composé par les Mages (prêtres de Zoroastre); or, il nous est défendu d'en faire usage.» Et il ordonna que le livre fut jeté dans l'eau. Il fit aussi publier que, dans toute l'étendue de sa province, partout où l'on trouverait des livres des Persans et des Mages, ces livres fussent jetés à l'eau pour y être lavés [1]).

---

[1]) Le papier et le parchemin étant alors fort rares, il était difficile de s'en procurer. On y suppléait, en partie, en lavant les anciens manuscrits, et en les faisant ensuite resservir pour d'autres ouvrages. Les manuscrits ainsi traités, s'appelaient chez nous *palimpsestes*.

Ce n'est que lorsque 'Ommeid ul-mulk Abû Nesr Kendisy devint vizir d'Alp Arslan Beg de la dynastie des Selğûkides, que ce ministre, homme peu instruit, ordonna d'abandonner l'usage ancien (d'écrire en arabe).

L'idiome parlé par les Persans lors de la conquête arabe et qui y persista depuis cet évènement et après la suppression des livres de Zoroastre, portait le nom *Farcy* (فارسی) d'une province méridionale de la Perse (le Fars) où sa prononciation s'est conservée jusqu'à nos jours, le plus pure et le plus correcte. Après avoir subi pendant trois siècles l'influence immédiate de la langue du Koran, le *Farcy* perdit beaucoup d'éléments de sa conjugaison ancienne et toutes les désinences des cas obliques de sa déclinaison d'autrefois auxquelles on dut substituer le tronçon d'un substantif arabe (Cf. Vüllers, grammaire persane, dernière édition de 1870, pages 164–176). Il sortit de ce contact tout meurtri de mots arabes, surtout de ceux qui avaient trait à l'islamisme. Ces mots s'y incrustèrent, pour ainsi dire, mais sans pouvoir jamais se fusionner avec les éléments du langage iranien.

Il ne pouvait, d'ailleurs, en être autrement, les deux idiômes appartenant à deux familles de langues totalement différentes. Aussi, dans les provinces les plus voisines de l'Asie centrale et par conséquent les plus éloignées de Bagdad, capitale de l'empire des Khalifes, comme celles du bassin de l'Oxus, et dans l'Afganistan septentrional, le nombre des auteurs arabes diminua graduellement à la cour des princes de ces contrées et l'élément national y prévalut.

Nous ferons remarquer que, dans l'histoire des langues, la vitalité du persan ancien est un fait des plus curieux. Cet idiôme, à en juger par les échantillons qu'en donne Dôulet-

Šâh, diffère peu du *farcy* de la littérature des Persans modernes. On est tout étonné de voir combien peu cette langue a changé depuis et pendant un si long espace de temps, quand on se rend compte des modifications qu'ont subies les langues de l'Europe, le français, par exemple, pendant une période de temps plus restreinte. Comparons le français de la chanson de Roland, avec le français de Montaigne et avec celui de Voltaire. Les lecteurs de nos jours qui apprécient, du premier coup d'œil, toutes les perfections du style des chefs-d'œuvre de ce dernier écrivain, auraient besoin d'une étude préparatoire pour entendre aisément la langue de l'auteur des *Essais* et d'études plus spéciales encore pour l'intelligence des poésies du cycle de Charlemagne ou des sirventes et ballades des poëtes provençaux des XI^c, XII^c et XIIIe siècles. Or, il n'en est point ainsi avec le persan. Un persianiste un peu exercé expliquera, avec une égale facilité, l'épopée de Ferdôucy (né en Khoraçan, dans la ville de Tous, † vers 1020), les poèmes romantiques de Nizâmi († 1180), les moralités de Séady († 1291) et les odes ou ghazels de Hafiz († 1380), ou bien les *qécîdès* (panégiriques) du *Melik üš-šüera* de la cour de *Fetχ-Ali šâh*, grand-père du *Šâh* actuellement régnant.

On sait que le plus grand des poëtes persans et l'un des plus anciens, Ferdôucy († vers 1020) avait promis de n'employer aucun mot arabe dans les 60.000 distiques qui composent sa vaste épopée. S'il n'a pas tenu sa promesse, c'est que la langue persane étant déjà depuis plus de trois siècles chargée de mots arabes, il n'a pas dépendu de lui de l'en débarasser entièrement; il s'est, du moins, efforcé d'en employer le moins possible. Mais il a fait mieux; son Livre des Rois (شاه نامه) est une chronique nationale versifiée de main de maître. Une telle histoire des dynasties de l'Iran antérieures à l'islamisme fut une œuvre vraiment nationale. En réunissant dans un corps d'épopée les récits des Rapsodes (*dastan*), elle réveilla les enthousiasmes patriotiques à demi-étouffés par la pression arabe. A ce titre, Ferdôucy fut le grand initiateur d'un mouvement littéraire national qui, véritable *ex oriente lux*, partant de la cour du roi Mahmoud, à Ghazneïn, parcourut toute l'Asie centrale du bassin de l'Oxus à celui de l'Euphrate et même au delà.

Depuis lors, le persan, à peu près tel que nous le voyons aujourd'hui, servit de langue officielle aux chancelleries de l'empire mogol, non seulement en Perse, et sur l'Oxus, mais encore dans l'Inde, à Dehli et à Lahore. Ce n'est que dans la première moitié de ce siècle que la langue anglaise a été substituée au persan, dans les tribunaux indo-britanniques.

A l'heure qu'il est, la langue persane prend une importance extrême: elle est en passe de devenir la langue des communications commerciales entre les peuples de l'Europe et ceux qui habitent l'immense espace qui s'étend de l'Euphrate à l'Indus et de l'Océan indien aux déserts du Khârezm. Des chemins de fer fonctionnent déjà de Calcutta à Péchaver dans l'Afghanistan; sur le lac d'Aral on a vu dernièrement une flotille de petits pyroscaphes russes remonter l'Oxus; la ville de Merv sert de point central aux communications postales entre Khiva et le fortin de Krasnovodsk sur la côte Est de la mer Caspienne, et des capitaux sont proposés pour faire aboutir ces voies de transport jusqu'à Constantinople. Or, dans tous les Khanats, à Kokend, à Tachkend, à Bokhara, à Balkh, à Hérat, etc., dans tout l'Afghanistan, la langue persane est employée aussi bien dans les relations privées que pour les affaires publiques. L'étude de cette langue présente donc un grand intérêt qui ne fera que s'accroître dans l'avenir. Il importe, par conséquent, d'en fixer d'une manière claire et certaine non seulement les règles, mais encore et surtout la véritable prononciation. C'est aux orientalistes européens qu'incombe cette tâche de faciliter les communications orales entre les peuples des deux continents de l'ancien monde. Pour être compris des étrangers dont on parle la langue, il faut avant tout prononcer cette langue d'une manière aussi intelligible et aussi correcte que possible. C'est pour répondre à cette nécessité et dans le but de faciliter aux étudiants l'acquisition de la vraie prononciation persane que nous avions déjà, dans la première édition de notre grammaire persane, accompagné chaque mot, chaque phrase et chaque citation de sa prononciation, conformément aux principes de l'iranien moderne. Cette innovation avait été accueillie avec faveur par les juges compétents.

Il semble que les maîtres de la science du langage, reconnaissant l'universalité de l'usage du persan moderne dans l'Asie centrale, se soient récemment donné le mot pour étudier la question des origines étymologiques de cette langue. Aux travaux d'orientalistes justement célèbres, comme MM. I. A. Vüllers [1] Spiegel [2] et autres, vient s'ajouter une très-savante étude de Frédéric Müller [3] qui résume

---

1) *Grammatica linguæ Persicæ cum dialectis antiquioribus persicis et lingua Sanscrita comparatæ*. Gissæ, 1870.

2) Spiegel passa, comme on sait, toute sa vie à étudier les livres sacrés des Guèbres et traduisit le Zendavesta.

3) Conjugaison du verbe persan, par Frédéric Müller, professeur de philologie à l'Université de Vienne (article lu dans la séance universitaire du 7 octobre 1881).

et constate les résultats obtenus par ses devanciers. Ce travail reconstitue et fait fonctionner sous nos yeux, le paradigme de la conjugaison du persan moderne, après en avoir réuni et remis à leur place tous les éléments, *membra disjecta*, qu'on rencontrait jusqu'à présent épars et méconnus dans la langue usuelle. « Il est impossible, dit-il, de pénétrer d'une façon approfondie dans la construction du verbe persan moderne, sans la connaissance préalable de l'ancien bactrien et de l'ancien perse. Cette langue ressemble au fruit qui nous rafraîchit et qui nous restaure, mais qui embarasse les naturalistes toutes les fois qu'ils n'ont pas la chance de s'en procurer la fleur en même temps. » C'est en ayant toujours sous les yeux l'archétype de la conjugaison sanscrite, que F. Müller reconstruit les fragments de formations qui ont servi de base à l'ancienne conjugaison, partage les verbes en deux conjugaisons, la forte et la faible, et les classe en deux groupes, comprenant: le 1er, tous les verbes qui suivent la conjugaison ancienne; le 2e, les verbes qui se modèlent sur la conjugaison moderne, etc., etc.

Nous ne suivrons pas l'auteur dans ses développements qui sont du domaine de la philologie comparée. Notre but est plus humble. Nous n'avons en vue que de contribuer, pour notre part, à faciliter l'étude raisonnée de la langue persane usuelle afin de rendre plus commodes, par l'emploi de cette langue, les communications des Européens avec la Perse et les contrées de l'Asie centrale. C'est dans cette intention que nous avons publié cette nouvelle édition de notre grammaire persane dont la première édition était complétement épuisée. C'est aussi dans ce même esprit que nous nous sommes attaché, comme dans la première édition, à donner les principes les plus exacts de la véritable prononciation usuelle et de l'accent tonique, qui laissent encore beaucoup à désirer dans l'enseignement des langues orientales, en Europe. Nous avons également, comme nous l'avions fait précédemment, transcrit la valeur phonétique de tous les mots contenus dans notre ouvrage, persuadé que nous sommes, qu'avec une pareille base de prononciation et un peu d'attention, on parviendra vite à prononcer et à accentuer correctement. Afin de simplifier autant que possible notre système de transcription et pour éviter les retours si fréquents des groupes de consonnes qui, dans le système ordinaire, représentent certaines lettres persanes, nous avons adopté quelques types spéciaux que notre éditeur a fait fondre exprès pour ce livre.

Nous nous étions proposé d'ajouter à notre grammaire une chrestomathie persane composée principalement de pièces authentiques de correspondance officielle et privée rédigées par les meilleures plumes connues à la cour de Téhéran[1]). La mine à exploiter était riche et nous n'avions que l'embarras du choix. Des motifs de santé ne nous ont pas permis de donner suite à ce désir et nous avons dû nous borner à offrir au lecteur huit contes dont sept sont empruntés à la traduction persane d'un recueil arabe intitulé: الفرج بعد الشدّة et composé principalement d'après les récits de personnages qui avaient été témoins oculaires de ce qui se passait à Bagdad, à la cour des Khalifes Abbassides. Nous possédons de cette traduction un exemplaire manuscrit que nous avons rapporté de Perse. Pour apporter plus d'exactitude dans l'établisse-

---

1) Nous avons offert un bon nombre de ces rédactions authentiques à la Bibliothèque Nationale de France, département des manuscrits orientaux.

ment de nos textes, nous les avons fait collationner sur un manuscrit du même ouvrage qui se trouve au British Museum [1]). Nous sommes redevable, pour ce travail, à la bienveillante obligeance du savant conservateur des manuscrits persans du Musée Britannique, M. le Dr. Rieu, et aux bons soins de son habile collaborateur, M. le Dr. Hoerning. Notre intention n'étant pas d'établir des textes critiques, mais bien de rendre aussi corrects que possible ceux que nous fournissait notre manuscrit, nous avons cru inutile de donner les variantes assez nombreuses et assez importantes que présente le manuscrit de Londres. Nous ne terminerons pas sans remercier également M. Cillière, élève de l'École des Hautes études qui a bien voulu se charger de rédiger le petit vocabulaire persan-français des contes qui terminent notre livre. Nous ferons remarquer, à ce sujet, que ce vocabulaire a été fait

---

1) Cf. *Catalogue of the Persian Manuscripts in the British Museum*, by Charles Rieu, Dr. of Philology, Keeper of the Oriental. MSS. 1881. London, IIe Vol., page 751, dans les addenda, n° 7673, sous le titre: ترجمة الفرج بعد الشدّة, écrit en 1498 (hégire 903), traduit de l'arabe en persan par Hussein ben Es'ed Dehistany. M. le Dr. Rieu affirme que cette traduction fut faite sur l'original bien connu de Abou Âly, surnommé el-Kazy-ut Ténoukhy, mort à Basra l'an 334 de l'hégire. Il est étonnant que la Bibliothèque Nationale de France ne possède que le texte arabe de cette traduction, tandis que, en outre de Londres, elle se trouve dans les bibliothèques de Vienne, de St. Pétersbourg, de Münich et de Dresde. C'est un ouvrage précieux pour l'étude de l'histoire et surtout pour l'ethnographie des Arabes de la fin de notre VIIIe siècle et de ceux de la cour du célèbre Khalife Haroun-er-Rechid. Le 8e conte est tiré d'un ouvrage intitulé: تأديب اطفال „politesse et bonnes mœurs des enfants-mineurs" (pages 10—17), publié tout récemment (1793 de l'hégire = A. D. 1879) par Mirza Müxemmed, fils de Mirza Yousef, münšiy rümūz, c'est-à-dire, rédacteur des dépêches chiffrées au Ministère des Affaires Étrangères de Téhéran.

uniquement pour faciliter au lecteur l'intelligence des textes annexés à la grammaire. On ne devra donc pas s'attendre à y trouver autre chose que les mots contenus dans ces textes et les sens particuliers que ces mots ont dans les récits où ils sont employés.

Nous avons l'espoir qu'ainsi revu et complété, notre livre contribuera à répandre le goût de cette belle langue persane qui a produit dans le passé tant de chefs-d'œuvre littéraires et qui semble appelée, dans l'avenir, à être la langue universelle de l'Asie centrale.

GRAMMAIRE PERSANE

PREMIÈRE PARTIE

CHAPITRE I

DES LETTRES ET DE LEUR PRONONCIATION

§ 1. ALPHABET.

1. Les Persans, en adoptant le Koran pour leur code religieux, se virent obligés d'en accepter aussi le système d'écriture, bien qu'il répondît mal aux besoins de leur langue, issue d'une source étrangère et fondée sur des principes différents de ceux de l'idiome arabe. Beaucoup de lettres koraniques représentaient des sons inconnus aux Iraniens, et il se trouva que les compatriotes du Prophète ne savaient pas non plus faire sentir quelques articulations propres à ceux-là. Cependant, la langue du vainqueur empiétant de plus en plus sur le terrain de celle des vaincus, ceux-ci finirent par conserver toutes les lettres de l'alphabet arabe, en y ajoutant quatre autres, پ *p*, چ *č*, ژ *j* et

ݣ γ, indispensables pour la représentation des sons indigènes.

2. Cet alphabet mixte compte trente-deux lettres qui, dans le corps d'écriture, changent de forme, selon qu'elles s'y trouvent isolées, liées à la précédente lettre, à la suivante, ou bien à la précédente et à la suivante en même temps. Les voici :

CONSONNES.

ORDRE.	NOM.	FIGURE.				VALEUR PHONÉTIQUE
		ISOLÉE	FINALE.	MÉDIALE.	INITIALE.	
1	Élif	ا	ل	ل	ا	e, â
2	Bey	ب	ب	ب	ب	b
3	Pey	پ	پ	پ	پ	p
4	Tey	ت	ت	ت	ت	t
5	Sey	ث	ث	ث	ث	s
6	Ǧîm	ج	ج	ج	ج	ǧ
7	Čîm	چ	چ	چ	چ	č
8	Xey	خ	خ	خ	خ	χ
9	Hey	ح	ح	ح	ح	h
10	Dal	د	د	د	د	d
11	Zal	ذ	ذ	ذ	ذ	z
12	Rey	ر	ر	ر	ر	r
13	Zey	ز	ز	ز	ز	z
14	Jey	ژ	ژ	ژ	ژ	j
15	Sîn	س	س	س	س	s
16	Šîn	ش	ش	ش	ش	š
17	Sad	ص	ص	ص	ص	s

ORDRE.	NOM.	FIGURE.				VALEUR PHONÉTIQUE
		ISOLÉE.	FINALE.	MÉDIALE.	INITIALE.	
18	Zad	ص	ض	ض	ض	z
19	Tây	ط	ط	ط	ط	t
20	Zây	ظ	ظ	ظ	ظ	z
21	ʿAyn	ع	ع	ع	ع	ʿa, ʿe, ʿi, ʿo, ʿü, ʿu, ʿú [1])
22	Ġayn	غ	غ	غ	غ	ġ
23	Fa	ف	ف	ف	ف	f
24	Qaf	ق	ق	ق	ق	q
25	Kiaf	ك	ك	ك	ك	k
26	Ġiaf	ڭ	ڭ	ڭ	ڭ	ġ
27	Lam	ل	ل	ل	ل	l
28	Mîm	م	م	م	م	m
29	Nûn	ن	ن	ن	ن	n
30	Vâu	و	و	و	و	v, u, û, ôu [2])
31	Hey	ه	ه	ه	ه	h, è, ĭ, ă
32	Ya	ى	ى	ي	ي	y, î

VOYELLES.

VOYELLES BRÈVES.					
SIMPLES.			DOUBLES, POUR L'ARABE UNIQUEMENT.		
Nom.	Figure.	Valeur.	Nom.	Figure.	Valeur.
Fetχé *ou* zeber	´	e	Tenvîni fetχé	´´	en
Kesré *ou* zîr	‿	i	Tenvîni kesré	‿‿	in
Zemmé *ou* piš	›	ü	Tenvîni zemmé	ࣞ	ün

1) *ü* se prononce comme *u* français dans *but*; *u* et *ú* doivent se prononcer comme *ou* et *oú*.

2) *u*, *ú*, *ôu* doivent se prononcer respectivement comme *ou*, *oú*, *ôou*.

§ 2. PRONONCIATION DES CONSONNES.

3. La septième colonne du tableau alphabétique donne les valeurs phonétiques des lettres persanes en caractères français. Il est indispensable d'y ajouter quelques remarques pour ce qui concerne la prononciation, différente de la nôtre.

4. Le چ *čim* se prononce comme le groupe *tch* en français, ou comme le *c* italien dans les mots *dolce*, *felicità*, etc. Exemples:

چیز *čîz*, chose; بیچاره *bîčâre*, infortuné; خاچ *hâč*, croix; کرچ *kärč*, champignon [1]); ماچ *mâč*, baiser (en italien, *baccio*).

5. Le ج *ĝim* se prononce comme le groupe *dj* en français ou comme le *g* des Italiens dans les mots *oggi*, *genio*, etc. Exemples:

جوجه *ĝûĝe*, poulet; تاج *tâĝ*, couronne; جیحون *ĝeyhûn*, le fleuve Oxus.

6. Le خ *χey* se prononce comme le *ch* des Allemands dans les mots *Habicht*, *doch*, etc., le χ grec, le *j* espagnol dans *Badajoz*. Cette lettre n'entre pas dans la composition des mots d'origine persane; c'est pourquoi les Persans illettrés en confondent la prononciation avec le ه *h* aspiré. Ce vice de prononciation a été signalé déjà par un auteur arabe qui voyagea en Perse au XIIIe siècle de notre ère. (Voy. Dictionnaire géographique de Yaqût, trad. Barbier de Meynard, page 57). Exemples:

خمد *χemd*, louange; حاجی *χâdji*, pèlerin; احیانـً *eχyânen*, de temps à autre, etc., mots tirés de l'arabe.

7. Le ح *ḥey* représente une articulation mixte, qui

---

1) Ce mot ne se trouve pas dans le meilleur des dictionnaires persans, celui de Fr. Johnson, édit. de 1872, Londres.

unit celle de ح ẖ et celle de ر r en un son imitant le ronflement d'une personne qui dort. Il n'y a rien de semblable, que je sache, dans aucune langue d'Europe. Exemples:

خانه ẖânè, maison; خرس ẖers, ours; بخاری buẖáry, cheminée; برخی bèrẖy, un peu, etc.

8. Le ش šîn, se prononce comme le *ch* français dans les mots *cheval*, *chose*, etc., Exemples:

شاه šáh, roi; پشه pešè, moucheron.

9. Le ع ʿayn est une articulation gutturale qu'il est impossible de rendre par aucun son analogue des langues européennes, et que Meninski a justement comparée au cri d'un jeune veau. Dans la bouche des Persans, cette articulation a moins d'emphase que chez les Arabes. C'est une espèce d'hiatus rauque, assez semblable au bruit produit par un hoquet léger. Cette lettre est propre aux mots d'origine arabe, et l'aspiration en affecte toutes les voyelles, ʿa, ʿe, ʿi, ʿo, ʿü, ʿu, ʿû. Exemples:

علم ʿilm, science; علم ʿelem, drapeau; ملعون melʿûn, maudit; بقعه buqʿe, mausolée; بعید beʿíd, éloigné, etc.

On trouve quelques mots persans comme لعل leʿl, rubis, عربه ʿarebè, char, etc. ayant un ع, mais il est probable qu'on les a orthographiés ainsi postérieurement à l'introduction de l'islamisme en Perse; la preuve en est que le ع du mot نعل neʿel, fer de cheval, se prononce avec plus d'emphase que le ع de لعل.

10. Le غ ġayn est un ġ dur dont l'articulation a beaucoup d'analogie avec l'*r* grasseyé des Provençaux. Exemples:

غربال ġerbál, tamis; بغل beġel, aisselle; وزغ vezeġ, grenouille; غنچه ġünčè, bouton d'une plante qui commence à bourgeonner, etc.

11. Le ك γiâf se prononce comme le g dur français dans *guérison*, *goguette*, etc. Exemples:

گامش *γâmüš*, buffle; گوش *γûš*, oreille, etc.

12. Le و *vâu* consonne correspond au *v* français. Exemples:

آواز *âvâz*, voix; ویران *veyrân* et *vîrân*, ruiné; سرو *serv*, cyprès, etc.

La conjonction و *et* se prononce *ve* toutes les fois qu'elle commence une sentence. Exemple:

وشما خاطر ندارید *ve šumâ hâtir nedârîd*, et vous ne vous le rappelez pas?

Elle se prononce *u* toutes les fois qu'elle sert à unir plusieurs parties du discours ensemble. Exemple:

برید و درید وشکست وببست
یلانرا سر وسینه وپا ودست

burîd u derîd u šikest u bebest — yelânrâ ser u sîne u pâ u dest

Littéralement: (Il) trancha et déchira et brisa et garrotta aux héros (les) tête et poitrine, et pied et main. (Ferdôucy).

Le و indique encore une diphtongue, troisième articulation dont nous parlerons au paragraphe des voyelles.

13. Le ه *hey* consonne représente une articulation aussi forte que le *h* aspiré français dans *haine*, *hache*. Ex.:

هنر *hüner*, mérite; مهر *mehr*, amour; مهر *mihr*, soleil; مهر *möhr*, cachet, sceau; راه *râh*, chemin; گره *γireh*, nœud.

14. Des nuances d'articulation qui, en arabe, distinguent quelques lettres les unes des autres, disparaissent dans la bouche des Persans. Ainsi, les lettres ت *tey* et ط *tây* se prononcent indifféremment comme le *t* français. Exemples:

تبر *teber*, hache; طلب *teleb*, demande; بت *büt*, idole; بربت *berbet*, luth, etc.

15. Les lettres ث *sey*, س *sin* et ص *sad* se prononcent indifféremment comme le *s* français initial. Exemples : صد *sed*, cent ; ثلث *süls*, un tiers ; سیّم *seyyüm*, troisième, etc.

16. Les lettres ذ *zal*, ز *zey*, ض *zad* et ظ *zây* se prononcent indifféremment comme le *s* français entre deux voyelles, ou comme le *z* slave dans les mots *zakon*, *woz*, etc.

17. La combinaison des différentes consonnes et leur position respective n'influent pas sur la manière de les articuler. Les Persans prononcent toutes les consonnes de leurs mots, telles quelles, sauf quelques exceptions, dont voici les principales :

1⁰ Il ne faut pas confondre le ه consonne avec le ه voyelle, bien que ces deux lettres soient identiques en apparence et, par conséquent, ne pas transcrire شاهنامه *Šâhnâmeh*, au lieu de *Šâhnâmè*, etc.

La prononciation du ه *h* consonne fortement aspirée ne subit aucune modification. Le ه voyelle, au contraire, représente des voyelles brèves, soit *ă*, comme dans ققه سیاه *qaqa sîyâh*, un nègre fort noir ; soit *ĕ*, comme dans بره *berrè*, agneau, نمونه *nümünè*, échantillon, etc. ; soit *ĭ*, comme dans که *ki*, qui, چه *či*, quoi, etc.

Dans les substantifs arabes employés en persan, la consonne finale ت ou ة se change souvent en ه voyelle, comme dans کلمه *kielimè*, un mot, pour کلمة *kielimetün*, قلعه *qel'è*, forteresse, pour قلعة *qel'etün*, etc.

La voyelle ه disparaît et s'absorbe dans les cas où, par nécessité grammaticale, on la fait suivre d'un *élif*. Ex. :

کیست *kist*, qui est-ce, pour که است *ki est* ;
چیست *čist*, qu'est-ce, pour چه است *či est* ;

کندهها *kendèhá*, les tranchées, pour کندههـا, de کنده *kendè*, tranchée; چشمهها *češmèhá*, les sources, pour چشمه هـا *češmè há*; نبیرهها *nebírèhá*, les petits-fils, pour نبیره هـا *nebirè há*, etc.

2º Le ن suivi du ب se prononce parfois comme م *mîm*. Exemples:

انبانه *embáně*, sac, besace; تنبل *tembel*, paresseux; گنبذ *γümbez*, dôme, coupole, pour *enbáně*, *tenbel*, *γünbez*, etc.

En résumant, on verra que les 32 lettres de l'alphabet persan, sous le rapport tonique, se réduisent au nombre de 26, parce que: les consonnes ذ, ز, ض et ظ se prononcent comme *z* slave; les lettres ث, س, ص, se prononcent comme *s* latin, et les lettres ت et ط se prononcent comme *t* latin, ainsi que nous l'avons observé déjà.

Les nuances de ces articulations qui les caractérisent dans l'arabe, auquel elles sont empruntées, n'existent point dans la prononciation des Persans modernes.

§ 3. PRONONCIATION DES VOYELLES ا و ی

18. L'*élif* long, ا *á*, des Persans, marque une articulation prolongée et emphatique qui ressemble au *aô* français dans le mot *Saône*. Ils n'ont, dans leur langue, aucun son identique à celui de notre *a*. En général, les Persans se plaisent, en parlant, à faire sentir le son prolongé de cette voyelle. Les natifs de la province de Fars, qui passent pour avoir le mieux conservé la tradition de la vraie prononciation des Iraniens, articulent l'*élif* long comme *á*. Aussi prononceront-ils نان *nán*, pain; بیا *beyá*, viens; ماها *máhá*, nous, que les lettrés de la cour de Téhéran prononcent *nân*, *beyâ* et *mâhâ*.

L'*élif* long tient souvent lieu de deux *élifs*, et alors

on lui superpose le ~ *meddè*, signe dont il sera parlé plus loin.

Dans les verbes commençant par un élif, élif purement de direction, au contact des consonnes, ب م, ن et préposées, se permute en ى; par exemple:

de افتادن *üftáden*, tomber, on fait نميفتاد *neyüftad*, il n'est pas tombé, ميفت *meyüft*, ne tombe pas; de آمدن *ámeden*, venir, ميا *meyá*, ne viens pas; de انداختن *endákhten*, lancer, jeter, tirer un coup de fusil, مينداز *meyendáz*, ne jette pas, ne tire point.

19. Le و *û* ne se prononce jamais comme l'*o* français. Exemple:

غول *ɣûl*, démon du désert; پارو *párú* rame, etc., excepté خوش *hoš*, beau; سرخوش *ser hoš*, à demi ivre, toqué.

Au commencement des mots d'origine persane il est toujours consonne, Exemples:

ورنه *vernè*, autrement, mais sinon; ویران *veirán*, ruiné.

Dans quelques mots persans et arabes, le و représente la réunion des deux sons *ô* et *u* dans une diphthongue, analogue à celle qu'on obtiendrait en prononçant avec vitesse les deux premières syllabes des expressions *beau ou laid*, *ô oublieux!* etc. Il est important de le prononcer distinctement, vu que le rhythme et le sens du mot en dépendent. Exemples:

مو *mú*, cheveu et مو *môu*, cep de vigne; — رو *rú*, visage et رو *rôu* va, impératif du verbe رفتن *reften*, aller; — آبرو *ábrú*, honneur et *ábrôu*, rigole pour l'écoulement de l'eau; — بدو *bedú*, pour lui, à lui, et بدو *bedôu*, cours, impératif du verbe دویدن *devíden*, courir; — گرو *ɣerú*, si lui, si elle, et گرو *ɣirôu*, gage, hypothèque; — جو *jú*, ruisseau, جو *jôu*, de l'orge et جو *jü*, cherche; — شو *šev*, thème aoriste du verbe شدن *šŭden*, devenir; شو *šŏu*, impératif du même verbe, et شو *šu*, thème aoriste du verbe شستن *šŭsten*, laver.

Le و dans le nom propre de Ferdôucy, célèbre auteur de l'épopée شاهنامه *Šâhnâmè*, le Livre royal, se prononce aussi *ôu*:

در شعر سه تن پیغمبران اند
هر چند که لا نبیّ بعدی
اوصاف و قصاید و غزلرا
فردوسی و انوری و سعدی

der še'ar sè ten peiγemberân end — her čend ki lâ nebiyya be'ady — ôuçâf u qeçâid u γezelrâ — ferdôucy u envery u se'ady.

En fait de poésie, nous avons trois prophètes (nonobstant l'avertissement qu'*il n'y aura plus de prophète après moi*): pour les récits épiques, pour les *qecîdè* et pour les *γezel*: Ferdôucy, Envery et Se'ady.

La plupart des monosyllabes arabes en usage chez les Persans changent leur و *u* en diphtongue *ôu*. Exemples: موج *môuj*, flot, vague; زوج *zôuj*, couple; قول *qôul*, parole; بول *bôul*, urine, etc.; cependant طول, long, se prononce *tûl* et غول, le démon du désert, *γûl*.

20. Dans quelques mots d'origine persane, les voyelles longues و et ى, et surtout la première, ne se prononcent pas. Exemples:

سیورسات prononcez *sursât* et non pas *süyursât*, provisions de bouche; خوان *hân*, table; خواندن *hânden*, appeler, réciter à haute voix, lire; خواهر *hâher*, sœur; خویش *hîš*, parent, proche; خویشتن *hîšten*, soi-même; خوار *hâr*, خوارزم *hârezm*, noms de deux pays, etc. 1).

---

1) Il faut distinguer avec soin خوا d'avec خ dans les mots où ces deux syllabes ont une prononciation identique. Rappelons ce quiproquo d'un philologue allemand au sujet d'un vers de Se'ady, (Zeitschrift der

Mais dans tous les mots pris de l'arabe, le و suivi d'un ا se prononce. Exemples:

خوانین ḣevânîn, pluriel de خان ḣân; اخوان eḣvân, pluriel de اخ aḣ, frère; خوارج ḣevâridj, étrangers; pluriel de خارج ḣâridj, etc.

Les voyelles ‍ِ i bref et ی î long conservent partout la même prononciation qu'en français. Sous le point de vue grammatical, elles rendent des services importants, soit comme formatifs d'un substantif, soit pour établir le rapport d'un génitif avec son sujet principal, ou d'un substantif avec son adjectif, soit en qualité d'article d'unité.

21. Les poëtes persans, dans leurs comparaisons, en

Deutschen Morgenländischen Gesellschaft, vol. VI, page 192). Le poëte dit:

و زبم و زیر خانه پر آه و فغان شود
ve zebem u zîri ḣânè pûr âh u feğân ševed

Le dessus et le dessous de la maison se remplissent de cris de douleur et de soupirs.

Le traducteur confondant زیر خانه, la partie basse d'une maison, avec زیر خوان, traduit:

Bass und discant, vermischt zu Schrein und Stöhnen.

En effet, بم و زیر خوان *bem u zîr ḣân*, en terminologie de musique signifient: bass und discant; mais il s'agit en même temps, de زیر خانه *zîr ḣânè*, ou زیر زمین *zîr zemîn*, le sous-sol, les caves, et de بم *bem* pour بام *bâm*, toit, plateforme; l'orthographe seule différencie زیر خان et زیر خوان.

Le traducteur allemand aurait dû avertir ses lecteurs que Se'ady joue, ici, sur la double signification des mots, figure de rhétorique qu'on appelle en persan جناس *ğinâs*, ou تجنیس *teğnîs*, mot à double sens. Cependant, le double sens n'existe que pour l'oreille, lorsqu'on entend prononcer ces mots dont l'orthographe est différente.

appellent souvent à la forme extérieure de différentes lettres de leur alphabet. Suivant eux, le nez droit d'une jeune beauté et sa taille élancée ressemblent à un ا *élif*. Un calligraphe, occupé jour et nuit à copier des manuscrits de grand prix, courbé sur un travail pénible, mais avantageux pour lui, finit par assimiler tous les membres de son corps à ce qu'il y a de plus contourné dans les lettres de l'alphabet. La soif du lucre qui le dévore est au point, dit un poëte satirique, que:

گردنش دال و سرش واو وتنش گردد نون
دیده‌اش صاد و لبش میم و دلش گردد خون
این همه از بهر آنکه زر می خواهد

ɣerdeneš dâl u sereš vâu u teneš ɣerded nûn — dîdèeš sâd u lebeš mîm u dileš ɣerded hûn — yn hemè ez behri ânki zer my hâhed.

Le cou (du calligraphe) se métamorphose en د *dâl*, sa tête en و *vâu*, son torse en ن *nûn*, son œil en ص *sâd*, sa bouche en م *mîm*; il sue sang et eau (littéralement, son cœur devient sang, n'est qu'une mare de sang) et tout cela parce qu'il veut de l'or.

§ 4. DES SIGNES D'ÉPELLATION.

22. Il y a cinq signes d'écriture destinés à préciser l'épellation, savoir: trois pour les voyelles et deux pour les consonnes.

1º Le ء, qui n'est qu'un petit ع tronqué, s'appelle همزه *hemzè*, piqûre; en arabe, il représente une articulation inusitée chez les Persans. Le *hemzè* indique aussi la présence d'une voyelle brève omise dans le corps d'écriture, et accompagne l'*élif* destiné à représenter les voyelles brèves. Exemples:

پارچهٔ ماهوت *pārčèï māhút*, un morceau de drap; ایّها *èyyūhā* holà! ô!; ایضاً *eyzen*, aussi! اُمّ *ümm*, mère; جرعت pour جرأت *ğüret*, bravoure, etc

Un *élif* affecté d'un ء se nomme *élif hemzè*; il n'appartient qu'aux mots dérivés de l'arabe.

Après le ة voyelle d'un substantif persan, le *hemzè* remplace le ی *y* article d'unité et le ـِ *i izâfè*. Ex.:

پاچهٔ *pāčèï*, une patte; گلدستهٔ منارهٔ *yüldestèï menârè*, la corniche (littéralement le bouquet de fleurs) du minaret.

23. 2° Le ˜, مدّه *meddè*, prolongation, ne se place qu'audessus d'un ا *élif* pour indiquer qu'il a la valeur de deux *élifs*, et que, par conséquent, il faut en prolonger l'articulation. Exemple:

آمدم, prononcez *ámedem*, j'arrivai.

24. 3° Le ˆ, وصل *veslè*, jonction, ne se rencontre que sur l'*élif* initial de l'article défini des substantifs arabes. Il indique la suppression de cet *élif* dans la prononciation. Exemple:

ابو ٱلقاسم, prononcez *Abul-Qâcim* et non pas *Abu-ul-Qâcim*.

25. 4° Le ˚, جزمه *ğezmè*, séparation, césure, que l'on appelle aussi سکون *sükûn*, silence, indique que la consonne qui en est affectée n'a pas de voyelle et finit une syllabe. Exemples:

شستم *šüstem*, je lavai.

26. 5° Le ّ, تشدید *tešdîd*, corroboration, avertit qu'en prononçant la consonne au dessus de laquelle ce signe se trouve placé, il faut la redoubler. Exemples:

خُرّم *hürrem*, joyeux; أرّه *errè*, la scie; برّه *berrè*, agneau; جزّو *ÿezzóu*, cigale; que les tribus turques du Horaçan appellent aussi جرجرانلو *ÿerÿeránlü*, mot imitatif des cris aigus et saccadés que ces insectes font entendre.

Les consonnes purement persanes, ب *p*, چ *č*, ژ *j* et گ *g*, ne prennent jamais de *tešdíd*, excepté بچّه *beččè*, enfant ou petit, (pour ne pas confondre avec le datif بچی *beči*, à quoi).

CHAPITRE II

EXERCICES DE LECTURE

I.

27.   فریدون   فرخ   فرشته   نبود
nebúd firištè ferrüh ferëidúni
ne fut pas l'ange le bienheureux Féridoun

ز مشك و عنبر سرشته نبود
nebúd siristè enber*) u misk zi
ne fut pas pétri ambre et musc de

بداد و دهش یافت آن نیکوی
nikúy án yáft dehiš u bedád
bonne renommée cette il trouva par la donation et par la justice

تو داد و دهش كن فریدون توئ
túiy ferëidún kün dehiš u dád tú
tu es Féridoun fais donation et justice toi

(Ferdôucy)

---

*) Prononcez *ember*.

II.[1)]

بود	نشسته	حکم	بمسند	پیغمبر	سلیمان	روزی
bûd	nišestè	χükm	bemesnedi	peÿember	süleyman	rûzy
était	assis	de l'ordre	sur le trône	le prophète	Salomon	un jour

دست	از	و	کرد	سلام	و	آمد	در	ضعیف	پشهء
dest-i	ez	ve	kerd	selâm	ve	âmed	der	zeʿyf	pešèi
la main	de	et	fit	salutation	et	sortit	en avant	faible	un moucheron

آن	حدی	چه	ضعیفی	بدین	که	نموده	شکوه	باد
ân	χeddy	či	zeʿyfi	bedîn	ki	nümûdè	šikvè	bâd
de ce que	borne	quelle	débilité	avec cette	que	témoigna	plainte	du vent

باد	اما	باشد	متصور	ضرری	از من	بادرا	که	دارم
bâd	emmâ	bâšed	müteçevver	zerery	men ez	bâdrâ	ki	dârem
le vent	mais	soit	immaginable	dommage	moi de	au vent	que	j'ai

دارم	توقع	گیرم	قرار	جا	هیچ	که	گذارد	نمی	مرا
dârem	teveqqʿü	γîrem	qerar	ĝâ	hič	ki	γüzâred	nemy	merâ
j'ai	l'attente	je prenne	stabilité	place	aucune	que	ne permet	pas	me

خواهد	می	چه	بیچاره	که از من	پرسید	باد	از	که
kâhed	my	či	bičârè	meni ez ki	pürsîd	bâd	ez	ki
vent-il	que	le malheureux	moi de que	vous demandiez	vent	de que

تا	باش	جا	همین	تو	خوش	گفت	پیغمبر	حضرت
tâ	bâš	ĝâ	hemîn	tû	ḫoš	γoft	peÿember	χezret
jusqu'à ce que	reste	place	à la même	toi	bien	dit	le prophète	majesté

بشود	پرسیده	باید	پرسید	آنچه	و	دارند	بادرا
bè	ševed	pürsîdè	pürsîd	bâyed	ânči	u	dârend	bâdrâ
à	devient	demandé	demander	il faut	tout ce que	et	on amène	le vent

پیدا	باد	اثر	چون	فرستادند	باد	طلب
peïdâ	bâd	eçeri	čûn	firistâdend	bâd	teleb-i
trouvée	le vent	une trace de	aussitôt-que	on envoya	du vent	la recherche

---

1) Extrait du تاریخ سید ظهیر الدین, édition Dorn p. 471.

شد پشه را تاب اقامت نماند فى الحال كم
ɣüm   el-χāl   fy nemānd iqāmet tab-i pešerá šüd
disparu un instant dans ne resta pas de séjour la patience au moucheron devint

شد حضرت از باد پرسیدند که تو از پشه چه
či   pešè   ez tú ki pürsīdend bād ez χezret šüd
que moucheron de toi que demandèrent vent au sa majesté devint

می خواهی گفت اى پیغمبر مرا با او کارى نیست
nist kāry ū bā merā peïɣember ey ɣoft hāhy my
il n'y a aucune affaire lui avec à moi prophète ô il dit veux-tu

امّا هر جا اثرى از من ظاهر می شود اورا تاب
tāb-i úra ševed my zāhir men ez ecery ğā her emma
la patience à lui devient visible moi de une trace lieu chaque mais

اقامت نیست
nist de séjour
il n'y a pas iqāmet

I

Fereïdûn, le bien heureux, n'était ni un ange, ni un (homme) pétri de musc et d'ambre. Par (sa) justice et (sa) générosité, il trouva sa belle renommée. Toi (aussi) sois juste, sois généreux, et tu seras Fereïdûn.

II

Un jour que le prophète Salomon était assis sur le trône de l'autorité, un moucheron de chétive apparence entra, fit le salut et se plaignit des vexations du vent. "Faible comme je suis, comment s'imaginer que je puisse faire quelque tort au vent; mais le vent ne me laisse demeurer en aucun lieu. Je vous supplie de demander au vent ce qu'il veut de moi infortuné". Sa majesté le prophète dit: Bien, reste ici même, jusqu'à ce qu'on m'amène le vent et qu'on l'interroge sur tout ce qu'il faut demander. On envoya chercher le vent; dès que la présence de celui-ci se fit sentir, le moucheron ne pouvant se maintenir (en place) disparut à l'instant. Sa majesté demanda au vent: "Que veux-tu du moucheron?" Le vent dit: Ô prophète, je n'ai point affaire avec lui; mais partout où se manifeste un signe de moi, il ne peut se maintenir.

DEUXIÈME PARTIE

CHAPITRE I.

DES VERBES.

28. Je conseillerais de commencer, par les verbes, l'étude de la langue persane, parce que les verbes persans se conjuguent sans le concours d'autres parties du discours et parce que les fractions de ces verbes jouent un rôle fort important dans la formation, soit des temps, soit des noms déclinables.

Le trait caractéristique de la conjugaison de cette langue, c'est que chacun de ses verbes, à fort peu d'exceptions près, contient en lui les deux thèmes, dont l'un pour les temps passés et l'autre pour les temps actuels, je veux dire, pour l'impératif, les présents et les aoristes. Cette diversité dans l'unité a quelque chose d'analogue avec la dualité du principe fondamental du système théologique du Zend-Avesta (lumière et ténèbres).

29. Tous les verbes persans sont réguliers, vu que la défectuosité de quelques-uns d'entre eux provient des permutations de lettres *en dedans* du verbe, comme on verra plus bas, et n'influe aucunement sur la forme, toujours inaliénable, de l'inflexion désinentielle.

Il n'y a donc en persan moderne que les verbes non défectueux et les verbes défectueux.

Commençons par les premiers.

CHAPITRE II

DES VERBES NON DÉFECTUEUX

30. Les désinences pronominales du paradigme en question sont les mêmes pour tous les temps ainsi que pour tous les modes. Elles y suivent invariablement le type désigné pour chaque personne dans ce que nous avons nommé le verbe normal.

§ 1. VERBE NORMAL.

31. Cette dénomination me paraît devoir appartenir aux débris d'un temps du vieux verbe auxiliaire pronominal que voici:

Sing.
- 1. pers. ام *em* ou م *em*;
- 2. pers. اى *iy* ou ى *y* ou ة *eï*;
- 3. pers. د *d* ت *t* ou است *est*.

Plur.
- 1. pers. ايم *im* ou يم *im*;
- 2. pers. ايد *id* ou يد *id*;
- 3. pers. اند *end* ou ند *end*.

Ce tronçon verbal, pris isolément, n'a aucune signification et ne s'emploie jamais tout seul. Mais il s'adjoint à toutes les parties du discours, soit conjugables, soit déclinables.

32. Ajouté à la fin des deux thêmes d'un verbe (voyez le paragraphe suivant), le verbe normal en devient partie intégrante et sert à formuler tous les temps simples. Exemples:

خورم *hûrem* (thême خور *hûr*), je mange et je mangerai; خوری *hûry*, tu manges et tu mangeras; خورد *hûred*, il mange et il mangera; خوریم *hûrîm*, nous mangeons et nous mangerons; خورید *hûrîd*, vous mangez et vous mangerez; خورند *hûrend*, ils mangent et ils mangeront; خوردم *hûrdem* (thême خورد *hûrd*), je mangeai; خوردی *hûrdy*, tu mangeas; خورد *hûrd*, il mangea; خوردیم *hûrdîm*, nous mangeâmes; خوردید *hûrdîd*, vous mangeâtes; خوردند *hûrdend*, ils mangèrent.

33. Ajouté à la fin du participe passé d'un verbe, le verbe normal s'écrit séparément et sert à former le prétérit composé. Exemples:

خورده ام *hûrdè em*, j'ai mangé; خورده ئی *hûrdèï*, tu as mangé; خورده است *hûrdè est*, il a mangé; خورده ایم *hûrdè îm*, nous avons mangé; خورده اید *hûrdè îd*, vous avez mangé; خورده اند *hûrdè end*, ils ont mangé, etc.

34. Ajouté à la fin des parties du discours non conjugables, le verbe normal fait fonction de verbe auxiliaire. Exemples:

مظلومم *mezlûmem*, je suis opprimé; مظلومی *mezlûmy*, tu es opprimé; مظلومست *mezlûmest*, il est opprimé; مظلومیم *mezlûmîm*, nous sommes opprimés; مظلومید *mezlûmîd*, vous êtes opprimés; مظلومند *mezlûmend*, ils sont opprimés; — مردم *merdem*, je suis homme; مردی *merdy*, tu es homme; مردست *merdest*, il est homme; مردیم *merdîm*, nous sommes hommes; مردید *merdîd*, vous êtes hommes; مردند *merdend*, ils sont hommes; — همیشه ام *hemîšè em*, je suis toujours; همیشه ئی *hemîšèï*, tu es toujours; همیشه است *hemîšè est*, il est toujours;

ایم *hemîšè îm*, nous sommes toujours; همیشه اید *hemîšè îd*, vous êtes toujours; همیشه اند *hemîšè end*, ils sont toujours.

Le négatif du verbe ایدن ne s'obtient pas en lui préfixant la particule négative نه *nè*, mais en la joignant au verbe هستن *hesten*, et alors, le ه *h* aspiré s'adoucit en ی *î*; Ex.: نیستم *nîstem*, pour نه هستم *nè hestem*. Je ne connais qu'un seul exemple, dans le شاهنامه *Šâhnâmè*, de la forme vieillie نه اند *nè end*; c'est une forme régulière, mais tombée déjà en désuétude:

بگوهر مگر هم نزاده نه اند
همان از پدر پاک زاده نه اند

bè ğuher meger hem nè zâdè nè end — hemân ez peder pâk zâdè nè end.

Ne sont-ils donc pas nés d'une origine (essence) noble?

L'un et l'autre ne sont-ils pas enfants d'un père de race pure?

(Édition Makan, Vol. IV. p. 173.)

(La répétition de نه *nè* est un pléonasme)

Comme verbes auxiliaires, ام *em* et استم *estem* servent à former les temps passés.

Kaâny, dans son *Perišân*, emploie دیدستی *dîdesty*, pour دیده *dîdèï*, ou دیدی *dîdy*, Ex.:

هیچ دیدستی که بر جای خراب
بیش از معموره تابد افتاب

hič dîdesty ki ber ğây kerâb — bîš ez me'amûrè tâbed âjitâb

As-tu jamais (*hič*) vu que sur les lieux déserts (ruinés) le soleil flambe plus fort que sur les plages habitées?

Se'ady, dans son *Gulistân*, dit شنیدستم *šenîdestem*, pour شنیده ام *šenîdè em*, j'ai entendu.

Kaâny dit, dans son *Perišan*, در کمندی افتادستیم
صعب *der kicmendy üftâdestîm se'ab*, dans un piège nous sommes tombés rudement.

D'ailleurs, dans la dérivation des verbes dénominatifs, leurs formules ایدن *îden* ou یدن *îden*, de même que ایستن *îsten* ou استن *esten*, fonctionnent comme autant d'auxiliaires.

Ainsi, du substantif خرام *ḱerâm*, démarche majestueuse, on forme خرامیدن *ḱerâmîden*, se pavaner; du substantif کریه *ɣirie*, pleur, on forme کریستن *ɣirîsten*, pleurer.

Quant à la signification, il faut observer que *îden* correspond au français *devenir* (*fieri*) et que *îsten* correspond au français *exister*. L'un et l'autre ne s'emploient qu'en composition. De بال *bâl*, stature, aîle, dérive بالیدن *balîden*, croître, acquérir de la force; de زی *ziy*, vie, subsistance, dérive زیستن *zîsten*, vivre, végéter.

§ 2. PARTICULES PRÉFIXES DES VERBES.

35. Il y a six particules préfixes dont on se sert dans le paradigme des verbes persans, savoir: trois affirmatives et trois négatives.

36. Les particules affirmatives sont ب ou بِ *bè* et می *my* ou همی *hemy*.

ب ou بِ *bè* s'ajoute au commencement de l'aoriste, de l'impératif et des temps présents. En poésie et dans le vieux style, on les rencontre aussi devant le prétérit.

می *my* est le préfixe caractéristique du présent de l'indicatif et de l'imparfait.

همی *hemy*, comme le می *my* emphatique, tantôt donne

un sens de continuité et tantôt ne fait que remplacer le préfixe می.

37. Les particules négatives sont لا *nâ*, نه ou ن *nè* et مه ou م *mè*.

نه *nè*, non, ne, peut s'adjoindre à tous les temps et au participe passé. De tous les préfixes du paradigme, نه est le seul qui puisse s'employer isolément en dehors du verbe.

a. Dans les temps caractérisés par la particule می *my*, la négation نه *nè* précède cette particule. Exemples:

میگویم *míγúyem*, je dis; نمی گویم *nèmy γúyem*, je ne dis pas; — میگذشتم *míγüzeštem*, je passais; نمی گذشتم *nèmy γüzeštem*, je ne passais pas, etc.

Cependant, l'on trouve en poésie des exemples où نه *nè* suit می *my*, Exemple:

چوبرا آب فرو می نبرد حکمتش چیست
شرم دارد ز فرو بردن پرورده خویش

čúbrá áb firú my nebürd xikmeteš čist — šerm dáred zi firú bürden perverdèi hîš.

L'eau n'engloutit pas l'arbre; quelle est la raison (philosophie) de cette énigme? C'est que l'eau aurait honte de noyer son propre nourrisson

(Sc'ady).

Ici l'inversion *my nebürd*, pour *nemíbürd*, est une licence poétique à cause du mètre.

b. Dans les temps précédés de la particule بـ, on remplace cette particule par l'affixe négatif ن: Ex.:

بگوئیم *beγúym*, disons; نگوئیم *neγúym*, ne disons pas; — بگذشتند *beγüzestend*, ils ont passé; نگذشتند *neγüzestend*, ils n'ont pas passé, etc.

c. مه ou م *mè* est affecté spécialement à l'usage de la

seconde personne de l'impératif prohibitif au singulier, et ne s'emploie nulle part ailleurs. Exemples:

بكن *bekün*, fais; مكن *mekün*, ne fais pas; یاری بخر و بهیچ مفروش *yary beher u behíč mefurúš*, achète toi (fais l'acquisition d') un ami et ne le revends plus pour rien au monde.

Mais dans نكند *nekuned*, qu'il ne fasse pas; نكنیم *nekuním*, ne faisons pas, et dans d'autres personnes, مه doit être remplacé par نه. (En sanscrit et en zend, *mâ*, मा, ما, veut dire *non*).

d. La négation نا *nâ* se met indifféremment, soit avant le thème aoriste, soit avant le participe passé, soit devant un substantif, et, dans ces trois cas, elle devient membre intégrant d'un composé déclinable. Exemples:

نارس *nâres*, *immaturus*, fruit qui n'est pas mûr encore, de رسیدن *recíden*, arriver (parvenir à l'époque de maturité); نادید *nadídè*, ne voyant pas, participe de دیدن *díden*, voir; نامرد *námerd*, homme sans cœur, filou; نادرست *nâdürüst*, pervers, mauvais sujet; ناامید *nâ umíd* désespéré; ناپاک *nâ páki*, impur, c. à d. esprit railleur, chicaneur.

§ 3. INFLEXION FINALE DES VERBES.

38. L'infinitif de tous les verbes persans finit, soit en دن *den*, soit en تن *ten*.

39. En supprimant ن, dernière lettre de cette terminaison, ce qui reste de l'infinitif, dans les verbes non défectueux, fait la troisième personne du prétérit au singulier. Exemples:

گسترد *yüsterden*, étendre; بافتن *báften*, tisser; گسترد *yüsterd*, il étendit; بافت *báft*, il tissa.

Si l'on ajoute à ce thème verbal les initiales et les

désinences que nous connaissons déjà, on sera à même de former tous les temps passés; c'est pourquoi nous l'appellerons *le thème prétérit*.

40. En supprimant les deux dernières lettres دن *den* ou تن *ten*, de l'infinitif, ce qui en reste fait la deuxième personne de l'impératif au singulier. Exemples:

كُستر (به *bè*) *yüster*, étends; باف (به *bè*) *bâf*, tisse.

41. Si l'on ajoute à ce thème les initiales et les désinences que nous connaissons déjà, on sera à même de former tous les temps présents et aoristes; c'est pourquoi nous l'appellerons *le thème aoriste*. De toutes nos citations (p. 18), il appert que la norme du thème des aoristes se trouve représentée intégralement dans la 2. pers. sing. de l'impératif, et que la norme du thème des passés se retrouve tout aussi intégralement représentée dans la 3. pers. sing. du prétérit de chaque verbe, sans exception.

Le paradigme d'un verbe non défectueux offrira aux commençants l'occasion d'appliquer toutes ces règles préliminaires. On les trouvera développées et précisées dans le paragraphe qui suit immédiatement ce paradigme.

§ 4. PARADIGME DU VERBE NON DÉFECTUEUX كندن *kenden*, ARRACHER.

VOIX ACTIVE.

INFINITIF.

كندن *kenden*, arracher (thème aoriste كن *ken*).

PARTICIPES.

Présent كننده *kenendè* arrachant.

Passé كنده *kendè* arraché.

Futur كندنی *kendeny* qui sera arraché, digne d'être arraché.

GÉRONDIF PRÉSENT.

کنان *kenán* en arrachant.

MODE INDICATIF.

AORISTE.

Sing.
- 1. p. کنم *kenem* ou بکنم *bekenem* j'arrache, j'arracherai, j'aurai arraché;
- 2. p. کنی *keny* ou بکنی *bekeny* tu arraches, tu arracheras, tu auras arraché;
- 3. p. کند *kened* ou بکند *bekened* il arrache, il arrachera, il aura arraché;

Plur.
- 1. p. کنیم *kením* ou بکنیم *bekením* nous arrachons, nous arracherons, nous aurons arraché;
- 2. p. کنید *kenid* ou بکنید *bekenid* vous arrachez, vous arracherez, vous aurez arraché;
- 3. p. کنند *kenend* ou بکنند *bekenend* ils arrachent, ils arracheront, ils auront arraché.

PRÉSENT.

Sing.
- 1. p. میکنم *míkenem* j'arrache;
- 2. p. میکنی *míkeny* tu arraches;
- 3. p. میکند *míkened* il arrache;

Plur.
- 1. p. میکنیم *míkením* nous arrachons;
- 2. p. میکنید *míkenid* vous arrachez;
- 3. p. میکنند *míkenend* ils arrachent.

IMPARFAIT.

Sing.
- 1. p. میکندم *míkendem* j'arrachais;
- 2. p. میکندی *míkendy* tu arrachais;
- 3. p. میکند *míkend* il arrachait;

Plur.
- 1. p. میکندیم *míkendím* nous arrachions;
- 2. p. میکندید *míkendid* vous arrachiez;
- 3. p. میکندند *míkendend* ils arrachaient.

PRÉTÉRIT.

Sing.
- 1. p. کندم *kendem* j'arrachai ;
- 2. p. کندی *kendy* tu arrachas ;
- 3. p. کند *kend* il arracha ;

Plur.
- 1. p. کندیم *kendím* nous arrachâmes ;
- 2. p. کندید *kendíd* vous arrachâtes ;
- 3. p. کندند *kendend* ils arrachèrent.

PRÉTÉRIT COMPOSÉ.

Sing.
- 1. p. کنده ام *kendè em* j'ai arraché ;
- 2. p. کنده ای (ou ـﮥ) *kendè y* ou *kendëi* tu as arraché ;
- 3. p. کنده است *kendè est* il a arraché ;

Plur.
- 1. p. کنده ایم *kendè ím* nous avons arraché ;
- 2. p. کنده اید *kendè íd* vous avez arraché ;
- 3. p. کنده اند *kendè end* ils ont arraché.

PLUS-QUE-PARFAIT.

Sing.
- 1. p. کنده می بودم *kendè my búdem* j'avais arraché ;
- 2. p. کنده می بودی *kendè my búdy* tu avais arraché ;
- 3. p. کنده می بود *kendè my búd* il avait arraché ;

Plur.
- 1. p. کنده می بودیم *kendè my búdím* nous avions arraché ;
- 2. p. کنده می بودید *kendè my búdíd* vous aviez arraché ;
- 3. p. کنده می بودند *kendè my búdend* ils avaient arraché ;

FUTUR.

Sing.
- 1. p. خواهم کند *háhem kend* j'arracherai ;
- 2. p. خواهی کند *háhy kend* tu arracheras ;
- 3. p. خواهد کند *háhed kend* il arrachera ;

Plur.
- 1. p. خواهیم کند *háhim kend* nous arracherons ;
- 2. p. خواهید کند *háhid kend* vous arracherez ;
- 3. p. خواهند کند *háhend kend* ils arracheront.

CONDITIONNEL SIMPLE.

Sing.
- 1. p. میکندم *míkendem* (ou avec اگر *eγer* si) j'arracherais ou si j'arrachais;
- 2. p. میکندی *míkendy* tu arracherais ou si tu arrachais;
- 3. p. میکند *míkend* il arracherait ou s'il arrachait;

Plur.
- 1. p. میکندیم *míkendím* nous arracherions ou si nous arrachions;
- 2. p. میکندید *míkendíd* vous arracheriez ou si vous arrachiez;
- 3. p. میکندند *míkendend* ils arracheraient ou s'ils arrachaient.

CONDITIONNEL COMPOSÉ.

Sing.
- 1. p. کنده باشم (اگر *eγer*) *kendè básem* si j'avais arraché;
- 2. p. کنده باشی (اگر *eγer*) *kendè básy* si tu avais arraché;
- 3. p. کنده باشد (اگر *eγer*) *kendè básed* s'il avait arraché;

Plur.
- 1. p. کنده باشیم (اگر *eγer*) *kendè básim* si nous avions arraché;
- 2. p. کنده باشید (اگر *eγer*) *kendè básid* si vous aviez arraché;
- 3. p. کنده باشند (اگر *eγer*) *kendè básend* s'ils avaient arraché.

Ou bien encore (ce qui est identique avec le plus-que-parfait):

Sing.
- 1. p. کنده می بودم *kendè my búdem* j'aurais arraché;
- 2. p. کنده می بودی *kendè my búdy* tu aurais arraché;
- 3. p. کنده می بود *kendè my búd* il aurait arraché;

Plur.
- 1. p. کنده می بودیم *kendè my búdim* nous aurions arraché;
- 2. p. کنده می بودید *kendè my búdid* vous auriez arraché;
- 3. p. کنده می بودند *kendè my búdend* ils auraient arraché.

MODE SUBJONCTIF.

PRÉSENT.

Sing. 1. p. که بکنم *ki bekenem* ou که کنم *ki kenem* que j'arrache, etc. comme l'*aoriste*.

PRÉTÉRIT.

Sing. 1. p. كاشكه ميكندم *kâski mîkendem* plût à Dieu que j'arrachasse, etc. comme le *conditionnel simple*.

PRÉTÉRIT COMPOSÉ.

Sing. 1. p. (كاشكه) كه كنده باشم *ki* (ou *kâski*) *kendè bâsem*, ou كنده ميبودم *kendè mîbâdem* que j'aie et que j'eusse arraché, etc. comme le *conditionnel composé*.

MODE IMPÉRATIF.

Sing. { 2. p. بكن *beken* arrache;
3. p. بكند *bekened* qu'il arrache;

Plur. { 1. p. بكنيم *bekenîm* arrachons;
2. p. بكنيد *bekenîd* arrachez;
3. p. بكنند *bekenend* qu'ils arrachent.

IMPÉRATIF PROHIBITIF.

Sing. { 2. p. مكن *meken* n'arrache pas;
3. p. نكند *nekened* qu'il n'arrache pas;

Plur. { 1. p. نكنيم *nekenîm* n'arrachons pas;
2. p. نكنيد *nekenîd* n'arrachez pas;
3. p. نكنند *nekenend* qu'ils n'arrachent pas.

IMPÉRATIF DE CONTINUITÉ.

Sing. { 2. p. همى بكن *hemy beken* ou همى كن *hemy ken* continue d'arracher;
3. p. همى بكند *hemy bekened* ou همى كند *hemy kened* qu'il continue d'arracher;

Plur. { 1. p. همى بكنيم *hemy bekenîm* ou همى كنيم *hemy kenîm* continuons d'arracher;
2. p. همى بكنيد *hemy bekenîd* ou همى كنيد *hemy kenîd* continuez d'arracher;
3. p. همى بكنند *hemy bekenend* ou همى كنند *hemy kenend* qu'ils continuent d'arracher.

42. La voix passive se forme et se conjugue au moyen du participe passé suivi du paradigme du verbe auxiliaire شدن *šuden*, devenir. Nous en donnerons un exemple lorsqu'il s'agira des verbes défectueux.

§ 5. REMARQUES SUR LA FORMATION DES DÉRIVÉS VERBAUX.
a. RÈGLES GÉNÉRALES.

43. Le futur composé, le participe passé, le participe futur et tous les temps pétérits d'un verbe persan, dérivent du *thème prétérit* de ce verbe.

44. Le participe présent, le gérondif présent, le futur simple, les temps présents, les aoristes et les impératifs d'un verbe persan dérivent *du thème aoriste* de ce verbe.

Nous avons fait observer déjà que le thème prétérit du verbe non défectueux est son infinitif, moins la dernière lettre, et que le thème aoriste en est l'infinitif, moins les deux dernières lettres.

b. DÉRIVÉS DU THÈME PRÉTÉRIT.

45. Le *participe passé* s'obtient en ajoutant un ه voyelle à la fin de ce thème. Exemples:

روفت *rúft*, il a balayé, روفته *rúftè*, balayé; داد *dád*, il a donné, داده *dádè*, donné, etc.

Souvent le participe passé, seul, supplée tous les temps prétérits. Exemple:

آتشکده گشته کوه و کان هم
تفتیده زمین و آسمان هم
مرغان چمن خزیده در شاخ
در رفته جرندان به سوراخ

áteškiedèh γeštè kúh u kán hem — teftídè zemín u ásmán hem — múryáni čemen hezídè der šah — der reftè čerendán bè súráh.

Les monts et les vaux (les creux) devinrent comme un temple d'ignicoles. La terre et le ciel s'embrasèrent. Les oiseaux de la prairie (effrayés) rampaient sur les branches, les reptiles s'en allaient dans leurs trous.

46. Le *prétérit* s'obtient en joignant le thème en question au verbe normal. Exemples:

خواستن *hásten*, vouloir, خواستم *hástem*, je voulus, خواستی *hásty*, tu voulus, etc.

47. La troisième personne du prétérit au singulier est toujours le thème prétérit lui-même.

Par pléonasme, on ajoute le préfixe بِ *bè* au prétérit. Les exemples en sont nombreux chez les poètes:

سخن خوش از سینه کین ببرد
ز ابروی خشمناک چین ببرد

súheni hoš ez sínè kín bebúrd — zi ábrúiy hišmnák čín bebúrd.

Une bonne parole enlève la haine du cœur (de la poitrine), elle efface le pli du sourcil rancuneux.

48. L'*imparfait* ne diffère du prétérit que par la préposition می *my*, et, dans le vieux style ainsi qu'en poésie, par la préposition همی *hemy*.

Dans les œuvres de Ferdôucy et dans celles de ses imitateurs, on rencontre souvent un ی *y* à la fin de la première et de la troisième personne du singulier, et à la troisième personne du pluriel du prétérit imparfait.

Ainsi, on peut indifféremment dire میمردم *mímúrdem* ou میمردمی *mímúrdemy*, je mourrais; میمرد *mímúrd* et میمردی *mímúrdy*, il mourrait; میمردند *mímúrdend* et میمردندی *mímúrdendy*, ils mourraient, du verbe مردن *múrden*, mourir.

49. Cette irrégularité se remarque aussi dans les prétérits simples de quelques verbes, mais cela arrive rarement.

La préposition می *my* est quelquefois omise ou bien remplacée par به *bè*. C'est une forme vieillie. Ex.:

در تواریخ مسطور است که پادشاه طبرستان بود که عادتش چنان بودی که هر سال نو که در آمدی و وقت افتتاح معامله بودی و عمّالان بتحصیل خراج خواستندی شدن در بیت المال نظر فرمودی هرچه از سال گذشته باقی بودی بر جماعتی از قبایل خویش که در آن ولایت بودندی قسمت کردی و هر یکرا فراخور حسب و نسب او نصیبی بدادی

der tevárîh mestúr est ki pádišáh-i Taberistán búd ki ʿádetuš čenán búdy ki her sáli nóu ki der ámedi u veqti iftáhi müʿámelè búdy u ʿemmálán bè taxçíli heráý hástendy šuden der beit-ül-mál nezer fermúdy her či ez sáli yüzešte báqy búdy her ǧemáʿaty ez qabáili hiš ki der án viláiet búdendy qismet kerdy u her yekrá feráhári xeceb u necibi ú necíby bedády.

Il est écrit dans les chroniques qu'il y avait, à Taberistan, un roi qui, à l'arrivée de chaque nouvel an et à l'époque de la réouverture des affaires commerciales, lorsque les percepteurs allaient percevoir le *haráý*, regardait dans la caisse du trésor. Le reliquat de l'année écoulée était aussitôt, par ordre du roi, distribué à un groupe appartenant aux tribus apparentées avec la famille royale et demeurant dans le royaume, dont chacun recevait une quote part proportionnée au rang (qu'il avait) et à la provenance (de sa famille).

Au lieu de la particule می *my*, on rencontre quelquefois همی *hemy*, qui tantôt n'exerce aucune influence sur la signification du prétérit imparfait, et tantôt lui donne un sens de continuité, comme on peut le voir dans ces vers de Ferdôucy:

بر آویخت و بدرید قلب سپاه — دمان از پس او همی رفت شاه

ber âvîhit u bederîd qelbi sipâh — demân ez peci û hemy reft šâh

Il se précipita au cœur même de l'armée et le déchira; le šah, haletant de rage, continuait à le suivre.

چو آمد بنزدیك نخچیرگاه — تهمتن همی خورد می با سپاه

ču âmed benezdîki nehčîryâh — tehemten hemy ĥârd mey bâ sipâh

Lorsqu'il fut arrivé près du lieu de chasse, il vit que Tehemten (Rüstem) continuait à boire (buvait sans désemparer) du vin avec ses soldats.

درفش جفا پیشه افراسیاب — همی تابد از گرد چون آفتاب

direfši ǧefâ pîše efrâcyâb — hemy tâbed ez yerd čûn âfitâb

L'étendard d'Afrasiab, le tyran, continuait à resplendir au travers de la poussière comme le soleil.

Dans l'exemple suivant, le rôle de همی comme particule de continuité est distinctement précisé:

تو میروی و من خسته باز می مانم
عجب كه بیتو بمانم عجب كه همی مانم

tû mîrevy u men hestè bâz my mânem — 'eǧeb ki bîtû bemânem 'eǧeb ki hemy mânem

Tu pars et moi, rendu de fatigue, je reste en arrière. Chose étonnante! comment pourrais-je demeurer sans toi? comment même continuerais-je à exister sans toi?

On y voit que le poëte joue sur le double sens du verbe ماندن qui signifie *demeurer* et aussi *exister*.

50. Le *prétérit composé* se forme en mettant le verbe normal après le participe passé du verbe qu'on veut conjuguer. Exemples:

کندن *kenden*, arracher; کنده ام *kendè em*, j'ai arraché; کنده ای *kendèï*, tu as arraché; کنده است *kendè est*, il a arraché; کنده ایم *kendè îm*, nous avons arraché; کنده اید *kendè îd*, vous avez arraché;

كنده اند kendè end, ils ont arraché; — de جستن ğesten, sauter, جسته ام ğestè em, j'ai sauté, etc.; جسته ايد ğestè îd, vous avez sauté, etc.; — de جستن ğüsten, chercher, جسته ام ğüstè em, j'ai cherché, etc.; جسته ايد ğüstè îd, vous avez cherché, etc.

درختی که پروردی آمد ببار
هم اکنون به بینی بوش در کنار
اگر بار خارست خود کشته
اگر پرنیانست خود رشته

derehty ki perverdy ámed bèbár — hem eknán belîny bereš der kenár — eyer bár hár-est húd kestè-y — eyer perniyán-est húd ristè-y

L'arbre que tu as soigné vient de porter ses fruits. Tu le vois déjà (maintenant). Prends-en dans ton giron et regardes-y. Si ce n'est qu'épines et rances, c'est toi qui les a semées. Si c'est (s'il te fait gagner) or et soie, c'est toi qui l'a tissu.

از دل سوی جان دریچها ساخته ام
پنهان زتو باتو عشقها بافته ام

ez dil súy ğán derîčèhá sahtè em — penhán zi tú bátú 'esqhá báftè em

Dans mon cœur, j'ai pratiqué des poternes qui donnent dans l'âme et, caché (à tes yeux), j'ai joué (tramé) avec toi mille espiègleries d'amour.

La particule می s'adjoint aussi au commencement de ce temps, mais les exemples s'en présentent rarement.

51. Le *plus-que-parfait* se forme en faisant suivre le participe du verbe conjugué, de بودم bûdem, بودی bûdy, etc. (prétérit de بودن bûden, être), avec ou sans le préfixe می. Exemples:

دوشیدن dûsiden, traire, دوشیده بودم dûsidè búdem, j'avais trait; دوشیده بودی dûsidè búdy, tu avais trait; دوشیده بود dûsidè búd, il avait trait; دوشیده بودیم dûsidè búdîm, nous avions trait; دوشیده بودید dûsidè búdîd, vous aviez trait;

نالیدن دوشیده بودند *dušídè búdend*, ils avaient trait; — de نالیدن *náliden*, se lamenter, نالیده بودم *nálidè búdem*, je m'étais lamenté, etc.; نالیده بودیم *nálidè búdim*, nous nous sommes lamentés, etc.; — de شوریدن *šuríden* se révolter, شوریده بودم *šurídè búdem*, je m'étais révolté, etc.; شوریده بودیم *šurídè búdim*, nous nous étions révoltés, etc.

52. Le *futur composé* se forme en conservant invariable l'infinitif apocopé du verbe conjugué, et en le faisant précéder de خواهم *ḱâhem* (aoriste du verbe خواستن *ḱâsten*, vouloir). Exemples:

De خوابیدن *ḱabíden*, dormir, خواهم خوابید *ḱâhem ḱâbíd*, je dormirai; خواهی خوابید *ḱâhy ḱâbíd*, tu dormiras; خواهد خوابید *ḱâhed ḱâbíd*, il dormira; خواهیم خوابید *ḱâhím ḱâbíd*, nous dormirons; خواهید خوابید *ḱâhíd ḱâbíd*, vous dormirez; خواهند خوابید *ḱâhend ḱâbíd*, ils dormiront [1]); — de پائیدن *páyiden*, guetter, surveiller, خواهم پائید *ḱâhem páyid*, je guetterai, etc.; خواهیم پائید *ḱâhím páyid*, nous guetterons; — de زیستن *zísten* vivre, خواهم زیست *ḱâhem zíst*, je vivrai, etc.; خواهیم زیست *ḱâhím zíst*, nous vivrons, etc., comme en anglais *I will live, thou wilt live*, etc.

53. Le *conditionnel simple* ne diffère en rien des deux variantes de l'imparfait. Exemples:

اگر اینرا میدانستم هرگز بآنجا نمیرفتم *eyer yará midánistem heryíz beânjá nemíreftem*, si je l'avais su, jamais je n'y serais allé.

Voici des exemples de la seconde variante de ce

---

1) Au lieu de خواهم خوابید, on peut aussi dire میخواهم بخوابم *míḱâhem beḱâbem*, litéralement: je veux que je dorme; et ainsi de suite pour toutes les personnes des deux nombres; en conversation, ce dernier mode est plus usité.

conditionnel faisant autant de rimes d'un passage de يوسف و زليخا *Joseph et Züleykia*, poëme de Ferdôucy, dont W. Jones n'a cité que le premier distique:

شبـی بـر برت گـر آسـودمی سـر فـخـر بر آسمان سـودمی
قلم در کف تیر شکستمی کلاه از سر ماه ربـودمی
بقدر از نهم چرخ بگذشتمی بـه پی فرق گردون بفسردمی

šeby ber beret γer áçúdemy — seri fehr ber ásmán súdemy — qelem der kefi tír šikestemy — kulah ez seri máh rübúdemy — beqedr ez nühüm čerh beγüzeštemy — bè pey ferqi γerdún befüçürdemy

Pour une seule nuit passée sur ton sein, j'irais heurter à la porte céleste avec ma tête ivre d'orgueil; je briserais le *kalam* (roseau, rayon) qui est dans la main de la planète Mercure; j'arracherais du front de la lune sa couronne (auréole); ma puissance me ferait planer au-dessus des hauteurs de la neuvième sphère; avec mon talon, je foulerais la tête du ciel!

درخت اگر متحرّک شدی ز جای بجای
نـه جـور ارّه کشیدی و نـه جفای تبر

direht eγer mütexerrik šúdy zi ğay beğay — nè ğúr-i errè kešídy u nè ğefáy teber.

Si l'arbre était automobile (d'un endroit à l'autre) jamais il n'eut souffert ni le supplice de la scie, ni la tyrannie de la hache.

Remarque. Quelques fois on cumule la forme conditionnelle en ی *y* final avec les formes بـه *bè* et می *my* préposées. Exemple:

گر بـدانستمی کـه فـرقـت تـو
همچنین صعب باشد و دشوار
از تـو دوری نمیجستمی یکدم
و از تـو غـایب نمیبودمی یکروز

ger bedânistemy ki ferqet-i tû — hemčenîn se'ab bâšed u dišvar — ez tû dûry nemîgûstemy yek dem — ve ez tû ğâib nemybudemy yekrûz

Si je savais que la séparation d'avec toi serait si pénible et si dure, je ne chercherais pas à m'éloigner de toi, même un instant, je ne disparaîtrais pas (de tes yeux) même un seul jour!

(Envâri Suheyly)

54. Le *conditionnel composé* se conjugue en mettant باشم *bâšem* ou بودم *bûdem* devant le participe du verbe conjugué avec ou sans le préfixe می. Exemples:

De دوختن *dûhten*, coudre, دوخته باشم *dûhtè bâšem*, j'aurais cousu; دوخته باشی *dûhtè bâšy*, tu aurais cousu; دوخته باشد *dûhtè bâšed*, il aurait cousu; دوخته باشیم *dûhtè bâšim*, nous aurions cousu; دوخته باشید *dûhtè bâšid*, vous auriez cousu; دوخته باشند *dûhtè bâšend*, ils auraient cousu. — اگر نشسته میبودید کار ساخته نمیشد *eger nišestè mîbûdîd kâr sâhtè nemîšûd*, si vous restiez assis, l'ouvrage ne serait pas fait.

55. Le *prétérit du subjonctif* ne diffère pas du conditionnel composé, si ce n'est qu'il doit être accompagné des prépositions که *ki*, que, کاشکه *kâški*, plût à Dieu que, et مبادا *mebâdâ*, à Dieu ne plaise que, étrangères au mode conditionnel. Exemples:

De افزودن *efzûden*, augmenter, surfaire, که افزوده باشم *ki efzûdè bâšem*, que j'aie augmenté, surfait; که افزوده باشی *ki efzûdè bâšy*, que tu aies augmenté, surfait, etc.

56. Tous les temps optatifs, exprimant un vœu ou un regret, ressemblent à ceux du mode subjonctif, avec cette différence qu'au lieu de که, il faut mettre کاشکه *kâški* ah! que, plaise à Dieu que, etc. Exemple:

کاشکه مرا مادر هرگز نزاییده بود *kâški merâ mâder hergiz nezâîdè bûd*, plût à Dieu que ma mère ne m'eût jamais donné naissance!

c. DÉRIVÉS VERBAUX DU THÈME AORISTE.

57. Le *participe présent* se forme en ajoutant à la fin du thême aoriste la désinence نده *ndè* ou *endè*. Ex.:

دویدن *devíden*, courir, thême aoriste دو *dev*, participe prés. دونده *devendè*, courant; — پختن *púkten*, bouillir, thême aoriste پز *pez*, part. prés. پزنده *pezendè*, celui qui fait bouillir; — تراشیدن *terášíden*, raser, thême aoriste تراش *teráš*, part. prés. تراشنده *terášendè*, rasant, qui rase.

بخلد زیبنده لالهزار تو بودم
bè heled zíbendèï lálèzári tú búdem

Au paradis, j'étais (embellissant) occupé à embellir tes parterres de tulipes.

Remarque. La seconde personne de l'impératif de دادن *dáden*, donner, peut s'employer substantivement, comme par exemple:

بدهی *bedehy*, donne, il faut que tu donnes, et aussi ولایت بدهی *bedehyi vilayet*, les impôts annuels d'un district, ce que ce district doit payer.

58. Le *gérondif présent*, que les grammairiens confondent à tort avec le participe présent, bien qu'ils diffèrent essentiellement l'un de l'autre, se forme en ajoutant au thême aoriste d'un verbe la désinence ان *án*, qui, après les voyelles ا, و, ی, devient یان *yán*. Ex.:

لنگان و نالان و گریان و جنبان رفتم تا درخانه *lenyán u nálán u ɣiryán u ǧumbán reftem tá derùḫánè*, en boîtant, en poussant des gémissements, en pleurant, vacillant, je suis allé jusqu'à la cour du prince; — de خاستن *ḫásten*, se lever, thême aoriste خیز *ḫíz*, gér. prés. خیزان *ḫízán*, en se levant; — de خواستن *ḫásten*, vouloir, thême aoriste خواه *ḫáh*, gér. prés. خواهان *ḫáhán*, en voulant; — de رستن *rústen*, croître, thême aoriste روی *rúy*, gér. prés. رویان *rúyán* en croissant; — de کریستن‎ *yiristen*, thême aoriste کری‎ *yiriy*, gér. prés. کریان‎ *yiryân*, en pleurant; — de کشیدن‎ *kešiden*, traîner, thême aoriste کش‎ *keš*, gér. prés. کشان‎ *kešân*, en traînant; — de کشتن‎ *küšten*, tuer, thême aoriste کش‎ *küš*, gér. prés. کشان‎ *küšân*, en tuant.

59. Si les nuances de signification, parfois fort délicates, entre les gérondifs, les participes présents et les adjectifs verbaux persans, ont souvent embarrassé l'analyse, c'est qu'il n'y a d'uniformité ni dans leur dérivation, ni dans leur emploi. L'usage seul en fait la loi; exemples: روان‎ *revân* [1]), en allant, (gérondif de رفتن‎ *reften*, thême aoriste رو‎ *rev*, aller), signifie aussi: âme, et l'on s'en sert aujourd'hui moins rarement que de روا‎ *revâ* permis, licite, ou de روانه‎ *revânè*, partant, allant. Le verbe توانستن‎ *tüvânisten* n'a pas de gérondif ni de participe en نده‎, bien qu'il donne naissance aux dérivés verbaux توانا‎ *tevânâ*, puissant, ناتوان‎ *nâtevân*, impuissant et توان‎ *tüvân*, thême aoriste qui, précédé de می‎, forme les locutions impersonnelles میتوان‎ *mîtüvân* on peut, et نمیتوان‎ *nemîtüvân*, on ne peut pas.

60. Les participes présents, qui sont en même temps des adjectifs verbaux, terminés en ا‎ *â*, se rencontrent moins fréquemment. Exemples:

De دیدن‎ *dîden*, voir, imp. بین‎ *bin*, part. prés. بینا‎ *bînâ*, voyant; — de دانستن‎ *dânisten*, savoir, thême aoriste دان‎ *dân*, part. prés. دانا‎ *dânâ*, sachant, savant; — de داشتن‎ *dâšten*, avoir, thême aoriste

---

[1] Employé adverbialement, روان‎ *revân* signifie: aisément, couramment. Ex.: روان حرف میزند‎ *revân zerf mîzened*, il parle avec beaucoup de facilité; روان مینویسد‎ *revân mînüvîsed*, il écrit couramment.

دار *dár*, part. prés. دارا *dárá*, ayant, riche; — de جستن *ǧüsten*, chercher, thême aoriste جو *ǧu*, part.¹ prés. جویا *ǧuyá*, cherchant; — de گفتن *γoften*, parler, thême aoriste گو *γú*, part. prés. گویا *γúyá*, parlant, disant; — de زیبیدن *zíbíden*, orner, زیبا *zíbá*, ornant, qui orne; — de سزیدن *sezíden*, convenir, thême aoriste سز *sez*, سزا *sezá*, qui convient.

Certains noms donnent lieu à une formation analogue; ainsi: پهن *pehn*, large et پهنا *pehná*, largeur; روشن *rôušen*, clair, lucide et روشنا *rôušená*, lumière vive, éclat.

Une des femmes d'Alexandre le Grand s'appelait Rôušeña, que les Grecs prononçaient Roxana.

61. Le thême aoriste, pris isolément, n'est pas toujours d'une prononciation identique avec la deuxième personne du singulier de l'impératif, car dans les verbes دویدن *devíden*, رفتن *reften*, بودن *búden*, شدن *šüden*, etc., *dooú*, impératif, diffère de *dev*, thême aoriste; *rôu*, impératif, diffère phonétiquement de *rev*, thême aoriste; *báš* ou *bád*, impératif, diffère de *bev*, thême aoriste; *šôu*, impératif, diffère de *šev*, thême aoriste, etc. Il importe de bien distinguer ces nuances.

Le plus souvent, ce thême n'a pas de sens déterminé, à moins qu'on ne précise ce sens par des particules positives ou négatives. Il en est de même pour ce qui concerne les impératifs.

62. L'*impératif* est précédé de la particule به *bè* ou ب *bè*, ou, par euphonie, بی *bey* avant un ا *élif meddé*. Ex.:

De فرمودن *fermúden*, thême aoriste فرما *fermá*, impér. بفرما *befermá* ordonne, daigne!; — de سوزاندن *súzánden*, incendier, thême aoriste سوزان *súzán*, impér. بسوزان *besúzán*, brûle; — de آمدن *ámeden* arriver, thême aoriste ا *á*, impér. بیا *beyá*, viens, arrive donc; — de

افتادن *üftáden*, thème aoriste افت *üft*, impér. بیفت *beyüft*, qui s'écrit aussi بیافت *beyüft*, tombe.

Cette particule positive بِ *bè* n'a presque jamais lieu devant باش *bâš* et باد *bâd*, impératifs du verbe auxiliaire du verbe بودن *bûden* être. On la supprime souvent en poésie, et aussi en prose dans des verbes composés avec des parties du discours déclinables et indéclinables. Exemples:

برخاستن *berhásten*, se lever, surgir, et برداشتن *berdásten*, soulever, étant composés de la préposition بر *ber*, sur, sus, font, à l'impératif, برخیز *berhíz*, lève-toi, بردار *berdár*, soulève cela, emporte-le. — Les verbes وایستادن *vâmánden*, rester derrière par trop de fatigue, et vâystáden, s'arrêter tout d'un coup, étant composés de la préposition وا *vâ*, font, à l'impératif, وامان *vâmán*, reste derrière, et وایست *vâyst* ne bouge pas, reste debout; — دست زدن *dest zeden*, toucher avec la main (*dest*), impér. بزن دست *dest bezen*, touches-y avec ta main. Dire بربرخیز *beberhíz*, بربدار *berbedár*, وابمان *vábemán*, وابیست *vábeíst*, serait faire autant de pléonasmes.

63. L'*impératif prohibitif*, ou qui défend, se forme au moyen des prépositions négatives مه ou م *mè*, نه ou ن *nè*, qui peuvent se changer, par euphonie, en می *mey* et نی *ney*. Exemples:

De ساختن *sáhten*, faire, thème aoriste ساز *sáz*, impér. مساز *mesáz* ne fais pas; ou, en langue vulgaire, نساز *nesáz*; — مالیدن *máliden* frotter, imp. rac. مال *mál*, impér. ممال *memál*, ou, en langue vulgaire, نمال *nemál*, ne frotte pas; — de آزمودن *ázmúden*, éprouver, thème aoriste آزمای *ázmáy*, imp. میازمای *meyázmáy*, ou, en langue vulgaire, نیازمای *neyázmáy*, n'éprouve pas.

Dans le vers suivant, le poëte emploie ces deux variantes de l'impératif prohibitif du verbe آوردن *ávurden* apporter, thême aoriste آر *âr*, et en même temps, il joue sur la double signification des particules négatives می *mey* (ی *y* euphonique), qui veut dire en même temps *du vin*, et نی *ney*, signifiant aussi une *flûte* (quoique نيبار *neyâr*, correctement parlant, soit une faute):

می نمی‌خواهم نیار — نی نمی‌خواهم میبار

mey nemîkhâhem neyâr — ney nemîkhâhem meyâr

Je ne veux pas de vin, ne l'apporte pas (c'est-à-dire apporte une flûte). Je n'aime pas la flûte, ne l'apporte point (c'est-à-dire apporte du vin).

64. Les verbes qui admettent dans leur composition les parties du discours déclinables et indéclinables conservent les particules négatives, mais celles-ci doivent se placer entre le verbe et la partie du discours en question. Exemples:

دست مزن *dest mezen*, n'y touche pas; وامه‌ایست *vâmeïst*, ou وانباست *vâneïst*, ne t'arrête pas; وامان *vâmemân*, ne reste pas en arrière!; برمخیز *bermekhîz* ou برنخیز *bernekhîz*, ne te lève pas, reste où tu es assis. (Voyez les exemples, pour la langue vulgaire, du n°. 63).

65. Nous verrons plus bas ce que sont les *impératifs optatifs*, et comment ils se forment.

66. Les Persans ont aussi un *impératif de continuation* qui s'emploie seulement dans un sens affirmatif. Ils le forment en substituant la particule می *my* ou همی *hemy* à la particule به *bè*. Ex.:

داد گدایان میده و بداد دادخواهان میرس

dâdi γedâyân mîdeh û bedâdi dâdkhâhân mîres

Donne toujours aux nécessiteux cette part de tes biens qui leur revient de droit (*dâd*), et empresse-toi d'arriver au cri (*dâd*) de ceux qui en appellent à ta justice (*dâd*).

L'auteur joue ici sur le double sens du mot داد *dâd* qui signifie *justice* et *cris*.

اورا مهلت سه روز ده اگر پیش از مهلت آن مبلغ را
نقد کند فبها و الّا به تازیانه میزن تا آنکه مال بگذارد
یا در زیر چوب هلاک شود

úrá mühleti sè rúz dèh eyer píš ez mühleti án mebleyra neqd küned febihá ve illa bè táziánè mízen tá ánki mál beyüzáred yá der zíri čúb helák ševed

Donne lui un terme de trois jours. Si, avant l'expiration du délai, il paie la somme en espèces, c'est bien; mais sinon, continue à le fouetter jusqu'à ce qu'il dépose (exhibe) la somme ou qu'il meure sous les verges!

باد رنگین است شعر و خاک رنگین زر
باد رنگین میفروش و خاک رنگین میستان

bádi renyín est še'ar u hák renyíni zer — bádi renyín mífurúš u háki renyín mícitán

La poésie, c'est un souffle du vent enluminé (inspiration), l'or c'est de la poussière brillante et belle. Continue à vendre ce souffle et à ramasser cette poussière (terre, métal).

تو تیغ میزن و بگذار تا من مسکین
نظاره میکنم آن ساعد نگارین را

tú tíy mízen u beyüzár tá meni meskín — nezzarè míkünem án sá'edi niyarín rá

Frappe-moi sans relâche, avec la lame de ton glaive, mais laisse-moi malheureux contempler ce (ton) joli avant-bras.

رو بر سر افلاک جهان خاک انداز
می میخور و گرد خوبرویان میناز

róu ber seri efláki ǧehán háki endáz — mey míkür u yirdi húbrúyán mítáz

Vas-y, et vite, continue à jeter de la cendre sur la cîme (voûte) des cieux du monde (c.-à-d.: ne fais aucun cas de ce qu'on dira). Continue à boire du vin et cours-y butiner autour des bien-aimées au beau-visage.

L'expression persane خاك بر سر *ḫâki ber ser*, la poussière sur la tête, veut dire: vilipender, couvrir d'opprobre, mépriser.

بزرگی فرموده است که کسبی میکن تا کاهل نشوی
و روزی از خدا میدان تا کافر نشوی

büzürүy fermûdè est ki kiesby my kün tâ kiâhil nè ševy — û rûzy ez ḫüdâ mîdân tâ kiâfir nè ševy

Un grand (saint) homme a dit: occupe-toi toujours d'un négoce quelconque afin de ne pas rester oisif, et reconnais toujours en Dieu le dispensateur de la ration quotidienne, afin de lui garder ta foi (afin de ne pas être mécréant).

67. L'*aoriste* n'est que le thême aoriste suivi immédiatement des désinences personnelles du verbe normal.

Exemples: زنم *zenem*, زنی *zeny*, زند *zened*, etc. Il s'emploie très-souvent en poésie et quelquefois en prose, tantôt comme le présent, tantôt comme le futur antérieur et tantôt comme le futur simple. Dans ce dernier cas, on lui adjoint la préposition بە *bè* ou ب *bè*. Dans un des *gazels* de Hafiz, on remarque ce triple emploi de l'aoriste. Exemple:

تیغی که آسمانش از فیض خود دهد آب
تنها جهان بگیرد بی منت سپاهی
باز ار چه گاه گاهی بر سر نهد کلاهی
مرغان قاف دانند آیین پادشاهی

tîүy ki âsmâneš ez feyzi ḫûd dehed âb — tenhâ ǧehân beүîred by minneti sipâhy — bâz er či үâh үâhy ber ser nehed kulâhy — müryâni qâf dânend âyyni pâdšâhy

L'épée à laquelle le ciel aura donné de la trempe dans l'eau de ses faveurs, accomplira toute seule la conquête du monde, sans le secours des armées. Bien qu'il arrive parfois qu'un faucon de chasse se couronne la tête d'un chaperon, il n'y a que les oiseaux du Caucase qui sachent bien porter les us et coutumes de la royauté.

Dans cet exemple, دهد *dehed*, aoriste et en même temps futur antérieur de دادن *dâden*, donner, est employé au futur; بگیرد *beyîred*, aoriste de گرفتن *yiriften* prendre, s'emparer, est employé au futur; نهد *nehed*, aoriste de نهادن *nehâden*, au présent subjonctif; et دانند *dânend*, aoriste de دانستن *dânisten*, savoir, au présent de l'indicatif.

Voici encore un exemple où l'aoriste est employé comme futur:

چو رستم پدر باشد و من پسر — بدنیا نماند یکی تاجور

ču rüstem peder lâšed ú men pecer — bedünyâ nemâned yeky tâýcer

A un père comme Rüstem, donnez un fils comme moi, et il ne restera pas au monde un seul porteur de couronne debout!

68. Le *présent indicatif* se forme en faisant précéder l'aoriste de la préposition می *my*. Exemples:

گریستن *yiristen*, pleurer, aoriste گریم *yiriyem*, prés. ind. میگریم *miyiriyem*, je pleure, میگریی *miyiriy*, tu pleures, میگرید *miyiried*, il pleure, میگریم *miyiriym*, nous pleurons, میگرید *miyiriyd*, vous pleurez, میگریند *miyriyend*, ils pleurent.

La préposition می *my* est parfois supprimée en poésie. Exemple:

زرع امیدرا که میکاری
از سحاب کرامت آب دهد

zer'ei ümid-râ ki mikâry — ez seçâb kierâmet âb dehed

Pour les cultures que tu ensemences, espérant en Dieu, le nuage de sa miséricorde leur donnera de l'eau, (*dehed* pour *mîdehed*; le sujet est *kierâmet*).

69. Le *présent subjonctif* se forme en faisant précéder

l'aoriste des conjonctions كه بِ *ki bè*, que, ou كاشكه بِ *kâški bè*, plaise à Dieu que. Exemples:

مُردن *mürden*, mourir, aoriste بميرم *mîrem*, présent subjonctif كه بميرم *ki bemîrem*, que je meure, ou كاشكه بميرم *kâški bemîrem*, plaise à Dieu que je meure; كه بميرى *ki bemîry*, ou كاشكه بميرى *kâški bemîry*, plaise à Dieu que tu meures [1]).

كاش كان روز كه در پاى تو شد خار اجل
دست گيتى بزدى تيغ هلاكم بر سر

kâš kân rûzi ki der pây tu šüd hâri eǧel — desti γeyty bezedy tîγi helâkem ber ser

Plût à Dieu que le jour où l'épine de la mort s'enfonça dans ton pied, la main du monde eût frappé ma tête avec son glaive mortifère.

Quelquefois la préposition بِ *bè* s'omet, et كه *ki* seul accompagne le subjonctif. Exemple:

مرا مرگ بهتر از اين زندگى   كه سالار باشم كنم بندگى
merâ merγ behter ez yn zendeγy — ki sâlâr bâšem künem bendeγy

J'aime mieux la mort que cette vie où, tout chef des armées que je suis, l'on veut que je fasse de l'esclavage.

Dans les locutions interrogatives, il est plus élégant de supprimer le كه en ne conservant que le بِ du subjonctif. Ex.:

---

1) C'est-à-dire: que je meure, que tu meures en bon musulman, pour aller en Paradis, (comme nous disons: mourir en odeur de sainteté).

من بميرم *men bemîrem*, que je meure, تو بميرى *tû bemîry*, que tu meures, مرگ من *merγi men*, مرگ تو *merγi tû*, expressions familières usitées dans le sens de: Est-ce vrai? dis franchement!

Le substantif *mort* est employé ici dans le sens religieux, la mort d'un fidèle musulman.

بخورم *behârem*, faut-il que je mange? میخواهی برویم *miħâhy berevîm*, veux-tu (que) nous partions? بگویم *beyûyem*, dois-je parler? بخوانیم *beħânîm*, faut-il (que) nous chantions?

Les optatifs négatifs ne supportent pas le به *bè*. Ils le remplacent par la négation نه *nè*. Exemple: نروی بهتر است *nerevy behter est*, il vaut mieux que tu ne partes pas; ne pars pas, cela serait mieux.

§ 6. DE L'INFINITIF.

70. L'infinitif, de même que les participes, est compté par les grammairiens orientaux au nombre des noms déclinables.

71. En ajoutant à la fin de l'infinitif un ی que l'on appelle یای لیاقت *yây lyâqet*, ou *y* de convenance, on forme le participe futur, qui est en même temps le substantif de possibilité, comme on peut le voir dans les exemples suivants: مردنی *mûrdeny, moriturus*, qui mourra, qui peut ou qui doit mourir, de مردن *mûrden*, mourir; — خوردنی *hârdeny*, qui sera mangé, mangeable, de خوردن *hârden*, manger; — آمدنی *âmedeny*, qui viendra sous peu, qui est attendu d'un jour à l'autre, de آمدن *âmeden*, venir; — شدنی *sûdeny*, possible, pouvant avoir lieu, qui sera, de شدن *sûden*, devenir; — دیدنی *dîdeny*, qui mérite d'être vu, qui sera vu et que l'on peut voir, de دیدن *dîden*, voir; — رفتنی *refteny*, qui doit partir, de رفتن *reften*, aller.

Ferdôucy dit:

همه بودنی گفته بودم بشاه
ز کیوان و بهرام و خورشید و ماه

hemè bûdeny γoftè bûdem bè šâh — zi kèwân u behram u hûršid û mâh

J'avais dit au roi tout ce qui devait nécessairement arriver, par (l'influence des corps célestes de) Keyvan et de Behram, ainsi que par celle du soleil et de la lune.

La traduction française des Quatrains de Heyyâm, ordinairement si exacte, ne l'est point quand elle rend (page 100) l'hémistiche suivant:

از بودنى اى دوست چه دارى تیمار

ez búdeny ey dúst či dáry tímár

par: O ami! à quoi bon se préoccuper de l'être?

Le poëte veut dire: A quoi bon te préoccuper de l'avenir qui est incertain, de ce qui probablement adviendra? Laisse le destin s'accomplir.

CHAPITRE III

DES VERBES DÉFECTUEUX

72. La défectuosité des verbes persans se rapporte seulement au thême *aoriste*. Quant au thême *prétérit*, il se forme toujours de la manière régulière indiquée dans le chapitre précédent.

§ 1. DES THÊMES AORISTES DES VERBES DÉFECTUEUX.

a. OBSERVATIONS GÉNÉRALES.

73. Par un caprice inhérent à la nature de l'étymologie persane, il arrive que, dans quelques verbes, le passage de l'action prétérite à l'état de l'action présente ou aoriste, fait changer la dernière lettre du thême prétérit. Des mouvements analogues à celui-là ont lieu aussi dans le paradigme verbal de la plupart des lan-

gues indo-européennes. Bopp (Gram. comp. vol. 1, § 109, trad. Bréal) fait observer que "les grammairiens indiens divisent les racines sanscrites en dix classes d'après des particularités qui se rapportent au temps présent, au participe présent et à l'imparfait. Ces particularités se retrouvent toutes en zend." C'est une question de grammaire comparée.

La particularité de la conjugaison des verbes défectueux persans, consiste en ce que la dernière lettre de ce que j'appelle le thême prétérit se permute nécessairement en une lettre congénère. La permutation n'influe aucunement sur les désinences personnelles; celles-ci restent soudées à la dernière lettre du thême et se prononcent conjointement avec elle.

Cette permutation forcée atteint toutes les voyelles et les quatre consonnes, خ, س, ش et ف de l'alphabet persan.

Les voyelles brèves du thême prétérit se changent en voyelles longues dans le thême aoriste. Exemples:

بردن *bürden*, porter, thême aoriste بر *ber*; — زیستن *zísten*, vivre, thême aoriste زی *ziy*; — شستن *šusten*, laver, thême aoriste شو *šu*; — مردن *mürden*, mourir, thême aoriste میر *mír*.

De و long, *û*, se change en ا long, *á*. Exemples:

نمودن *nümúden*, montrer, thême aoriste نما *nümá*; — فرمودن *fermúden*, ordonner, thême aoriste فرما *fermá*; cet ا *á* s'unit aux désinences personnelles au moyen d'un ی euphonique — آسودن *ásúden*, se reposer, میاسایند *miásáyend*, ils se reposent; آزمودن *ázmúden*, éprouver, می ازمایند *my ázmáyend*, ils éprouvent, etc.

La consonne ف *f* se change en ب *bé*, en و *v*, ou en و *ou*. Ex.:

یافتن *yâften*, trouver, یاب *yâb* ; — آشفتن *âšüften*, se troubler, se révolter, آشوب *âšûb* ; — رفتن *reften*, aller, impér. رو *róu* ; — میروم *mírevem*, je m'en vais, نرود *nereved*, qu'il ne s'en aille pas ; etc.

Les mutations de la consonne خ *h* donnent naissance au groupe le plus nombreux des verbes défectueux. Elle se change tantôt en ز *z*, tantôt en ش *š*, tantôt en س *s*, tantôt en ل *l*, et tantôt en نج *eng*. Exemples :

فروختن *endâhten*, lancer, thème aoriste انداز *endâz* ; — فروختن *fürühten*, vendre, فروش *fürûš* ; — شناختن *šinâhten*, connaître, شناس *šinâs* ; — گسیختن *γücihten*, rompre, گسل *γücil* ; — سختن *sehten*, peser, سنج *seng*, etc.

L'intervention de la consonne ن, comme dans ce dernier exemple, est assez fréquente dans d'autres thèmes aoristes :

نشستن *nišesten*, s'asseoir, نشین *nišín* ; — چیدن *čiden*, cueillir, چین *čín* ; — کردن *kerden*, faire, کن *kün*, etc.

La permutation de la consonne ش *š* est non moins fréquente. Elle se change soit en یس *ís*, soit en ر *r*. Ex.:

نوشتن *nüvišten*, écrire, نویس *nüvís* ; — داشتن *dâšten*, avoir, دار *dâr*, etc.

La consonne س *s* se change en ه *hé* aspiré ou en ند *end*. Exemples :

جستن *ǵesten*, sauter, جه *ǵeh* ; — بستن *besten*, lier, بند *bend*, etc.

Il n'y a qu'un seul verbe, دیدن *diden*, voir, بین *bîn*, où la lettre initiale doit être changée.

Ce verbe donne naissance à plusieurs dérivés comme : دید و بازدید *dîd u bâzdîd*, cérémonie, des visites faites et rendues, دوربین *dûrbin*, télescope (longue-vue), etc.

Du thème دید *dîd*, se forme دیده *dîdè*, œil. Du thème بین *bîn*, se forment بینا *bînâ*, le voyant, doué de la faculté de voir. Le plus souvent, dans les composés, cette dernière formation conserve son thème primitif. Exemples: مرد دقیقه بین *merdi deqîqè bîn*, un homme qui s'attache aux détails minutieux; ذهن زرّه بین *zehni zerrè bîn*, esprit qui aperçoit les moindres atômes, auquel aucun détail n'échappe.

§ 2. CLASSIFICATION DES RACINES AORISTES DES VERBES DÉFECTUEUX.

74. Commençons par donner encore quelques exemples de verbes non défectueux:

INFINITIF.		THÈME AORISTE.	
خوردن	*hûrden*, manger,	خور	*hûr*;
خواندن	*hânden*, appeler, chanter, lire,	خوان	*hân*;
ماندن	*mânden*, rester, ressembler,	مان	*mân*;
طپاندن	*tepânden*, fourrer avec force,	طپان	*tepân*;
گستردن	*γûsterden*, étendre,	گستر	*γûster*.

75. Les verbes dont la formation du thème aoriste s'éloigne le moins de ce type, sont ceux dont les infinitifs finissent en یدن *îden*; leur thème aoriste s'obtient en supprimant les trois lettres de cette finale:

رسیدن	*resîden*, arriver,	رس	*res*;
گزیدن	*γezîden*, mordre,	گز	*γez*;
بریدن	*bûrîden*, trancher,	بر	*bûr*;
پریدن	*perîden*, s'envoler,	پر	*per*;
پرانیدن	*perânîden*, faire s'envoler,	پران	*perân*;
ترسیدن	*tersîden*, avoir peur,	ترس	*ters*;
ترسانیدن	*tersânîden*, faire peur, effrayer,	ترسان	*tersân*;
جنبیدن	*ǧumbîden*, se mouvoir, vaciller,	جنب	*ǧumb*;
جنبانیدن	*ǧumbânîden*, ébranler,	جنبان	*ǧumbân*.

La plupart des verbes persans appartiennent à ce groupe. Nous nous bornons à ce petit nombre d'exemples, vu qu'ils sont presque réguliers. Il faut y compter aussi tous les verbes dont le thème aoriste se forme en retranchant les trois dernières consonnes de l'infinitif, comme: زیستن *zîsten*, vivre, thème aoriste زی *zîy*; نگریستن *niɣeristen*, contempler, نگر *niɣer*; دانستن *dânisten*, savoir, دان *dân*; توانستن *tüvânisten*, pouvoir, توان *tüvân*; ایستادن *istâden*, stationner, être debout, ایست *ist*.

76. Viennent ensuite les verbes où, conformément à la loi de permutation, commune à beaucoup d'autres langues, la consonne ف *f* de l'infinitif se change en ب *bè* dans le thème aoriste.

کوفتن	*küften*, piler, battre,	کوب	*küb*;
روفتن	*rüften*, balayer,	روب	*rüb*;
تافتن	*tâften*, luire, tordre, tisser,	تاب	*tâb*;
آشوفتن	*âšüften*, agiter, troubler,	آشوب	*âšüb*;
فریفتن	*ferîften*, tromper,	فریب	*ferîb*;
یافتن	*yâften*, trouver,	یاب	*yâb*;
شتافتن	*šitâften*, se hâter,	شتاب	*šitâb*.

Trois verbes de ce groupe peuvent s'écrire sans و ou: کفتن *küften*, رفتن *rüften*, آشفتن *âšüften*; et l'on écrit également فرفتن *ferîften*, sans ی *y*.

77. Suivent les verbes où le thème aoriste fait changer la voyelle و *u* de l'infinitif en ا *â* long, qui, dans la conjugaison des temps dérivés de ce thème, devient, par euphonie, ای *ây*, excepté la 2ᵉ pers. sing. impér. qui finit invariablement en ا *â*.

سُودن sûden, frotter,   ساى sáy:[1]

آسُودن âçûden, se reposer,   آساى açây:

سِتُودن sitûden, louanger,   سِتاى sitây:

آلُودن âlûden, souiller,   آلاى âlây:

آزمُودن âzmûden, essayer,   آزماى âzmây:

افزُودن efzûden, augmenter,   افزاى efzây:

نمُودن nûmûden, montrer,   نماى nûmây:

ربُودن rûbûden, ravir,   رباى rûbây.

78. Viennent ensuite les verbes où la voyelle ' ŭ bref, placée avant la finale de l'infinitif, se change à l'impératif en و û long. Exemples:

شدن šuden, devenir, (impératif شو šów),   شو šev:

شستن šusten, laver,   شوى šûy:

جستن ǰusten, chercher,   جوى ǰûy:

رستن rusten, croître,   روى rûy.

79. Les seize verbes suivants, au thème aoriste, changent la consonne خ en ز:

انداختن endâhten, lancer, tirer,   انداز endâz:

افراختن efrâhten, lever, porter haut,   افراز efrâz:

افروختن efrûhten, allumer,   افروز efrûz:

انگیختن engîhten, stimuler, agacer,   انگیز engîz:

آویختن âvîhten, suspendre,   آویز âvîz:

ریختن rîhten, épancher, verser,   ریز rîz:

---

1) La 2e pers. sing. de l'impératif des verbes dont le thème aoriste finit par un ى se forme en supprimant cette lettre, sauf quelques exceptions qui se trouvent marquées dans le tableau synoptique.

گریختن‌ *γurĭkten*, fuir,   گریز *γurĭz;*

بیختن‌ *bĭkten*, tamiser,   بیز *bĭz;*

تاختن‌ *tăkten*, galoper à cheval, courir sus,   تاز *tăz;*

دوختن‌ *dŭkten*, coudre,   دوز *dŭz;*

توختن‌ *tŭkten*, désirer ardemment,   توز *tŭz;*

سوختن‌ *sŭkten*, brûler,   سوز *sŭz;*

نواختن‌ *nevăkten*, caresser,   نواز *nevăz;*

پرداختن‌ *perdăkten*, polir, perfectionner, et, au figuré, vider, achever,   پرداز *perdăz;*

باختن‌ *băkten*, perdre au jeu,   باز *băz;*

گداختن‌ *γudăkten*, liquéfier,   گداز *γudăz.*

80. Les sept verbes suivants changent ش en ر. Ex.:

کشتن‌ *kišten* ou کاشتن‌ *kăšten*, semer,   کار *kăr;*

داشتن‌ *dăšten*, avoir,   دار *dăr;*

نگاشتن‌ *niγăšten*, écrire, tracer,   نگار *niγăr;*

انباشتن‌ *embăšten*, remplir,   انبار *embăr;*

گماشتن‌ *γumăšten*, appointer,   گمار *γumăr;*

گذاشتن‌ *γuzăšten*, laisser, placer,   گذار *γuzăr;*

پنداشتن‌ *pendăšten*, présumer,   پندار *pendăr.*

81. Les quatre verbes suivants éliminent, au thème aoriste, la pénultième consonne د de l'infinitif.

چیدن‌ *čĭden*, cueillir, entasser,   چین *čĭn;*

گزیدن‌ *γuzĭden*, choisir,   گزین *γuzĭn;*

آفریدن‌ *ăferĭden*, créer,   آفرین *ăferĭn.*

دیدن‌ *dĭden*, voir, fait au thème aoriste بین *bĭn;* c'est le seul verbe de toute la langue persane dans lequel la première lettre de l'infinitif soit différente de celle du thême aoriste.

82. Enfin, les verbes défectueux dans lesquels le thême aoriste se forme encore plus irrégulièrement sont:

خواستن	*hásten*, vouloir,	خواه	*háh* [1];
کاستن	*kásten*, diminuer, dépérir,	کاه	*káh*;
جستن	*ğesten*, sauter,	جه	*ğeh*;
رستن	*resten*, s'affranchir,	ره	*reh*;
پذرفتن	*pezirüften*, recevoir, agréer,	پذیر	*pezír*;
گرفتن	*ġiriften*, prendre,	گیر	*ġír*;
مردن	*mürden*, mourir,	میر	*mír*;
زدن	*zeden*, frapper,	زن	*zen*;
شکستن	*šikesten*, briser,	شکن	*šiken*;
پیوستن	*peyresten*, joindre, rattacher,	پیوند	*peyrend*;
بستن	*besten*, lier, garrotter,	بند	*bend*;
گشتن	*ġešten*, devenir, tourner,	گرد	*ġerd*;
برگشتن	*berġešten*, revenir, retourner,	برگرد	*berġerd*;
هشتن	*hišten*, lâcher prise, laisser s'échapper,	هل	*hil*;
گسختن	*ġücíhten*, se rompre,	گسل	*ġücil*;
سفتن	*süften*, perforer, percer,	سنب	*sümb*;
نهفتن	*nühüften*, céler,	نهان	*nehán*;
گفتن	*ġoften*, parler,	گوی	*ġúy*;
آمدن	*ámeden*, venir, arriver,	آی	*áy*.

1) Le thême aoriste خواه *háh* s'emploie souvent dans le sens de ou, soit que, bon gré mal gré. Exemples:

خواه باشد خواه نباشد *háh básed háh nebásed*, s'il est ou s'il n'est pas; خواه نخواه *háh neháh* ou خواهی نخواهی *háhy neháhy*, volens nolens, bon gré mal gré.

نوشتن *nüvišten*, écrire,   نویس *nüvís*;
نشستن *nišesten*, s'asseoir,   نشین *nišín*;
خاستن *kásten* ou برخاستن *berkásten*, se lever,   برخیز *berkíz*;
پاختن *púkten*, cuire,   پز *pez*;
بردن *bürden*, porter,   بر *ber*;
کردن *kerden*, faire,   کن *kün*;
سپردن *süpürden*, livrer, confier,   سپار *sipár*;
شمردن *šümürden*, compter,   شمار *šümár*;
آوردن *ávürden*, apporter,   آر *ár* ou آور *áver*;

شناختن *šinákten*, connaître,   شناس *šinás*;
فروختن *fürúkten*, vendre,   فروش *fürúš*;
درویدن *dereviden*, moissonner,   درو *derev*; imp: درو *deróu*;

شنیدن *šinüften* ou شنودن *šinúden* ou شنفتن *šinüden*, entendre,   شنو *šinev*; imp: شنو *šinóu*.

83. Pour venir en aide à la mémoire, voici tous ces verbes rangés alphabétiquement.

§ 3. TABLEAU SYNOPTIQUE DES VERBES DÉFECTUEUX PERSANS.

INFINITIF.   THÈME AORISTE.

آجستن * 1 *ájisten*, planter, ficher,   آج *áj*;
آراستن *árásten* ou آرستن *ársten*, orner,   آرای *áráy*;
آزمودن *ázmúden*, éprouver,   آزمای *ázmáy*;
استادن *istáden* ou ایستادن *ystáden*, être debout,   است *ist*;

---

1) Les verbes marqués ici d'une * sont ou vieux ou tombés en désuétude et l'on ne s'en sert plus dans la conversation

آسودن âçúden, se reposer, آساى âçây;

اشفتن âšúften ou اشوفتن âšúften, se troubler, اشوب âšúb;

inconnu;

آغشتن* âγišten, pétrir, imp: آغشته کن âγištè kün;

اوفتادن úftâden ou فتادن fitâden ou افتادن úftâden, tomber, افت úft et فت fit;

افراختن efrâhten ou* افراشتن efrâšten, lever, hisser, افراز efrâz;

افروختن efrúhten, allumer, افروز efrúz;

آفريدن âferíden, créer, آفرين âferín;

افزودن efzúden ou فزودن fezúden, augmenter, افزاى efzây;

آکندن* âγenden, emplir, combler, آکن âγen;

آلودن âlúden, souiller, آلاى âlây;

آمودن âmeden ou* آمادن âmâden ou آمدن âmúden, venir, آى ây;

آموختن âmúhten, apprendre, آموز âmúz;

آميختن âmíhten, mêler, آميز âmíz;

انباشتن* embâšten, emplir, emmagasiner, انبار embâr;

انداختن endâhten, lancer, انداز endâz;

اندودن* [1)endúden, enduire, اندای endây;

---

1) Dans l'Enwari Süheïly (Lumsden, page 6) on lit:

نميشود بگل اندود چهرء خورشيد nemíševed beγil endúd čehrèï húršid, il est impossible de badigeonner la face du soleil avec de la boue.

Aujourd'hui, dans le langage de la conversation, l'infinitif اندودن est moins usité que اندود کردن endúd kierden.

انگاشتن* *engâšten*, inférer, s'imaginer,   انگاز *engâz* et
  انگار *engâr* 1;

انگیختن *engîhten*, exister, soulever,   انگیز *engîz* 2;

اوباشتن* *ubâšten*, dévorer, couper,   اوبار *ubâr*;

آویختن *âvîhten*, pendre, suspendre,   آویز *âvîz*;

---

1) Le poëte moderne Kaâny, dans son پریشان (conte 57e), dit:

$$\text{مست کز بول خود وضو سازد}$$
$$\text{ارچه انرا طهارت انگازد}$$

mest kisz (ki ez) bûli hûd vûzú sázed — ez či ânrá tehâret engâzed.

Un homme ivre qui se sert de sa propre urine pour faire ses ablutions, par quel motif s'imagine-t-il qu'elle puisse le purifier?

Une autorité non moins compétente que cette dernière, a dit:

$$\text{چون اوّل و اخرت بجز خاکی نیست}$$
$$\text{انگار که بر خاک نه در خاکی}$$

čûn evvel u âhiret (âhiri tú) bè ğûz ĥâky níst — engâr ki ber ĥâki nè der ĥâky.

Puisque, depuis ton commencement jusqu'à ta fin, il n'y a qu'une poussière (le néant), ravise-toi (considère), vois que tu es encore sur la terre et non pas (enseveli) dans la terre (Heyyâm).

2) این گرد و غباری که بر انگیخته
بـاران دو صـد سـاله فـرو نـنـشـانـد

ín gerd u ğubary ki ber engîhtè — bárán dú sed sâlè ferú nè nišáned.

Les tourbillons de poussière et de sable qu'il a soulevés, ne pourront pas être anéantis (assis) par la pluie de deux cents années consécutives.

باختن bākhten, perdre au jeu, jouer aux jeux de hasard, jouer,	باز bāz;
پالودن* pālúden, exprimer le jus, extraire,	پالای* pāláy 1;
بالیدن ou بالودن bālíden, croître,	بالای* báláy;
پائیدن pāíden, guetter, observer,	پای páy 2;
بایستن báïsten, devoir, (l'impératif n'existe pas),	بای báy;
پختن pükhten, cuire,	پز pez;
بخشودن* belišúden, pardonner,	بخشای belišáy;
بخشیدن belišíden, pardonner, donner gratuitement,	بخش beliš;
پذرفتن ou پذیرفتن pezirüften, agréer,	پذیر pezir 3;
پرداختن perdākhten, polir, donner un dernier coup de main, et, au figuré, achever,	پرداز perdāz;
بردن bürden, porter,	بر ber;
پرهیختن* perhīkhten, jeûner, s'abstenir,	پرهیز* perhīz;
بستن besten, lier,	بند bend;
پنداشتن pendāsten, opiner, juger par induction,	پندار pendār;
بودن búden, être,	باش báš et بو bev;
بیختن bikhten, tamiser,	بیز biz;
پیچختن* pīkhten, tordre,	پیچ pič;

---

1) Ce verbe ne s'emploie plus qu'au participe passé پالوده pālúdè, par exemple: پالودهٔ سیب pālúdèï sib, extrait de pomme breuvage favori des Persans.

2) L'infinitif پائیستن pāïsten, qui se trouve dans quelques dictionnaires, ne s'emploie plus.

3) Aujourd'hui on se sert de پرهیز perhīz ou پرهیز کردن perhīz kerden au lieu de پرهیختن perhīkhten, tombé en désuétude.

پیراستن peyrásten, orner, — پیرای peyráy;
پیمودن peymúden, mesurer, — پیمای peymáy;
پیوستن peyvesten, joindre, enter, fonder, — پیوند peyvend;
تاختن táhten, courir sus, chasser, — تاز táz;
تافتن táften ou نفتن teften, luire, tordre, tisser, — تاب táb;
تنیدن teníden ou ننودن tenúden, filer, amincir, — تن ten;
توانستن tüvánisten, pouvoir, — توان tüván;
توختن túhten, désirer, — *نوز túz;
جستن ǧesten ou جبستن ǧísten, sauter, — جه ǧeh;
جستن ǧüsten, chercher, — جوی ǧúy; imp: جو ǧú;

چیدن číden, cueillir, — چین čín;
خاستن hásten, se lever, — خیز híz;
خاییدن háïden ou خاییستن háïsten, mâcher, — خای háy;
هفتن húften ou *خسپیدن húspíden, dormir, — خسپ húsp et خفت húft;
خواستن hásten, vouloir, — خواه háh;
دادن dáden, donner, — ده deh;
داشتن dásten, avoir, — دار dár;
دانستن dánisten, savoir, — دان dán;
درودن derúden ou درویدن dereviden, moisson- ner, — درو derev 1; imp: درو deróu;
دوختن dúhten, coudre, — دوز dúz;
دیدن díden, voir, — بین bín;

---

1) L'infinitif le plus usité aujourd'hui est celui de درو کردن deróu kerden, faire moisson.

روبدن *rubáden* ou روبودن *rubúden*, ravir,   روبای *rubáy* ou ربای *rubáy*;

رستن *resten*, délivrer,   ره *reh*;

رستن *rusten*, croître, (imp. *rú*)   روی *rúy*;

رشتن *rišten*, tramer, filer,   ریس *rís*;

رفتن *reften*, aller, (impér. *róu*),   رو *rev*;

ریدن et ریستن *rísten*, stercorare,   رِیْ *ríy*;

رفتن *rúften* ou رفتن *rúften*, balayer,   روب *rúb*;

ریختن *ríkten*, verser, épancher,   ریز *ríz*;

زادن *záden* ou زائدن *záiden*, donner la vie, accoucher, naître,   زای *záy*;

زدن *zeden*, frapper,   زن *zen*;

*زدودن *zedúden*, purger,   *زدای *zidáy*;

زستن *zisten* ou زیستن *zísten*, vivre,   زی *zíy*;

*زندن *zindden*, hennir, hurler,   زنو *zinev*, imp. *zinóu*;

ساختن *sákten*, faire,   ساز *sáz*;

*سپوختن *supúkten*, stimuler, piquer,   *سپوز *supúz*;

ستودن *sitúden* ou ستادن *sitáden*, glorifier, louer,   ستای *sitáy*;

سختن *sekten* ou سنجیدن *sengíden*, peser,   سنج *seng*;

سفتن *süften*, enfiler, perforer,   سنب *sumb*;

سوختن *súkten*, brûler,   سوز *súz*;

سودن *súden*, frotter,   سای *sáy*;

شایستن *šáisten*, convenir, (l'impér. n'existe pas),   شای *šáy*;

شتافتن *šitáften*, se dépêcher, se hâter,   شتاب *šitáb*;

شدن *šuden*, devenir, (imp. *šóu*),   شو *šev*;

شستن *šusten*, laver,   شوی *šúy*;

شکستن šikésten, briser,   شکن šiken;

شکفتن šuγúften, être ébahi, s'étonner fort,   *شکفت šuγüft;

شناختن šináhten, connaître,   شناس šinás;

شنیدن šiníden ou *شنودن šinúden, entendre,   شنو šinev;

(imp. šinóu)

*غنودن γünúden, dormir, sommeiller,   *غنو γünev;

فرستادن firistâden, envoyer,   فرست firist;

فرمودن fermúden, ordonner,   فرما fermâ;

فروختن furúhten, vendre,   فروش furúš;

فریفتن firíften, tromper,   فریب firíb;

گادن γâden ou گایدن γáiden, exercer le coït,   گای γáy;

کاستن kâsten, décroître, diminuer,   *کاه kâh 1;

---

1) Kaâny dans son *Perišân* (پریشان), donne les deux thèmes de ce verbe:

چون ز کتان پرهن کردی بتن
کاستی چون ماه نو ز آن پرهن
دیده ام کتان که میکاهد ز ماه
لیک کتان می ندیدم ماه کاه

čún zi kietán pirehen kerdy béten — kâsty čún mâhi nóu zi ân pirehen — dídè em kietán ki míkâhed zi mâh — lík kietán my nè dídem mâh kâh.

Lorsque tu revêts ton corps d'une chemise de toile, tu y disparais comme la nouvelle lune, cette chemise en est cause. Maintes fois j'ai vu la toile amoindrie par la lune; mais jamais je ne vis que la toile puisse amoindrir (faire pâlir) la lune.

(Allusion aux tissus de toile de lin que l'on fait blanchir (amincir) en

كاشتن	kâšten, semer,	كار	kâr;
كافتن	kâften 1, creuser,	كاو	kâv;
كداختن	γudâhten, fondre, liquéfier,	كداز	γudâz;
كذاشتن	γuzâšten, poser, mettre sur, laisser,	كذار	γuzâr;
كذشتن	γuzešten, passer, dépasser,	كذر	γuzer;
كردن	kerden, faire,	كن	kün;
كربستن ou كرستن	γiristen ou γiristen, pleurer,	كرى	γiriγ;
كرفتن	γiriften, prendre,	كير	γir;
كريختن	γurihten, fuir,	كريز	γuriz;
كزيدن	γuzíden, choisir,	كزين	γuzin;
كوزيدن	γuzíden, lâcher un vent,	كوز	γúz;
كسستن	kücisten, rompre,	كسل	kücil;
كسيختن	γücihten, casser, se rompre,	كسل	γücil;
كشودن ou كشادن	küšûden ou küšâden, ouvrir,	كشاى	küšây;
كشتن	γešten, circuler, devenir,	كرد	γerd;
كفتن	γoften, dire.	كوى	γúγ;
كماشتن	γümâšten, nommer à un emploi, instituer,	كمار	γümâr;
كوفتن ou كوبيدن	kúften ou kúbiden, battre, piler,	كوب	kúb;

les exposant à l'action de la rosée de la nuit. Les orientaux prétendent que c'est le clair de lune et non pas la rosée qui en produit le blanchissage. Quant à l'auteur de ces exagérations poétiques, il veut dire que l'éclat de la blancheur du corps de sa bien-aimée fait disparaître, absorbe la blancheur d'une chemise de toile fine).

1) Aujourd'hui on se sert ordinairement de l'infinitif كاويدن kâviden, creuser.

مانستن mânisten, ressembler,		مان mân;
مردن mürden, mourir,		میر mîr;
نشستن nišesten, s'asseoir,		نشین nišin;
نگاشتن niγâšten, écrire, dessiner,		نگار niγâr;
نگریستن niγeristen, contempler,		نگر niγer;
نمودن nümûden, montrer,		نمای nümây;
نواختن nevâhten, moduler, caresser,		نواز nevâz;
نوشتن nevešten, rouler, ployer,		نور never;
نوشتن nüvišten, écrire,		نویس nüvîs;
نهادن nehâden, poser, placer sur,		نه neh;
نهفتن nühüften, cacher,		نهوف* nühüf;
هشتن hišten, laisser, s'échapper,		هل hil;
یارستن yâristen, rendre capable, aider,		یار yâr;
یافتن yâften, trouver,		یاب yâb.

§ PARADIGMES DES VERBES DÉFECTUEUX.

84. Rappelons-nous ce qui a été déjà dit, que la défectuosité de ces verbes consiste uniquement en ce que les thèmes prétérits diffèrent des thèmes aoristes. Quant aux particules préfixes et aux terminaisons personnelles, elles restent toujours les mêmes dans tous les verbes, soit non défectueux, soit défectueux.

85. Les Persans ont deux *verbes auxiliaires*: بودن *búden*, être, et شدن *šüden*, qui tantôt signifie *être*, et tantôt, *se faire, devenir*.

a. PARADIGME DU VERBE بودن *búden*, ÊTRE.

86. C'est le verbe dont le paradigme présente le plus

d'irrégularités, vu qu'il y a cinq thèmes qui lui servent d'autant d'éléments formatifs : بو *bev*, باش *bâš*, بود *bûd*, باد *bâd* et است *est* ou هست *hest*.

INFINITIF.

بودن *bûden*, être (thème aoriste بو *bev* et باش *bâš*).

PARTICIPES.

Présent   بونده *bevendè*, étant (tombé en désuétude);
Passé   بوده *bûdè*, été;
Futur   بودنی *bûdeny*, qui sera, qui peut être.

GÉRONDIF (n'existe pas).

MODE INDICATIF.

AORISTE.

Sing.
1. p. باشم *bâšem* ou بوم *bevem* (vieux, je suis et je serai;
2. p. باشی *bâšy* ou بوی *bevy* tu es et tu seras;
3. p. باشد *bâšed* ou بود *beved* il est et il sera;

Plur.
1. p. باشیم *bâšim* ou بویم *bevim* nous sommes et nous serons;
2. p. باشید *bâšid* ou بوید *bevid* vous êtes et vous serez;
3. p. باشند *bâšend* ou بوند *bevend* ils sont et ils seront.

PRÉSENT.

Sing.
1. p. میباشم *mibâšem* ou هستم *hestem* je suis;
2. p. میباشی *mibâšy* ou هستی *hesty* tu es;
3. p. میباشد *mibâšed* ou هست *hest* il est;

Plur.
1. p. میباشیم *mibâšim* ou هستیم *hestim* nous sommes;
2. p. میباشید *mibâšid* ou هستید *hestid* vous êtes;
3. p. میباشند *mibâšend* ou هستند *hestend* ils sont.

IMPARFAIT.

Sing.
- 1. p. ميبودم *míbúdem* j'étais;
- 2. p. ميبودى *míbúdy* tu étais;
- 3. p. ميبود *míbúd* il était;

Plur.
- 1. p. ميبوديم *míbúdím* nous étions;
- 2. p. ميبوديد *míbúdíd* vous étiez;
- 3. p. ميبودند *míbúdend* ils étaient.

PRÉTÉRIT.

Sing.
- 1. p. بودم *búdem* je fus;
- 2. p. بودى *búdy* tu fus;
- 3. p. بود *búd* il fut;

Plur.
- 1. p. بوديم *búdím* nous fûmes;
- 2. p. بوديد *búdíd* vous fûtes;
- 3. p. بودند *búdend* ils furent.

PRÉTÉRIT COMPOSÉ.

Sing.
- 1. p. بوده ام *búdè em* j'ai été;
- 2. p. بوده اى *búdè y* ou بودهٴ *búdèï* tu as été;
- 3. p. بوده است *búdè est* il a été;

Plur.
- 1. p. بوده ايم *búdè ym* nous avons été;
- 2. p. بوده ايد *búdè yd* vous avez été;
- 3. p. بوده اند *búdè end* ils ont été.

PLUS-QUE-PARFAIT (n'existe pas).

FUTUR.

Sing.
- 1. p. خواهم بود *hâhem búd* je serai et j'aurai été;
- 2. p. خواهى بود *hâhy búd* tu seras et tu auras été;
- 3. p. خواهد بود *hâhed búd* il sera et il aura été;

5

Plur. { 1. p. خواهیم بود *ĥâhîm bûd* nous serons et nous aurons été;
2. p. خواهید بود *ĥâhîd bûd* vous serez et vous aurez été;
3. p. خواهند بود *ĥâhend bûd* ils seront et ils auront été.

CONDITIONNEL.

Sing. 1. p. میبودم *mîbûdem* (ou avec اگر *eger*, si) je serais ou si j'étais, etc., comme l'imparfait.

CONDITIONNEL COMPOSÉ.

Sing. { 1. p. اگر بوده باشم ou اگر شده میبودم (*eger*) *bûde bâšem* ou (*eger*) *šude mîbûdem* j'aurais été et si j'avais été;
2. p. اگر بوده باشی ou اگر شده میبودی (*eger*) *bûde bâšy* ou (*eger*) *šude mîbûdy* tu aurais été et si tu avais été;
3. p. اگر بوده باشد ou اگر شده میبود (*eger*) *bûde bâšed* ou (*eger*) *šude mîbûd* il aurait été et s'il avait été;

Plur. { 1. p. اگر بوده باشیم ou اگر شده میبودیم (*eger*) *bûde bâšîm* ou (*eger*) *šude mîbûdîm* nous aurions été et si nous avions été;
2. p. اگر بوده باشید ou اگر شده میبودید (*eger*) *bûde bâšîd* ou (*eger*) *šude mîbûdîd* vous auriez été et si vous aviez été;
3. p. اگر بوده باشند ou اگر شده میبودند (*eger*) *bûde bâšend* ou (*eger*) *šude mîbûdend* ils auraient été et s'ils avaient été.

MODE SUBJONCTIF.

PRÉSENT.

Sing. 1. p. که باشم *ki bâšem* ou که بوم *ki berem* (vieux) que je sois etc. comme l'aoriste.

---

1) On dit aussi اگر بوده میبوشم *eger bûdi mîbâšem*, etc; mais les exemples en sont bien rares.

PRÉTÉRIT.

Sing. 1. p. میبودم (ou کاشکه) که *ki* (ou *kâški*) *mîbûdem*, que je fusse, etc. comme le conditionnel.

PRÉTÉRIT COMPOSÉ.

Sing. 1. p. بوده باشم (ou کاشکه) که *ki* (ou *kâški*) *bûdè bâšem*, que j'aie été, que j'eusse été, etc. comme le conditionnel composé.

MODE IMPÉRATIF.

Sing.
- 2. p. باش *bâš*   sois;
- 3. p. باشد *bâšed* ou باد *bâd* ou بادا *bâdâ* ou بواد *bevâd* (vieux) qu'il soit;

Plur.
- 1. p. باشیم *bâšim* soyons;
- 2. p. باشید *bâšid* soyez;
- 3. p. باشند *bâšend* qu'ils ou qu'elles soient.

IMPÉRATIF PROHIBITIF.

Sing.
- 2. p. مباش *mebâš*   ne sois pas;
- 3. p. نباشد *nebâšed* ou مباد *mebâd* ou مبواد *mebevâd* ou مبادا *mebâdâ*, qu'il ne soit pas, à Dieu ne plaise que;

Plur.
- 1. p. نباشیم *nebâšim*   ne soyons pas;
- 2. p. نباشید *nebâšid*   ne soyez pas;
- 3. p. نباشند *nebâšend* qu'ils ou qu'elles ne soient pas.

IMPÉRATIF DE CONTINUITÉ.

Sing. 1. p. همی باش *hemy bâš*, continue à être, sois comme tu es, etc., comme l'impératif prohibitif, avec le préfixe همی *hemy* devant chaque personne.

87. Il y a deux particularités à remarquer, concernant l'emploi des temps présents de l'indicatif, à savoir:

88. Le préfixe می *my* ne s'adjoint jamais à هستم *hestem* dans aucune personne, parce qu'anciennement ce temps était un prétérit absolu. On le prononçait *hestem* ou *istem*.

89. Dans les phrases interrogatives avec négation, les temps présents de بودن *bûden*, être, doivent être remplacés par le verbe normal. Exemples:

On ne peut pas dire آیا نه همیباشند *meyer nemibâsed, âyâ ne hestend*, etc.; mais il faut dire آیا نیستند مگر نیست *meyer nîst, âyâ nîstend*, etc., est-ce qu'il n'est pas, est-ce qu'ils ne sont pas, etc.

90. Il y a un optatif qui se forme de deux manières:

1° En plaçant un ا *a* avant le د *d* final de la 3ᵉ pers. du sing. de l'aoriste. Par ce moyen, de کند *küned*, qu'il fasse, شود *ševed*, qu'il devienne, دهد *dehed*, qu'il donne, etc., on peut faire des optatifs dans lesquels le vœu exprimé aura plus d'emphase qu'il n'en a dans les optatifs et dans les impératifs réguliers. Exemples:

طالعش ویرا مدد کناد *tâle'u veyrâ meded künâd*, que son horoscope lui porte secours! بختت برگشته شواد *behtet bergešte ševâd*, que ta bonne fortune te tourne le dos! خدا ترا روزی دهاد *hüdâ türâ rûzy dehâd*, que Dieu te donne le pain quotidien! etc.

2° En faisant précéder les verbes du mot گو *gû* (2ᵉ pers. sing. impér. de گفتن *goften*), dis! ou de گو تا *gû tâ*, dis afin que, dis que. Exemples:

آنها که اسیر بمخار میبردند خدارا شکر اسیر خود دیدیم و گو ت ببینیم *ânhâ ki esiri mebâra mibürdend hüdârâ šükr esiri hüd didim u gû tâ bebinim*

Ceux qui tant de fois avaient traîné les nôtres en captivité, maintenant, grâce à Dieu, nous les voyons nos prisonniers (dans notre camp). Puissions nous (γú tá) les voir toujours tels!

دهن گو زِ ناخوردنیها نخست
بشوی ای که از خوردنیها بشست(ی)

dehen γú zi náhúrdeníhá núhust bešúy ey ki ez hárdeníhá bešúst (y).

(Hypocrite gorgé de richesses mal acquises!) Toi, dont toute la piété consiste à te rincer soigneusement la bouche avant tes prières, lave-toi d'abord l'âme des crimes qui la souillent! (Littéralement: lave-toi d'abord la bouche des choses non mangeables.)

  b. PARADIGME DU VERBE شدن *šuden,* DEVENIR.

91. Ce verbe, surtout lorsqu'on l'emploie dans le sens de *devenir, se faire,* peut être remplacé par son synonyme گشتن *γešten,* devenir, (thème aoriste گرد *γerd*).

INFINITIF.

شدن *šuden,* devenir, être (thème aoriste شو *šev*).

PARTICIPES.

Présent شونده *ševendè,* devenant (tombé en désuétude);
Passé شده *šudè,* devenu;
Futur شدنی *šudeny,* qui peut devenir, qui deviendra.

GÉRONDIF (n'existe pas).

MODE INDICATIF.

AORISTE.

Sing. { 1. p. شوم *ševem* je deviens et je deviendrai;
2. p. شوی *ševy* tu deviens et tu deviendras;
3. p. شود *ševed* il devient et il deviendra;

Plur.
- 1. p. شویم *ševím* nous devenons et nous deviendrons;
- 2. p. شوید *ševíd* vous devenez et vous deviendrez;
- 3. p. شوند *ševend* ils deviennent et ils deviendront.

PRÉSENT.

Sing.
- 1. p. میشوم *míševem* je deviens;
- 2. p. میشوی *míševy* tu deviens;
- 3. p. میشود *míševed* il devient;

Plur.
- 1. p. میشویم *míševím* nous devenons;
- 2. p. میشوید *míševíd* vous devenez;
- 3. p. میشوند *míševend* ils deviennent.

IMPARFAIT.

Sing.
- 1. p. میشدم *míšüdem* je devenais;
- 2. p. میشدی *míšüdy* tu devenais;
- 3. p. میشد *míšüd* il devenait;

Plur.
- 1. p. میشدیم *míšüdím* nous devenions;
- 2. p. میشدید *míšüdíd* vous deveniez;
- 3. p. میشدند *míšüdend* ils devenaient.

PRÉTÉRIT.

Sing.
- 1. p. شدم *šüdem* je devins;
- 2. p. شدی *šüdy* tu devins;
- 3. p. شد *šüd* il devint;

Plur.
- 1. p. شدیم *šüdím* nous devînmes;
- 2. p. شدید *šüdíd* vous devîntes;
- 3. p. شدند *šüdend* ils devinrent.

PRÉTÉRIT COMPOSÉ.

Sing.
- 1. p. شده ام šüdè em je suis devenu;
- 2. p. شده أی šüdè y ou شدۀ šüdèï tu es devenu;
- 3. p. شده است šüdè est il est devenu;

Plur.
- 1. p. شده ایم šüdè ym nous sommes devenus;
- 2. p. شده اید šüdè yd vous êtes devenus;
- 3. p. شده اند šüdè end ils sont devenus.

PLUS-QUE-PARFAIT.

Sing.
- 1. p. شده بودم šüdè búdem j'étais devenu;
- 2. p. شده بودی šüdè búdy tu étais devenu;
- 3. p. شده بود šüdè búd il était devenu;

Plur.
- 1. p. شده بودیم šüdè búdím nous étions devenus;
- 2. p. شده بودید šüdè búdíd vous étiez devenus;
- 3. p. شده بودند šüdè búdend ils étaient devenus.

FUTUR.

Sing.
- 1 p. خواهم شد hâhem šüd je deviendrai et je serai devenu;
- 2. p. خواهی شد hâhy šüd tu deviendras et tu seras devenu;
- 3. p. خواهد شد hâhed šüd il deviendra et il sera devenu;

Plur.
- 1. p. خواهیم شد hâhím šüd nous deviendrons et nous serons devenus;
- 2. p. خواهید شد hâhíd šüd vous deviendrez et vous serez devenus;
- 3. p. خواهند شد hâhend šüd ils deviendront et ils seront devenus;

CONDITIONNEL.

Sing. 1. p. میشدم mišüdem (ou avec اگر eyer, si) je deviendrais ou si je devenais, etc. comme l'imparfait.

CONDITIONNEL COMPOSÉ.

Sing. 1. p. اگر) شده باشم (eyer) šüdè bâšem ou اگر) میبودم شده (eyer) šüdè mîbûdem, je serais devenu et si j'étais devenu, etc. l'inverse du conditionnel composé de بودن

MODE SUBJONCTIF.

PRÉSENT.

Sing. 1. p. که بشوم ki beševem ou که شوم ki ševem, que je devienne, etc. comme l'aoriste.

PRÉTÉRIT.

Sing. 1. p. میشدم (ou کاشکه) که ki (ou kâški) mîšüdem, que je devinsse, etc. comme le conditionnel simple.

PRÉTÉRIT COMPOSÉ.

Sing. 1. p. شده میبودم (ou کاشکه) که ki (ou kâški) šüdè mîbûdem ou شده باشم šüdè bâšem, que je fusse devenu, etc, comme le conditionnel composé.

MODE IMPÉRATIF.

Sing. {
2. p. شو šou deviens;
3. p. شود ševed qu'il ou qu'elle devienne;
}

Plur. {
1. p. شویم ševîm devenons;
2. p. شوید ševîd devenez;
3. p. شوند ševend qu'ils ou qu'elles deviennent.
}

IMPÉRATIF PROHIBITIF.

Sing. {
2. p. مشو mešou ne deviens pas;
3. p. نشود neševed qu'il ou qu'elle ne devienne pas;
}

Plur.
- 1. p. نشویم *neševím* ne devenons pas;
- 2. p. نشوید *neševíd* ne devenez pas;
- 3. p. نشوند *neševend* qu'ils ou qu'elles ne deviennent pas.

IMPÉRATIF DE CONTINUITÉ (n'existe pas).

92. L'impératif avec le préfixe ب *bè*, بشو *bešôu*, ne s'emploie que dans *le guilek*, patois iranien, et alors il signifie: va, pars; car *šüden* veut dire dans ce patois, de même que dans quelques passages de Ferdôucy: s'en aller, se mettre en route. Exemple:

چو شاهان گزیدند جای نبرد
ز مادر بشد خواب و آرام و خورد

ču šahán γüzidend ǰáy neberd — zi máder bešüd ḱáb u áram u ḱürd.

Dès que les šâhs belligérants se choisirent leur champ de bataille, sommeil, repos et nourriture s'enfuirent (disparurent) loin de la mère (du soldat au service des šâhs).

c. PARADIGME DU VERBE زدن *zeden*, FRAPPER.

VOIX ACTIVE.

INFINITIF.

زدن *zeden*, frapper (thème aoriste زن *zen*).

PARTICIPES.

Présent زننده *zenendè*, frappant;
Passé زده *zedè*, frappé;
Futur زدنی *zedeny*, qui sera frappé, qui mérite d'être frappé.

GÉRONDIF.

زنان *zenán*, en frappant (peu usité).

MODE INDICATIF.

AORISTE.

Sing.
- 1. p. زنم *zenem* je frappe et je frapperai;
- 2. p. زنی *zeny* tu frappes et tu frapperas;
- 3. p. زند *zened* il frappe et il frappera;

Plur.
- 1. p. زنیم *zením* nous frappons et nous frapperons;
- 2. p. زنید *zeníd* vous frappez et vous frapperez;
- 3. p. زنند *zenend* ils frappent et ils frapperont.

PRÉSENT.

Sing.
- 1. p. میزنم *mízenem* je frappe;
- 2. p. میزنی *mízeny* tu frappes;
- 3. p. میزند *mízened* il frappe;

Plur.
- 1. p. میزنیم *mízením* nous frappons;
- 2. p. میزنید *mízeníd* vous frappez;
- 3. p. میزنند *mízenend* ils frappent.

IMPARFAIT.

Sing.
- 1. p. میزدم *mízedem* ou زدمی *zedemy* je frappais;
- 2. p. میزدی *mízedy* tu frappais;
- 3. p. میزد *mízed* ou زدی *zedy* il frappait;

Plur.
- 1. p. میزدیم *mízedím* nous frappions;
- 2. p. میزدید *mízedíd* vous frappiez;
- 3. p. میزدند *mízedend* ou زدندی *zedendy* ils frappaient.

PRÉTÉRIT.

Sing.
- 1. p. زدم *zedem* je frappai;
- 2. p. زدی *zedy* tu frappas;
- 3. p. زد *zed* il frappa;

Plur.
- 1. p. زديم‌ *zedím* nous frappâmes;
- 2. p. زديد *zedíd* vous frappâtes;
- 3. p. زدند *zedend* ils frappèrent.

PRÉTÉRIT COMPOSÉ.

Sing.
- 1. p. زده ام *zedè em* j'ai frappé;
- 2. p. زده اى *zedè y* ou زدهٔ *zedèï* tu as frappé;
- 3. p. زده است *zedè est* il a frappé;

Plur.
- 1. p. زده ايم *zedè ym* nous avons frappé;
- 2. p. زده ايد *zedè yd* vous avez frappé;
- 3. p. زده اند *zedè end* ils ont frappé.

PLUS-QUE-PARFAIT.

Sing.
- 1. p. زده بودم *zedè búdem* j'avais frappé;
- 2. p. زده بودى *zedè búdy* tu avais frappé;
- 3. p. زده بود *zedè búd* il avait frappé;

Plur.
- 1. p. زده بوديم *zedè búdím* nous avions frappé;
- 2. p. زده بوديد *zedè búdíd* vous aviez frappé;
- 3. p. زده بودند *zedè búdend* ils avaient frappé.

FUTUR.

Sing.
- 1. p. خواهم زد *háhem zed* je frapperai et j'aurai frappé;
- 2. p. خواهى زد *háhy zed* tu frapperas et tu auras frappé;
- 3. p. خواهد زد *háhed zed* il frappera et il aura frappé;

Plur.
- 1. p. خواهيم زد *háhím zed* nous frapperons et nous aurons frappé;
- 2. p. خواهيد زد *háhíd zed* vous frapperez et vous aurez frappé;
- 3. p. خواهند زد *háhend zed* ils frapperont et ils auront frappé.

CONDITIONNEL.

Sing. 1. p. ميزدم *mízedem* (ou avec اگر *eyer*, si) je frapperais et si je frappais, etc. comme l'imparfait.

CONDITIONNEL COMPOSÉ.

Sing. 1. p. اگر) زده باشم (ou اگر) زده میبودم eyer) zedè mibûdem ou eyer) zedè bâšem, j'aurais frappé et si j'avais frappé, etc. comme les conditionnels de كندن [1]).

MODE SUBJONCTIF.

PRÉSENT.

Sing. 1. p. كه بزنم ki bezenem ou كه زنم ki zenem, que je frappe, etc. comme l'aoriste.

IMPARFAIT.

Sing. 1. p. میزدم كه (ou كاشكه) ki (ou kâški) mizedem, que je frappasse, etc. comme le conditionnel composé.

PRÉTÉRIT COMPOSÉ.

Sing. 1. p. زده باشم كه (ou كاشكه) ki (ou kâški) zedè bâšem, que j'aie frappé, etc. comme le conditionnel composé.

---

1) Exemple:

سردار هنرمند صاحب فراست آنستکه حلم و حوصله داشته باشد و از اخبارات نیك‌و و بد هراسان نشود و از روی دانش و انصف احقاق حقّ نماید

serdâri hünermend sâxibi ferâset ân est ki xilm u xouselè dâštè bâšed u ez ethbârâti nik u bed herâsân neševed u ez rây dâniš u inçâf exqâqi xoqq nümâyed.

Le général estimé serait celui qui aurait eu de la douceur et de la longanimité, insensible aux mauvaises comme aux bonnes nouvelles, faisant triompher la vérité de ce qu'il sait être réellement sage et juste.

Ou bien encore:

Sing. 1. p. كه (ou كاشكه) زه ميبودم ki (ou kâški) zedè mibúdem, que j'eusse frappé, etc. comme la première variante du conditionnel composé.

MODE IMPÉRATIF.

Sing. { 2. p. بزن *bezen* frappe ¹);
{ 3. p. بزند *bezened* qu'il frappe;

Plur. { 1. p, بزنيم *bezením* frappons;
{ 2. p. بزنيد *bezeníd* frappez;
{ 3. p. بزنند *bezenend* qu'ils frappent.

IMPÉRATIF PROHIBITIF.

Sing. { 2. p. مزن *mezen* ne frappe pas;
{ 3. p. نزند *nezened* qu'ils ne frappe pas;

Plur. { 1. p. نزنيم *nezením* ne frappons pas;
{ 2. p. نزنيد *nezeníd* ne frappez paz;
{ 3. p. نزنند *nezenend* qu'ils ne frappent pas.

---

1) On emploie aussi مى avec l'impératif de continuité comme dans cet hémistiche du مثنوى de Roumy:

روى هر يك مى نگر و مى دار پاس

rûy her yek my niγer u my dár pas.

Observe la figure de chacun d'eux et sois sur tes gardes.

La préposition مى *my*, dans les verbes composés, peut s'intercaler entre les deux membres de ces verbes comme dans l'exemple déjà cité à la page 22, lignes 15—16.

IMPÉRATIF DE CONTINUITÉ.

Sing. 1. p. بزن همی *hemy bezen*, continue à frapper, frappe toujours, etc. comme l'impératif affirmatif, avec همی *hemy* devant toutes les personnes.

§ 5. VOIX PASSIVE DU VERBE کشتن *küšten*, TUER.

93. La voix passive se forme en mettant le participe passé du verbe que l'on veut conjuguer, avant tous les temps et les deux nombres du verbe auxiliaire شدن *šuden*, (devenir) être. Ce participe reste toujours invariable.

Les Persans modernes évitent d'employer leurs verbes au passif. Ainsi زدن dont on vient de voir la voix active, n'a point de passif et quelqu'un qui dirait, par exemple: زده می شوم *zedè my ševem*, ne serait pas compris. Il n'y a que l'usage qui décide si tel ou tel verbe peut se conjuguer passivement, comme par exemple: کشته شدن *küštè šuden*, être tué. Ce verbe a sa voix passive au complet. La voici:

INFINITIF.

کشته شدن *küštè šuden*, être tué.

PARTICIPE PASSÉ.

کشته شده *küštè šudè*, ayant été tué.

MODE INDICATIF.

AORISTE.

Sing. 1. p. کشته شوم *küštè ševem*, je suis tué et je serai tué, etc. comme l'aoriste de شدن *šuden*.

PRÉSENT.

Sing. 1. p. كشته ميشوم *küštè mīševem*, je suis tué, etc. comme le présent de شدن *šuden*.

IMPARFAIT.

Sing. 1. p. كشته ميشدم *küštè mīšudem*, j'étais tué, etc. comme l'imparfait de شدن *šuden*.

PRÉTÉRIT.

Sing. 1. p. كشته شدم *küštè šudem*, je fus tué, etc. comme le prétérit de شدن *šuden*.

PRÉTÉRIT COMPOSÉ.

Sing. 1. p. كشته شده ام *küštè šudè em*, j'ai été tué, etc. comme le prétérit composé de شدن *šuden*.

PLUS-QUE-PARFAIT.

Sing. 1. p. كشته شده بودم *küštè šudè budem*, j'avais été tué, etc. comme le plus-que-parfait de شدن *šuden*.

FUTUR.

Sing. 1. p. كشته خواهم شد *küštè ẖâhem šud*, je serai tué, etc. comme le futur de شدن *šuden*.

CONDITIONNEL.

Sing. 1. p. (اگر) كشته ميشدم (*eyer*) *küštè mīšudem*, si j'étais tué et je serais tué, etc. comme le conditionnel de شدن *šuden*.

CONDITIONNEL COMPOSÉ.

Sing. 1. p. (اگر) كشته شده باشم (*eyer*) *küštè šudè bâšem*, si j'avais été tué et j'aurais été tué, etc. comme le conditionnel composé de شدن *šuden*.

MODE SUBJONCTIF.

PRÉSENT.

Sing. 1. p. كِ كشته شوم *ki kŭštĕ šĕvem* ou كِ كشته بِشوم *ki kŭštĕ bĕšĕvem*, que je sois tué, etc. comme le présent du subjonctif de شدن *šuden*.

PRÉTÉRIT.

Sing. 1. p. كِ كشته میشدم (ou كاشكِ) *ki* (ou *kāški*) *kŭštĕ mišudem*, que je fusse tué, etc. comme le prétérit du subjonctif de شدن *šuden*.

PRÉTÉRIT COMPOSÉ.

Sing. 1. p. كِ كشته شده باشم (ou كاشكِ) *ki* (ou *kāški*) *kŭštĕ šudĕ bášem* ou كشته شده میبودم *kŭštĕ šudĕ mibúdem*, que j'aie été tué ou que j'eusse été tué, etc. comme le prétérit composé du subjonctif de شدن *šuden*.

MODE IMPÉRATIF.

Sing. 2. p. كشته شو *kŭštĕ šou*, sois tué, etc. comme l'impératif de شدن *šuden*.

IMPÉRATIF PROHIBITIF

Sing. 2. p. كشته مشو *kŭštĕ mĕšou*, ne sois pas tué, etc. comme l'impératif prohibitif de شدن *šuden*.

IMPÉRATIF DE CONTINUITÉ (n'existe pas dans la voix passive)

§ 6. REMARQUES SUR LA VOIX PASSIVE

94. Quoique tous les temps de ce paradigme existent

selon la grammaire, l'usage les admet rarement. On dirait que, dans le génie de la langue persane, il y a quelque chose d'antipathique à l'emploi de la voix passive.

Ainsi, au lieu de dire زده میشوم *zedè mîševem* ou زده شدم *zedè šudem*, ou زده شد خواهم *zedè ẖâhem šud*, ou اگر زده شده باشم *eyer zedè šudè bâšem*, ou کاشکه زده شده باشم *kâški zedè šudè bâšem*, etc., expressions qu'un Persan illettré aurait de la peine à comprendre, on dira plus volontiers et, en même temps, plus élégamment:

مرا میزنند *merâ mîzenend*, on me frappe; مرا زدند *merâ zedend*, on m'a frappé; مرا خواهند زد *merâ ẖâhend zed*, on me frappera, ou bien, چوب خواهم خورد *čûb ẖâhem ẖûrd*, je serai battu (littéralement: je mangerai le bâton); اگر مرا میزنند *eyer merâ mîzenend*, si l'on me frappe; کاشکه مرا زده میبودند *kâški merâ zedè mîbûdend*, plût à Dieu que je fusse battu! etc.

Les littérateurs du pays reprochent à Zehir-üd-dîn, chroniqueur du Mazenderan, son habitude de se servir des locutions passives, ce qui, disent-ils, rend le style peu élégant et lourd. Un critique européen ne serait pas de leur avis, car le récit simple de sa chronique nous est bien plus agréable que les métaphores exagérées des historiens plus modernes comme, par exemple, Mirza Mehdy, auteur du درّهٔ نادری *Dürrèï Nâdiry*, et autres.

Voici quelques échantillons du style de Zehir-üd-dîn:

چون به رستمدار رسیده شد آنچه وظایف بود رسانیده شد
čûn bè rüstemdâr recîdè šud ânči vezâif bûd recânîdè šud
Lorsqu'on fut arrivé à Rustemdar, ce qui restait de la solde fut distribué aux troupes.

بدفع او عزم جزم شده بمحاربه آماده شد
bedef'y û 'ezmi ǧezm šudè bemuḥâribè âmâdè šud
On résolut de le repousser énergiquement et on se prépara à la lutte.

(Voy. تاريخ طبرستان *tárîhi teberistán*, édition Dorn, pp. 508—511, et passim).

95. Il n'en est pas de même pour ce qui concerne les verbes persans qui ne sont passifs que par leur forme, mais qui ne marquent pas l'action dirigée sur un objet, comme روانه شدن *revâné šuden*, s'en aller, partir; ناخوش شدن *nâhôš šuden*, tomber malade; پژمرده شدن *pejmürdé šuden*, être fané; ضايع شدن *zâyèʿa šuden*, être gâté; etc. Cette forme de verbes, dis-je, neutres ou réfléchis, est d'un usage fréquent sans qu'on cherche à les paraphraser.

96. Voici encore une autre manière de former la voix passive d'un verbe persan:

Pour obtenir le *présent de l'indicatif*, on prend un participe passé arabe, ou bien quelque mot persan qui représente un de ces participes, et on les conjugue au moyen du verbe normal. Ex.:

De مرسول *mersûl*, envoyé (arabe), خبردار *heberdâr*, averti (persan), مغبون *meýbûn*, trompé (arabe), آماده *âmâdé*, prêt, préparé (persan), سوار *sevâr*, action de monter, et aussi, cavalier (persan), etc., on forme مرسولم *mersûlem*, je suis envoyé, خبرداری *heberdâry*, tu es averti, مغبونیم *meýbûnîm*, nous sommes trompés, آماده اند *âmâdé end*, ils sont prêts ou elles sont prêtes; on dit également اسب را سوار شدن *esprâ sevâr šuden*, monter à cheval, et aussi: کشتی یا کلسکه سوار شد *keštý yô keleské sevâr šud*, il monta en vaisseau ou en calèche [1]).

---

1) Il faut distinguer سوار شدم *sevâr šudem*, je montai, de سوار بودم *sevâr bûdem*, j'étais déjà monté. Dans le premier cas, l'action vient de s'accomplir; dans le second cas, l'action continue encore.

Pour dire: il monte bien à cheval, on dit: خوب سوار است *hûb sevâr est*

97. Pour la formation des autres temps et modes, on conjugue ces participes, ou leurs équivalents, avec les verbes auxiliaires بودن *bûden*, شدن *šuden* ou گشتن *yešten*, indifféremment. Exemples:

مرسول شد *mersûl šud*, il fut envoyé; خبردار نبوديم *ẖeberdâr nebûdîm*, nous n'étions pas avertis; مغبون مشو *meýbûn mešóu*, ne deviens pas trompé, ne te laisse pas tromper; آماده باشند *âmâdè bâšend*, qu'ils soient prêts, etc.

CHAPITRE IV
DES DIFFÉRENTES ESPÈCES DE VERBES PERSANS

§ 1. DES VERBES DÉRIVÉS.

98. Les Persans n'ont qu'une seule espèce de verbes dérivés qui correspondent aux *verba causativa* du latin, et qui se forment en ajoutant اندن *ânden* ou انيدن *ânîden* à la fin du thême aoriste [1]). Par ce moyen, les verbes intransitifs se changent en transitifs, et ces derniers deviennent doublement transitifs. Exemples:

De رسيدن *recîden*, arriver (thême aoriste, رس *res*), on fait, پوشيدن *reçânden* ou رسانيدن *reçânîden*, faire parvenir; de

---

sevâr est, ou mieux, سوارۀ خوبيست ما شاءاﷲ *sevârèï ẖûbist mâ šâllah*, c'est un beau cavalier, de par Dieu!

1) Les verbes causatifs ne dérivent jamais d'un thême prétérit, mais toujours du thême aoriste.

pûšîden, couvrir (thême aor. پوش *pûš*), on fait پوشانــدن *pûšânden* ou پوشانیدن *pûšânîden*, faire couvrir, cacher ; de خوردن *ḫûrden*, manger (thême aor. خور *ḫûr*), خورانــدن *ḫûrânden* ou خورانیدن *ḫûrânîden*, faire manger ; de رستن *resten*, être libre (thême aor. ره *reh*), رهاندن *rehânden* ou رهانیدن *rehânîden*, délivrer, élargir un prisonnier ; de خوابیدن *ḫâbîden*, dormir (thême aor. خواب *ḫâb*), خوابانــدن *ḫâbânden* ou خوابانیدن *ḫâbânîden*, endormir quelqu'un, le faire coucher sur le dos, etc. Il n'y a que نشستن *nišesten*, s'asseoir (thême aor. نشین *nišîn*), qui forme irrégulièrement son verbe transitif : نشاندن *nišânden*, faire quelqu'un s'asseoir, planter, établir, et non pas *nišînânden*.

La signification des causatifs en *îden* renforce un peu celle des causatifs en *ânden* ; mais, ordinairement, ces nuances se confondent et on les prend les uns pour les autres. Le savant Vüllers (verborum ling. pers. radices, p. 22) fait remarquer justement que, parfois, la signification des verbes causatifs n'est plus rigoureusement observée ; mais je ne serais pas de son avis au sujet de کذاشتن qu'il considère comme le causatif de کذشتن. Ces deux verbes ont, chacun, leur causatif propre régulièrement formé de leurs thêmes aoristes respectifs, à savoir : کذراندن *гüzerânden* ou کذرانیدن *гüzerânîden*, dérivent du thême aoriste کذر *гüzer*, et signifient : faire traverser, aider à passer d'un endroit à l'autre ; tandisque کذاشتن *гüzâšten* veut dire : laisser, abandonner, poser. Ex. : à l'impératif, بگذرید *beгüzerid*, passez, traversez. — بگذارید *beгüzârîd*, laissez de côté, mettez là. L'*élif* آ *â* fait ici fonction de *younâ* sanscrit comme dans بواد *berâd* (voy. page 67, ligne 10) qui dérive de بود *bered*.

99. L'usage seul peut apprendre si tel ou tel autre verbe persan peut former un dérivé causatif, car il y en

a qui en sont incapables, tels que ديدن *dîden*, voir, گفتن *γoften*, parler, آزمودن *âzmûden*, éprouver, et beaucoup d'autres. Tous les verbes dérivés se conjuguent comme les verbes défectueux du deuxième groupe.

§ 2. VERBES COMPOSÉS.

100. La majeure partie des verbes persans appartient à cette catégorie. Il faut y distinguer trois classes.

1º Ceux que l'on forme en les faisant précéder d'un substantif persan ou arabe; ce sont les *verbes nominaux*. Exemples:

سلام شکستن *selâm šikesten*, lever la séance (littéralement: briser l'audience); گوش دادن *γûš dâden*, prêter, donner l'oreille; سر دادن *ser dâden*, mettre en liberté, laisser s'échapper (littéralement: donner la tête); تیر انداختن *tîr endâhten*, décocher une flèche, et, en parlant d'une arme à feu, tirer; ادا کردن *edâ kerden*, s'acquitter d'une dette; در کردن *der kerden*, faire la porte, c.-à-d. expulser quelqu'un, le mettre à la porte, le chasser; Exemple:

درش کردم *dereš kerdem*, je l'ai expulsé.

Nous donnons ailleurs le paradigme de ces verbes. Ici, remarquons que les substantifs qui les précèdent, n'en forment jamais partie intégrante, c'est-à-dire, que la conjugaison non seulement se meut en dehors de ces substantifs, mais aussi que l'on peut intercaler toute une phrase entre le verbe et le substantif composant. Ex.:

تا قسم بروح پاك حضرت سليمان عليه السلام نخوری
tâ qecem berûχi pâki χezreti süleymân ʿaleyhi'sselâm neḥûry

Avant que tu ne prêtes (manges, serment sur l'âme pure de Salomon, que Dieu le bénisse!

قسم خوردن forment un verbe composé dont les deux facteurs occupent ici les deux pôles de la période.

NB. Les Turcs disent, dans leur langue, *and ičmek*, boire le serment. Il paraît qu'autrefois, avant la prestation, les deux parties se faisaient des incisions au doigt et buvaient de l'eau mêlée avec quelques gouttes de leur sang. Les Persans, au contraire, disent آب خوردن *âb kûrden*, manger de l'eau, pour, boire.

On peut aussi remplacer کردن *kierden* par les verbes نمودن *nümûden*, montrer, et فرمودن *fermûden*, ordonner, lesquels perdent alors leur sens primitif et se traduisent par *faire*. Ce changement de signification a surtout lieu dans le style élevé, et lorsqu'on parle de faits accomplis par quelques personnages haut placés. Exemple:

بفرمایید *befermâiid*, entrez, s'il vous plaît, ou, commencez.

2° Les verbes qui ont pour thème un mot arabe et dont la terminaison et la flexion sont persanes [1]). Exemples:

Les substantifs arabes رقص *reqs*, danse, طلب *teleb*, demande, فهم *fehm*, entendement, بلع *bel'a*, acte d'avaler, غلت *ɣelt*, acte de rouler, culbute, نکوه *nekûh*, blâme, reproche, شم *šemm*, flair, etc., ont donné lieu aux formes hybrides رقصیدن *reqsiden*, danser, طلبیدن *telebiden*, demander, فهمیدن *fehmiden*, comprendre, فهمانیدن *fehmâniden*, faire comprendre, enseigner, بلعیدن *bel'aiden*, avaler, غلتیدن *ɣeltiden*, rouler, نکوهیدن *nekûhiden*, blâmer, شمیدن *šemmiden*, flairer, etc.

3° Enfin les *verbes adverbiaux*, qui sont composés soit des parties du discours indéclinables, soit des préfixes در *der* ou اندر *ender*, dedans, بر *ber*, sur, باز *bâz*, en

---

1) On peut à peine dire que ce soient des composés; il serait plus exact de les appeler verbes d'une formation bâtarde, *hybrides*.

arrière, گیر *ɣír*, capture, etc. On forme ainsi (ou اندر) در *der* (ou *ender*) *âmeden*, entrer, et aussi, sortir, برآویختن *berâvîhten*, suspendre, planer au-dessus, برخاستن *berĥâsten*, se lever de son séant, بازگفتن *bâzɣoften*, répéter, redire, گیرآمدن *ɣírâmeden*, devenir pris, tomber entre les mains, etc. Ex.:

یك مرغ خوبی گیرم آمده بود ou گیر آورده بودم حیف که از دستم در رفت

yek mürɣi ĥúby ɣírem ámedè búd ou *ɣír ávürdè búdem χeyf ki ez destem der reft*, j'avais attrapé un bel oiseau; quel dommage qu'il se soit échappé de mes mains!

پیش بیا پس مرو نزد ما وایست *píš beyá pes meróu nezdi má váíst*, viens en avant, ne recule pas et tiens-toi debout près de nous; دستی با قضا بر نتوان آویخت *desti bá qezá ber netüván ávíĥt*, on ne peut lutter (suspendre la main) avec le destin.

Du verbe دست آویختن *dest ávíĥten*, vient le substantif دستاویز *destávíz*, appui, sauvegarde, prétexte auquel on se raccroche. L'expression ci-dessus دست بر آویختن *dest ber ávíĥten*, suspendre la main, correspond au français: en venir aux mains.

§ 3. VERBES IMPERSONNELS ET VERBES CAUSATIFS.

101. Les Persans ont trois verbes impersonnels: سزیدن *sezíden*, être bienséant, بایستن *bâísten*, falloir, être de nécessité, et شایستن *šâísten*, convenir, qui tous les trois régissent le datif. Ces verbes ne s'emploient ordinairement qu'à l'infinitif et à la troisième personne du singulier. Cependant, dans le vieux langage, on trouve des exemples d'exceptions: هیچ کاررا نمی شایم *híč kárirá nemy šáyem*, je ne suis bon à rien; pour از برای هیچ کار شایسته نیستم *ez beráy híč kár šáístè nístem*.

Il importe de savoir l'emploi et l'application de ces verbes:

102. سزیدن *sezîden*, convenir, ne se conjugue qu'à la 3ᵉ personne et se construit avec un datif. Exemples:

مرا ترا اورا مارا شمارا ایشانرا میسزد (ou نمی سزد) *merá, türá, úrá, márá, šümárá, yšánrá mísezed* ou *nemy sezed*, il est ou il n'est pas bienséant à moi, à toi, à lui, à nous, à vous, à eux, à elles: et ainsi de suite pour tous les temps; بسزد نسزد بمن چه *besezed nesezed bemen či*, il convient ou il ne convient pas, qu'est-ce que cela me fait? آدمی را نسب بهنر باید کرد نه بپدر *ádemy rá neceb bè hüner báyed kerd nè bepeder*, il faut anoblir (*faire cas de*) un homme selon son mérite et non pas selon son père (*sa généalogie*); اگر ترا مزد خدمت نمی باید مرا هم خدمتی بیمزد نمی شاید *eyer türá müzdi ћidmet nemibáyed merá hem ћidmety bímüzd nemisáyed*, si tu ne veux pas (s'il ne te faut pas) que je te récompense de tes services, il ne me convient pas non plus d'accepter des services gratuits.

هر کرا طاوس باید جور هندوستان کشد
هر کرا محبوب باید کُنده زندان کشد

her kirá táús báyed ğóuri hindústán kešed — her kirá mezhúb báyed kündèi zindán kešed.

Quiconque veut avoir un paon, doit se donner la peine d'aller aux Indes; qui veut avoir une amie, doit se résoudre à traîner le boulet des cachots (*l'esclavage*) [1].

کریکه بعقل بر نیاید
دیوانگی در او بباید

---

[1] کنده *kündè*, grosse bûche qu'on attache aux pieds d'un forçat en guise de chaîne (en russe, *kandally*).

kâriki bê 'eql ber neyâyed — divâneyi der û bebâyed.

Dans une affaire où la raison échoue, il faut recourir à la folie.

Le forme *bebâyed* est tombée en désuétude:

گفتاری بی کردار چو درخت بی بار جز سوختن را نشاید

γoftâry by kierdâr čû direhti by bâr ğüz süḫten râ nešâyed

La parole sans action, comme l'arbre sans fruits, n'est bonne qu'à jeter au feu (*râ* marque le datif).

103. On peut paraphraser, et cela est plus élégant, en substituant au verbe شایستن *šâïsten*, les noms سزاوار *sezâvâr* ou لایق *lâïq*, convenable, ou لیاقت *leyâqet*, convenance, et dire:

این رخت لیاقت شمارا ندارد *yn reḫt leyâqeti šümârâ nedâred,* cet habillement ne vous sied point, n'est pas convenable à votre rang ou à votre âge; این حرف سزاوار یا لایق شما نبود *yn xerf sezâvâri* ou *lâïqi šümâ nebûd,* cette parole ne vous convenait pas; un homme comme vous devrait parler autrement.

104. بایستن *bâïsten* se conjugue aussi, mais à la 3ᵉ personne seulement. Exemples:

همه باید بمیریم *hemè bâyed bemirîm,* tous (nous) devons mourir; میبایست بمیرد *mîbâïst bemîred,* il lui a fallu mourir, qu'il mourût!

105. Pour donner une idée de la construction de بایستن *bâïsten* avec les pronoms personnels conjonctifs, je transcris ici, volontiers, l'exemple suivant de la grammaire de Mirza Ibrahim, dont la rédaction persane est toujours élégante et correcte:

میبایستم *mîbâïstem,* il m'a fallu; میبایستی *mîbâïsty* ou میبایستت *mîbâïstet,* il t'a fallu; میبایستمان *mîbâïstimân,* il nous a fallu; میبایستتان *mîbâïstitân,* il vous a fallu, میبایستشان *mîbâïstišân,* il leur a fallu.

106. Dans le style familier, au lieu de باید *bâyed*, il faut, et نباید *nebâyed*, il ne faut pas, on dit impersonnellement می خواهد *my khâhed*, on (le) veut, et نمی خواهد *nemy khâhed*, on (ne le) veut pas. Exemples :

آیا میفرمائید که بالاپوش شمارا بردارم *âyâ mîfermâyîd ki bâlâpûši šumârâ berdârem*, ordonnez-vous que j'emporte votre manteau? — نمیخواهد *nemîkhâhed*, il ne faut pas.

این تصویر یک قدری بیشتر رنک میخواهد *yn tesvîr yek qedry bîšter reny mîkâhed*, il faut renforcer un peu les couleurs de ce tableau

ابرو باین سیاهی وسمه نمی خواهد
لب باین نازیکی گلبرگ نمی خواهد

abrû beîn siyâhy vesmè nemy khâhed — leb beîn nazîky gülberg nemy khâhed 1).

Pour des sourcils aussi noirs que les tiens il ne faut pas (du cosmétique) de vesmé; à côté de lèvres aussi délicates et vermeilles il ne faut pas de feuilles de rose, etc. (*Chanson des rues de Téhéran*).

107. شایستن ne s'emploie qu'à l'infinitif et aux troisièmes personnes. Exemples :

شایستن دیگر و بایستن دیگر *šaîsten dîger u bâîsten dîger*, autre chose est convenir et autre chose falloir, (locution proverbiale).

آنچه صاحبوپیشرا میباید بجّهرا نمیشاید وزنرا نمیسزد

---

1) Le poëte joue ici sur la double signification du verbe خواستن *khâsten* qui s'emploie ordinairement dans le sens de *vouloir*; mais, dans le présent exemple, ce verbe signifie *falloir* et, pour cette raison, ses régimes directs ابرو *abrû* et لب *leb*, ne sont pas suivis du را *râ* de l'accusatif: il en est de même pour وسمه *vesmè*, dans l'exemple précédent.

ánči sáχebríšrá mĭlâyed beččerá nemy šâyed u zenrá nemísezed, ce qui devient obligatoire pour un homme mûr (littéralement: au maître de la barbe), ne convient pas à un enfant et est malséant pour une femme.

108. Dans les locutions ironiques ou dubitatives, شاید *šâyed* répond aux expressions françaises: eh! qui le sait? mais peut-être? je le crois bien, il peut se faire, il est possible. Ex.:

ببارد شاید است ابر هوا *hevâ ebr est šâyed bebâred*, le temps est couvert, il pleuvra peut-être.

شاید — خوردی تنها شرابرا همه این تو نادرست *nádürüst tú yn hemè šerábrâ tenhâ húrdy — šâyed*, coquin, tu as donc bu tout ce vin à toi seul! — Il se peut bien.

بخواهد شاه مرا شاید باشد حاضر اسپم *espem χâzir bâšed šâyed merá šâh beχâhed*, que mon cheval soit prêt, car il peut se faire que le roi me demande (littéralement, me veuille), etc. ¹)

Nos expressions personnelles, *on dit, on fait*, etc., se rendent par un verbe au pluriel. Exemples:

گویند می *my γúyend*, ils disent, pour: on dit; زدند مرا *merá zedend*, ils m'ont battu, pour: on m'a battu.

آراستند مجلس مصلحت پی
خاستند بر و گفتند و نشستند
peyi mesleχet meğlis árástend — nišestend u γoftend u ber hástend

(Ferdôucy).

---

¹) Il y a des cas où le verbe داشتن *dâšten*, posséder, avoir, employé impersonnellement, fait fonction d'un verbe substantif comme, par exemple:

ندارد عیبی *'eyby nedâred*, il n'y a pas de mal, c'est bon; چه دارد عیب چه *či 'eyb dâred*, quel mal y aurait-il? ندارد چاره *čârè nedâred*, il n'y a pas de remède, etc.

Pour une affaire importante, on organisa une séance. On s'assit, on parla et on se leva (littéralement: ils s'assirent, ils dirent et ils se levèrent).

كليم بخت كسى را كه بافتند سياه سفيد كردنش از جملهء محالات است

kielími beḱiti kiecy rá ki báftend siyâh sefíd kierdeneš ez ǧümlëi meχâlât est

Lorsqu'on a tissé en noir le tapis du bonheur de quelqu'un, le faire blanchir est de toute impossibilité (littér. fait partie intégrante de la somme des impossibilités).

TROISIÈME PARTIE

CHAPITRE I
DES NOMS SUBSTANTIFS

109. Ce qu'on appelle dans nos grammaires *les genres*, soit des substantifs, soit des adjectifs, soit des pronoms, n'existe pas dans la langue persane.

110. Les noms des choses inanimées, ainsi que les noms des choses intellectuelles, comme:

هوش *hûš*, intelligence, خرد *hired*, raison, جان *ğân*, âme, خواب *hâb*, sommeil, شب *šeb*, nuit, خانه *hânè*, maison, روزگار *rûzγâr*, sort, تیر *tîr*, flèche, داس *dâs*, serpe, سوكات *sôukât*, cadeau, كلم *kelem*, choux, فلیز *feliz*, jardin potager, etc.

s'emploient indifféremment sans qu'on y attache aucune idée de sexe ou de genre.

111. Le sexe des êtres doués de vie est désigné de deux manières en persan:

1° En appelant les individus mâles d'une espèce autrement que les individus femelles. Exemples:

غوچ *γûč*, bélier et میش *mîš*, brebis; مرد *merd*, homme et زن *zen*, femme; دختر *duhter*, fille et پسر *pûcer*, garçon; غلام *γulâm*, serviteur et كنيز *kenîz*, servante; خروس *ẖürûs*, coq et ماكيان *mâkyân* ou مرغ *mürγ*, poule; اسپ *esp* ou نريان *neryân*, étalon et ماديان *mâdyân*, jument; ورزو *verzóu*, bœuf et گاو *γâv*, vache (et aussi bœuf); ریش سفید *rîš sefîd*, (barbre blanche) vieillard et گیس سفید *γîs sefîd*, (chevelure blanche) vieille femme; شوهر *šóuher*, époux et زن *zen* ou كوچ *kûč* ou خانه *ẖâne* (littéralement, maison), épouse, etc.

2° En ajoutant aux substantifs du genre masculin le mot نر *ner*, mâle, et à ceux du genre féminin le mot ماده *mâdè*, femelle. Exemples:

گامش نر *γâmüši ner*, buffle et گامش ماده *γâmüši mâdè*, femelle du buffle; شیر نر *šîr ner* ou نرشیر *nerèšîr*, lion et شیر ماده *šîri mâdè* ou ماده شیر *mâdè šîr*, lionne; ببر نر *bebri ner*, tigre et ببر ماده *bebri mâdè*, tigresse; گراز نر *γürâzi ner*, sanglier et گراز ماده *γürâzi mâdè*, truie; گوزن نر *γevezni ner*, cerf et گوزن ماده *γevezni mâdè* (ou گاو گوزن *γâvi γevezn*), sa femelle; چل نر *čili ner* (ou خروس چل *ẖürûci čil*), le mâle d'une perdrix grise, et چل ماده *čili mâdè* (ou مرغ چل *mürγi čil*), sa femelle; لاکپشت نر *lâkpüšti ner*, tortue mâle et لاکپشت ماده *lâkpüšti mâdè*, tortue femelle, etc.

112. Les participes masculins et féminins arabes pris substantivement, conservent, en passant dans la langue persane, les désinences qui caractérisent leurs genres respectifs en arabe. Exemples:

محبوب من *meẖbûbi men*, mon ami, محبوبه من *meẖbûbèi men*, mon amie; مرحوم *merẖûm*, le défunt, مرحومه *merẖûmè*, la défunte, etc.

Les mêmes participes pris adjectivement s'emploient toujours au masculin:

پسر مقبول *püceri meqbûl*, joli garçon, et aussi دختر مقبول *düẖteri meqbûl* (pour *meqbûlè*), jolie fille; اسپ ضعیف *espi zeîf*, un cheval faible et ضعيف ماديان *mâdyâni zeîf* (pour *zeîfè*), une jument sans force, etc.

113. Par exception, quelques substantifs persans, peu nombreux, deviennent féminins moyennant la finale و *û*. Ex.:

يار *yâr*, ami, et يارو *yârû*, amie; بان *bân*, gardien, (mot qui ne s'emploie plus que dans les noms composés), et بانو *bânû*, gardienne des femmes d'un seigneur, première dame d'un harem.

Le substantif خانم *hânüm*, madame, est le fém. de خان *hân*, seigneur; et كمينه *kemînè*, la plus petite, pris substantivement, est le féminin de كمترين *kemterîn*, superlatif de كم *kem*, peu.

Une femme, en écrivant à ses supérieurs, surtout dans les suppliques, au lieu de dire *moi*, dit *kiemînè*.

DES CAS.

114. Les cas des noms persans sont au nombre de six. On les forme en ajoutant des particules, tantôt avant et tantôt après le nominatif singulier.

115. Les Persans n'ont pas de génitif proprement dit, car c'est au nom qui régit et non pas au régime qu'ils ajoutent le signe caractéristique de ce cas.

116. Pour traduire un génitif absolu, comme *terræ*, *hominis*, etc. on fait précéder les nominatifs singuliers زمين *zemîn*, terre, آدم *âdem*, homme, etc., du mot مال *mâl*, propriété, auquel on ajoute un *i* dans la prononciation. Exemples:

مال زمين *mâli zemîn*, de la terre; مال آدم *mâli âdem*, de l'homme; اين توله مال كه ميباشد *yn tûlè mâli ki mibâšed*, à qui est ce chien de chasse? مال شاهزاده *mâli šâhzâdè*, au prince, (du prince);

پدر این طفلك كيست pederi yn tiflek kîst, qui est le père de ce petit enfant? مال برادرم است mâli berâderem est, il est à mon frère (de mon frère), etc.

117. Cet *i* copulatif, qui sert ainsi à établir le rapport du génitif, est appelé par les grammairiens orientaux یای اضافه *yây izâfè*, l'y d'annexion, ou tout simplement اضافه *izâfè*, jonction, annexe. Nous l'appellerons *izâfet*.

118. Dans les génitifs qui ne sont pas absolus, on supprime مال en lui substituant le nom qui régit et en affectant ce nom d'un *izâfet*. Exemples :

كارد آشپز اسپ سردار *espi serdâr*, le cheval du généralissime; *kârdi âşpez*, le couteau du cuisinier; پر قو *peri qóu*, la plume du cygne, etc.

Toutes les fois que le nom qui régit se trouve terminé en ا *â*, و *û* et ه *o* quiescent, l'izâfet, pour des raisons d'euphonie, se montre sous la forme d'un ی *y* ou d'un ه *èï*. Exemples :

Les substantifs عصا *'eçâ*, bâton, پارو *pârû*, rame, غنچه *γûncè*, bouton, mis en rapport du génitif avec پیری *pîry*, vieillesse, نو *nou*, barque, لاله *lâlè*, coquelicot, doivent s'écrire et se prononcer, عصای پیری *'eçây pîry*, le bâton de la vieillesse, پاروی نو *pârûy nou*, la rame de la barque, غنچهٔ لاله *γûncèï lâlè*, le bouton du coquelicot.

Mais si la lettre finale du nom qui régit est un ی *y*, les izâfets du génitif ne s'écrivent pas dans le corps d'écriture et on les fait seulement sentir dans la prononciation, de même que nous l'avons déjà vu dans les noms terminés par une consonne. Exemples :

می خرابات *meyi kerâbât*, le vin de la taverne, دی خرابات

dèyi ḫezân, le plus long mois de l'automne; مردم نادرستی *nâdürüstii merdüm*, la perversité des hommes.

119. Le *datif* se forme de trois manières:

1° D'abord, et c'est la formation la plus usitée aujourd'hui, en mettant devant les nominatifs singuliers la préposition ب *bè*, à, au, aux. Exemples:

بخانه آمد *behânè âmed*, il arriva à la maison; بپادشاه عرض کرد *bepâdišâh 'erz kerd*, il parla respectueusement au roi; باو گفتم *beû γoftem*, je lui ai dit; بمن فرمودند *bemen fermâdend*, ils m'ordonnèrent, etc.

Parfois, cette préposition بـ *bè*, se traduit par: pour, en échange de, moyennant. Le poëte Ḥeyyâm ne craint pas de dire à ses coreligionnaires: دستار و کتابانرا فروشیم بمی *destâr u kitâbânrâ ferûšim bè mey*, pour avoir du vin, vendons le Koran et les livres (de piété).

2° En mettant le signe را *râ* après le nominatif singulier. Ex.:

پادشاهرا غلامی بود *pâdišâhrâ γülâmy bûd*, le roi avait un serviteur; حمد و سپاس خدای پاکرا *xemd u sipâs ḫüdây pâkrâ*, louanges et actions de grâce (soient rendues) au Dieu pur, immaculé, etc.

Voici un distique composé par Fetḫ 'Ali Šâh, dont le تخلّص *tehellüs*, ou surnom poétique, est *Ḥâqân*, le souverain:

طبیب بر سر بالین من چه می آی
بغیر مرگ دوا نیست درد خاقانرا

tebîb ber seri bâlîni men či my âyi — beγeiri merγ devâ nîst derdi ḫâqânrâ.

Docteur, pourquoi viens-tu auprès de mon chevet? Outre la mort, il n'y a point de remède à la douleur du Ḥâqân (c. à. d. à ma douleur).

Ce datif est plus élégant et s'emploie dans un style élevé, mais le datif avec بـ le remplace dans la conversation et dans les locutions familières.

7

La même particule postpositive را *râ* s'emploie aussi pour désigner les accusatifs, les datifs et les vocatifs. La raison d'être étymologique de ce را *râ* est inconnue.

Un à un, deux à deux, etc., se rendent pas یك بیك *yek bè yek*, دو بدو *dû bè dû*, etc.

سرّت همه دانای فلك میداند
کو موی بموی و رگ برگ میداند
گیرم که برزق خلقرا بفریبی
با آن چه کنی که یك بیك میداند

sirret hemè danây felek mîdâned — kû mûy be mûy u reg bè reg mîdâned — gîrem ki berizq helqrâ beferîby — bâ ân či kûny ki yek bè yek mîdâned.

Tous les secrets sont connus par le Savant céleste, qui les sait cheveu par cheveu, veine par veine. J'admets qu'avec de l'hypocrisie tu tromperas les hommes; mais que feras-tu (avec) devant Lui, qui connaît tous les détails un à un?

3° Enfin, en mettant la particule مر *mer* avant, et, en même temps, را après le nominatif singulier d'un nom; ce qui n'a lieu que dans le vieux style et en poésie. Exemples:

مرشکارچیرواَنرا *merchikârčîrâ*, au chasseur, مرسالاررا *mersâlârâ*, au chef de l'armée, etc.

120. **L'accusatif** ne diffère point des deux dernières formes du datif, et il n'y a que le sens du passage qui puisse en faire voir la différence. Exemples:

ساقیا امروز می نوشیم فردارا که دید
sâqyiâ imrûz mey nûšim ferdârâ ki did

O échanson! Aujourd'hui allons boire du vin, car quel est celui qui ama vu le lendemain? (le lendemain ne peut être vu qu'en pensée).

خانهرا آتش زدند *hânèrâ âteš zedend*, ils ont incendié la maison; مر سپهبدرا دار کشیدند *mer sipehbüdrâ dâr kešîdend*, ils ont pendu le chef de l'armée; پادشاهرا غلامی زد *pâdišâhrâ γülâmy zed*, un serviteur frappa le roi; حمد و سپاس خدارا نمی کنند *χemd u sipâci hüdârâ nemy künend*, ils ne louent ni prient Dieu.

Les verbes آتش زدن *âteš zeden*, incendier, دار کشیدن *dâr kešîden*, pendre, زدن *zeden*, frapper, et کردن *kerden*, faire, régissant l'accusatif, les substantifs خانه, سپهبد, پادشاه et خدا, sont suivis de leur را qui ne peut représenter ici que le régime direct de ces verbes.

121. Mais ce en quoi l'accusatif diffère essentiellement du datif, c'est que le signe را *râ*, caractéristique du datif, ne peut être supprimé dans aucune construction, tandis que les meilleurs auteurs font souvent disparaître le را *râ* de l'accusatif. Ainsi, dans le quatrain suivant de Seʿady, on rencontre quatre suppressions de ce genre:

جهان ای برادر نماند بکس
دل اندر جهان آفرین بند و بس
مکن تکیه بر ملک دنیا و پشت
که بسیار کس چون تو پرورد و کشت

ğehân ey berâder nemâned bekes dil (pour *dilrâ*) *ender ğehân âferîn bend u bes mekün tekiè* (pour *tekièrâ*) *ber mülki dünyâ u püšt* (pour *püštrâ*) *ki becyâr kes* (pour *kesrâ*) *čün tû perverd u küšt.*

Frère! Le monde ne restera à personne. Attache uniquement ton cœur au créateur du monde, cela suffit. Ne t'adosse et ne t'accoude point contre (le rempart) des biens terrestres, car il (ce perfide appui s'écroule et) a déjà tué beaucoup d'hommes comme toi, après les avoir élevés et protégés.

En général, les Persans se plaisent dans les expressions plus ou moins vagues, et, par conséquent, ne font pas volontiers usage de را *râ*, qui, pour ainsi dire, fixe et arrête le sens d'un régime. Nous en reparlerons plus d'une fois aux chapitres respectifs de diverses parties du discours où le را de l'accusatif n'est pas obligatoire. En attendant, un distique emprunté à Xâfiz suffira pour développer la règle dont il s'agit ici:

حدیث از مطرب و می گو و راز دهر کمتر جو
که کس نکشود و نکشاید بحکمت این معمّی را

xedîs (pour *xedîsrâ*) *ez mütrib u mey gû u râzi dehr* (pour *dehrrâ*) *kemter ğû ki kes nekûšûd u nekûšâyed bexikmet yn mu'emmarâ* (accusatif).

Trêve de ces légendes sur les mystères de la prédestination! Parle-moi musique ou vin; [ma légende à moi n'est qu'une chanson à boire]. Quant au fatalisme, c'est une énigme dont aucun théologien n'a su et ne saura jamais le mot. (Littéralement: Dis la légende du musicien et du vin, et cherche moins le secret du siècle, car personne, avec de la théologie, n'a ouvert et n'ouvrira cette énigme.)

Dans le premier hémistiche, Xâfiz supprime le را de حدیث légende, ainsi que le را de راز دهر secret du siècle, parce qu'il généralise, sans nous dire positivement de quel musicien et de quel vin nommément il veut qu'on l'entretienne, ni sans qualifier non plus le mystère en discussion dont il ne veut plus entendre parler. Remarquons aussi que l'absence de la particule affirmative بـ devant les impératifs گو et جو, et que le comparatif کمتر moins, contribuent à augmenter le vague dans le vœu du poëte. Mais, dans le second hémistiche, le را devient obligatoire après le régime معمّی l'énigme, car ce nom est précédé du démonstratif این, qui en détermine et en qualifie le sens.

122. Le *vocatif*. Il y a trois manières de former ce cas :

1° La plus usitée est celle qui consiste à mettre devant le nominatif une des exclamations suivantes: ای *ey*, ô! یا *yâ*, ah! ô! ایا *eyâ*, ohé! dis donc!, ایّها *eyyühâ*, ô! ohé! holà!. Exemples :

ای فلک *ey felèk*, ô ciel!; ایا ساقی *eyâ sáqy*, dis donc, échanson!; یا صاحبان *yâ sáxibân*, ah! messieurs; ایّها گروه گناهکاران *eyyühâ γerûhi γünâhkârân*, ô cohue des pécheurs! etc.

2° On ajoute un ا *élif* long à la fin du nominatif. Exemples:

پادشاها *pâdišâhâ*, ô souverain!; بار خدایا *bâri hüdâyâ*, seigneur Dieu!; پروردگارا *perverdiγârâ*, ô Providence!

Un musulman, amateur des vins rouges, s'écrie:

آزاده رفقان منا من چون بمیرم از سرختترین باده
بشورید تن من در سایهٔ رز اندر گوری بکنیدم

âzâdè rüfeqâni menâ men čûn bemírem ez sürhterîni bâdè bešûríd teni men der sâyèï rez ender γúry bekienídem.

O mes (*menâ*, vocatif rarement usité) compagnons, libres (penseurs)! Quand je serai décédé, lavez mon corps avec un vin des plus rouges. A l'ombre d'un vignoble (*rez*) creusez une tombe pour moi. (Ḣeyyâm).

3° Enfin, la formation la moins usitée du vocatif consiste à faire suivre le nominatif singulier de را. Exemples:

دل میرود زدستم صاحبدلان خدارا
دردا که راز پنهان خواهد شد آشکارا

dil míreved zidestem sáxibdilân hüdárâ (ô Dieu, vocatif) *derdâ* (ô douleur, vocatif) *ki râzi pünhân hâhed šüd âškârâ* (pour *âškár*).

On me ravit mon cœur (littéralement: le cœur s'en va de ma main). O vous dont le cœur est encore à votre disposition, gare à vous! O Dieu! ô douleur! le mystère que j'y ai caché avec autant de soin deviendra public et notoire! (Xâfiz).

123. L'*ablatif* se forme en mettant از *ez*, de, avant le nominatif. Exemples:

از پشت بام توی اوطاق افتاد و از پنجره در رفت

ez püśti bâm tûy ôtâq uftâd u ez pençerè der reft, du haut de la terrasse il est tombé dans la chambre et il s'est échappé par la fenêtre.

124. Lumsden, et ceux d'entre les grammairiens qui l'ont suivi, comptent au nombre des variantes de l'ablatif قضارا *qezârâ*, par hasard, اتفاقرا *ittifâqrâ*, fortuitement, et quelques autres substantifs suivis du را des cas obliques. En effet, on peut les rendre par des ablatifs réguliers persans: از قضا *ez qezâ*, از اتفاق *ez ittifâq*, etc.; mais ils n'en sont pas moins de véritables accusatifs traduisant ceux obtenus par le formatif arabe ً, qu'on appelle تنوین فتحه *tenvîni fetxè*, vu qu'en arabe on dit اتفاقًا *ittifâqen* et قضاءً *qezâen* dans le même sens.

L'ablatif راستیرا *rastîrâ*, en vérité, en effet, s'emploie aussi adverbialement. Exemple:

راستی را خلاف عقل بود *rastîrâ helâfi 'aql buved*, en vérité, ce serait contraire à la raison. (Kaâny, *Perîśân*).

Dans l'Envâri süheïly, on lit:

اندك فرصتی را گرد فنا از آن بوآید *endeki fersety râ gerdi fenâ ez ân berâyed*, sous peu (à la première petite occasion) il n'en restera que la poussière du néant (littér. la poussière du néant s'en exhalera).

DES NOMBRES.

125. La déclinaison des substantifs persans a trois

nombres, savoir: le *singulier*, le *pluriel* et le *duel;* ce dernier appartenant exclusivement à des noms empruntés à la langue arabe.

126. Pour former le pluriel persan, on ajoute à la dernière lettre du nominatif singulier, une des trois terminaisons ها *hâ*, ان *ân*, ou ات *ât*.

§ 1. DES PLURIELS EN ها.

127. Dans la langue moderne, soit parlée, soit écrite, la terminaison ها est la plus usitée. Elle s'applique également à toute espèce de noms substantifs, animés ou inanimés, arabes ou persans, sans exception. Exemples: آدمها *âdemhâ*, les hommes, زنها *zenhâ*, les femmes, اسپها *esphâ*, les chevaux, مرغها *mürɣhâ*, les oiseaux, لاشه‌ها *lâšèhâ*, les cadavres de bêtes mortes, جنگلها *ǰenɣelhâ*, les forêts, چمنها *čemenhâ*, les prairies, فکرها *fikrhâ*, les pensées, نعمتها *ne'amethâ*, les bienfaits, etc.

§ 2. DES PLURIELS EN ان *ân*.

128. Il paraît qu'anciennement ان *ân* formait le pluriel des substantifs doués de vie, et ها *hâ* le pluriel des êtres inanimés seulement. Aujourd'hui l'application de cette règle n'a plus lieu, et il n'y a que l'usage qui décide laquelle des deux désinences doit être préférée dans un cas donné. Il n'en est pourtant pas moins vrai que les meilleurs auteurs de l'âge d'or de la littérature persane, et que ceux de nos temps qui écrivent avec élégance, se servent plus volontiers de la terminaison ان *ân* toutes les fois qu'il s'agit des êtres animés et sur-

tout des êtres humains, comme اشکریان *leškeriân*, les soldats, شاهان *šâhân*, les souverains, طوپچیان *tûpčiân*, les artilleurs, مسلمانان *müçülmânân*, les musulmans, etc. Se'ady donne la terminaison ان *ân* même aux choses inanimées, comme درختان *direhtân*, les arbres, pour les ennoblir en quelque sorte, et on la trouve aussi à la fin du substantif رز *rez*, cep de vigne, dans le distique suivant:

من خون رزان خورم تو خون کسان
انصاف بده کدام یکی خونخوارتریم

men hûni rezân (tr. raisin) *hûrem tû hûni keçân insâf bedeh kûdâm yeky hûnhârterîm.*

Je bois du sang des ceps de vigne et toi du sang des hommes; sois juste et décide qui d'entre nous deux est plus sanguinaire?

L'origine de la désinence plurielle ان paraît être la répétition du pronom démonstratif ان *ân*, celui-là, *ân ân*, littéralement, celui-là et celui-là, c'est-à-dire, plus d'un seul:

انان که محیط فضل و اداب شدند

ânâni ki müxîti fezl u âdâb šüdend

Ceux (ces hommes-là) qui sont devenus l'océan de perfection et de moralité

En sanscrit, le mot répété indique la pluralité des objets désignés par le nominatif; donc, on peut inférer de ce qui précède que ان *ân* est un pronom démonstratif.

129. L'euphonie et la loi de permutation des lettres exigent que:

1° La terminaison ان *ân*, mise en contact avec les voyelles longues ا ou و, soit précédée d'un ی long euphonique. Ex.:

میرزا *mirzâ*, homme de plume, savant, خوشرو *hošrû*, un homme au beau visage, une femme belle, ont le pluriel خوشرویان, میرزایان.

2⁰ Après ه *hè* quiescent, ان se change en كان *γân*. Ex.:
بندگان *bendeγân*, les serviteurs, ديدگان *dídeγân*, les yeux, مژگان *müjeγân*, les cils, sont autant de pluriels de بنده *bendè*, ديده *dídè*, مژه *müjè* (ه quiescent, qui n'est ici qu'un *h* légèrement aspiré, disparaît, étant absorbé par le ک de la finale).

مکن ستم بر زیردستان که ایشان چون تو حقّرا بندگانند
حیــات از داد و دهـش جـوی کــه نـوشـیـروان و حاتم
زندگانند

mekün sitem ber zírdestân ki išân čún tú χaqqrá (datif) *bendeγânend* *χeyât ez dâd u dehiš ǧúy ki núšírvan u χâtem zindeγânend*

N'exerces pas de l'oppression sur tes subordonnés, car eux aussi, de même que toi, sont serviteurs du Dieu de justice. Cherche-toi une vie (immortelle) par la loyauté et par des dons, car, par ce moyen, Nûšîrvân et Xâtem vivent (éternellement). (تاریخ مازندران)

§ 3. DES PLURIELS EN ات *ât*.

130. La terminaison ات *ât* est d'origine arabe, quoiqu'on la trouve aussi à la fin des substantifs persans. Exemples:

حیوانات *χeïvânât* (arabe), les animaux, حشرات *χešerât* (arabe), les insectes, دیمات *deïmât* (arabe), les champs qui n'ont pas besoin d'être arrosés artificiellement, auxquels la rosée et la pluie suffisent, گرمسیرات *γermecírât* (persan), les campements d'hiver, سردسیرات *serdecírât* (persan), les campements d'été, etc.

131. Après ه *hè* quiescent, la terminaison ات *ât* se change en جات *ǧât* et quelquefois aussi en کات *kât*, mais les exemples de cette dernière permutation sont peu fréquents. Exemples:

مراسلاجات *murâciĕǧât* [1]) ou نوشته‌جات *nüvišteǧât*, les écrits, les lettres, قلعه‌جات *qel'aǧât*, les forteresses, حواله‌جات *xevâleǧât*, les reports, les transferts, شوركات *šûrekât*, les marais salants, sables blanchis d'efflorescences du sel et du kali; — sont formés des singuliers مراسله ou شوره, قلعه, حواله et نوشته. Les substantifs بقسومات *beqsûmât*, les biscuits et سبوسات *sûrsât*, les comestibles, ne s'emploient qu'au pluriel.

132. Le substantif ایل *yl*, tribu nomade, forme son pluriel irrégulièrement en یات *yât*, ایلیات *ylîât*, les tribus nomades.

133. Par un pléonasme, la terminaison ات *ât* se trouve quelquefois annexée à d'autres pluriels, et par ce moyen, donne lieu à des pluriels doubles, ou pluriels de pluriels. Exemples:

كلانات *γilânât*, les marais, nom d'une province marécageuse sur le littoral Caspien, n'est qu'un pluriel de كلان *γilân*, lequel, à son tour, est pluriel du singulier كل *γil*, boue, crotte. De même, بنادرات *benâdirât*, les ports de mer, عجایبات *'eǧâibât*, les merveilles, عجیبات *ü'yûbât*, les défauts, etc., dérivent des pluriels arabes بنادر, عجایب et عیوب.

§ 4. DES PLURIELS ARABES.

134. Le mode de formation de ces pluriels est du ressort de la grammaire arabe; on les trouve indiqués dans tous les bons dictionnaires de cette langue. Nous n'en constatons ici l'existence que pour avertir les commençants qu'en Perse, dans la conversation, on s'en

---

1) L'usage seul peut apprendre si les terminaisons جت et كن sont ou ne sont pas admissibles pour tel ou tel autre nom. Là où elles ne le sont pas on se sert de la finale ه *hâ*.

sert rarement. Il n'y a que les mollas arabisants et ceux qui visent à un langage savant, qui fardent leurs écrits et leurs discours de pluriels arabes; aujourd'hui le bon goût les répudie ou en use sobrement.

135. Quant aux *duels* arabes, comme سلطان بربن و بحرين, *sültâni berreïn ou bezreïn*, le souverain des deux continents et des deux mers, ذو القرنين *zûl-qerneïn*, maître de deux siècles, ou maître de deux cornes, épithète d'Alexandre-le-Grand, حسنين *χeceneïn*, Hassan et Hussein, les deux fils d'Ali, etc., on ne s'en sert guère que dans le langage des chroniques, celui du clergé et des diplômes gouvernementaux.

136. Les pluriels, de même que les singuliers arabes employés en persan, se déclinent comme les noms d'étymologie persane.

§ 5. DE LA DÉCLINAISON.

137. Les Persans modernes n'ont qu'une seule formule pour leur déclinaison, au singulier, et nous savons déjà quelles en sont les désinences au pluriel.

1°. — SINGULIER.

Nom.	لجن	*leğen*,	le bourbier;
Gén.	مال لجن	*mâli leğen*,	du bourbier;
Dat.	به لجن	*bè leğen*,	au bourbier;
Acc.	لجن را	*leğenrâ*,	le bourbier;
Voc.	اى لجن	*ey leğen*,	ô bourbier!
Abl.	از لجن	*ez leğen*,	du bourbier.

1) Le را des cas obliques peut s'écrire séparément ou bien se lier au mot qui le précède.

PLURIEL.

Nom.	لجنها	leǧenhá	les bourbiers;
Gén.	مال لجنها	máli leǧenhá	des bourbiers;
Dat.	به لجنها	bè leǧenhá	aux bourbiers;
Acc.	لجنهارا	leǧenháará	les bourbiers;
Voc.	اى لجنها	ey leǧenhá	ô bourbiers!;
Abl.	از لجنها	ez leǧenhá	des bourbiers.

2°. — SINGULIER.

Nom.	يل	yel	le héros;
Gén.	مال يل	máli yel	du héros;
Dat.	به يل	bè yel	au héros;
Acc.	يلرا	yelrá	le héros;
Voc.	اى يل	ey yel	ô héros!;
Abl.	از يل	ez yel	du héros.

PLURIEL.

Nom.	يلان	yelán	les héros;
Gén.	مال يلان	máli yelán	des héros;
Dat.	به يلان	bè yelán	aux héros;
Acc.	يلانرا	yelánrá	les héros;
Voc.	اى يلان	ey yelán	ô héros!;
Abl.	از يلان	ez yelán	des héros.

3°. — SINGULIER.

Nom.	ده	deh	le village;
Gén.	مال ده	máli deh	du village;
Dat.	به ده	bè deh	au village;
Acc.	دهرا	dehrá	le village;
Voc.	اى ده	ey deh	ô village!;
Abl.	از ده	ez deh	du village.

PLURIEL.

Nom.	دهات	dehát	les villages;
Gén.	مال دهات	máli dehát	des villages;
Dat.	بدهات	bè dehát	aux villages;
Acc.	دهاترا	dehátrá	les villages;
Voc.	ای دهات	ey dehát	ô villages!;
Abl.	از دهات	ez dehát	des villages.

CHAPITRE II

DES NOMS ADJECTIFS.

138. Les noms adjectifs persans, pris isolément, sont indéclinables et ne prennent point la marque du pluriel. Ils ne manifestent, pour ainsi dire, des signes de vie grammaticale, que lorsqu'ils sont unis à leurs substantifs.

139. Dans une construction, la place obligée d'un adjectif est toujours la seconde, c'est-à-dire, immédiatement après son substantif, et ils s'accordent l'un avec l'autre au moyen d'un izafet, tout à fait de la même façon que lorsqu'il s'agit de l'accord du génitif. Exemples:

ديو سفيد *dívi sefíd*, le démon blanc, كيسوى سياه *geysúy siyáh*, la chevelure (de femme) noire, درياى مواج *deryáy mevváǧ*, la mer houleuse, رودخانهٔ غود *rúdkháníï ġóud*, le fleuve profond.

140. Partout où, en français, un temps du verbe auxiliaire *être* peut se placer entre un adjectif et un substantif, les Persans suppriment l'izafet de l'adjectif. Ex.:

يخ سرد و آتش كرم است *yeh serd u átes̄ germ est*, la glace

est froide et le feu est chaud; خدا کریم است آدم گناهکار *hüdá kerím est ádem γünáhkâr*, Dieu est miséricordieux, l'homme enclin au péché (litt. ouvrier du péché).

141. Toutes les fois qu'un substantif, uni à son adjectif, se décline, le substantif renvoie le signe را des cas obliques à la fin de l'adjectif, et en même temps il retient auprès de lui les prépositions et la finale du pluriel. Exemples:

SINGULIER.

Nom.	بازوی پرزور *bázúy pürzúr*,	le bras vigoureux;
Gén.	مال بازوی پرزور *máli bázúy pürzúr*	du bras vigoureux;
Dat.	به بازوی پرزور *bè bázúy pürzúr*	au bras vigoureux;
Acc.	بازوی پرزورا *bázúy pürzúrrá*	le bras vigoureux;
Voc.	ای بازوی پرزور *ey bázúy pürzúr*	ô bras vigoureux;
Abl.	از بازوی پرزور *ez bázúy pürzúr*	du bras vigoureux.

PLURIEL.

Nom.	بازوهای پرزور *bázúháy pürzúr*	les bras vigoureux;
Gén.	مال بازوهای پرزور *máli bázúháy pürzúr*	des bras vigoureux;
Dat.	به بازوهای پرزور *bè bázúháy pürzúr*	aux bras vigoureux;
Acc.	بازوهای پرزورا *bázúháy pürzúrrá*	les bras vigoureux;
Voc.	ای بازوهای پرزور *ey bázúháy pürzúr*	ô bras vigoureux;
Abl.	از بازوهای پرزور *ez bázúháy pürzúr*	des bras vigoureux.

142. Quelquefois on peut intervertir l'ordre de la construction dont on vient de parler, c'est-à-dire, placer l'adjectif avant le substantif et en supprimer l'izafet. Ex.: عجب هوای خوب پادشاهیست *húb pádišáhist*, c'est un bon roi; *'ejeb hevây dáred ynjá*, l'air est ici d'une étonnante (pureté).

اين دغل دوستان كه ميبينى
ميگساند گرد شيرينى

ín devíl dústán ki míbíny — meyeçánend yirdí šíríny.

Tous ces prétendus (postiches) amis que tu vois, ne sont qu'autant de mouches autour d'une confiture.

On verra plus tard beaucoup de substantifs formés de cette manière, comme:

خوش رو *hoš rú*, beau, pour روى خوش *rúy hoš*, le visage beau; بدذات *bedzát*, méchant, pour ذات بد *záti bed*, le naturel mauvais; بلند جايگاه *bülend ğáyyáh*, élevé en dignité, l'homme haut placé, pour جايگاه بلند *ğáyyáhi bülend*, endroit élevé, dignité haute, etc.

Toutes les fois que les pronoms conjonctifs ou isolés doivent s'unir à un substantif accolé à son adjectif, ils suivent l'adjectif. Exemples:

ولايت غله خيزش *vilayeti yelle ḫizeš*, son pays où les blés abondent (se lèvent); اسبى سركشت *espy serkešet*, ton cheval rétif (littér. qui retire sa tête); آبروى بى‌عيبمان *ábrúy bye'ibímán*, notre honneur sans défaut; نوكر وفادار تو *nóukieri vefádári tú*, ton fidèle serviteur.

Il en est de même pour l'accord du génitif. Ex.:

چكمه پايش *čekmèi páyeš*, la botte de son pied; سنبه طپانچه اش *sümbèi tepánčèi eš*, la baguette de son pistolet; نقاره خانه پادشاه شما *naqqárè-hávèi pádišáhi šúmá*, l'orchestre militaire de notre roi.

CHAPITRE III

DE L'ARTICLE.

143. Avant de passer à d'autres espèces de noms, arrêtons-nous un moment pour faire connaissance avec l'article indéfini, que les grammairiens persans appellent

یای وحدت *yây vezdet*, l'y d'unité, que l'on place à la fin d'un nom (comme dans l'expression française *quelqu'*UN, UNE) et qui correspond à l'article français, *un, une*. Exemples:

آدمی *ádemy*, un homme, زنی *zeny*, une femme, کسی *kecy*, quelqu'un, سگی *segy*, un chien, کاهی *káhy*, un brin de paille, گاهی *gáhy*, parfois, etc.

منگو فرمود اکنون میبایید که بخراسان بتازید و آن ولایت را چنان بسوزانید که خلالی در آنجا نماند

menyú fermúd eknún mibáyed ki behoráçán betázid u án viláyet rá čenán besúzánid ki helály der ángá nemáned.

Mangû ordonna: Maintenant partez, il faut que vous dévastiez le Horaçan et faites incendier cette contrée jusqu'à ce qu'il n'y reste pas de quoi faire un seul cure-dents.

(Le mot arabe خلال *helál*, pl. اخلّة *ehellet*, qui signifie, ici, un *cure-dents*, a, en arabe, plusieurs autres significations.)

Le ی *ya* d'unité est le seul et unique article qui existe dans la langue persane.

144. Dans les noms terminés en ه quiescent, l'article d'unité est représenté par un *hemzé*. Exemples:

چلپاسۀ *čelpáceï*, un lézard, گربۀ *gürbeï*, un chat, اوبۀ *óubeï*, un campement de nomades, جگر گوشۀ *giyergúšeï*, un enfant chéri, (litt. un coin du foie), مورچۀ *múrčeï*, une petite fourmi, بوسۀ *húseï*, un baiser.

145. Le signe را des cas obliques doit se placer immédiatement après cet article d'unité. Ainsi le veut la syntaxe, mais l'usage s'y oppose, et le plus souvent on le supprime:

Ainsi il est plus élégant de dire دزدی گرفتند *düzdy giriftend*, on a pris un voleur; ماری کشتم *máry küštem*, j'ai tué un serpent; اسبی خریدم *espy heridem*, j'ai acheté un cheval; گلی چیدم *güly čidem*,

گُلى چِدِيم *γüly čidim*, nous avons cueilli une fleur, que de dire اُدزدى را *düzdirá*,
اسپى را *espirá*, ou اُكُلى را *γülirá*, etc.

Il n'y a que dans les locutions où la suppression de la particule را rendrait le sens obscur qu'elle ne peut avoir lieu.

Par exemple, pour traduire: il envoya quelqu'un, il faut dire كسى را فرستاد *kecyrá firistád*, car كسى فرستاد *kecy firistád* signifierait: quelqu'un a envoyé, etc.

146. Dans l'accord du substantif avec son adjectif, l'article d'unité ى, ou ء, se met ordinairement à la suite de l'adjectif. Ex.:

آدم خوبى *ádemy húby*, un homme doux, beau ou bon, حرف درشتى *χerfi dürüšty*, une parole dure, رفتار شايستهء *reftári šáistèï*, une conduite convenable, شخص چيز فهمى *šeḥsi čiz fehmy*, une personne intelligente (qui ne manque pas d'esprit).

147. Il arrive quelquefois de rencontrer, même dans de bons auteurs, des constructions comme آدمى خوب et آدمى خوبى; mais c'est une déviation de la règle générale. Les auteurs persans contemporains placent ordinairement le ى d'unité après le substantif seulement, de même que dans le *γülistán*. Ex.:

اميرى اسيرى بيچاره را بجلّاد خونكار داد كه ويرا در بيغوله بقتل رساند

emíry ecíry bičárè rá beǧelládi ḥünkár dád ki veïrá der beïγülè beqatl reçáned   (Se'ady)

Un prince livra un malheureux captif à un bourreau sanguinaire pour le tuer en quelque recoin (en cachette).

Les substantifs précédés de هر *her*, ou précédant كه *ki*, prennent ordinairement le ى d'unité. Ex.:

در هر دلی نورش پیداست و هر سری از شورش شیدا

der her dily nûreš peïdâst u her sery ez šûreš šeïdâ

Dans chaque cœur, sa lumière (le feu sacré) se manifeste et chaque tête (intelligence) se sent troublée (*šûr*) devant l'idée de son immensité.

148. Si le substantif uni à son adjectif se met au pluriel, l'article indéfini accompagne ce dernier. Ex.:

این ولایت مردمان خوبی دارد *yn vilâyet merdümâni hûby dâred*, il y a de bonnes gens dans ce pays.

Dans une proposition négative, le ی doit se traduire par: nul, aucun. Ex.:

عقل ایشان بجای نمیرسید

'aqli îšân be ǧây nemîrecîd

Leur raison n'aboutissait à aucune place. Ils ne savaient qu'aviser (ils ne savaient où donner de la tête.)

در آن بیابان جانوری زیست نمیکند *der ân biâbân ǧâneveryi zîst nemîküned*, dans ce désert, pas un animal ne peut vivre.

کس *kies*, quelqu'un, et کسی *kiecy*, personne, nul.

جانی بنانی و کسی التفات نمیکرد و متاع خانه بخوانی میفروختند وکسی نمیخرید

ǧâny benâny u kiecy iltifât nemikierd u metâ'i hânè behâni mîfürûhtend u kiecy nemikierîd

Pour un pain on vendrait son âme sans que personne ne s'y intéressât; pour un repas (une table servie) on vendrait ses meubles, mais personne ne les achèterait.

بس *bes*, assez, avec le ی (بسی *becy*), veut dire: beaucoup.

در ناامیدی بسی امید است
پایان شب سیاه سفید است

der nâümîdy becy ümîd est — pâyâni šebi siâh sefîd est

Dans la désespérance, il y a beaucoup d'espoir. Les extrémités de la nuit noire sont blanches (crépuscules du matin et du soir).

Ce qui paraîtrait illogique, c'est que, parfois, l'article d'unité suit les pluriels et les substantifs précédés de nombres cardinaux. Ex.:

دو کلیدی یافتم *dû kelîdy yâftem*, j'ai trouvé deux clefs, انها چه کسانی میباشند *ánhá či kečány my bášend*, qui sont-ils ces hommes là? مالها وعده میدادند کسانیرا که از من نشان برند *málhâ ve'adè mídâdend kiečány râ ki ez men nišán berend*, on promettait maintes richesses à ceux qui se signaleraient.

Le ی accompagnant un collectif, met le verbe au pluriel. Ex.:

مردمی که در آن جزیره بودند شادی مینمودند
merdümy ki der án ğezîrè búdend šády mínümûdend

Quelques hommes qui se trouvaient dans cette île se livraient à la joie.

149. Enfin, sous le point de vue étymologique, les patois persans nous apprennent que le ی en question n'est autre chose que le numératif یك *yek* ou یگ *yey*, un, dont le *k* ou le *γ* a disparu. Exemple, une chanson en patois taliche dit:

Kályûnem kiok okerdy Y (pour YEK) *tenió; dilem sutè kebáby* Y (pour YEK) *tenió; asmánem ómyc hefltó meláíkè hemešon süγdè bestè* Y (pour YEK) *tenió*. Tu as rempli ma pipe (kalian) pour UNE personne seulement. Mon cœur brûle comme un rôti grillé au feu, pour UNE personne seulement. Dans mon ciel, arrivèrent soixante et dix anges et se prosternèrent devant UN seul.

La même chose a lieu en patois guilek, où l'on emploie toujours ی pour یك:

Y (pour YEK) *tá bucè fadeh*, donne un baiser; *Ber sury* Y (pour YEK) *keftè ğenγy dû bázy*, pour posséder une seule colombe, deux faucons sont en guerre, etc.

Pour l'analyse de ces exemples, voyez mes *Specimens of the popular poetry of Persia*, p. 559 et *passim*.

CHAPITRE IV
DEGRÉS DE COMPARAISON

150. Il n'y a qu'une règle pour la formation de chaque degré de comparaison en persan, savoir:

a. En ajoutant تر *ter* à la fin d'un adjectif, on en forme le degré comparatif.

b. En ajoutant, à la fin d'un adjectif, la particule ترین *terîn*, on en forme le degré superlatif. Exemples:

Positif.	Comparatif.	Superlatif.
به *beh*, bon;	بهتر *behter*, meilleur;	بهترین *behterîn*, le meilleur.
خوب *hûb*, bon;	خوبتر *hûbter*, meilleur;	خوبترین *hûbterîn*, le meilleur.
خوش *hôš*, bon, beau;	خوشتر *hôšter*, meilleur;	خوشترین *hôšterîn*, le meilleur.
نیکو *nikû*, bon;	نیکوتر *nikûter*, meilleur;	نیکوترین *nikûterîn*, le meilleur.
بد *bed*, mauvais;	بدتر *bedter*, pire;	بدترین *bedterîn*, le pire.
ابله *ebleh*, stupide;	ابلهتر *eblehter*, plus stupide;	ابلهترین *eblehterîn*, le plus stupide.
زرد *zerd*, jaune;	زردتر *zerdter*, plus jaune;	زردترین *zerdterîn*, le plus jaune.
تند *tünd*, rapide;	تندتر *tündter*, plus rapide;	تندترین *tündterîn*, le plus rapide.

151. Le *que* placé à la suite du comparatif français se rend en persan par از *ez*, de. Exemples:

تو از پری چابکتری از برگ گل نازیکتری *tu ez pery čá-bükteri ez beryi yül názíktery*, tu es plus leste qu'une péri, plus tendre qu'une feuille de fleur; عذر شما بدتر از گناه است *'üzri šumá bedter ez yünáh est*, votre excuse est pire que le péché (que vous avez commis).

152. Si l'adverbe *beaucoup* ou *bien* précède le comparatif français, on rend ce premier par خيلى *heïly*, (littéral. une troupe). Exemple:

ليلى از زهرا خيلى مقبولتر است *leïly ez zohrá heïly meqbúlter est*, Leila est beaucoup, ou, bien plus jolie que Zohra.

153. Le positif به *beh*, bien, s'emploie quelquefois dans le sens de son comparatif بهتر *behter*. Exemple:

نان به از زر است *nán beh ez zer est*, le pain vaut mieux que l'or.

دم سگ به بود از سبیل حقّ ناشناسان *dümi seyi beh beved ez sibíli χaqq nášinášán*, la queue d'un chien vaut mieux que la moustache d'un ingrat (traître).

به *beh* s'emploie dans le sens optatif.

لشكر بد عهد پراكنده به — رخنه‌گر ملك سرافكنده به

leškeri bed 'ehd perákiendè beh — rahnè yeri mülk seráfkiendè beh

Une armée infidèle (à ses devoirs), puisse-t-elle être licenciée (dispersée). L'homme qui cherche à nuire (déchirer) au pays (*mülk*), puisse-t-il avoir la tête coupée.

Dans le style élevé, au lieu de به *beh*, on emploie aussi le comparatif arabe اولی *úla*, le meilleur.

چون پیر شدی حافظ از میکده بیرون رو
مستی و طرب‌نباتی در عهد شباب اولی

čún pír šudy χáfiz ez meïkedeh bírún róu misty u terniáqy der 'ehdi šebáb úla

Xâfiz, puisque tu es devenu vieux, sors du cabaret. L'ivrognerie convient mieux à la saison de la jeunesse.

154. L'accord du superlatif se fait de la même manière que celui du comparatif, avec cette différence que از est remplacé par l'izafet du génitif. Exemple:

خدا بهترین پادشاهان است *ḫudâ behterîni pâdišâhân est,* Dieu est le meilleur de tous les souverains.

On peut aussi, pour plus d'énergie, déplacer le premier terme de comparaison et le mettre immédiatement avant le verbe. Ex.:

بهترین پادشاهان خداست *behterîni pâdišâhân ḫudâst,* le meilleur des rois, c'est Dieu.

Le superlatif précède toujours son substantif. Ex.:

گمان بردم که توانگرترین مردمان هستم
gumân bürdem ki tüvânyerterîni merdümân hestem

Je me croyais être le plus riche des hommes.

Dans l'hémistiche souvent cité:

ایّام جوانیست شراب اولی تر *eyyâmi yevânîst šerâb ülâ ter,*
Dans la saison (les jours) de la jeunesse, le vin vaut mieux.

Le poëte ne devait pas mettre تر *ter* parce que اولی *ülâ* est un comparatif en arabe.

155. Dans le style familier, l'adverbe باز *bâz*, derechef, encore, placé avant le positif, lui donne la valeur d'un superlatif. Ex.:

دوست شیرین عمر شیرینتر وامّا وطن باز شیرین است
dûst šîrîn 'umr šîrînter ve emmâ veten bâz šîrîn est, l'ami (est) doux, la vie (est) plus douce, mais la patrie est encore (plus) douce.

Régulièrement parlant, il faudrait dire:

وطن شیرینترین همهٔ آنهاست *veten šîrînterîni hemeï ânhâst,*
la patrie est la plus douce d'entre tous ceux-là.

156. Lorsqu'il s'agit d'une comparaison entre plusieurs personnes ou plusieurs choses, on met, entre le superlatif relatif et le second terme de comparaison, همه *hemê*, tout, (pour: tous, toutes). Exemples:

افلاطون عاقلترین همهٔ حکما بود *eflâtûn 'âqilterîni hemèi χukemâ bûd*, Platon fut le plus intelligent d'entre tous les Sages; مریم پاکدامنترین همهٔ زنها میباشد *meryem pâkdâmenterîni hemèi zenhâ mîbâšed*, Marie est la plus vertueuse de toutes les femmes, (mot à mot: a les basques les plus pures).

Les Persans aiment à amplifier leurs degrés de comparaison par les tournures suivantes: که از آن بزرگتر نیست *ki ez ân büzüryter nîst* ou که از آن کمتر نیست *ki ez ân kemter nîst*, le plus grand ou le plus petit qui existe, etc. Ex.:

هر گناه که از آن بزرگتر نیست از من در وجود آمده
her γunâh ki ez ân büzüryter nîst ez men der vüjûd âmedè
J'ai commis les plus grands crimes que l'on puisse s'imaginer.

Plus et plus, se rendent ainsi:

صحبت شاهرا از روی قیاس همچو دریای بیکرانه شناس که بچنین بحر پر از خوف و خطر هر که نزدیکتر پریشانتر
soχbeti šâhrâ ez rûy qyâs hemčû deryâyi bikerânè šinâs ki bečenîn beχri pür ez ḣouf u ḣeter her ki nezdîkter perîšânter.

La raison te fait comparer l'amitié (l'association) d'un prince à une mer sans rivage. Sache que, dans cette mer pleine d'effroi et de danger, plus on avance et plus on s'y perd et s'égare (littéral. plus [on est] distrait).

CPAPITRE V

DES NOMS COMPOSÉS ET DE LEUR DÉRIVATION

157. La facilité avec laquelle la lexicologie persane se prête à la formation des noms composés est surprenante. Pour peu qu'on soit familiarisé avec le génie de la langue, chacun peut les former lui-même; car verbes et débris de verbes, substantifs et adjectifs, adverbes et prépositions, préfixes et suffixes, tout y obéit au premier appel de la pensée, et vient aussitôt la traduire au gré du penseur. C'est, sans contredit, une des plus riches et des plus belles ressources de la phraséologie persane. Aussi, chaque écrivain peut former des mots à lui et il sera compris par ses lecteurs, pourvu qu'il se conforme au génie de la langue. Ainsi, par exemple, dans ce distique d'Envery:

آسمان در کشتئ عمرم کند دایم دو کار
وقت شادئ بادبانی گاه اندروه لنگری

âsmân der kièštyi ümrem küned dâim dü kâr — veqti šâdy bâdbâni gâhi endûh lengery (fr. l'ancrage)

Le ciel, dans le navire de ma vie, fait toujours l'une des deux choses; au moment de la joie je vogue à pleines voiles et dans la saison d'angoisse, je jette l'ancre.

Le poëte convertit deux substantifs en deux noms d'action, au moyen de l'*y relatif* et le charme, ainsi que la hardiesse des expressions, seront facilement compris bien que بادبانی et اندهی ne se trouvent interprétés, nulle part ailleurs, dans le sens qu'Envery leur a donné ici.

158. Sous le point de vue étymologique, on pourrait

grouper tous les noms composés persans en deux sections: ceux qui se forment au moyen d'une seule désinence, souvent vide de sens, ajoutée à la fin d'un nom, et ceux dans la formation desquels entrent deux ou plusieurs parties du discours, d'une dérivation connue. Nous appellerons ceux-là *monogènes*, et ceux-ci *polygènes*.

Les noms composés étant fort nombreux et pouvant se multiplier selon le désir de celui qui s'en sert, nous nous bornons à indiquer les manières de formation les plus usitées.

SECTION PREMIÈRE.

NOMS COMPOSÉS MONOGÈNES.

159. Les désinences formatives de ces noms sont ou des parties du discours d'une dérivation connue, ou bien, ce qui arrive plus souvent, ne sont que des formes grammaticales qui règlent l'usage grammatical du nom qu'elles suivent.

§ 1. ى *y*, RELATIF [1])

160. Le formatif ى *y* donne lieu à la classe la plus nombreuse et la plus usitée des monogènes.

---

[1]) Ce ى formatif est nommé, par les grammairiens orientaux, يْى نسبى *yáy nesby*, ou l'*y relatif*, parce qu'il marque toujours un rapport de relation quelconque entre le nom primitif et son dérivé. En arabe, ce ى est pourvu d'un tešdîd et au nominatif singulier, se prononce *yïün* pour les noms masculins et *yïè* pour les féminins. Ex.: نَبِّى *nebyïün*, le prophète, كيفيّت *kiëïfyïet*, manière d'être, qualité.

Par euphonie, ى se change en کّی *yy* toutes les fois que la finale du mot auquel il s'adjoint est une voyelle. Ex.:

ديوانه *dîvânè*, un fou, ديوانگی *dîvâneyy*, folie, etc.

161. Le ى relatif ajouté à la fin d'une fraction de verbe, d'un participe passé, d'un adjectif, d'un substantif ou des parties du discours indéclinables, les transforme en autant de substantifs. Ex.:

De هست *hest*, il est, نیست *nîst*, il n'est pas, شکسته *šikestè*, brisé, برجسته *berǰestè*, convexe, en relief, بلند *bülend*, haut, پست *pest*, bas, بسیار *becyâr*, beaucoup, کم *kem*, peu, ساخته *sâḫtè*, fait, زنده *zindè*, vivant, باز *bâz*, thême aor. de باختن *bâḫten*, jouer, افراز *efrâz*, thême aor. de افراختن *efrâḫten*, lever, etc., se forment: هستی *hesty*, essence, existence, نیستی *nîsty*, néant, شکستگی *šikestèyy*, fracture, برجستگی *berǰesteyy*, relief, tumeur, بلندی *bülendy*, hauteur, پستی *pesty*, dépression, bassesse, بسیاری *becyâry*, abondance, کمی *kemy*, petitesse, manque, ساختگی *sâḫteyy*, contrefaçon, postiche, زندگی *zindeyy*, vie, بازی *bâzy*, jeu, افرازی *efrâzy*, élévation, etc.

بلندی و پستی نخوانم ترا مقید باینها ندانم ترا
bülendy u pesty neḫânem tûrâ, müqeyyed bainhâ nedânem tûrâ

Je ne t'appellerai ni hauteur ni abîme, car ni l'un ni l'autre ne sauraient contenir (enchaîner) ton immensité. (Le poète parle de Dieu).

از مزاج اهل عالم مردمی کم جوی از آنکه
هرگز از کنشانه درگز هُمای بر نخاست
ez mizâǰi ehli 'âlem merdümy kem ǰûy ez ânki — herǰiz ez kâšânè kierǰez hümây ber ne ḫâst

Dans le naturel des gens du (attachés au) monde, ne cherche pas (cherche peu) des sentiments d'humanité, parceque jamais des phénix ne prennent leur essor du nid des oiseaux de proie.

(Haqâny).

Dans le vers suivant:

يا ربّ تو كريمى و كريمى كرم است *yâ rebb tû kierîmy ve kierîmyi kierem est*, O Seigneur Dieu! tu es miséricordieux et la miséricorde, c'est de la clémence — l'accent tonique des deux mots كريمى détermine et précise la nuance de leurs significations.

162. Ajouté aux noms de lieu, ى les change en noms patronymiques, et aux noms d'un prophète, ى désigne ses sectateurs. Exemples:

De ايران *yrân*, Perse, فرانسه *ferâncè*, France, فرنك *ferenγ*, Europe, له *leh*, Pologne, اندلس *endelûs*, Espagne, مصر *misr*, Égypte, يڭيدنيا *yenγîdünyâ* (de *yenγy*, en turc oriental, nouveau, et *dünyâ*, monde), Amérique, عيسى *yça*, Jésus, موسى *mûça*, Moïse, زردشت *zerdüšt*, Zoroastre, محمّد *mühhammed*, Mahomet, — on forme ايرانى *yrâny*, Persan, فرانسوى *ferâncevy* [1]), Français, فرنكى *ferenγy*, Européen, لهى *lehy*, Polonais, اندلوسى *endelûcy*, Espagnol, يڭيدنيايى *yenγîdünyây* [2]), Américain, عيسوى *ycevy*, chrétien, موسوى *mûcevy*,

---

1) Le و qui précède ى dans les mots *ferâncevy, ycevy* et *mûcevy* est un formatif arabe.

2) Tous ces noms de nations sont aussi autant de noms des langues de ces nations. Ainsi, فرانسوى *ferâncevy*, veut dire: Français, et en même temps, la langue française, انكليسى *inγlîcy*, Anglais et la langue anglaise, etc. Cependant, ايرانى *yrâny*, se dit seulement d'un natif de Perse, homme, femme ou animal, et فارسى *fârcy*, seulement de la langue persane. هندى *hindy* (ou هندوستانى *hindûstâny*) حرف ميزند *χerf mî zened*, veut dire: il parle la langue de l'Inde, et aussi, il bredouille, il ne prononce pas bien le persan, — parce que les Hindous qui ont appris le persan aux Indes ont un accent fort désagréable à l'oreille d'un Persan. كتابى حرف ميزند *kitâby χerf mîzened*, veut dire: il parle comme

sectateur de Moïse, زردشتى *zerdüšty*, sectateur de Zoroastre, محمّدى *müxammedy*, mahométan.

163. Ajouté à la fin des substantifs persans, ce ى les transforme en substantifs de qualité ou en adjectifs. Exemples:

De مرد *merd*, homme, مردم *merdüm*, les hommes en général, du monde, زبان *zebán*, langue, دست *dest*, main, سفر *sefer*, voyage, خانه *ḫáně*, maison, پول *púl*, monnaie, etc., on forme مردى *merdy*, virilité, bravoure, مردمى *merdümy*, mansuétude, humanité, زبانى *zebány*, oral, ce qui se transmet de vive voix, دستى *desty*, portatif, et aussi ce qu'on donne ou fait de sa propre main, سفرى *sefery*, ce qui est destiné à un voyage, خانگى *ḫáneyy*, ce qui est de la maison, apprivoisé, پولى *púly*, ce qui s'acquiert avec de l'argent, âme vénale, etc.

مردى ومردمى از هر دو چنان منتشرند
كه شعاع از مه ورنگ از گل وبوى از عودست

merdy u merdümy ez her dú čenán münteširend — ki šu'á'a ez meh u reny ez gül u búy ez 'údest. (*Envery*).

La bravoure et l'humanité émanent aussi naturellement de ces deux (jeunes princes), que les rayons émanent de la lune, les couleurs de la fleur et le parfum de l'aloès.

---

un livre, il n'a pas l'usage du langage de la conversation: زبانى بايشان بگو *zebány beïšán beyá*, dis-leur de vive voix, oralement, c.-à-d. ne leur écris pas; میگوید حيدرى نعمتى میكند *xeydery ne'amety miküned* ou *míγúyed*, il est partial, litt.: il fait ou il parle tantôt pour Xeyder et tantôt pour Néamet, (allusion aux deux chefs des différentes sectes qui divisent les Sunnis et les Chyites). Si je multiplie ces exemples, c'est qu'ils donnent l'idée des différentes nuances que le ى formatif fait subir à la signification primitive des mots.

164. Les substantifs arabes en ﺔﯿّ *iyet*, usités en persan, comme انسانیّة *insânîyet*, humanité, کیفیّة *keyfîyet*, qualité, امنیّت *emnîyet*, tranquillité, etc., régulièrement formés de انسان, homme, کیف, comment, امن, repos, donnent lieu à des formations bâtardes, comme خریّت *herîyet*, bêtise, (de خر *her*, subst. pers. *âne*); سگیّت *seyîyet*, méchanceté (de سگ *sey*, subst. pers. *chien*), etc., qui sont autant de macaronismes. Heyyâm le sceptique a laissé un quatrain (Cf. p. 36, édition Nicolas) où le substantif persan دوزخ *dûzeli*, dans le premier vers, signifie: l'enfer, et, dans le troisième vers, veut dire: le pécheur condamné à subir un châtiment aux enfers. L'accent tonique indique le vrai sens.

گویند مرا که دوزخی باشد و هست
قولیست خلاف دل در او نتوان بست
گر عاشق و مست دوزخی خواهد بود
فردا باشد بهشت همچون کف دست

yûyend merâ ki dûzèhy bâšed û hest — qoulyst helâf dil der û netûvân best — yer 'âšiq u mest dûzehy hâhed bûd — ferdâ bâšed behišt hemčûn kiefi dest.

On me dit qu'il y aurait, qu'il y a même *un enfer*. C'est une assertion erronée (*helâf*) dont nos cœurs ne doivent pas s'émouvoir; car, si réellement chaque amoureux et chaque ivrogne *allaient aux enfers*, le paradis serait dès demain aussi vide que la paume (le creux) de ma main.

La traduction de Nicolas, qui a rendu parfaitement bien le sens du premier دوزخی *dûzèliy*, n'a pas tenu compte du déplacement de l'accent tonique qui doit tomber sur la dernière syllabe du second دوزخی *dûzeliy*; Voilà pourquoi ce dernier doit être traduit non pas par *un enfer*, mais par *infernal*, synonyme de l'expression familière et fort en usage, هیزم جهنم *heïzümi ǧehennüm*, du bois à brûler aux enfers. D'ailleurs, traduire, comme le fait le livre en question, گر عاشق و مست دوزخی خواهد بود, par: s'il existait un enfer pour les amoureux et pour les ivrognes, — est une impossibilité, un contresens dans l'acception grammaticale du terme.

165. Tous les infinitifs des verbes persans pouvant être employés substantivement, on peut les faire suivre d'un ى formatif. Les dérivés qui en résultent nous sont déjà connus.

§ 2. ه É VOYELLE.

166. Cette désinence formative ajoutée à la fin d'un primitif, spécialise ce qu'il y avait de trop général ou de trop vague dans la signification de celui-ci, et la restreint dans des limites mieux déterminées. Par ce moyen:

a. Les thèmes aoristes بند *bend*, de بستن *besten*, lier, مال *mâl*, de مالیدن *mâlïden*, frotter, گری *γiriy*, de گریستن *γiristen*, pleurer, نال *nâl*, de نالیدن *nâlïden*, se lamenter, شکوف *šükâf*, de شکوفتن *šükâften*, fleurir, دید *dïd*, thème prétérit de دیدن *dïden*, voir, etc., se transforment en substantifs: بنده *bende*, esclave, ماله *mâle*, truelle, گریه *γiryè*, action de pleurer, ناله *nâle*, plainte, شکوفه *šükâfe*, bourgeon d'une plante, دیده *dïde*, œil, etc.

b. Les adjectifs خراب *herâb*, ruiné, سفید *sefïd*, blanc, سیاه *siyâh*, noir, شور *šur*, salé, زیو *jïv* ou جیو *ýïv*, qui, en sanscrit et en slave, veut dire: vivant, پنج *penǧ*, cinq, etc., deviennent les substantifs: خرابه *herâbe*, décombre, سفیده *sefïde*, blancheur, (سفیدۀ صبح *sefïdèï sübḫ*, l'aube du jour), سیاهه *siyâhe*, un point noir, brouillon d'un manuscrit, registre, facture, شوره *šùrè*, salpêtre, زیبوه *jìvè* ou جیبوه *ğìvè*, vif-argent, mercure, پنجه *penğè*, main avec ses cinq doigts, poignet, etc.

c. Les substantifs دنب *dümb*, queue, آواز *âvâz*, son, voix quelconque, چار چوب (pour چهار) *čâr čûb*, quatre bâtons, گرماب *γermâb*, eau chaude, روز *rûz*, jour, etc. se changent en دنبه *dümbè*, excroissance grasse de la queue des moutons, آوازه *âvâzè*, bonne ou mauvaise voix pour le chant, bonne ou mauvaise réputation, چارچوبه *čârčûbè*, cadre, (de چهار quatre et چوب bâton), گرمابه *γermâbè*, baignoire remplie d'eau chaude, et aussi, eaux minérales chaudes, روزه *rûzè*, pain quotidien et jeûne, etc.

167. La voyelle ه sert aussi à former les diminutifs, et elle change les primitifs en autant de termes, soit de tendresse, soit de mépris. Exemples:

De مرد *merdek*, homme petit de taille, زنك *zenek*, petite femme, دخنر *düḫter*, fille, پسر *pücer*, fils, کوه *kûh*, montagne, آستان *âstân*, seuil, فلك *felek*, ciel, نشان *nišân*, signe, بچ *beč* ou بیج *bìǧ*, qui anciennement signifiait, progéniture (comme en slave *vicz*), etc., dérivent مردکه *merdekè*, petiot, homme méprisable, capon, زنکه *zenekè*, pauvre femme et virago, دخنره *düḫterè*, fille petite, mignonne, کوهی *kûhè*, bosse d'un chameau, آستانه *âstânè*, seuil sacré, mausolée d'un santon, فلکه *felekè* ou فلاکه *felâkè*, instrument de supplice auquel on attache les pieds d'un homme pour le fouetter, et aussi, bastonnade, (serait-ce: petite admonition envoyée par le ciel?)[1] نشانه *nišânè*, cible, petit point

---

[1] Les puristes persans orthographient ce mot فلاخه *felâḫè*, mot arabe qui veut dire: fronde. Cependant, je ne l'ai jamais entendu prononcer autrement que *felâkè*. Le substantif arabe فلاكت *felâket*, infortune, adversité, s'accorde mieux avec le sens de bastonnade, que, fronde. Ce n'est probablement qu'un mot mogol datant de la conquête de la Perse par Tchenguiz, de même que le mot *knout* (de *knot*, *nod*, fouet ayant, au bout, un nœud de plomb) est un souvenir de la domination des Normands en Russie.

blanc ou noir pour s'exercer au tir, بچه bečè[1]), enfant, petit d'un animal.

J'ignore l'étymologie des diminutifs بره berrè, agneau, كره kürrè, poulain, كره kierè, beurre frais, جوجه ǧûǧè, poulet, et celle de شپه šepè, avalanche et de بنه bûnè, propriété meuble.

Tous ces diminutifs en ه sont d'un usage moins fréquent que ceux du paragraphe suivant.

§ 3. چه čè, ك k.

168. Ces finales sont destinées à la formation des substantifs diminutifs. Exemples:

مور mûr, fourmi, طاق tâq, arcade, كمان kemân, arc, در der, porte, سوزن sûzen, aiguille, تلخ telh, amer, زر zer, de l'or, مردم merdüm, hommes, زنبور zembûr, guêpe, پل pûl, pièce de monnaie, أند end, quantité unité, chaque chiffre depuis 1 jusqu'à 9 inclusivement, etc., font dériver: موره mûrè, petite fourmi, طاقچه tâqčè, niche, كمانچه kemânčè, violon, (parce que l'archet du violon persan a la forme d'un petit arc), دريچه deričè (ى euphonique), petite porte, vasistas, سوزنك sûzenek, petite aiguille et gonorrhée, تلخك telhek, tant soit peu amer, زرك zerek, poudre d'or, مردمك merdümek, prunelle des yeux (parce qu'on y voit le reflet des hommes en petit), پولك pûlek, paillette, زنبورك zembûrek, petit canon ajusté au pommeau de la selle du chameau, (c'est par une semblable analogie qu'en français coulevrine dérive de couleuvre), أندك endek, un peu, une petite quantité, etc.

---

1) Le "tešdid" qu'on trouve quelquefois au-dessus de ce mot ne se fait pas sentir dans la prononciation. On ne l'y met que pour avertir qu'il ne faut pas confondre ce mot avec le datif بچه beči, à quoi; de même qu'on écrit نهم, prononcez nühüm, neuvième, pour le distinguer de نهم nehem, je place, etc.

همان مرغکِ من خوراکِ ملاها بود
همان چشمکِ مرغکم آینهٔ عروسها بود

hemán müryeki men ḣúráki molláhá búd — hemán češmeki müryekem ďínèi 'erúshá búd

Cette poulette même que j'avais et que j'aimais tant, devint la proie des mollas. Les yeux tout petits de ma poulette étaient si brillants, que les fiancés venaient s'y mirer comme dans une glace. (*Chanson des rues de Téhéran.*)

169. Pour rapetisser encore ce qu'il y a de menu dans le sens d'un diminutif, on y ajoute l'article d'unité ی *y*. Ainsi Envery, en parlant de lui-même, dit, avec une modestie peu commune chez les poëtes persans:

گویند که چیست حاصلِ تو ای بی‌حاصل زِ زندگانی
گویم خطّی و بیتکی چند از دولتهای این جهانی

yúyend ki číst xácili tu — ey bíxácil zi zendeyány — yúyem hetteky u beyteky čend — ez dóulethây yn ǧehány.

On me demande: Quel est donc ton appoint (littéral., ta récolte), dans les bonnes choses de la vie, toi qui n'en jouis jamais? Je réponds: Un peu d'écriture (c'est-à-dire, une jolie écriture), et quelques jolis petits vers, voilà tout ce que je tiens en fait de richesses de ce monde immense.

§ 4. ان *ân*, سار *sár*, زار *zár*, ستان *stán*.

170. La finale ستان, qui me paraît être dérivée du verbe استادن *istáden*, stationner, et que le savant auteur du commentaire sur le *Yaçna* a retrouvée dans le zend, s'ajoute aux substantifs dans le sens de: localité, demeure, lieu d'abondance. Exemples:

کلستان gülistân, parterre de fleurs (gül), قبرستان gebristân, cimetière, lieu de tombeaux (gebr), کوهستان kûhestân, pays de montagnes (kûh), باغستان bâɣestân, pays de jardins (bâɣ), لغزیستان leɣzistân, pays des Lezguiens (leɣzy) du Caucase, فرنگستان ferengistân, pays d'Européens (fereng), Europe, etc.

171. Quelques érudits persans m'ont assuré qu'anciennement le formatif du pluriel, ان, donnait aux mots primitifs le même sens géographique que leur donne stân; ce qui est très probable; car ân veut dire aussi: propriété de, appartenant à; از آن خود ez ân hûd, de son propre avoir, de ce qui lui appartient. Exemples:

همدان hemedân, nom d'une ville, اردلان ârdelân, nom d'une province, گیلان gîlân, nom d'une province, مازندران mâzenderân, de même, آذربیجان âzerbîğân, de même, دشت خاوران deşti hâverân, le désert de Hâverân, — doivent, suivant ces érudits, être traduits: les Hemeds, les Ardels, les marais (gil), la contrée dans laquelle (ender) il y a beaucoup de grands (mâz) arbres ou des chênes (mâzu), les adorateurs ou les enfants (bîğ = beçê) du feu (âzer), les déserts de l'Occident (hâver), etc.

172. La finale formative زار zâr s'annexe aussi pour donner le sens de multiplicité. Exemples:

کارزار kârzâr, combat, lieu de beaucoup de faits (kâr) et d'efforts, علفزار elefzâr, pâturage où l'herbe (elef) abonde, etc.

173. La finale سار sâr donne le même sens:

سنگسار sengsâr, enseveli sous un tas de pierres (seng), lapidé, کوهسار kûhsâr, pays de montagnes, سیمسار sîmsâr, officier préposé à veiller sur le bon aloi de l'or et de l'argent (sîm), essayeur. Dans نگونسار nigûnsâr, précipité de haut en bas, tombé, ruiné, sâr est explétif; on dit aussi: سرنگون sernigûn, la tête en bas, les pieds en l'air.

Dans d'autres mots, سار sâr répond au mot semblable, comme:

شاهسار šâhçâr, semblable à un šâh, etc.

Dans le substantif رخسار rûḥsâr, la finale en question ne modifie aucunement le sens du primitif: visage, joue, (rûḥ).

§ 5. دان dân.

174. Cette finale formative, qu'il ne faut pas confondre avec دان dân, thème aoriste de دانستن dânisten, savoir, répond aux mots: étui, boîte. Exemples:

قلمدان qelemdân, boîte d'écrivain, contenant son encrier, ses ciseaux, son canif et ses roseaux (qelem) à écrire, خاكدان ḫâkdân, boîte à poussière (ḫâk), globe terrestre, سنگدان senɣdân, jabot où l'oiseau conserve des graines et des cailloux (senɣ), انفیدان enfiedân, tabatière, (enfiè, tabac à priser, qu'il ne faut pas confondre avec تنبكو tembeku, tabac à fumer).

§ 6. سا sâ, اسا âçâ, فام fâm, وش veš, مان mân.

175. Toutes ces finales ou affixes servent à former des substantifs de similitude. Exemples:

الفاسا elifâçâ, droit comme un ا élif, فلكاسا felekâçâ, élevé comme le ciel (felek), مینافام mînâfâm, imitant l'émail (mînâ), ماهوش mâhveš, semblable à la lune (mâh), عنبرسا 'embersâ, musqué comme l'ambre (ember).

Dans les inscriptions achéméno-persanes de Behistoun, Cyrus s'appelle Ḣurûš; c'est sans doute le moderne خورش ḫûrveš, semblable au soleil (ḫûr); Darius y est appelé Darivuš; c'est peut-être le moderne دریاوش deryâveš, semblable à l'Océan (deryâ). Le nom d'Amû-deryâ que les habitants des rives de l'Oxus donnent à cette rivière, rappelle le sanscrit samudra (Cf. Dictionnaire sanscrit-français de Burnouf sub verbo).

176. مان *mân*, de même que sa variante مانند *mânend*, sont des dérivés verbaux de مانستن *mânisten*, ressembler. Ex.:

سپهرمان *sipehrmân*, semblable à la sphère céleste (*sipehr*), شیرمانند *šîrmânend*, comme un lion (*šîr*).

§ 7. مند *mend*, ناك *nâk*, اك *âk*.

177. La désinence مند *mend* correspond aux finales françaises *ible*, *eux*, *able*. Exemples:

سودمند *sûdmend*, profitable (*sûd*, profit), خردمند *hiredmend*, raisonnable, doué de sagacité (*hired*), etc.

178. L'affixe ناك *nâk* sert à former les adjectifs de qualité, et اك *âk* les substantifs seulement. Exemples:

De غم *ġem*, tristesse, درد *derd*, douleur, خوف *ḫôf*, peur, خطر *ḫeṭer*, danger, etc., on forme غمناك *ġemnâk*, triste, دردناك *derdnâk*, douloureux, خوفناك *ḫôfnâk*, périlleux, خطرناك *ḫeṭernâk*, dangereux, etc.: پوشاك *pušâk*, habillement, (de پوش *pûš*, thème aoriste de پوشیدن *pûšîden*, habiller), خوراك *ḫurâk*, nourriture, (de خور *ḫur*, thème aoriste de خوردن *ḫurden*, manger), etc.

§ 8. انه *âne*, ین *yn*, ینه *yne*.

179. La finale انه *âne* dérive, ce me semble, du substantif ان *ân*, propriété, suivi d'un ه formatif, parce qu'elle donne lieu aux exemples:

شاهانه *šâhâne*, ce qui est propre à un šâh, en vrai roi, royal, شاگردانه *šâgirdâne*, ce qu'un élève (*šâgird*) doit à son professeur, argent qui revient pour étude, رباهانه *rûbâhâne*, conduite propre aux renards (*rûbâh*), en vrai renard, مژدگانه *müjdegâne*, ce qui revient de droit à celui qui apporte une heureuse nouvelle (*müjde*), un pour-boire;

كدايانهٔ *γedâyânè*, en vrai mendiant (*γedâ*) et ce qui appartient à un pauvre, زنانهٔ *zenânè*, gynécée, appartement de femmes, et حمّام زنانهٔ *χemmâmi zenânè*, bains réservés à l'usage spécial des femmes, ديوانهٔ *dîvânè*, possédé par un démon (*dîv*), maniaque, fou, etc.

180. ين *yn* devient ينهٔ *ynè* par un procédé semblable. Ex.:

De زر *zer*, de l'or, پشم *pešm*, laine, پوست *pûst*, peau, etc., on forme زرين *zerîn*, doré, en or, et زرينهٔ *zerînè*, drap d'or, پشمين *pešmîn*, laineux, et پشمينهٔ *pešmînè*, manteau en laine tissée, froc de cénobite mahométan, پوستين *pûstîn* ou پوستينهٔ *pûstînè*, pelisse, etc.

§ 9. بان *bân*, وان *vân*.

181. بان *bân* et sa variante وان *vân*, ne sont qu'un substantif tombé en désuétude et qui signifiait: gardien, maître, et qu'on peut encore retrouver dans بانو *bânû*, épithète que les Persans donnent à la plus respectable femme de leurs harems et *ban* que les Croates donnent à leur chef. Aujourd'hui, l'un et l'autre suffixe servent à former beaucoup de substantifs. Exemples:

مرزبان *merzebân*, gardien des frontières de mer et de terre, پاسبان *pâsbân*, gardien (litt.: préposé à la patrouille (*pâs*),) شتربان *šutürbân* ou شتروان *šutürvân*, gardien des chameaux (*šutür*), مهربان *mehrebân*, fidèle à l'amour (*mehr*), باغبان *bâγbân*, jardinier, gardien du jardin (*bâγ*), etc.

§ 10. كار *γâr*, كر *γer*, ار *âr*.

182. Les deux premières finales, كار *γâr* et son abréviation كر *γer*, correspondent aux mots: faiseur, ouvrier. Exemples:

پروردكار *perverdeγâr*, Providence, épithète de Dieu, (littéralement:

faisant éducation), روزگار *rûzуâr*, sort, heur et malheur, (littéralement: faisant jours (heureux ou malheureux),) سازگار *sâzуâr*, effectif, qui impressionne, دادگر *dâdуer*, équitable, faisant justice, کارگر *kârуer*, synonyme de سازگار *sâzуâr*, دواتگر *devâtуer*, fabricant d'encriers (*devât*), زرگر *zerуer*, ouvrier en métaux précieux, کیمیاگر *kîmîâуer*, alchimiste, chercheur de la pierre philosophale, etc.

183. Quant au formatif ار, on le rencontre le plus souvent à la fin des thèmes prétérits. Exemples:

De گفت *уoft*, il dit, رفت *reft*, il est parti, گرفت *уirift*, il a pris, خرید *herîd*, il acheta, دید *dîd*, il vit, — dérivent گفتار *уoftâr*, parole, رفتار *reftâr*, marche, conduite, خریدار *herîdâr*, chaland, acheteur, دیدار *dîdâr*, vue.

این تویی یا سروستان برفتار آمده
یا ملک در صورت انسان برفتار آمده

yn tuy yâ servîstân bereftâr âmedè — *yâ melek der sûreti insân bi reftâr*¹) *âmedè*

Est-ce bien toi ou toute une forêt de cyprès qui se pavane et marche: ou peut-être un ange qui, revêtu de formes humaines, s'avance vers nous?

§ 11. بش *iš* ET ش *iš*.

184. Des thèmes aoristes et prétérits, suivis de ces formatifs, donnent lieu à des noms d'action tels que: گردش *уerdiš*, rotation, جوشش *уôšiš*, ébullition, آزمایش *âzmâіš*,

---

1) Aujourd'hui, رفتار *reftâr*, s'emploie plutôt dans le sens de conduite morale d'un individu. On dit: اسپم راه خوبی دارد *espem râhi* (et non pas *reftâri*) *hûby dâred*, mon cheval a un bon pas, une bonne allure, ou خوش راه است *hôšrâhest*, littér: est de bon chemin, ou bien راهوار *râhvâr*.

épreuve, آرایش *árāiš*, ornement, ورزش *verziš*, gymnastique, etc., de گردیدن *γerdíden*, tourner, جوشیدن *ǰúšíden*, bouillir, آزمودن *ázmúden*, éprouver, آراستن *árásten*, orner, ورزیدن *verzíden*, s'exercer à faire de la gymnastique, et labourer, etc.

SECTION II.

NOMS COMPOSÉS POLYGÈNES.

185. La lexicologie persane permet de puiser dans toutes les parties du discours, indifféremment, pour obtenir la formation de ces noms. Aussi les diviserons-nous selon la nature de l'étymologie de leurs formatifs.

§ 1. DEUX SUBSTANTIFS.

186. Pour former un composé de cette espèce:

a. On supprime ou bien on conserve l'izafet qui devrait les unir l'un à l'autre dans une sentence régulière. Exemples:

شبخون *šebhún* ou *šebi hún*, nuit de sang, une attaque nocturne où l'ennemi est passé au fil de l'épée, پایتخت *pāitehť* ou پایه تخت *pāitehť*, ville capitale, chef-lieu, (littéralement: le pied du trône), دربار *deribár* ou *derbár* (littér: la porte du seigneur (*bár*),) ou درخانه, que l'on prononce *derüháně* pour *deri háně* (littéralement: la porte de la maison), signifiant l'un et l'autre: cour princière, palais d'un seigneur, audience, (de même qu'en turc قاپو *qápú*, porte, Sublime Porte [1]), etc.

---

[1] Les noms de lieu composés, qu'anciennement on faisait suivre du substantif گرد *γird*, ville, se forment aujourd'hui en remplaçant celui-ci par l'adjectif آباد *ábád*, construit, peuplé. Ex.: لاسگرد *lásγird*, ville de Las, داراب گرد *dárábγird*, ville de Dâráb, یزدگرد *yezdγird*, ville de Yézid, etc., sont des formations anciennes, tandis que شاه آباد *šáhábád*,

شترپیکری رستهٔ زو بال ویر و لیکن نه زیپرندهٔ نه باربر

šutürpeïkery rüstè zi û bâl u per — ve liken nè ziperendè nè bârber

(Le griffon) avait la figure d'un chameau; on voyait croître sur lui des plumes et des ailes, et, cependant, ce n'était ni un oiseau ni une bête de somme. (Littér. ni des volatiles, ni portant fardeau).

b. On forme un adjectif en intervertissant l'ordre grammatical. Exemples:

بختیار *behtyár*, littéralement: l'ami (*yár*) ou maître du bonheur, heureux, هوشیار *hûšyár*, intelligent, éveillé, pour *yári hûš*, l'ami ou le maître de l'intelligence, اللهیار *allahyár*, aimé et protégé de Dieu.

c. On supprime le pronom et le verbe d'une sentence. Exemples:

گناهکار *yünáhkár*, pécheur, مجدتپناه *meydetpenáh*, glorieux, پدرسگ *pedersey*, ignoble, etc., — dont la construction régulière serait: گناه کار اوست *yünáh kári úst*, le péché est son affaire: مجدت پناهی در نزد او میباشد *penáhi meydet der nezdi ú mibášed*, c'est auprès de lui que la gloire trouve abri et protection; پدر او سگست *pederi ú seyest*, son père est un chien, etc.

Ces inversions et ces ellipses sont fort en usage toutes les fois qu'il s'agit de louer ou de blâmer quelqu'un. Ex.:

ملکزادیست متناسب الاعضا سازیبداعتست فرشته سیما

melikzádeïst mütenácib-ül-aezá sázibdáetest firištesimá, c'est un fils du roi, aux formes élégantes et bien proportionnées; c'est un seigneur fortuné, dont tous les membres sont moulés sur le modèle de ceux d'un ange, etc. (*Táríhi Keyer*).

---

bâti par le šah, جهان‌آباد *yehánábád*, construit par le prince Gehân, سلطان‌آباد *sultánábád*, peuplé par le sultan, etc. sont de formation plus moderne, et l'usage en prévaut aujourd'hui.

d. On intercale entre les deux substantifs un ا *élif*, et quelquefois la conjonction و *u*, et. Exemples :

De رنگ *reng*, couleur, بر *ber*, poitrine, گون *gūn*, espèce, سر *ser*, tête, يك *yek*, un, صف *sef*, rang, مال *māl*, propriété, etc., on forme les adjectifs رنگارنگ *rengāreng*, bigarré, de différentes couleurs, برابر *berāber*, ensemble, vis-à-vis, گوناگون *gūnāgūn*, varié, de différentes espèces, سراسر *serāser*, d'un bout à l'autre, سراپا *serāpā*, de la tête aux pieds, يكايك *yekāyek*, un à un, depuis le premier jusqu'au dernier, صفاصف *sefāsef*, en lignes droites, peloton par peloton [1]), مالامال *mālāmāl*, tout plein, très-abondant, تارومار *tārumār* (littéralement : trame et serpent), synonyme de پيچاپيچ *pīčāpīč* et de كژوويژ *kejuvīj*, confusion, embarras, sens dessus dessous, داد وبيداد *dād* [2]) *u bidād* le verbe haut, incrimination, plainte (litt. cri et injustice), etc.

§ 2. ADJECTIF ET SUBSTANTIF.

187. Pour former ces composés, on détruit l'accord du substantif avec son adjectif, soit en supprimant les izafets, soit en plaçant l'adjectif avant son substantif ; dans ce dernier cas, l'izafet disparaît également. Exemples :

---

1) C'est ici qu'il faudrait aussi ranger les mots de commandement militaire qui datent de l'introduction de l'infanterie régulière en Perse, en 1806, comme دوش‌فنگ *dūšfeng*, arme sur l'épaule, (abrégé de تفنگ بدوش *tüfeng*, fusil, *bedūš*, sur l'épaule), پيش‌فنگ *pīšfeng*, présentez armes ! (abrégé de پيش تفنگ *pīš tüfeng*, littéralement : en avant fusil), نيزه پيش *neyze pīš*, à la baïonnette ! littéralement : la baïonnette (*neyze*) en avant (*pīš*), etc.

2) Il ne faut pas confondre داد *dād*, justice, avec داد *dād*, cri, appel au secours ; c'est dans ce dernier sens que داد s'emploie ici.

De ریش *rîš*, barbe, et سفید *sefîd*, blanc, de سر *ser*, tête, et نیگون *nîgûn*, renverse, les pieds en l'air, de را *râ* (pour باز *bâz*), ouvert, et ران *rân*, cuisse, de کج *kež*, de travers et خلق *ḫûlq*, caractère, de ساده *sâdè*, simple, uni, et لوح *lôuḥ*, planche, de پاک *pâk*, pur, et طینت *tînet*, argile, terre dont Dieu créa l'homme, etc., on forme ریشسفید *rîssefîd*, chef de famille, سرنیگون *sernîgûn*, précipité de haut en bas, وارانه *vârânè* ou وارونه *vârûnè*, tourné la face en bas (litt.: les cuisses à découvert); این رختنا نمیتوان وارونه کرد *yn reḫtrâ nemîtûvân vârûnè kerd*, cet habit ne peut se retourner; کجخلق *kežḫûlq*, irascible, ساده لوحی *sâdè lôuẓy*, sincérité, caractère franc et ouvert, mot à mot: table rase; پاکضینتی *pâktînety*, conscience pure, etc. (Pour le ی des deux derniers exemples, voyez 163).

§ 3. DEUX FRACTIONS DE VERBE.

188. Les verbes, comme nous l'avons dit, fournissent aussi leur contingent à la formation des noms composés, et alors les débris verbaux s'unissent l'un à l'autre par la conjonction و *u*, et. Exemples:

دادوستد *dâdusited*[1]), transactions commerciales, littéralement: il donna et il prit, خریدوفروش *ḫerîdufurûš*, trafic, commerce, littéralement: il acheta et vend, رفتوآمد *reftuâmed*, (littéralement: il s'en alla et il arriva), synonyme de آمدوشد *âmed u šud*, (littéralement: il arriva et il devint), voies de communication, circulation, بردوباخت *bürd u bâḫt*, jeux de hasard, (littéralement: il gagna et il perdit), گفتوگو *goftugu*, (littéralement: il dit et dis), synonyme de گفتوشنید *goft u šnîd*, (littéralement: il dit et il entendit), conversation, entretien: l'on se sert aussi, dans ce dernier sens, de deux prétérits arabes.

---

[1]) Du verbe défectueux سیدن *sîden*, ou *sited*, thème aor. سید *sîd*, prendre, saisir, omis dans le tableau synoptique.

en mettant l'un à la voix passive et l'autre à la voix active: قيل وقال *qîlâqâl* (*qîlè*, il est dit, *u*, et, *qâlè*, il a dit), بگيرو بکش *beyîrubeküš*, (littéralement: prends et tue), synonyme de بگيرو بزن *beyîrubezen*, (littéralement: prends et frappe), tumulte confus, coups de main échangés de part et d'autre, brouille, کج دار و مریز *keč dâr u merîz*, conduite cauteleuse, juste milieu, litt: tiens penché (*keč dâr*) et ne verse pas (*merîz*), métaphore empruntée au liquide prêt à se répandre, synonyme de l'arabe خير الامور اوسطها *hvïr ülümûr ôucetühâ*, ce qu'il y a de mieux dans les choses, c'est leur centre (lat. *medio tutissimus ibis*).

189. Remarquons que beaucoup de thêmes aoristes et prétérits des verbes persans s'emploient isolément en guise de substantifs. Exemples:

گذشت *yüzešt*, pardon, grâce, سر نوشت *ser nüvišt*, adresse d'une lettre, et aussi, prédestination, décrets divins qu'un ange du ciel de Mahomet inscrit sur le rôle appelé لوح محفوظ *lôuχi meχfûz*, tablettes commémoratives, (*meχfûz*) où tous les actes de chaque homme se trouvent consignés et prédits avant qu'il vienne au monde, آشوب *âšûb*, révolte, انبار *embâr*, magasin, dépôt, ریخت *rîht*, moule, forme primitive, etc.

190. C'est ici qu'on doit placer aussi les formes emphatiques lorsque, pour donner plus d'expression à ce qu'on veut faire entendre, on répète la même fraction d'un verbe. Exemples:

کشان کشان *kešân kešân* (deux gérondifs), en se tiraillant l'un l'autre, ریش کنان زلف کنان *rîš kenân zülf kenân*, voies de fait, (littéralement: en s'arrachant la barbe, en s'arrachant les boucles de cheveux, deux gérondifs), افتان خيزان *üftân hîzân* (deux gérondifs), clopin clopant, (littéralement: en tombant, en se relevant), شسته رفته *šüstè rüftè* (deux participes passés), élégance, propreté, (littéralement: lavé, balayé), رفته رفته *reftè reftè*, allant petit à petit, doucement.

§ 4. SUBSTANTIF ET THÈME AORISTE.

191. C'est le groupe le plus nombreux d'entre les noms composés polygènes. Pour l'analyse des dérivés des verbes défectueux dans les exemples ci-dessous, voyez le tableau synoptique. Exemples:

Des thèmes aoristes unis aux substantifs آدم *âdem*, homme, عالم *'âlem*, monde, كشور *kešver*, contrée, مادر *mâder*, mère, رو *rû*, visage, شب *šeb*, nuit, سحر *seḥer*, matin, de bonne heure, سيل *seyl*, torrent de montagnes, تير *tîr*, flèche, tir, coup de feu, لكد *leked*, ruade, آش *âš*, potage, تب *teb*, fièvre, دل *dil*, cœur, سخن *süḥen*, discours, دانش *dâniš*, science, savoir, پينه *pînî*, haillon, عنبر *'ember*, ambre, مشك *mišk*, musc, خواب *ḥâb*, sommeil, نقطه *nûqte*, point, question difficile à résoudre, problème, حساب *ḥesâb*, compte, قاعده *qâ'ide*, règle, loi, us et coutumes, etc., se forment آدمخور *âdemḥûr*, anthropophage, عالمآرا *'âlemârâ*, qui fait l'ornement du monde, كشوركشا *kešverkûšâ*, synonyme de جهانگير *jehângîr*, conquérant du monde (jehân), مادرزا *mâderzâ*, qualité ou défaut qu'on apporte avec soi en venant au monde, رونما *rûnumâ*, cadeau de la première nuit de noces que l'époux doit offrir à sa nouvelle mariée lorsqu'elle se dévoile devant lui (littéralement: le visage montre), شبخسپ *šebḥusp*, dormeuse de nuit, (nom que les habitants des côtes méridionales de la mer Caspienne donnent aux plantes mimosas, comme la *Gleditzia caspica*, etc.), سحرخيز *seḥerḥîz*, matinal, qui se lève matin, سيلخيز *seylḥîz*, crue subite d'un torrent de montagnes, تيرانداز *tîrendâz*, tireur d'arc ou d'arme à feu, لكدكوب *lekedkûb*, qui est foulé à coups de talons, maltraité; چون هم روز لكدكوب خيالستن *čûn hemî rûz lekedkûbi ḥeyâlest*, tous les jours notre âme reçoit des ruades de notre imagination (Roumy); آشپز *âšpez*, cuisinier, تبلرز *teblerz*, fièvre intermittente, دلاور *dilâver*, homme de cœur, courageux, سخناور *süḥenâver*, éloquent, دانشور *dânišver* (ver pour âver), savant, پینەدوز *pinèdúz*, ravaudeuse de vieux chiffons, عنبر آگین *ʿember áyin*, مشك آگین *miškáyín*, plein d'ambre, plein de musc, خواب آلود *ẖábálúd*, littéralement: souillé de sommeil, somnolent, comme dans چشمهای خواب آلودش *češmháy ẖábálúdeš*, ses yeux moitié endormis, yeux languissants, (marque de beauté), نقطه دان *núqtèdán*, homme habile à discuter, gentilhomme parfait, حساب دان *ẖeçábdán*, bon arithméticien, قاعده دان *qáʿidè dán*, homme versé dans toutes les minuties des mœurs d'un pays, گوهربار *góuherbár*, plein de pierres précieuses (*góuher*), رودبار *rúdbár*, abondant en ruisseaux, (littéralement: où il pleut des pierres précieuses et des ruisseaux).

ملك فيلپوس آن شه سرافراز
بروی سکندر چو شد دیده باز

melik feïlipús án šehi serefráz beráy sikender čú šúd dídè báz

Lorsque le roi Philippe, ce souverain magnanime (littéralement: qui porte haut la tête), ouvrit ses yeux (littéralement: devint l'œil ouvert) pour contempler attentivement la figure d'Alexandre, son fils.

§ 5. SUBSTANTIF ET GÉRONDIF.

192. Ici, comme on l'a vu dans le paragraphe ci-dessus, le dérivé verbal doit suivre le substantif. Ex.:

De ناله *nálè*, plainte, مو *mú*, cheveu, برگ *bery*, feuille d'une plante, خلعت *ẖelʿet*, robe d'honneur, آب *áb*, eau, etc. se forment ناله کنان *nálè kúnán*, plaintif, gémissant, موکنان *múkenán*, désespoir extrême, et aussi, deuil, (où la douleur fait verser les larmes et s'arracher les cheveux), برگ ریزان *beryrízán*, chute des feuilles, automne, خلعت پوشان *ẖelʿet púšán*, la solennité où le roi distribue les robes d'honneur, et aussi, le lieu où elle se passe, آب ریزان *ábrízán*, (littéralement: averse), fête nationale qui date du temps de Zoroastre et que les Persans musulmans ont conservée encore, espèce de carnaval où il est permis de jeter des seaux d'eau sur les passants, dans l'espoir d'attirer la pluie.

§ 6. SUBSTANTIF ET PARTICIPE PASSÉ.

193. Les composés de cette espèce abondent en persan. Ex.:

De دنيا *dünyâ*, monde, زحمت *zexmet*, peine, دم *düm* ou دمب *dümb*, queue, كوتك *kátek*, punition, پدر *peder*, père, مصيبت *mücîbet*, malheur, خروس *hûrâs*, coq, on forme دنيا ديده *dünyâ dîdè*, homme qui a l'usage du monde, زحمت كشيده *zexmet kešîdè*, qui a souffert et travaillé beaucoup, (littér. qui a traîné la peine), دمبريده *dümbürîdè*, écourté, fin matois, (littéralement: la queue tronquée), كوتك خورده *kátek hûrdè*, châtié, puni, (littéralement: qui a mangé la punition), پدر سوخته *peder sûhtè*, vaurien, (littéralement: celui dont le père fut brûlé), مصيبت زده *mücîbet zedè*, accablé (frappé) d'infortune, اخته خروس *áhtè hûrâs*, chapon, (littér. coq extrait, châtré), etc.

194. Les exemples des noms composés d'un prétérit sont assez rares, et c'est le verbe دادن *dâden*, donner, qui en fait le plus souvent les frais. Exemples:

De قرار *qerâr*, repos, stabilité, خدا *hüdâ*, Dieu, etc., on forme قراداد *qerârdâd*, institution, établissement, règle, mesure, خداداد *hüdâdâd*, Dieudonné, arrivé fortuitement, etc., سرنوشت *ser nüšt*, accident, aventure, سرنويشت *sernüvišt*, ce qui fut écrit dès l'origine (ser) décret céleste, prédestination, ياد داشت *yâd dâšt*, (litt., il eut mémoire), mémorandum, souvenir, چشم داشت *češm dâšt*, (litt., il avait les yeux tournés vers), attente, espoir.

A la même classe appartiennent aussi les composés, بهبودى *behbûdy*, bien-être, prospérité, پيش نهاد *pîš nehâd*, (il posa devant), un plan déjà conçu, projet, but, سرآمد *serâmed*, (il devint tête), ce qui prime, perfection, coryphée, ديدبى *bâzdîd*, une visite rendue, (ne pas confondre avec ديدبى *dîh bîn*, celui qui a les yeux ouverts), زنپرست *zenperest*, adorateur des femmes, de پرستيدن *perestîden*, idolâtrer. Ajoutons-y باز خواست *bâz hâst*, punition due, châtiment mérité,

باز يافت‎ *báz yáft*, une quittance, un récépissé, (litt., retrouvaille), پيش رفت‎ *píšreft*, progrès, amélioration, (littér., en avant marche).

§ 7. ADJECTIF ET THÈME AORISTE.

195. Le dérivé verbal, ici comme presque partout ailleurs, suit le nom. Exemples:

De باريك‎ *bárík*, fin, délicat, تند‎ *túnd*, rapide, خوش‎ *hoš*, beau, دروغ‎ *durúγ*, mensonge, راست‎ *rást*, vrai, دور‎ *dúr*, lointain, سياه‎ *siyáh*, noir, et سفيد‎ *sefíd*, blanc, etc., on forme باريك بين‎ *bárík bín*, doué d'une vue d'aigle, comme ديدۀ باريك بين‎ *dídèi bárík bín*, les yeux voyant les choses les plus délicates, تند شتاب‎ *túnd šitáb*, qui court, qui vole très-vite, خوشنويس‎ *košnuvís*, calligraphe, دروغگو‎ *durúγγú*, menteur, راستگو‎ *rástγú*, véridique, سياه‌پوش‎ *syáhpúš* ou سفيدپوش‎ *sefíd púš*, vêtu de noir ou vêtu de blanc, دوربين‎ *dúrbín*, longue-vue, lunette d'approche, دورباش‎ *durbáš*, bâton des domestiques à pied qui écartent les promeneurs pour laisser passer le harem, (littér., éloigne-toi).

§ 8. COMPOSÉS DE PARTICULES INDÉCLINABLES.

نا بكار‎ *ná bekár*, bon à rien, vaurien, در بدر‎ *der beder*, mendiant, (littér. allant d'une porte à l'autre), كم‌وبيش‎ *kiembíš*, plus ou moins, à peu près.

Le nombre de ces composés est, comparativement, peu considérable, et, comme tous les adjectifs précités s'emploient aussi substantivement, on peut les considérer comme appartenant au § 4 (191).

CHAPITRE VI

DES NUMÉRATIFS

§ 1. NUMÉRATIFS CARDINAUX.

196. Les numératifs cardinaux persans sont:

یك *yek* (pour اى *iy*, tombé en désuétude), un;	شش *šeš*, six;
دو *dû*, deux;	هفت *heft*, sept;
سه *sè*, trois;	هشت *hešt*, huit;
چهار *čehâr*, quatre;	نوه *nuh* ou نه *nüh*, neuf;
پنگ *penğ*, ou پنچ *penč*, cinq;	ده *deh*, dix.

197. Les dizaines se forment en mettant les unités avant l'ablatif (از ده *ez deh*) de dix, et alors, pour éviter l'hiatus:

a. اى *iy*, un, se change en یان *yân*, دو *dû*, deux, en دوان *devân*, سه *sè*, trois, en سین *sîn*, پنگ *penğ*, cinq, en پان *pân*, et شش *šeš*, six, en شان *šân*.

b. از *ez* est remplacé par son abréviation ز *z*.

c. Après چهار *čehâr*, quatre, on supprime از *ez*.

d. Après هفت *heft*, sept, هشت *hešt*, huit, et نوه *nuh*, neuf, la même suppression a lieu et les consonnes finales ت disparaissent en même temps:

یانزده *yânzdeh* ou یازده *yâzdeh*, onze; سینزده *sînzdeh* ou سیزده *sîzdeh*, treize 1); دوانزده *devânzdeh* ou دوازده *devâzdeh*, douze; چهارده *čehârdeh*, quatorze;

---

1) Les Persans, croyant que le chiffre *treize* porte malheur à ceux qui le prononcent, au lieu de dire سینزده *sînzdeh*, disent هیچ *hič*, rien, ou bien زیاد *ziâd*, beaucoup trop; c'est de l'euphémisme.

پانزده *pânzdeh*, quinze; نوانزده *nevánzdeh*, نوازده *nevázdeh*,
شانزده *šânzdeh*, seize; ou, ce qui est le plus usité,
هفده *hifdeh*, dix-sept; نوزده *nuzdeh*, dix-neuf.
هشده *hišdeh*, dix-huit;

198. Depuis *vingt*, les dizaines se forment irrégulièrement:

بیست *bîst*, vingt; شصت *šest* [1], soixante;
سی *sy*, trente; هفتاد *heftâd*, soixante et dix;
چهل *čehil*, quarante; هشتاد *heštâd*, quatre-vingts;
پنجاه *penğâh*, cinquante; نود *neved*, quatre-vingt-dix.

199. Les centaines se forment à l'instar des dizaines, avec cette différence que l'ablatif n'y a plus lieu, que les trois dernières dizaines conservent leurs finales, et enfin que دویست *dûvîst*, deux cents, prend la même désinence formative que بیست *bîst*, vingt:

صد *sed*, cent; ششصد *šešsed*, six cents;
دویست *dûvîst*, deux cents; هفتصد *heftsed*, sept cents;
سیصد *sîsed*, trois cents; هشتصد *heštsed*, huit cents;
چهارصد *čehârsed*, quatre cents; نهصد *nühsed*, neuf cents.
پانصد *pânsed*, cinq cents;

200. هزار *hezâr*, mille, est le seul des nombres cardinaux qui s'emploie au pluriel: هزاران *hezârân*, les mille [2]).

---

1) Dans شصت *šest* et صد *sed*, la lettre ص est employée pour س afin de ne pas confondre le premier mot avec شست *šest*, perche, pouce, et le second avec سدّ *sedd*, barrière, borne.

2) Kaany dit, dans son *Perîšân*:

چنان لغزنده خاک از پی که مروی
هزاران بار لغزیدی بهر قدم

دوهزار *dûhezâr*, deux mille, سه هزار *sè hezâr*, trois mille;

Et ainsi de suite, en conservant l'ordre numérique, comme chez nous. Exemple:

سنهٔ هزار وهشتصد وپنجاه ودو تاریخ مسیحیه مطابق سال هزار ودویست وشصت وهشت هجره است *senëï hezâr u heštsed u pengâh u dû târîhi meeîxyyè mutâbiqi sâli hezâr u dwîst u šest u hešt hiǧrè est*, L'année 1852, datant de la venue du Messie, correspond à l'année 1268 de l'hégire.

La conjonction و *u*, et, est de rigueur. Elle doit toujours séparer les unités des dizaines, les dizaines des centaines, etc.

201. Les dénominations spéciales des chiffres persans s'arrêtent à cinq cent mille, somme qu'on appelle یک کرور *yek kurûr*, un kurûr. Pour exprimer un, deux, trois millions, etc., les Persans font la multiplication, et disent دو کرور *dû kurûr*, deux kurûrs (un million), سه کرور *sè kurûr*, trois kurûrs (un million cinq cent mille), چهار کرور *čehâr kurûr*, quatre kurûrs (deux millions), etc.[2])

202. Dans une phrase, les nombres cardinaux ne

---

zemîn lez̦zendè hâk ez yek ki mûry — hezârân bâr lez̦zîdy beher qedem.

Le terrain (poussière) est devenu, à cause de la pluie, tellement glissant qu'une fourmi, à chaque pas, y glissait mille (*hezârân*) fois.

C'est une licence poétique que ces milles. Ordinairement, on dit au singulier هزار *hezâr*.

2) Par exemple, après la dernière guerre entre la Russie et la Perse, cette dernière s'engagea à payer une indemnité de vingt *kurûrs* c.-à-d. dix millions de francs. Dans l'Inde, un *kurûr de roupies* équivaut à un million de livres sterling et un *lak de roupies* = 10,000 liv. sterl.

prennent jamais d'izafet; les noms qui s'accordent avec ces numératifs restent au nominatif singulier, et le verbe seul se met au pluriel. Exemples:

پانصد ششصد نفر بودند *pansed šešsed nefer búdend*, ils étaient (au nombre de) cinq ou six cents individus, بعد از انقضای *be'ad ez inqizây múh-leti šešmâhè fûlân tenhâhrâ edâ nûmûd* مهلت شش ماهه فلان تنخواهرا ادا نمود ou کارسازی کرد *kârsâzy kerd*, après l'expiration du terme de six mois, il s'acquitta de telle et telle somme.

203. Les substantifs que l'on veut compter dans une sentence, sont ordinairement accompagnés d'autres substantifs qui en spécialisent la qualité, de même qu'on dit en français: tant de *têtes* de bétail, tant de *pièces* de cent sous, etc. En persan نفر *nefer*, individu, appartient exclusivement aux hommes et aux chameaux; رأس *rees*, tête, aux quadrupèdes en général; زوج *zôudj*, couple, aux bœufs de labour et aux pendants d'oreilles; طاقه *tâqè*, série, aux châles seulement; عرّاده *'errâdè*, baliste, aux canons sur leurs affûts; فروند *fervend* (pour perbend), pourvu d'ailes, de voiles, aux navires; عدد *'eded*, nombre, à des pièces de monnaie quelconque, et en général, aux choses inanimées; زنجیر *zenğîr*, chaîne, ou مربط *merbet*, train, aux éléphants; قلّاده *qellâdè*, collier, aux chiens; دست *dest*, main, aux faucons; قطار *qetâr*, suite, aux mulets, etc. Le mot تا *tâ*, fois, est applicable à tout indifféremment. Tous ces mots, précédés des numératifs ordinaux, ne prennent pas l'izafet, ni la désinence را de cas obliques, ni celles du pluriel non plus. Exemple:

در عمارت و طویله او پنج رأس اسپ وسه نفر شتر ودوانزده قلّاده

درعمارت وزوج کناو شخصی ودو نفر مهتر موجود وحاضر دیدیم واز آنجا بیرون آمده داخل زیر زمینش شدیم اسباب واجناس متفرقه بنظر آمد از آنجمله چند تاء کیسهٔ سر بمهر وند قبضه شمشیر جوهردار ویازده طاقه شال رضای بوتهدار ودو لنگه اق بانوی چشم بلبل وچهار دسته فنجان نعلبکهٔ کارخانهٔ انگلیس وچهار صد عدد بلغاری حاجی ترخمنی ومخمل فرنگی شانزده توپ وابریشیم کج بیست فرد وغیره وغیره از قرار سیاههٔ مفصلهٔ ذیل که پراکنده و بیصدحب

der 'emâret u tevîleï a penǵ rees esp u sè nefer sâtür u devânzdeh qellâdî tâzy u dü zôuǵ yâri süliniy u dü nefer mehter môuǵûd u ẍâzir dîdim u ez ânǵâ birün âmedè dâẍili zirzemînes sûdim eshâb u eǵnâsi müteferriqi benezer âmed ez ânǵûmle ćend tâ kîsèï ser bemühr u yânzdeh tâqè sâli rizâyi butèdâr u dü lenǵi âqâ bânûï ćesmi bülbül u ćehâr destè finǵânu ne'albekèï kârẍânèï inglis u ćehâr sed 'eded bülǵâryi ẍâǵi terẍâny u meẍmeli frenǵy sânzdeh tûp u ebrisimi bist ferde u ǵeyrè u ǵeyrè ez qerâri siyâhèï müfessilèï zeyl kemâ perâkende u bićâzib

Dans son château et son écurie, nous vîmes présents et devant nous cinq (têtes de) chevaux, trois (individus de) chameaux, douze (colliers de) lévriers, deux (couples de) bœufs de labour, deux (personnes de) garçons d'écurie. Sortis de là, nous entrâmes dans les caves de sa maison; beaucoup d'objets et d'effets épars et en désordre s'y présentèrent à nos regards, et nommément quelques (pièces de) sacs d'argent cachetés, neuf (poignées de) sabres damasquinés, onze châles de reine (*donès* grandes palmes), deux colis (*denǵè*) de mousseline (*âqâ bânû* mouchetée dite, yeux de rossignol), quatre services de thé (litt. tasse et soucoupe) de fabrique anglaise, quatre cents pièces chiffres) de cuir (*bulǵâry* d'Astrachan, seize pièces (rouleaux de) velours d'Europe, vingt ballots (*ferdè*) de soie écrue de qualité inférieure (*keÿ*), et bien d'autres choses, détaillées dans une note marginale, tout cela jeté pêle-mêle, et sans maître 1).

§ 2. NUMÉRATIFS ORDINAUX.

204. Les numératifs ordinaux persans se forment des cardinaux en ajoutant à la finale de ceux-ci ‎م‎ *üm* 2). Les savants se servent aussi des ordinaux de la langue arabe:

‎یکم‎ *yeküm* ou ‎نخست‎ *nühüst* ou ‎اوّل‎ *evvel*, (arabe), premier.

‎دوّم‎ *düvvüm* ou ‎دویوم‎ *düyyüm* ou ‎دویّم‎ *düyyüm* ou ‎ثنی‎ *sâny*, (arabe), second.

‎سیّوم‎ *seyyüm* ou ‎سیّم‎ *seyyüm* ou ‎ثالث‎ *sâlis*, (ar.), troisième.

‎چهارم‎ *čehârüm* ou ‎رابع‎ *rabeʿa*, (ar.), quatrième.

‎پنجم‎ *penǧüm* ou ‎خامس‎ *hâmis*, (ar.), cinquième.

‎ششم‎ *šešüm* ou ‎سادس‎ *sâdis*, (ar.), sixième.

‎هفتم‎ *heftüm* ou ‎سابع‎ *sâbiʿa*, (ar.), septième.

‎هشتم‎ *heštüm* ou ‎ثامن‎ *sâmin*, (ar.), huitième.

‎نهم‎ *nühhüm* ou ‎تاسع‎ *tâcʿa*, (ar.), neuvième.

‎دهم‎ *dehüm* ou ‎عاشر‎ *ʿâšir*, (ar.), dixième.

205. Les numératifs ordinaux arabes en ‎اً‎ *en* s'emploient aussi en persan pour rendre les adverbes français:

Premièrement, ‎اوّلاً‎ *evvelen*,
Secondement, ‎ثانیاً‎ *sânien*, etc.

---

1) Extrait d'un inventaire de biens trouvés après un décès.

2) Le substantif collectif ‎مردم‎ *merdüm*, humanité, se forme de ‎مرد‎ *merd* en prenant le même formatif ‎م‎ *üm*. C'est le seul exemple où *üm* soit employé ailleurs que dans les numératifs ordinaux.

206. Les ordinaux persans peuvent prendre le formatif بین *în*, que nous connaissons déjà :

نخستین *nühüstîn*, premier.

دویّومین *düyyümîn*, deuxième, etc.

چهارمین *čehárümîn*, quatrième, etc.

207. Lorsqu'il y a plus d'un chiffre, il n'y a que le dernier qui prenne le formatif ordinal. Exemple :

صد وپنجاه وسیّم *sed u penğáh u seyyám*, cent cinquante-troisième, چهار صد وسیّم *čehár sed u siyyám*, quatre cent trentième, etc.

208. Sous l'influence d'un verbe qui régit l'accusatif, les numératifs ordinaux prennent quelquefois le signe را des cas obliques, ce qui n'arrive presque jamais aux cardinaux ; ainsi, on peut très-bien demander et répondre :

کدام یکیرا میخواهی بگیری *küdám yekirá miháhy beğiry*, Lequel voulez-vous prendre ? ششمرا *šeššümrá*, هفتمرا *heftümrá*, هشتمرا *heštümrá*, بیستمرا *bistümrá*, صد ونهمرا *sed u nühhümrá*, etc.: le sixième, le septième, le huitième, le vingtième, le cent neuvième, etc.

Mais il faut supprimer le را du régime toutes les fois que celui-ci se trouve accompagné des numératifs cardinaux employés soit substantivement, soit adjectivement. Exemples :

در ولایات فرنگستان مراجعه سالیانه از تنخواه اصلی صد وپنج بازیافت همی نمایند *derviláyáti ferenğistán müráğizéi sáliyáni* (rá supprimé) *ez tenháhi esly sed u penği* (rá suppr.) *bázyáft my nümáyend*, En Europe, on perçoit les cinq pour cent de la somme prêtée (litt. primitive) pour un an ; امروز هشت دانه کبک ودو تا *imrüz hešt dáne kebk* (rá supprime) *u dü tá* خردوش شکر کردیم *hurdüš šeker kerdím ḥeryûš* (*râ* supprimé) *šikâr kerdîm*, A la chasse d'aujourd'hui, nous avons pris huit perdreaux rouges et deux lièvres; روز محاصرهٔ شهر کرمان لطف علیخان زند شش نفر سواره با دست خود کشت *rûzi müχâcireï kermân lütf 'alîḣâni zend šeš nefer sevârè* (*râ* supprimé) *bâ desti ḣûd küšt*, Au jour du siége de la ville de Kerman, Lütf Aly ḣân, de la tribu Zend, tua cinq cavaliers de sa propre main, etc.

§ 3. DES NUMÉRATIFS DISTRIBUTIFS ET MULTIPLICATIFS.

209. Pour former les distributifs persans, on répète, comme en français, le même nombre. Exemples:

یکایک *yekâyek* ou bien یک یک *yek yek*, un à un; دو بدو *dû bedû*, deux à deux; چهار چهار *čehâr čehâr*, ou bien, ce qui est une forme vieillie, چهاران چهاران *čehârân čehârân*, quatre à quatre, سه و سه *sè u sè*, trois à trois; anciennement on disait یگان یگان *yeγân yeγân*, un à un, etc.

Il n'y a que l'usage qui rende telle ou telle de ces formations applicable à tel ou tel numératif.

210. Les multiplicatifs se rendent le plus souvent au moyen de ه quiescent ajouté au substantif qui précise leur quotité. Exemples:

تفنگ دو لوله *tüfengi dû lûlè*, ou bien دو لوله *dû lûlèi*, le fusil double (à deux canons), سنگ چهار رویه *sengi čehâr rûyè* ou مربعه *mürrebba'è*, la pierre à quatre faces (quadrilatérale), قوس سمای هفترنگه *qôusi semây heftrenγè*, l'arc-en-ciel de sept couleurs, etc.

Ou bien, on paraphrase la locution:

خدا صد باره اینقدر *ḣüdâ sed bârè yn qeder* (ou صد تا اینقدر *sed tâ ynqeder*) به شما بدهد *bè šümâ bedehed*, Dieu vous le rende au centuple.

211. Les expressions françaises, *deux fois deux*, etc. se rendent comme il suit:

دو بر سه شش است *du ber sè šeš est*, deux fois trois font six; پنج بر هشت چهل است *peng̀ ber hešt tchil est*. cinq fois huit font quarante, (littér. deux sur trois, cinq sur huit), etc.

§ 4. DES FIGURES NUMÉRIQUES.

212. La finance et le commerce en Perse, se servent des chiffres appelés حساب رقومی *zeçâbi rüqâmy* [1]) qui s'écrivent de droite à gauche. On les nomme aussi سیاق *seyâq*.

213. Les figures numériques empruntées aux Arabes et leurs équivalents en lettres de l'alphabet arabe, sont:

١	1	ا	a	٦٠	60	س	s
٢	2	ب	b	٧٠	70	ع	a
٣	3	ج	ǵ	٨٠	80	ف	f
٤	4	د	d	٩٠	90	ص	s
٥	5	ه	h	١٠٠	100	ق	q
٦	6	و	u	٢٠٠	200	ر	r
٧	7	ز	z	٣٠٠	300	ش	š
٨	8	ح	x	٤٠٠	400	ت	t
٩	9	ط	t	٥٠٠	500	ث	s
١٠	10	ي	y	٦٠٠	600	خ	h
٢٠	20	ك	k	٧٠٠	700	ذ	z
٣٠	30	ل	l	٨٠٠	800	ض	z
٤٠	40	م	m	٩٠٠	900	ظ	z
٥٠	50	ن	n	١٠٠٠	1000	غ	j

1, Ils ont beaucoup de rapport avec les chiffres nommés par Jean de Nimègue (Bronchorst,), nombres chaldéens. Voy. son ouvrage *De numeris*, Paris, 1539.)

Le zéro, صفر *sifr*, pl. ar. اصفار *esfâr*, est représenté par un point·, et le système de numération ne différe pas du nôtre.

214. Les Persans modernes se servent des figures numériques arabes seulement pour les dates, les livres d'arithmétique et la pagination. On les écrit de gauche à droite. Exemple:

بحساب تقویم عثمانلو سال ۱۲٦۸ هجری در روز ۲۷ ماه اوكتبر سنة ۱۸٥۱ مطابق تاريخ عيسويّه مبتدى وفي يوم ۱٤ شهر اوكتبر سنة ۱۸٥۲ همان تاريخ مسيحيّه منتهى ميشود چنانکه در صحيفه ٦۰۲ ذكر شده ورق ۳

behessâbi teqvîmi ʿosmânlu sâli hezâr u dúvîst u šest u heštüm hiğrè der rûzi bîst u heftümi mâhi oktobri senëi hezâr u heštsed u pengâh u yek mütâbiqi târîhi ʿycevyyè mübteda u fy yôumi čehârdümi šehri oktobri senëi hezâr u heštsed u pengâh u dú hemân târîhi mecixyyè münteha mîševed čenânki der sexîfèi šeš sed u dú zikr šûde vereqi seyyüm

D'après le calcul du calendrier des Turcs de Constantinople, l'année 1268 de l'hégire commence le 27 octobre 1851 de l'ère chrétienne, et finit le 14 octobre 1852 de la même ère, comme il en a été fait mention à la page 602, feuillet 3.

Le premier jour de chaque mois s'appelle غرّه *ğurrè*, orgueil, et le dernier, سلخ *silli*, dépouille [1]). On ne les chiffre jamais ni l'un ni l'autre.

---

[1] Ce qui a donné naissance à cette locution proverbiable: ماه عمرت از غرّه بسلخ رسيد *mâhi ʿümret ez ğurrè bè silh resîd*, tu vas mourir bientôt, litt.: le mois de ta vie (en partant) du premier, arriva au dernier (de ses jours).

215. Quant aux lettres-chiffres, l'usage en est encore moins fréquent. Les poëtes et les orateurs y ont quelquefois recours pour désigner le millésime d'un évènement. C'est un tour de force qui consiste à arranger une phrase de manière à ce que la valeur numérique de toutes les lettres de cette phrase corresponde à l'année de l'hégire où l'évènement en question a eu lieu [1]).

216. Il y a d'autres manières de compter par les lettres, mais celle qu'on vient de lire est la plus usitée. Afin de faciliter le moyen de s'en souvenir, les Orientaux ont groupé toutes les lettres-chiffres en huit mots vides de sens:

[2]) ابجد عز حطی کلمن سعفص قرشت ثخذ ضظغ

---

1) Dans un des manuscrits des Œuvres complètes d'Envery que possède la Bibliothèque nationale de Paris, le copiste, poète lui-même, ajoute à la fin du livre, un poème de sa propre composition, qu'il termine par ce distique:

اگر از تو پرسند تاریخ سال بگو شعرِ حکیم انوری

eger ez tu pürsend tárîhi sál — begû še'arháy ḥekîmi enwery.

Si quelqu'un te demande la date de l'année, dis lui: *d'Envery le sage*.

Or, en faisant l'addition de la valeur numérique de toutes les lettres comprises dans *begû še'arháy ḥekîmi enwery*, on obtient la somme de 959, correspondant à l'année de l'hégire où le copiste a achevé son manuscrit.

Pour les quatre lettres que les Persans ont ajoutées à l'alphabet arabe, پ a la valeur de ب, چ, celle de ج, ژ, celle de ز, et enfin گ, la valeur de ك.

2) La comptabilité se sert d'un système de chiffres que j'ai fait inscrire dans un ouvrage de feu M. Pihan, ancien prote à l'Imprimerie nationale, à Paris, sur *Les signes de numération usités chez les Orientaux*, Paris, 1860. (Voyez pages 115—226 de cet ouvrage).

CHAPITRE VII

DES PRONOMS

§ 1. DES PRONOMS PERSONNELS.

217. La déclinaison des pronoms personnels persans se fait à l'instar de celle des substantifs, avec cette différence que, dans les cas obliques, il y a élimination des lettres ن *n* et و *u*, comme on peut le voir dans l'exemple de déclinaison ci-dessous.

218. Ces pronoms sont ou *isolés* [1]), c'est-à-dire qu'ils peuvent être employés et déclinés abstraction faite du nom qu'ils représentent, ou *conjonctifs*, c'est-à-dire qu'ils n'ont pas d'existence isolée, et ne peuvent figurer dans une sentence que conjointement avec ce nom.

---

1) Le pronom absolu de la 1ᵉ pers. du sing. من *men*, moi, est le seul de tous les pronoms personnels persans qui, employé substantivement, puisse s'accorder avec un adjectif. Exemple:

صلاح کار کجا ومن خراب کجا
بین تفاوت ره کز کجاست تا کجا

seláxi kâr küǧá u meni xerâb küǧâ — bin tefávüti reh kez küǧást tâ küǧâ

Moi, ruiné (par trop d'amour) que je suis, comment pourrais-je y remédier? Jette un regard sur l'immensité de la distance (litt.: la différence des routes) à parcourir, vois où en est le point de départ et où est le terme.

DÉCLINAISON DES PRONOMS PERSONNELS.

PRONOMS ISOLÉS.

PREMIÈRE PERSONNE.

Sing.
- Nom. من *men*, moi;
- Gén. مال من *mâli men*, de moi (le mien);
- Dat. بمن *bemen* ou مرا *merâ*, à moi;
- Acc. مرا *merâ* ou م *em*, moi (me);
- Abl. از من *ez men*, de moi.

Plur.
- Nom. ما *mâ* [1]), nous;
- Gén. مال ما *mâli mâ*, de nous (le nôtre);
- Dat. بما *bemâ* ou مارا *mârâ*;
- Acc. مارا *mârâ*, nous;
- Abl. از ما *ez mâ*, de nous.

2ᵉ PERSONNE.

Sing.
- Nom. تو *tu*, toi;
- Gén. مال تو *mâli tu*, de toi (le tien);
- Dat. بتو *betu* ou تورا *türâ*;
- Acc. تورا *türâ*, toi (te);
- Abl. از تو *ez tu*, de toi.

Plur.
- Nom. شما *šümâ*, vous [2]);
- Gén. مال شما *mâli šümâ*, de vous (le vôtre);
- Dat. بشما *bešümâ* ou شمارا *šümârâ*, à vous;
- Acc. شمارا *šümârâ*, vous;
- Abl. از شما *ez šümâ*, de vous.

---

1) Dans la conversation familière, on dit ماها *mâhá* et شماها *šümâhá* pour ما *mâ* et شما *šümâ*; ce sont des pluriels doubles.

1) Il y a un pluriel تن *tǝn* plus régulier; mais il appartient aux pronoms conjonctifs.

3ᵉ PERSONNE.

Sing.
- Nom. او *û*, lui, elle;
- Gén. مال او *mâli û*, de lui, d'elle (le sien);
- Dat. باو *beû* ou اورا *ûrâ*, à lui, à elle;
- Acc. اورا *ûrâ*;
- Abl. از او *ez û*, de lui, d'elle;

Plur.
- Nom. ايشان *yšân*, eux, elles;
- Gén. مال ايشان *mâli yšân*, d'eux, d'elles (leur);
- Dat. بايشان *beyšân* ou ايشانرا *yšânrâ*, à eux, à elles;
- Acc. ايشانرا *yšânrâ*, les;
- Abl. از ايشان *ez yšân*, d'eux, d'elles 1).

PRONOMS CONJONCTIFS.

PREMIÈRE PERSONNE.

Sing.
- Nom. م *em*, mon, ma;
- Gén. م *em*, de mon;
- Dat. مرا *emrâ*, ou م *em* avec به *bè* avant le nom;
- Acc. مرا *emrâ* ou م *em*, mon;
- Abl. م *em* avec از *ez* avant le nom.

Plur.
- Nom. مان *imân*, mes;
- Gén. مان *imân* avec l'izafet du génitif;
- Dat. مانرا *imânrâ* ou avec به *bè* avant le nom;
- Acc. مانرا *imânrâ*;
- Abl. مان *imân* avec از *ez* avant le nom.

---

1) Cf. en lithuanien, *eš* pour la seconde et aussi pour la troisième personne.

2ᵉ PERSONNE.

Sing.
- Nom. ت *et*, ton, ta;
- Gén. ت *et*, de ton;
- Dat. تْرا *etrá* ou ت *et* avec به *bè* avant le nom;
- Acc. تْرا *etrá* ou ت *et*, ton;
- Abl. ت *et* avec از *ez*, devant le nom.

Plur.
- Nom. تان *itân*, tes;
- Gén. تان *itân* avec l'izafet du génitif;
- Dat. تانْرا *itânrá* ou تان *tân* avec به *bè* avant le nom;
- Acc. تانْرا *itânrá*, tes;
- Abl. تان *itân* avec از *ez* avant le nom.

3ᵉ PERSONNE.

Sing.
- Nom. ش *eš*, son, sa;
- Gén. ش *eš*;
- Dat. شْرا *ešrá* ou ش *eš* avec به *bè* avant le nom;
- Acc. شْرا *ešrá* ou ش *eš*;
- Abl. ش *eš* avec از *ez* avant le nom.

Plur.
- Nom. شان *išân*, ses;
- Gén. شان *išân*, avec l'izafet du génitif;
- Dat. شانْرا *išânrá* ou شان *išân* avec به *bè* avant le nom;
- Acc. شانْرا *išânrá*, ses;
- Abl. شان *išân* avec از avant le nom.

Le pronom conjonctif ش *eš* de la 3ᵉ personne ne s'emploie jamais isolément au singulier; on le retrouve isolé dans des langues modernes congénères, par exemple, en anglais *she*, elle. En lithuanien, ce pronom a conservé sa forme plénière, soit au singulier, soit au pluriel: *az vieyou*, je souffle, *tû vicy*, tu souffles, *jiš vieja*, il ou elle souffle, *mias vieyam*, nous soufflons, *jûš vieyat*, vous soufflez, *jej vieya*, ils soufflent.

REMARQUES SUR L'EMPLOI DES PRONOMS PERSONNELS.

219. Les pronoms personnels absolus ou isolés font fonction de pronoms conjonctifs, qui ne sont que l'abrégé de ceux là. On dit indifféremment:

پسر من *püceri men*, خانهٔ تو *hânèi tu*, کفش او *kefši ú*, جان ایشان *ǧâni yšân*, مذهب شما *mezhebi šümâ*, ولایت ما *vilâyeti mâ*, ou bien پسرم *pücerem*, mon fils, خانه‌ات *hânèet*, ta maison (et aussi, ta femme), کفشش *kefšeš*, sa pantoufle, ولایتمان *vilâyetimân*, notre pays, مذهبتان *mezhebitân*, votre religion, (littéralement, ta religion à toi et aux tiens), جانیشان *ǧânîšân*, leur âme.

Les six premières locutions appartiennent à un style plus soigné, mais les six dernières sont préférées dans la conversation et dans le style familier.

220. Tous ces exemples font voir que l'accord des pronoms personnels se fait comme celui du génitif, au moyen de l'izafet. Cependant il faut remarquer que l'izafet disparaît devant les pronoms conjonctifs des trois personnes au singulier. Sa présence est indispensable au pluriel de ces conjonctifs.

221. Les datifs des pronoms conjonctifs au singulier et au pluriel se rendent, ou par la finale را, ou, ce qui arrive plus souvent, par la préposition بِ *bè*. Exemples:

بنوکر من *benôukeri men* ou بنوکرم *benôukerem*, à mon domestique, بگوش تو *be ɣûši tu* ou بگوشت *beɣûšet*, à ton oreille, بشترهایتان *bešütürhâitân*, à tes chameaux (pour *nôukeri merâ, ɣûši türâ, šütürhâitânrâ*), etc.

222. Les ablatifs se rendent comme il suit:

از پولمان *ez pûlimân* ou bien از پول ما *ez pûli mâ*, de notre argent, از دهنتان *ez dehenitân* ou از دهن شما *ez deheni šümâ*, de votre bouche, etc.

223. Dans une phrase continue où le nominatif est suivi de plusieurs génitifs et adjectifs, le pronom personnel qui s'y rapporte ne paraît qu'à la suite du dernier des noms incidents. Ex.:

ابیات پر شر و شور و مدایح بدتر از هجوتان *äşâri pür šerr u šûr u medâiḥi bedter ez heğvitân*, Tes poésies pleines de malice et (d'allusions) insidieuses, et tes louanges pires que la satire elle-même, etc.

En d'autres termes, dans une sentence persane directe et composée des éléments précités, la première place est réservée au sujet, la deuxième à l'objet, la troisième à l'adjectif, la quatrième au pronom personnel et la dernière au verbe, exprimé ou sous-entendu.

224. Si ce verbe régit un accusatif, le را du régime doit suivre le pronom personel. Exemple:

âlâti ḥarzâri düšmen ü âlât i müzeri ürâ girifteņd. Ils ont pris le train d'artillerie de l'ennemi ainsi que tous ses appareils de guerre.

225. La présence des pronoms conjonctifs à la suite d'un régime direct permet quelquefois d'omettre le را de l'accusatif. Exemple:

čûbem zed u sengeš zedem fuḥšem dâd u pors dâdem, Il m'asséna un coup de bâton et je l'ai frappé avec une pierre; il m'a dit des grossièretés que je le lui ai dûment rendues; *derem kerd*, il m'a mis à la porte, etc.

226. Dans le vieux style et en poésie, on dit اوی *ûy* et وی *vey* pour او *û*, lui, et au datif de ce pronom, ا *élif* change en د *d* euphonique. C'est pourquoi on compte sept variantes du datif du pronom personnel de la 3ᵉ pers. sing., savoir: باو *beû* ou بدو *bedû*, ou بدوی *bedûy*, ou اورا *ûrâ*, ou مراورا *merûrâ*, ou بوی *bevey*, ou ویرا *veyrâ*, à lui. Exemple:

مگر شهر ودختر بماند بدوی — نباشد دگر بر سرش باژ اوی

meyer šehr u dühter bemâned bedûy — nebâšed diyer ber sereš bâji ûy

Peut-être aura-t-il et la ville et la fille en même temps, et il ne sera pas dorénavant obligé de lui payer le tribut (باژ *bâj*, باج *bây*) promis (Ferdôucy).

227. En persan, من وتو *men u tu*, moi et toi, à nous deux, est une expression familière et pleine de charme. Elle veut dire, une amitié à la vie à la mort, et aussi, un attachement à toute épreuve. Les auteurs des chansons populaires s'en servent souvent. Exemple:

بیا برویم از این ولایت من وتو
تو دست مرا بگیر من دامن تو

beyâ berevim ez yn velâyet men u tu — tu desti merâ beyîr men dâmeni tu

Viens, partons de ce pays, à nous deux (pour la vie et pour la mort!) Tu me prendras la main, toi, et moi je te suivrai en me tenant au pan de ton manteau (litt. toi, prends ma main, moi, ton pan).

228. En s'adressant à Dieu, on se sert du pronom personnel de la 2ᵉ pers. du sing. Exemple:

بار خدایا تو میبینی امیدی بغیر از تو ندارم

bâri hüdâyâ tu mîbîny ümîdy beyîr ez tu nedârem, Seigneur (*bar*) Dieu, tu vois, je n'ai pas d'autre espoir que toi!

229. Les derviches et les poëtes tiennent le même langage en parlant au šâh. Cependant les diplomates et les courtisans, en s'adressant à lui, remplacent le pronom personnel par un des titres honorifiques de sa majesté, comme شاه *šâh*, souverain, قبلهٔ عالم *qibleï 'âlem*, l'oratoire du monde, حضرت *ẋezret*, majesté, (littér. présence), etc., et alors le temps du verbe qui y correspond se met à la 3e pers. plur. Exemples:

هرچه قبله عالم میفرمایند عین مصلحت است *her či qibleï 'âlem mîfermâyend 'eyni meslexet est*, Tout ce que vous (litt. l'oratoire du monde) dites (littér. ils ordonnent) est juste (littér. est la source des mesures les plus prudentes); از راه مرحمت شاه بندهنوازی فرمودند *ez râhi merxemet šâh bendenevâzy fermûdend*, Par un mouvement de bonté (litt. par la voie de la miséricorde) vous (le šâh) me comblez de vos faveurs (litt. ils ont ordonné, ou ont daigné faire l'acte de favoriser son esclave).

Dans le dernier exemple, le substantif بنده *bendè*, esclave, remplace le pronom *moi*. En effet, ce serait une grande impolitesse que de dire, *moi, je*, en parlant à un supérieur. Il faut y substituer بنده *bendè*, (votre) esclave, ou مخلص *müẋlis*, (votre) dévoué, ou اخلاص کیش *ilîlâs kiš*, le très-dévoué, ou کمترین *kemterîn*, le plus petit (d'entre vos serviteurs), etc., et mettre le temps du verbe correspondant à la 1. pers. sing. Les femmes disent کمینه *keminè*, la plus petite, ou bien کنیز *keniz*, la servante, ou بنده *bendè*, etc. Ex.:

فرمایش خان بنده‌را حالی نشد *fermâiši hân benderâ* (datif) *xâli nešüd*, Je n'ai pas bien compris ce que vous (*hân*) venez de dire. (litt., l'ordre du hân ne devint pas compréhensible pour l'esclave);

بنده مخلص وزیرم وامّا وزیر شفقت ندارند *bendè mükhlici vezîrem ve emmâ vezîr šefqet nedârend*, Mes sentiments sont pour vous (vizir), mais vous me retirez votre bienveillance (litt. l'esclave (moi) je suis le dévoué du vizir, mais le vizir n'a pas de bienveillance).

230. Le roi, en parlant de lui-même, dit ما *mâ*, nous, ou tout de bon, شاه *šâh*, le roi, avec la 3ᵉ pers. sing. du verbe correspondant. Exemples:

طالع شاه بلندست *tâle'i šâh bülend est*, L'horoscope du šâh est bien haut, c'est-à-dire, j'ai du bonheur; شاه امروز با دست مبارکش آهوی زد *šâh emrûz bâ desti mübârekeš âhûy zed*, Aujourd'hui le šâh, avec sa main sacrée, a tué une gazelle, c'est-à-dire, je viens de tuer une gazelle.

231. Enfin, les personnes d'un rang égal, en s'adressant l'une à l'autre, se servent de شما *šumâ*, vous, comme en français, et les amis se tutoient comme partout ailleurs. Exemples:

سر من *seri men* (je le jure par) ma tête; ریش تو *rîši tu* (je le jure par) ta barbe; مرگ من *mergi men* ou bien مرگ تو *mergi tu*, par ma mort, par ta mort; تو بمیری *tu bemîry*, من بمیرم *men bemîrem*, que tu meures, que je meure, c'est-à-dire, aussi vrai que je voudrais mourir en odeur de sainteté, ou bien, comme je te souhaite de mourir en vrai musulman; جان پسرت *beÿâni püceret*, par (le salut de) l'âme de ton fils; توی خدا *tuy hüdâ* (avec ی euphonique) pour تو وخدا, toi et Dieu, c'est-à-dire, est-ce aussi vrai que ton amour pour Dieu? etc.

L'usage des pronoms personnels conjonctifs est d'une occurrence fréquente chez les meilleurs auteurs persans. Exemples:

تو بسلامت مکنم سینه ریش *tû besclâmet mekünem sînè rîš*,

toi, ne fais pas blesser ma poitrine par des reproches. Ici le *m* marque le datif; بدلم گفتی افاك الله نیکو گفتی *bedem γofty efâk ellah nikû γofty*, tu as dit que je suis méchant; Dieu te bénisse, tu as bien dit (Xâfiz); سرشك از چشم پاك كردن چه حاصل علاجى بكن كز دلم خون نیاید *seriŝk ez češm pâki kerden či ẋâcil elâdži bekün kiez (ki ez) dilem ẋûn neyâyed* (Xâfiz), A quoi bon essuyer les larmes de mes yeux? Trouve un remède pour étancher le sang de mon cœur; چون اجلم در رسد بخاكم سپار *čûn edželem der resed b'ẋâkem sipâr*, quand ma mort sera venue, ensevelis-moi.

علم کز اعمال نشانیش نیست
کالبدی باشد و جانیش نیست

ylm kiez c'emâl nišânieš nist — kiâlbûdy bâšed û ǵânieš nist

(Envâry Süheyly)

La science qui ne fournit aucune preuve (signe) de son savoir est un mannequin qui n'a pas d'âme (*ǵâny-eš* datif).

شاه هرمزم ندید و بی سخن صد لطف کرد
شاه یزدم دید و مدحش گفتم و هیچم نداد

šâhi hürmüzem (accusatif) *ne did u by sühen sed lüṭf kerd — šâhi yezdem* (accusatif) *did u medxeš γoftem u hičem* (datif) *nedâd*

(Xâfiz).

Le Šâh de Hormûz ne m'a pas vu et, sans dire mot, il m'a fait cent faveurs; le Šâh de Yezd m'a vu, j'ai dit un panégyrique en son honneur et il ne m'a rien donné.

On voit, par ces exemples, puisés aux meilleures sources, que le pronom conjonctif peut s'employer, dans tous ces cas, sans le secours de la postposition را *râ*.

§ 2. PRONOMS POSSESSIFS.

232. Il est remarquable qu'une nation comme celle

d'Iran, où depuis les temps les plus anciens le droit de propriété n'était rien moins que respecté, n'ait dans sa langue ni des finales pour le génitif, ni des pronoms possessifs proprement dits. Pour former un pronom possessif, il faut avoir recours à des paraphrases, qui se font de différentes manières :

a. Moyennant le nominatif des pronoms personnels soit absolus, soit conjonctifs, ajoutés à la suite du nom qui désigne la propriété. Exemples :

پوشاك وخوراكم *pŭšâk u ẖŭrâkem*, mon habillement et ma nourriture, پول تو *pûli tu*, ton argent, مالش *mâleš*, sa propriété, دهات شما *dehâti šŭmâ*, vos villages, مداخلتان *medâẖilitân*, votre revenu, خرجمان *ẖerǧimân*, notre dépense, قوشون ایشان *qošŭni* (turc) *yšân*, leur armée, etc.

b. Moyennant l'ablatif d'un pronom personnel. Ex. :

این عمارت نه از شما ونه از او میباشد *yn 'emâret nè ez šŭmâ u nè ez û mîbâšed*, ce bâtiment n'est ni à vous ni à lui non plus.

c. Moyennant le substantif مال que nous connaissons déjà, suivi d'un pronom personnel, d'un génitif ou d'un pronom réfléchi. Exemples :

این تازی مال کیست *yn tâzi mâli kîst*, à qui est ce lévrier ? مال من *mâli men*, ou مال شما *mâli šŭmâ*, ou مال ایشانست *mâli yšân est*, il est à moi, ou à vous, ou à eux ; این اسبی که بود که در سوقون شاهی بیدقرا برد *yn espy ki bûd ki der sóuqŭni šâhy beydeqrâ bŭrd*, à qui était ce cheval qui a remporté le grand prix (litt. emporté le drapeau) de la course royale des chevaux ? مال احمد خان *mâli áẖmed kân*, à Ahmed Kân.

شب تاره که گرگان میبرند میش
سیاه زلفت حمایل کن بیا پیش

اگر مادر از تو احوال بگیرد
بگو مال خدا بود دادم بدرویش

*šebi târè ki γûryân mîberend miš — siyâh zülfet χemâil kün beyâ
piš — eγer mâder ez tu eχvâl beγîred — beγû mâli ẖüdâ bûd dâdem
bederviš*

Dans une nuit ténébreuse, lorsque les loups ravissent les brebis, fais flotter en écharpe ta chevelure noire et viens auprès de moi. Si ta mère te demande des nouvelles, dis lui: ce qui était à Dieu, je l'ai donné à un pauvre. (*Chanson des bouviers guilanais.*)

233. Quoique le substantif مال, qui aide à former les génitifs et les pronoms possessifs, veuille dire en arabe, richesse, propriété, il paraît qu'il existait de tout temps dans la langue persane, car on le rencontre souvent dans les chants du peuple iranais, qui n'abondent pas en mots arabes, comme dans cet exemple:

گل روی تو دارد خال بسیار ببوسد هر که دارد مال بسیار
من بیچیز که مالی ندارم دل پردرد دارم داغ بسیار

*γüli rûy tu dâred ẖâli becγâr — bebûsed her ki dâred mâli becγâr —
meni bičiz ki mâly nedârem — dili pürderd dârem dâγi becγâr*

Ton visage fleuri est parsemé de beaucoup de grains de beauté. Que celui qui a beaucoup de richesses les baise un à un! Quant à moi, je ne possède rien autre qu'un cœur débordé par l'angoisse et meurtri des stigmates d'une passion non assouvie. (*Chanson des montagnards deïlemites.*)

Ce qui viendrait à l'appui de cette opinion, c'est que اموال *emvâl*, pluriel arabe du substantif مال, ne s'emploie guère que dans le style élevé.

234. Dans le vieux style, مال est quelquefois remplacé par زان *zân* ou ازان *ezân*, ablatif singulier du pro-

nom démonstratif آن, qui s'emploie substantivement dans le sens de: propriété, chose possédée. Exemples:

گاوی ازان برهمن برآوردند *γâvy ezâni berehmen berâvürdend*, On amena un bœuf appartenant à un brahmane. (*Journ. asiat.*, 1844, cahier d'août). فرخنده کسانی که در روح مسکین اند که ملکوت آسمان ازان آنهاست *ferhendè keçâny ki der rûχ meskînend ki melkûti âsmân ezâni ânhâst*, Heureux les pauvres d'esprit, car le royaume du ciel est leur propriété, etc.

Le vers suivant de Ferdôucy prouverait que le nominatif آن *ân*, s'employait jadis dans le même sens que son ablatif en question:

سر ارجمندان وجان آن توست
نه سلطان که آن بوم و بر زان اوست

seri erğümendân u ğân âni tust — nè sültân ki ân bûm u berr zâni ûst

Les têtes et les âmes de tous les héros sont ta propriété à toi, mais non pas au sultan qui compte au nombre de ses possessions tous ces pays et continents.

Zehir-üddîn, auteur de la chronique du Taberistan (édit. Dorn, page 177), joue aussi sur le double sens de آن *ân*.

این همه ملک از آن تو خواهد بود بمکافات نیک که کرده
امیر تاش از آن خوشدل گشت

ìn hemè mülk ez âni tû hâhed bûd bemükâfâti nik ki kierdèi emîr tâš ez ân hošdil ğešt

Tout ce royaume fera partie de tes propriétés (*ân*) en récompense du bien que tu as fait. L'émir Tâš s'est réjoui de cela (*ân*).

§ 3. DES PRONOMS RÉFLÉCHIS.

235. Les Persans ont trois pronoms réfléchis: خویش

‎hîš, خویشتن hîšten et خود hûd (en grec: αὐτος) qui marquent le rapport de l'être à lui-même, et, toutes les fois qu'on les emploie en qualité de pronom, correspondent au latin *suus, sua, suum* ou *ipse, ipsa, ipsum*. Il est important de bien préciser les nuances qui distinguent ces trois pronoms l'un de l'autre.

236. Sous le rapport étymologique, tous les trois dérivent du substantif persan خو hû¹) ou خوی hûy, le naturel, (au figuré, la sueur), la manière d'être d'une créature vivante, ses sensations intimes qui émanent de son moral et de son physique, comme la sueur émane de la peau. Les Persans en font dériver leur substantif خدا hûdâ, Dieu, ou être par excellence qui n'est pas né, mais qui vient (آ â racine du verbe آمدن âmeden, venir) de lui-même (خود hûd).

237. Le premier, خویش hîš (abréviation de hûyeš) est un mot composé de خو et du pronom personnel conjonctif, troisième personne singulier, ش eš, précédé d'un ی y euphonique. Littéralement, il veut dire, le naturel à lui, sa nature.

238. Employé en qualité de pronom réfléchi, il n'a pas d'existence isolée en persan moderne, et ne peut avoir lieu dans une sentence que conjointement avec son substantif. Exemples:

---

1) Le major Rawlinson, faisant l'analyse du texte cunéiforme de Behistoun, dit: The pronoun *ava*, self, is the equivalent of the sanscrit *sva*, slavonian *svoy*, *sva*, *sve*, greek τοῦ, latin *suus*, zend *hv* or *h*, pehlevi *h*, and persian خو *hu* in خود *hud*, خویش *hiš*.

جان خویش *ǧâni ḫîš*, son âme, مال خویش *mâli ḫîš*, son avoir, عمر خویش *'ümri ḫîš*, sa vie, صلاح مملکت خویش خسروان دانند *sélâxi memleketi ḫîš ḫosrevân dânend*, Les souverains savent ce qui profite à leur empire.

اگر شاه آید بمهمان خویش
بیاید خرامان سوی خان خویش

eyer šâh âyed bemehmâni ḫîš beyâyed ḫurâmân sûy ḫâni ḫîš

Si le Šâh daigne bien accepter l'hospitalité de son hôte, qu'il entre en se pavanant comme dans une maison appartenant à lui-même (au šâh).

Remarquons que le خویش du premier hémistiche pourrait être remplacé par un pronom personnel, parce que مهمان خویش (litt., son convive du propriétaire), est identique avec مهمان او *mehmâni û*, ou مهمانش *mehmâneš*. Mais, dans le second hémistische, خویش est synonyme de خود; le propriétaire fait un compliment en disant qu'il ne regarde sa maison que comme une chose qui appartient de droit au šâh *lui-même*. Cette dernière signification est la vraie signification du خویش, qui est pronom réfléchi, pronom personnel, pronom possessif et adjectif en même temps. En résumé, خویش *ḫîš*, peut servir pour, mien propre, sien propre, selon le sujet de la phrase, ou plutôt selon la personne désignée par le verbe.

239. Employé substantivement, خویش veut dire, parent, proche. Dans ce cas, il prend le formatif du pluriel et se décline comme les substantifs. Exemples:

این شخص خویش ماست *yu šeḫs ḫîši mâst*, cet individu est notre parent, خویشان و دوستان مان سلام برسانید *ḫeḫîšân u dûstâni mân selâm bereçâuid*, faites mes compliments à nos parents et à nos amis, خویش وقوم ẖîš u qôum, tous les individus d'une famille ou d'une tribu, y compris les domestiques.

240. Le pronom خویشتن ẖîšten est composé de خویش ẖîš et du substantif تن ten, corps. C'est l'inversion de تن خویش teni ẖîš, litt., son corps même. En effet, خویشتن marque un rapport qui s'adresse plus particulièrement au physique qu'au moral d'un individu. Ex.: خویشتنرا كشت ẖîštenrâ küšt, il, elle se suicida, خویشتنرا از جنك وادشت ẖîštenrâ ez jeny vâdâšt, il, elle s'abstint d'aller au combat, خویشتنرا آرایش میدهد ẖîštenrâ ârâiš mîdehed, il, elle se pare, آدمیزادرا جان خویشتن شیرین است âdemîzâdrâ ĵâni ẖîšten šîrîn est, litt., aux enfants d'Adam l'âme de leur corps est douce, — *suum cuique*, etc.

Mais en parlant d'une chose immatérielle, comme par exemple:

نام و ننك خودشرا عبث عبث ضایع نمیكنند nâm u neny ẖûdešrâ 'ebes 'ebes zâyi' nemîküned, il n'aime pas à ruiner en pure perte sa bonne réputation, هنر خود hüneri ẖûd, son mérite, etc., — il est plus correct de se servir de خود ẖûd.

241. Ces exemples font voir que, contrairement à خویش, le pronom réfléchi خویشتن ẖîšten peut s'employer isolément en qualité de pronom absolu. Aussi faut-il bien se garder de les confondre, car, par exemple, en disant خویشرا كشت ẖîšrâ (pour ẖîštenrâ) küšt, on ferait entendre qu'il a tué un de ses parents, et non pas lui-même.

242. خویشتن fait aussi fonction d'un pronom conjonctif et en même temps d'un adjectif, mais c'est une forme vieillie déjà. Dans aucun cas il ne prend le pluriel. Exemple:

هر کس اولاد خویشتنرا دوست میدارد *her kes ôulâdi kîštenrâ dûst mîdâred*, chacun aime ses propres enfants.

Aujourd'hui, on dirait plutôt اولاد خودشرا *ôulâdi kûdešrâ*.

243. M. Vüllers a été le premier à s'apercevoir que le خود *kûd* persan correspond au sanscrit *kut*, de lui-même, (ablatif de *ku* sanscr.). Ce n'est donc qu'un dérivé formé de la même manière que ازان ou زان.

244. En qualité de pronom réfléchi, خود peut s'employer:

a. Isolément, comme un pronom absolu, en guise du nom qu'il représente. Exemple:

Mirkhond, parlant de la mort d'Alexandre le Grand, ajoute: جز دست تهی با خود چیزی نبرده *ğuz desti tûhy bâ kûd ĕizy nebürdè*, excepté les mains vides, il n'a rien emporté avec lui (dans le tombeau).

اکنون که تو با خودی ندانستی هیچ
فردا که ز خود روی چه خواهی دانست

eknún ki tû bâ kûdy nedânisty hîč — ferdâ ki zi kûd revy či kâhy dânist

Si maintenant que tu es avec (en possession de) toi-même tu ne sais rien, que sauras-tu demain quand tu seras (mort) sorti de ce toi-même.

(Quatrain 49e de Heyyâm, édition de J. B. Nicolas, p. 28).

C'est une idée analogue à celle que la tradition des populations slaves a sur leur *dûχ*, l'esprit, qui diffère de *duša*, l'âme. Quant au rapport de permutation de ces deux mots, il est identique au rapport de la même nature qui existe entre le روز *rûz* persan et le *jour* français.

L'expression persane با خودم, je suis en possession de moi-même, correspond à l'expression anglaise, *now I am my own man*.

b. Ou bien il s'emploie uni avec un pronom personnel, soit conjonctif. Exemples:

خود من *ẖûdi men* ou خودم *ẖûdem*, moi-même, خود تو *ẖûdi tu* ou خودت *ẖûdet*, toi-même, خود او *ẖûdi û*, ou, ce qui vaut mieux, خودش *ẖûdeš*, lui-même, خود ما *ẖûdi mâ* ou mieux, خود مان *ẖûdi mân*, nous-mêmes, خود شما *ẖûdi šumâ* ou mieux, خود تان *ẖûdi tân*, vous-mêmes, خودیشان *ẖûdyšân*, eux-mêmes.

Et ainsi de suite, en le déclinant aux cas obliques. C'est la manière de s'exprimer la plus usitée aujourd'hui et, en conversation, la seule et unique dont se servent les Persans.

245. Pour donner plus d'emphase à ce qu'il y a de personnel dans le sens de خود *ẖûd*, on le fait suivre d'une locution arabe, بالنفس *binnefs*, en personne, personnellement, ou بنفسه *binefsihi*, en sa propre personne. Exemples:

خودم بالنفس *ẖûdem binnefs*, moi-même personnellement, خودشرا بالنفس دیدم وشنیدم *ẖûdešrâ binnefs dîdem u šinîdem*, j'ai vu et j'ai entendu lui-même en personne.

246. Comme pronom absolu, خود *ẖûd* ne prend jamais la terminaison du pluriel, à moins qu'elle ne soit précédée d'un pronom conjonctif.

247. En langage mystique, le dérivé بخودی *biẖûdy* ou حالتِ بخودی *ẖâleti biẖûdy*, état d'anéantissement, extase, ravissement, marque le dernier degré de perfection religieuse, que l'on acquiert à force de veilles, de jeûnes et de prières, où l'âme quitte pour un moment son enveloppe terrestre, et n'y revient qu'après avoir visité le monde des esprits. C'est de là que viennent

les expressions بیخود شدن *bîhûd šüden*, devenir sans soi-même, c'est-à-dire, s'évanouir, perdre connaissance; خود بخود شدن *hûd behûd šüden*, se produire sans aucune assistance étrangère, comme les plantes des champs qui croissent d'elles-mêmes, sans qu'on les sème ni les cultive. Ex.:

امری دشواریست خود بخود از عهدش نمیتوانم بر آیم
emri dišváryst hûd bè hûd ez 'ühdèeš nemítüvánem ber áyem, c'est une question ardue, tout seul je ne puis pas en venir à bout.

خودپرست *hûdperest* désigne un homme qui s'idolâtre lui-même, entiché de ses qualités fausses ou réelles; خودخو *hûdhû* ou خودرای *hûdrây* ou خودسر *hûdser*, un homme qui n'aime pas le contrôle, qui n'obéit qu'à son naturel (*hû*), à son opinion (*rây*), à sa tête (*ser*); خودپسند *hûdpecend*, qui se complaît dans soi-même, égoïste; خودرو *hûdru*, plante sauvage, qui pousse naturellement, etc.

248. Dans les cas où خود *hûd* s'emploie adjectivement pour exprimer que telle chose appartient à tel individu, on en précise le sens au moyen des pronoms conjonctifs. Exemples:

جادر خودت خانهٔ خودم *hánèa hûdem* ma propre maison, *čádiri hûdet*, ta tente à toi, سگ خودش *segi hûdeš*, son propre chien, طفل خود مان *tifli hûdi mán*, notre propre enfant, رفتار خود تان *reftári hûdi tán*, votre conduite personnelle, حرفهای خودیشان *χerfhày hûdišán*, leurs propres paroles, etc.

En supprimant les pronoms conjontifs, la diction serait également correcte, mais moins précise. C'est pourquoi خود, dans l'exemple du n° 244, a beaucoup de charme, vu qu'il se rapporte à un homme mort, qui ne possède plus rien.

§ 4. PRONOMS DÉMONSTRATIFS.

249. Les Persans ont deux pronoms démonstratifs, اين *yn*, celui-ci, pour les objets rapprochés, et آن *ân*, celui-là, pour les objets plus ou moins éloignés. Voici leur déclinaison :

a. DÉMONSTRATIF DES OBJETS RAPPROCHÉS.

Sing.
- Nom. اين *yn*, celui-ci, celle-ci, ceci ;
- Gén. مال اين *mâli yn*, de celui-ci, de celle-ci, de ceci ;
- Dat. باين *beyn* ou اينرا *ynrâ*, à celui-ci, à celle-ci, à ceci ;
- Acc. اينرا *ynrâ*, celui-ci, celle-ci, ceci ;
- Abl. از اين *ez yn*, de celui-ci, de celle-ci, de ceci ;

Plur.
- Nom. اينها *ynhâ*, ceux-ci, celles-ci ;
- Gén. مال اينها *mâli ynhâ*, de ceux-ci, de celles-ci ;
- Dat. باينها *beynhâ*, ou اينهارا *ynhârâ*, à ceux-ci, à celles-ci ;
- Acc. اينهارا *ynhârâ*, ceux-ci, celles-ci ;
- Abl. از اينها *ez ynhâ*, de ceux-ci, de celles-ci.

b. DÉMONSTRATIF DES OBJETS ÉLOIGNÉS.

Sing.
- Nom. آن *ân*, celui-là, celle-là ;
- Gén. مال آن *mâli ân*, de celui-là, de celle-là ;
- Dat. بآن *be ân* ou آنرا *ânrâ*, à celui-là, à celle-là ;
- Acc. آنرا *ânrâ*, celui-là, celle-là ;
- Abl. از آن *ez ân*, de celui-là, de celle-là ;

Plur.
- Nom. آنها *ânhâ*, ceux-là, celles-là ;
- Gén. مال آنها *mâli ânhâ*, de ceux-là, de celles-là ;
- Dat. بآنها *beânhâ* ou آنهارا *ânhârâ*, à ceux-là, à celles-là ;
- Acc. آنهارا *ânhârâ*, ceux-là, celles-là ;
- Abl. از آنها *ez ânhâ*, de ceux-là, de celles-là.

Voici des exemples de l'emploi de ces pronoms:

چنین است گردار چرخ برین
گهی این بر آن و گهی آن براین

čenín est γerdári (kerdár?) čerhi berrín — γehy yn ber án u γehy án berín.

Telle est l'évolution de la roue de là-haut (le ciel en rotation, selon le système des astronomes anciens), tantôt ceci est sur cela et tantôt cela sur ceci.

آن طوفان اب بود این طوفان آتش

án túfáni áb búd in túfáni áteš

celui-là était un déluge d'eau, celui-ci (sera) un déluge de feu. (Paroles du poëte Kaany qui prédit que les hommes de son époque seront punis par le feu, châtiment plus terrible que le déluge de Noé.)

آنچه دلم خواست نه ان میشود
هر چه خدا خواست چنان میشود

ánči dilem hást nè án míševed — her či ĥudá hást čenán míševed

Il n'en sera pas ce que mon cœur a voulu, tout ce que Dieu veut, cela adviendra.

Voici que, se rend par کی اینست *ynest ki*. Ex.:

فرمانبردار شو و الّا این استنکی ما رسیدیم *fermánberdár šou ve illa ynest ki má recídím*, exécute nos ordres, car sinon, voici que nous arrivons. — L'action du prétérit *recídím* devient ici présente à l'inverse du futur antérieur de la conjugaison française.

250. Une forme plus ancienne du pronom démonstratif این *yn* était ام *im*. Elle se trouve encore employée isolément dans les textes cunéiformes expliqués par M. Rawlinson. Les adverbes de temps composés امروز *imrúz*, aujourd'hui, امشب *imšeb*, cette nuit-ci, امسال *imsál*,

l'année actuelle, nous en donnent trois exemples plus modernes.

251. Les pluriels آنها *ânhâ* et اينها *ynhâ* se trouvent quelquefois remplacés par آنان *ânân* et اينان *ynân*, variantes qui se rencontrent souvent dans le Gulistân, mais qui ont vieilli. Exemple:

آنانيكه قبل از ما هي بودند *ânâniki qebl ez mâ my bûdend*, ceux qui vivaient (avaient existé) avant nous.

252. Le pluriel de ces deux pronoms démonstratifs, dans une construction, ne peut avoir lieu que lorsqu'ils se trouvent placés immédiatement devant un adjectif, parce que, dans ce cas, le démonstratif représente des substantifs sous-entendus qu'il indique et dont il prend la finale du pluriel en même temps. Exemples:

اينها سفيد وآنها سياهند *ynhâ sefîd u ânhâ siyâhend*, ceux-ci sont blancs et ceux-là sont noirs. بآنها انعام داد وباينها دشنام *beânhâ en'âm dâd u beânhâ dušnâm*, à ceux-là il donna une récompense, à ceux-ci, une injure.

Une analyse raisonnée prouvera que toutes ces désinences du pluriel n'appartiennent qu'aux substantifs sous-entendus, dont la signification s'absorbe, pour ainsi dire, dans leurs représentants démonstratifs.

253. Aussi, le contraire arrive-t-il en présence des substantifs employés au pluriel, car alors il faut que le pronom démonstratif qui s'y rapporte reste au singulier. Exemple:

اين يتيمهاى بيپدر ومادرا آزار نكنيد *yn yetîmhây bîpeder u mâderrâ âzâr nekûnîd*, ne faites pas de peine à ces orphelins sans père ni mère.

254. Dans une sentence, la place régulière des pronoms démonstratifs est immédiatement avant le substantif dont ils relèvent. Cependant, si l'on veut diriger une attention plus particulière sur l'objet démontré, on peut renvoyer ces pronoms jusqu'à la fin de la sentence, immédiatement avant le verbe. Ex.:

اسپی که سوار شده بودم اینست *espy ki sevár šüdè búdem ynest*, le cheval que j'avais monté est celui-ci (le voici), آدم اینست *ádem ynest*, ecce homo, l'homme (qui est digne de s'appeler homme), le voici, هنر میخواهی اینست *hüner mikháhy ynest*, veux-tu savoir ce que c'est qu'une véritable vertu? La voici.

255. Il y a encore un moyen de mieux préciser le sens des pronoms démonstratifs, c'est de les faire précéder de la conjonction هم *hem*. Exemples:

همین حرفیست که دیروز زده بودم *hemín xerfist ki díróz zedè búdem*, voici les (mêmes) paroles que j'ai prononcées (litt. frappées) hier, همان گاویست *hemán gávist*, c'est bien la même (litt. celle-là) vache, همان راهست *hemán ráhest*, c'est précisément le chemin dont il s'agit, حرکاتش همان وسخنهایش همین *xerekáteš hemán u sühenháyeš hemín*, tels sont ses mouvements (sa conduite) et telles sont ses paroles, در همان وقت *der hemán reqt*, en même temps, à la même heure précisément, ما همیشه همانیم که بودیم *má hemíšè hemánim ki búdím*, nous sommes toujours ce que nous avons été.

256. Dans la poésie mystique, le pronom آن *án* veut dire: perfection selon Dieu, beauté morale. C'est un substantif qui peut prendre, soit un izafet, soit un article d'unité. Ex.:

شاهد این نیست که دارد خطّ سبز ونب لعل
شاهد آنست که این دارد وآنی دارد

šâhid yn nîst ki dâred ḫetti sebz u lebi leʻel — šâhid ân est ki yn dâred u âny dâred

Être beau n'est pas seulement avoir le duvet tendre de la jeunesse sur les joues et une lèvre de rubis. Est beau celui qui possède ceci et en même temps *cela* (c'est-à-dire, le beau idéal, la beauté selon Dieu, litt.: ce grand un là) 1).

بنده‌ٔ طلعت آن باش که آنی دارد
bendeï tül'eti ân bâš ki âny dâred

Fais-toi l'esclave de CELUI-LÀ qui possède ÂNY (c.-à-d. qui est en possession du plus grand des biens des deux mondes).

On sait qu'en arabe, هو *hüve*, Lui, signifie aussi, Dieu.

257. Parfois le pronom relatif که *ki* qui doit suivre ordinairement le démonstratif آن *ân*, en est séparé par toute une proposition incidente. Ex.:

آن میسّر شود بکوشش و جهد
که قضا بخشد و قدر خواهد

ân müyesser ševed bi kušiš u ychd — ki qazâ beḫšed u qeder ḫâhed

Des efforts assidus et de la persévérance nous facilitent (font obtenir) ce (*ân*) que le sort donne gratuitement et que veut (exige) le Destin.

258. Dans le style familier, این *yn* et آن *ân* donnent quelquefois lieu à des expressions telles que:

صحبت این و آن شد *soḫbeti yn u ân šud*, on parlait de différentes choses (litt. de ceci et cela), نه این و نه آن *ne yn u ne ân*,

---

1) Lumsden, qui cite ces beaux vers de Hélaly, en trouve la traduction difficile: „I cannot easily translate these verses." (Gramm. t. II, p. 88) Le ی final de آن dans les deux exemples, est une espèce d'article d'unité emphatique, qu'on appelle یای تعظیم *yây teʻazim*, y d'agrandissement. Nous en avons déjà cité un exemple.

ni l'un ni l'autre, کجا وآن کجا ایـن *yn kŭǧá u án kŭǧá*, litt., où est ceci et où est cela, c'est-à-dire, ces choses n'ont rien de commun entre elles.

§ 5. DES PRONOMS INTERROGATIFS.

259. Les Persans ont trois pronoms interrogatifs: کدام *küdâm*, کی *ki* et چی *či*.

260. L'interrogatif کدام *küdâm*, lequel, laquelle, se décline régulièrement. Exemple:

Sing.
- Nom. کدام *küdâm* 1), lequel? laquelle?
- Gén. مال کدام *máli küdâm*, duquel? de laquelle?
- Dat. بکدام *beküdâm* ou کدامرا *küdâmrá*, auquel? à laquelle?
- Acc. کدامرا *küdâmrá*, lequel? laquelle?
- Abl. از کدام *ez küdâm* 1), duquel? de laquelle?

Au pluriel, کدام *küdâm* ne change pas. Exemples:

کدام ولایتها *küdâm veláyethá*, quels pays?

کدام زنها *küdâm zenhá*, quelles femmes? etc.

Pour mieux préciser la demande, on fait suivre کدام *küdâm* de یکی *yeki* (numératif یک *yek*, avec un ی *y*, article d'unité). Exemple:

کدام یکیست *küdâm yekíst*, qui est-il? lequel, laquelle est-ce?

---

1) Puisque les textes persépolitains prouvent que l'ancienne forme du pronom démonstratif ایـن *yn*, celui-ci, était *IM*, celle du pronom démonstr. آن *án*, celui-là, doit nécessairement avoir été *AM*. Il en résulte que le pronom interrogatif کدام *küdâm*, lequel? serait un composé de کو *ku*, où? et de *âm*, celui-là (litt. *ubi ille?*), avec د *d*, euphonique qui remplace ici un و, de même qu'il remplace un ا dans بدو *bedú* pour باو *beú*, فرودآ *fürüdá* pour فروآ *fürüá*, descends, بدین *bedín* pour باین *beín*, etc. On écrit encore امروز *imráz*, ce jour, et امشب *imšeb*, cette nuit.

(littéralement: lequel un est-il?); كدام يكيشان خوبست *küdâm yekîsân hûbest*, lequel d'entre eux est bon? on répond: هيچ كدام همه بدذاتند *hîč küdâm hemè bedzâtend*, aucun, tous sont méchants.

261. كدام *küdâm* s'adresse indifféremment aux êtres animés et inanimés. On lui annexe quelquefois la finale ين *yn*, formatif que nous connaissons déjà, et l'emploi de كدامين *küdâmîn* ne diffère pas de celui de كدام *küdâm*. Ni l'un ni l'autre ne prennent jamais d'izafet.

262. La déclinaison du pronom interrogatif كه *ki*, qui? lequel? laquelle? a cela d'irrégulier qu'on en supprime le ه *i* bref devant le ا, des cas obliques. Ex.:

Sing. {
Nom. كه *ki*, qui?
Gén. مال كه *mâli ki*, de qui?
Dat. بكه *beki* ou كرا *kirâ*, à qui?
Acc. كرا *kirâ*, qui?
Abl. از كه *ez ki*, de qui?
}

263. Aujourd'hui les pluriels كيان *kiyân* et كيها *kîhâ* ne s'emploient que dans le style familier.

264. Toutes les fois que le pronom interrogatif كه *ki* précède immédiatement le verbe, il y a trois choses à observer:

a. Le ه quiescent de كه *ki* se change en ى *y* long devant toutes les personnes du verbe normal. Ex.:

من كيّم *men kyyem*, moi, qui suis-je? تو كيى *tu kîy*, toi, qui es-tu? ما كيم *mâ kîym*, nous, qui sommes-nous? شما كييد *šumâ kîyd*, vous, qui êtes-vous? ايشان كيىند *yšân kîyend*, eux, qui sont-ils?

b. Le ه *i* bref de كه *ki* fait disparaître le ه *h* aspiré de هستم *hestem*, etc. ou, pour mieux dire, l'un et l'autre se changent en un ى *y* long. Exemples:

کیستم *kístem*, qui suis-je? کیستی *kísty*, qui es-tu? کیست *kíst* 1), qui est-il? کیستیم *kístim*, qui sommes-nous? کیستید *kístíd*, qui êtes-vous? کیستند *kístend*, qui sont-ils?

c. Ces deux cas exceptés, le ه *i* bref de که *ki* se conserve devant les initiales, soit consonnes, soit voyelles, de toutes les autres parties du discours. Exemples:

ویل کرد تازیهارا که هشت *tázehárá ki híšt (veyl kerd* est plus usité) qui est-ce qui a lancé les lévriers? که استاده است *ki istádè est*, qui est-ce qui est debout? که ابلهست *ki ebleh est*, qui est-ce qui est stupide? این دردهارا که آزمود *yn derdhárá ki ázmúd*, qui est-ce qui a éprouvé ces douleurs? گفت که هیچ *goft ki híč*, il a dit: rien.

265. L'expression fort en usage که با کیست *ki bá kíst* (littéralement: qui est avec qui?), se rend en français par: sens dessus dessous, désarroi, désordre, chaos. Exemple:

مگر حرفمرا قبول کردند استغفر الله که با کیست *meger xerfemrá qabúl kerdend isteyfer allah ki bá kíst*, Croyez-vous qu'ils aient agréé ma parole? Dieu leur pardonne, tout y est dans un désordre épouvantable.

266. On ne se sert pas aussi souvent du pronom interrogatif چه que de که, et, en général, on ne l'applique qu'à des choses inanimées ou celles qu'on veut avilir. Exemples:

این چه کتابیست که میخوانی *či kitábíst ki míhány* ou bien این کتابی که میخوانی چیست *yn kitábi ki míhány číst*, quel est ce livre que tu lis? چه حرفی دارند *či xerfi dárend*, qu'ont-ils à dire?

---

1) En patois guilek et kurde, on dit: کیه *kiye*, qui est-il?

او چه سگی‌ست که سر بالایم بنشیند *ü či seyist ki seri bá-láyem* (pour *báláy serem*) *bè nišined*, qui est-il donc (littéral. quel chien est-il) pour s'asseoir plus haut que moi (littéralement: au haut bout de moi)? از چه جهت *ez či ǧehet*, pour quelle raison? برای چه *beráy či*, à quoi bon? pourquoi cela? etc.

L'exemple suivant du poëte établit la différence qui existe entre که *ki* et چه *či*:

دانی کرم کدام بود آنکه هرچه هست بدهی بهر که هست و نخواهی جزای خویش

dány kierem kůdam bůd ánki her či hest bedehy beher ki hest ů ne-kůhy ǧezáy hůš

Sais-tu quelle est la vraie libéralité? Tout ce que tu as, donne-le à tout ce qui existe et n'en demande aucune rétribution pour toi-même.

Cependant, dans certains cas, چه *či* s'emploie avec des objets animés:

شاه پرسید که این چه آدمها می باشند

sáh pürsid ki yn či ádemhá my básend

Le roi demanda: quels sont (seraient) ces hommes?

On peut dire aussi: این حضرات کیستند *yn xezerát kístend*, ces messieurs qui sont-ils?

که signifie aussi, tel que, à tel point que. Ex.:

درد عشق کشیده ام که مپرس
زهر هجر چشیده ام که مپرس

dürdi 'ešq kiešídè em ki mepürs — zehri hiǧr češídè em ki mepürs.

J'ai bu le breuvage de l'amour jusqu'à la lie; Ah! ne m'en parlez plus. J'ai goûté du poison de la séparation; Ah! ne m'en demandez rien!

267. Ce qui a été dit de la déclinaison de که *ki* se rapporte également à celle de چه, avec cette différence que:

a. Le datif چرا *čirâ* ne s'emploie guère qu'en qualité de conjonction causative ou interrogative: pourquoi?

b. L'accusatif n'existe pas. On le remplace ou par l'accusatif كدامرا *küdâmrâ*, ou bien en tournant autrement la locution. Exemples:

خودت بگو كدام كاررا بانجام رسانذدى *khdel beγû küdâm kârrâ beenğâm reçândy*, Dis toi-même, avoue, y a-t-il une (quelle est l') affaire que tu aies achevée? ou bien چه کاری بود که بانجام رسانیدى *či kâry bûd ki beenğâm reçândy* (même sens).

268. Ordinairement on fait accompagner چه de quelque complément qui en détermine le sens, comme چیز *čîz*, chose, آن *ân* pronom démonstratif, هر *her*, tout, chaque, et autres. Exemples:

او چه چیزست *û či čîzest*, qui est-il donc? qu'est-ce que cela? (littéralement: quelle chose est-il), ما چه چیزیم هیچیم *mâ či čizîm hîčîm*, que (quelle chose) sommes-nous donc? — Rien, (littéralement: rien nous sommes).

269. Le pronom relatif چه peut être remplacé par ses dérivés et synonymes چگونه *čiγûnè*, lequel, laquelle, (de چه *či*, quel, et گونه *γûnè*, manière, façon), et چون *čûn*, lequel, laquelle, (de چه *či* et آن *ân* pronom démonstratif). Exemples:

چگونه آدمی است *čiγûnè âdemy ist*, quel (comment) est-il cet homme? ما همه دوستنیم تو بیما چونی *mâ hemè dûstîm tu bîmâ čûny*, nous nous aimons tous, toi, loin de nous, aimes-tu aussi? (littéralement: toi, sans nous, quel es-tu?).

270. Les expressions suivantes sont d'un usage général en conversation:

بمن چه *bè men či*, qu'est-ce que cela me fait? بتو چه *betû či*, qu'est-ce que cela te fait à toi? et ainsi de suite, avec les trois personnes du pronom personnel; كفت كه چه‎ *γojt ki či*. qu'avait-il à dire là-dessus? (littéralement, il dit que quoi?); چه يعنی *ye'any či*, est-ce possible? (littéralement, c'est-à-dire quoi?).

§ 6. DES PRONOMS RELATIFS.

271. Il y a en persan deux pronoms relatifs: كه *ki*, qui, quel, quelle, et چه *či*, même sens. Bien que le premier soit spécialement affecté à l'usage des substantifs animés et le deuxième à celui des inanimés, il arrive quelquefois qu'ils s'emploient l'un pour l'autre, comme on le verra dans la suite. Ils ne prennent pas les finales du pluriel [1]).

---

[1]) Les pluriels كيان *kiyân*, كيها *kihá* et چهها *čihá* appartiennent plutôt au pronom interrogatif et sont des exceptions trop rares pour en faire ici une mention spéciale.

بنگر که چها ميکشد از عالم غدّار

benîyer ki čihá mikiešed ez 'álemi qeddár

Vois les peines que le monde pervers lui fait endurer.

بيان نما کيان اند اين حُسينن و حسن

beyán nümá kiyán end yn Xüсein ü Xaçan

Explique-moi qui sont ces Xüссein et ces Xaçan?

Ğâmy dit:

که مرا در غم تو چها افتدست

ki merá der γemi tú čihá üftádè st (pour *üftáde est*)

Car j'ai trouvé maintes peines dans ton amour.

انگشت تحيير بر دندان گرفت و در فکر و خيال بود
که ايشان از کجا بدين مکان آمدند و کيانند

engüšti tehҳеyйиr ber dendán γirift й der fikr ü ḫyál büd ki išán ez küjá bedín mekán ámedend ü kiánend.

Il mit le doigt de la stupeur sur ses dents et demeura dans la réflexion et l'imagination pour deviner d'où ils venaient et qui ils étaient.

272. Les Persans n'aiment pas à décliner leur pronom relatif, aussi ont-ils recours à différents expédients pour l'isoler et le dégager des particules des cas obliques nécessités par la syntaxe dans une phrase relative.

273. Il est indispensable de bien connaître ces différents moyens d'accorder les pronoms relatifs. Commençons par le pronom relatif که *ki*, à cause de son importance.

Il peut, à lui seul, représenter tous les cas obliques sans être accompagné des particules qui servent à les former. Ex.:

Nominatif: میبدهد که شیر گاوی *gávy ki* (pour او که *ki ú*) *šir míded*, une vache qui donne du lait; دارد سر دو که مارِیست حیله *xilè márist ki* (pour *ki ú*) *dú ser dáred*, L'astuce est une vipère qui a deux têtes.

Datif: شدی داخل که خانه‌ای *hánèï ki* (pour باو که *ki bè ú*) *dáhil šudy*, une maison où (dans laquelle) tu es entré.

Accusatif: دیدیم که شخصی *šelčy ki* (pour اورا که *ki úrá*) *dídím*, une personne que nous avons vue

چــراغــی را کــه ایــزد بــرافــروزد
هوآنکس پُف کند ریشش بسوزد

čiráyy rá ki (pour *ki úrá*) *ízid berefrúzed — heránkies púf kuned ríšeš besúzed*

Celui qui souffle (littér., fait *púf*) sur un flambeau allumé par Dieu, ne manquera point de se brûler la barbe (littér. sa barbe brûlera).

Locatif: نشینی می که جای *ǧáy ki* (pour دراو که *ki derú*) *my nišíny*, l'endroit où (dans lequel) tu es assis; میبارد که روزهای *rúzháy ki* (pour آنها در که *ki der ánhá*) *míbáred*, les jours où (dans lesquels) il pleut.

Instrumental : كه با او gūlūlèï ki (pour گُلُولهٔ که نشانه زدی ki bâ û) nišânè zedy, la balle avec laquelle tu as atteint la cible, etc.

274. Mais cette construction n'est ni aussi élégante, ni aussi souvent en usage que celle qui consiste à placer en premier lieu le sujet, puis le pronom relatif كه et ensuite le régime, en renvoyant à la fin de ce dernier le pronom possessif et la finale du cas oblique qui, dans une construction directe, devraient suivre le sujet et son pronom relatif. Par ce moyen, كه établit le rapport de relation entre deux ou plusieurs membres d'une sentence, sans être obligé de s'adjoindre les particules qui forment les cas obliques. Dans la prose ou la poésie, la conversation ou la rédaction, le style élevé ou familier, partout, rien de plus fréquent que la rencontre des expressions suivantes :

SINGULIER.

Nominatif: آدمیکه راه می رود âdemiki (كه pour كه كه ki ûi) râh my reved, l'homme qui marche (littéralement, *homo qui iter persequitur*).

Génitif: طبیبی که حبّش بیمارم كرد tebiby ki χebbeš (كه حبّش ki χebbeš pour او كه حبّ ki χebbi û) bimârem kerd, le médecin dont la pilule me rendit malade (littéralement, en mauvais latin, *medicus qui pilula ejus œgrum me reddidit*).

Datif: پسریکه بپدرش گفتم peeriki bepedereš (كه بپدرش ki bepedereš pour او كه بپدر ki bepederi û) χofteṁ, le fils au père duquel j'ai dit (littéralement, *filius qui patri ejus dixi*)

Accusatif: زنیکه دیروزشرا دیدیم zeniki dirûzešrâ (كه دیروزشرا ki dirûzešrâ pour او كه دیروز ki ûrâ dirûz) dîdim, la femme que nous avons vue hier (littéralement, *femina quæ heri eam vidimus*).

Ablatif: كه از آبش(‎ čáhy ki ez ábeš ki ez ábeš pour كه از آب او‎ ki ez ábi ú) hemè mîhúrîm, le puits dont nous buvons tous l'eau (littéralement, *puteus qui ex aquá ejus omnes haurimus (manducamus)*.

PLURIEL.

Nominatif: سربازانیکه مشق میکنند‎ serbázániki (كـه‎ pour كه‎ ایشان‎ ki yšán) mešq míkünend, les soldats (infanterie régulière) qui font l'exercice (littéralement, *legionarii qui in armis exercentur*).

Génitif: ستارهای که پرتوبیشان روشن است‎ sitáreháy ki pertóuišán róušenest, les étoiles dont le rayon est lumineux (littéralement, *sidera quæ radius eorum lucens est*).

Datif: کارگذرانیکه بنجربه ایشان دوام دولت محول میباشد‎ káryüzeráníki beteğrübèi yšán devámi dóulet müxevvel míbášed, les hommes d'état à l'expérience desquels la durée de l'empire est confiée (littéralement, *viri rerum publicarum periti qui experientiæ eorum stabilitas imperii commendatur*).

Accusatif: مارهایکه دیروز در بیابانیشانرا کشته بودیم‎ márháíki dirúz der biyábánišánrá (كه در بیابانیشانرا‎ ki der biyábánišánrá pour كه ایشانرا در بیابان‎ ki yšánrá der biyábán) küštè búdîm, les serpents que nous avons tués hier dans le désert (littéralement, *serpentes qui heri eos in deserto interfecimus*); اسبابیکه داشت همه را فروخت‎ esbábíki dášt hemerá fürúht, il vendit tous les effets qu'il avait (litter. *res quas habuit omnes vendidit*).

Ablatif: ایلیاتی که از ایلخی ایشان اسبهای نجیب بهم میرسند‎ yliyáty ki ez ylhiyi yšán esphay neğíb behem mírecend, les tribus nomades dans le haras desquelles on trouve des chevaux nobles (littéralement, *Scytæ qui in (ex) armento eorum equi nobiles reperiuntur*).

275. Le ی‎ y que nous voyons dans tous ces exem-

ples avant كه *ki* est une espèce d'izafet qui unit le pronom relatif à son précédent. On peut l'écrire conjointement avec كه ou séparément, ou bien le supprimer, à volonté. Nous l'appellerons l'*y pronominal*.

276. Les expressions آدميكه اورا ديدم *âdemîki ûrâ dîdem*, l'homme que j'ai vu, شخصيكه باو تعلّق دارد *šelisîki beû teʿallüq dâred*, l'individu auquel appartient, غاريكه از او چشمهٔ جارى ميشود *ǵârîki ez û češmèï ǵâry mîševed*, la caverne d'où une source découle, — quoique plus régulières sont considérées comme autant de pléonasmes.

277. Le ى pronominal se supprime toutes les fois que les pronoms démonstratifs اين *yn*, آن *ân*, mis au singulier, précèdent immédiatement كه. C'est alors aussi que ce dernier prend le ا final des cas obliques. Ex.: اين كرا دلش ميخواست باخود كرفت *yn kirâ dileš mîḣâst bâ ḣûd ǵirift*, il a pris ce (litt. celui que son cœur a voulu) qui lui plaisait le mieux; آن كرا بخت يارى نميكند *ân kirâ beḣt ýâry nemîküned*, celui auquel le bonheur ne fait pas (ne prête aucun) secours, etc.

Cependant, les pluriels de ces mêmes pronoms démonstratifs آنان *ânân*, آنها *ânhâ*, اينها *ynhâ*, placés avant كه, sont susceptibles d'un *y* pronominal. Exemples:

Les expressions اينهايكه *ânhâiki* ou آنانيكه *ânânki* ou اينهايكه *ynhâiki*, ceux qui, celles qui, sont tout aussi correctes que آنهاكه *ânhâki*, آنانكه *ânânki* et اينهاكه *ynhâki*, etc.

278. Il y a encore un moyen de décliner كه, c'est-à-dire, en mettant les particules des cas obliques à la suite d'un nom qui précède ce pronom relatif. Exemples:

كشتى را ده نوح خداست چه بك از طوفن *keštîrâ ki* (pour كشتى كه اورا) *kešty ki ûrâ) nûḣ ḣudâst či bâk ez tufân*, pourquoi craindrait-il le déluge, un vaisseau dont Noé est le capitaine?

جمهوررا کـه خـراب کردند ‍‍‍‍‍‍‍‍ǰemhúrrá ki ḫeráb kerdend (pour جمهوریکه اورا خراب کردند ǰemhúríki úrá ḫeráb kerdend), la république qu'ils ont ruinée, etc.

279. Toutes les fois que هر *her* précède immédiatement le pronom relatif که, le *y* pronominal ne peut pas avoir lieu. Ex.:

بهر که رسیدی بگو *beher ki recídy beγú*, dis à chacun que tu auras rencontré, از هرکه میشنوی باور مکن *ez herki míšinevy báver mekün*, si tu l'entends de quelqu'un n'y ajoute pas foi, etc.

Toutes ces constructions relèvent plutôt du pronom composé هرکه *herki*, quiconque, que du pronom relatif که *ki* [1]).

---

[1]) کو *kú* pour که او *ki ú*, et کش *kieš* pour که اورا *ki úrá*, sont des formes abrégées, et ne s'emploient guère qu'en style vieux et en poésie. Se'ady dit: ابلهی کو روز روشن شمع کافور نهد زود بینی کش بشب روغن نیاشد در چراغ *eblehy kú rúzi róušen šem'aï káfúr nehed zúd biny kieš bešeb róuγen nebáŝed der čiráγ*, Le sot qui, en plein jour, se fait éclairer par (litt. place) de la bougie, tu le verras bientôt manquer d'huile pour sa lampe de nuit. — Je ne traduis pas شمع کافوری bougie parfumée, parce qu'en persan moderne شمع کافور chandelle de camphre, se dit indifféremment de toute espèce de chandelle blanche, soit de cire, soit de stéarine, par opposition à پیه *píγ* graisse, suif, et à روغن *róuγen*, graisse (litt. beurre fondu) que les pauvres brûlent dans leurs lampes (*čiráγ*). Ce n'est pas le parfum, mais la blancheur du camphre que les Persans aiment à voir dans une bougie. L'odeur du camphre leur est d'autant plus désagréable, qu'elle rappelle un usage commun à tous les peuples islamiques, qui font mettre des morceaux de camphre sous l'aisselle de leurs cadavres. (Voyez à ce sujet une note de M. Quatremère, dans son *Histoire des Mongols*, t. I p. 396 et 397).

Le pronom conjonctif چـه *či* ne s'emploie guère que précédé de هر *her*, chacun, آن *ân*, celui-là, et d'autres compléments qui en déterminent la signification et l'emploi. Ex.:

هرچه گرفتی مال توست *herči yirifty mâli tûst*, tout ce que tu auras pris, t'appartient de droit; آنچه هرگز در فکرش نبودم *ânči heryiz der fikreš nebûdem*, chose à laquelle je n'ai jamais pensé; هرچه سزاوار شأن مان بود *herči sezâvâri š'eni mân bûd*, tout ce qui fut bienséant à notre rang et état; آنچه از خوردنش بسیار خوشم می آید *ânči ez hardeneš beçidr hošem my âyed*, tout ce dont je me plais beaucoup à manger; فرمود که هرچه از اناث و ذکور آن ولایت بدست آید قتل عامّ سازند *fermûd ki herči ez ünâs u zükâri ân vilâyet be dest âyed qetli 'âmm sâzend*, Il ordonna de tuer sans merci tout ce qui tomberait sous la main en fait d'habitants des deux sexes dans ce pays.

280. L'analyse de ces exemples fait voir qu'excepté le ی *y* pronominal, qui ne s'adjoint jamais à چه *či*, la présence des deux pronoms relatifs en question donne lieu à des constructions semblables les unes aux autres. Cependant ils faut remarquer que l'emploi de چه *či* est bien moins en usage que celui de که *ki*.

§ 7. PRONOMS INDÉFINIS.

281. La langue persane n'ayant pas de mots ni de terminaisons spécialement affectés à la formation des pronoms indéfinis, on supplée à ce défaut, soit au moyen de l'article d'unité, soit par d'autres suppléants persans ou arabes. Ex.:

Aucun, personne, se rendent par کس *hič kes* ou احدی *ezedy* (litt., un un). Qui que ce soit, هر که باشد *her ki bâšed*.

Quelqu'un, آدم *ádem*, homme, یکی *yeki* (litt., un un), کس *kes*, individu, شخص *šeḫs*, personnage, avec ou sans l'article d'unité.

Tel, un tel, فلان *fúlán*.

Autre, دیگر *díγer*, غیر *γeïr*; [le bien d'autrui, مال غیر *máli γeïr*.]

L'un l'autre, یکدیگر *yekdíγer*.

Tous, tout, totalité, universalité, هَمهٔ¹ *hemè*, جمله *ǧumlè*, یکسر *yekser*, کلّ *küll*, تمام *temám*, عمّ *ʿámm*, tout.

Chaque, chacun, (au sing. et au plur.) هر *her*, هر یک *her yek*, هرکدام *her küdám*.

Tout le monde, هر کس *her kes*, هَمه کس *hemè kes*, هَمهٔ ایشان *hemèï yšán*, هَمگی *hemeγy*, جمله *ǧumlè*, جملهٔ ایشان *ǧumleï yšán*.

Quiconque, quelconque, هر کسیکه *her kecíki*, هَمه کسیکه *hemè kecíki*, هر آنکه *her ánki*.

Plusieurs, بسیاری *becyáry*, گروهی *γerúhy*.

La plupart d'eux, d'elles, اکثریشان *ekseryšán*.

Quelque (peu de) chose چیزی *čízy*, ذرّة *zerrèï*, atôme, یک پره کاهی *yek perè káhy*, fort peu, (litt., un brin de paille).

Ledit, susdit, précité, مزبور *mezbúr*, مذکور *mezkúr*, مشار الیه *mušár yleïh*, مومی الیه *múma yleïh*.

---

1) هَمه ne change pas au pluriel. Quelquefois il met au génitif le mot qui lui sert de complément, mais le plus souvent il ne prend pas d'izafet. Je conseillerais de retenir les locutions suivantes : مردم هَمه میگویند *merdüm hemè míγúyend*, tout le monde dit; اسپهایش هَمه تکه اند *esphāyeš hemè tekè end*, tous ces chevaux sont de la race Téké; هَمه دروغ وبهتان است *hemè dürúγ u bühtán est*, tout est mensonge et calomnie; از اوّل شام تا صبح هَمه شب بیدار بودیم *ez evveli šám tá sübχ hemè šeb bidár búdím*, depuis le commencement du soir jusqu'au matin, toute la nuit, nous veillions.

282. Le mot هيچ *hîč*, nul, rien, néant, dans les phrases interrogatives, se rend en français par: est-ce que? Ex:

هيچ تار ميزنى *hîč târ mîzeny*, jouez-vous de la (litt. quelque) guitare? هيچ ميشود اورا ببينيم *hîč mîševed ûrâ bebînîm*, y aurait-il quelque possibilité de le voir? هيچ دزدى ميكنى *hîč düzdy mîkûny*, t'arrive-t-il quelque (fois) de faire un vol?

283. Il faut distinguer يكى ديگر *yeky dîγer*, un autre individu, quelqu'un d'autre, de يكديگر *yekdîγer*, l'un l'autre.

a. يكى ديگر *yeky dîγer* est un pronom relatif qui désigne la différence ou la distinction. Exemple:

ين كه رفت يكى ديگر آمد *yn ki reft yeky dîγer âmed*, celui-ci étant parti, un autre arriva.

Ici le numératif يك *yek*, suivi de l'article d'unité ى *y*, s'emploie substantivement, et on peut le remplacer par d'autres substantifs, comme:

رنگى ديگر *renγy dîγer*, une autre couleur, چيزى ديگر *čîzy dîγer*, une autre chose, etc.

b. يكديگر *yekdîγer*, marque toujours et seulement la réciprocité. Les deux mots يك *yek*, un, et ديگر *dîγer*, autre, qui composent ces pronoms, ne s'écrivent jamais séparément, car ils ne forment qu'un seul composé. Il se décline régulièrement, mais ne prend jamais les finales du pluriel. Exemples:

يكديگررا دوست ميداريم *yekdîγerrâ dûst mîdârîm*, nous nous aimons l'un l'autre; كشان كشان ريش يكديگررا ميكندند *kešâ-kešân rîši yekdîγerrâ mîkendend*, en se tiraillant, ils s'arrachaient mutuellement la barbe; بيكديگر رسيدند *beyekdîγer resîdend*, ils arrivèrent l'un à l'autre.

QUATRIÈME PARTIE

CHAPITRE I

DES PARTICULES.

284. Le plus grand nombre de ce que nous appelons *les particules* et que les grammairiens persans nomment حرف *xerf*, *mot*, ne sont, comme on le verra tout à l'heure, qu'autant de substantifs ou d'adjectifs pouvant se décliner et prendre l'article d'unité.

§ 1. ADVERBES.

285. M. Vüllers a judicieusement remarqué que les adverbes persans sont, pour la plupart, des cas obliques des substantifs ou bien des adjectifs pris adverbialement.

Il aurait dû ajouter qu'il faut y compter aussi des thèmes de verbes et des phrases entières qui font fonction d'adverbe.

a. Adverbes de temps.

امروز *imrûz*, aujourd'hui, امشب *imšeb*, ce soir, cette nuit, دی *dey* pour دیروز *dîrûz*, hier, فردا *ferdâ*, demain, پس فردا *pes ferdâ*, après-demain, پسین فردا *pesîn ferdâ*, quatrième jour, شبانه روز

šebánè rûz, espace de vingt-quatre heures, یکهفتا دیگر yekhefteï diyer, dans une semaine, d'aujourd'hui en huit, سفیدۀ صبح sefídeï sùbẓ, à l'aube du jour, بامداد bámdâd ou صبح sùbẓ, le matin, ظهر zùhr, à midi, عصری 'esry ou سر شب seri šeb, le soir, à la brune, نصف شب nisfi šeb, à minuit, امسال imsâl, cette année, پارسال pârsâl, l'année dernière, پیوارسال pirârsâl, l'avant-dernière année [1]), سالهای سال sâlhây sâl, depuis plusieurs années, روزی rûzy, journellement, par jour, شبی šeby, par nuit, هفتۀ hefteï, par semaine, سالی sâly, par an, قرنی qerny, il y a un siècle, c.-à-d., quarante ans (قرن qern, en persan, signifie seulement quarante ans, litt., *une corne*, ou une génération, ar.), هر روز her rûz ou روز همۀ hemè rûz, tous les jours, زود zûd, vite, de bonne heure, زود زود zûd zûd, très-vite, promptement, طرفت العین turfet-ül-'eyn, dans un clin d'œil, آهسته áhestè ou آرام árám, lentement, doucement, دیر dir ou دیروقت dirveqt, très-tard, خلا ẍlá ou آلان elán, à présent, بعد be̞ad ou پس از این pes ez yn, après, هرگز hergiz, jamais, همیشه hemišè ou پیوسته peyvestè, toujours, گاهی gáhy ou آنگا anga áñcá v áncá ou احیاناً ex̌yânen, quelquefois, de temps à autre, زودتر و بهتر zûdter v behter, plus c'est vite et mieux c'est, کی key ou چه وقت čé veqt, quand? تا بکی tá bekey, jusqu'à quand? بآخر beáẍir = آخر áẍir, finalement. Ex.:

بآخر جان شیرین زو جدا شد
ندانم تا چرا آمد چرا شد

beáẍir ýâni širin zû ýudâ šud — nedânem tá čirá ámed čirá šud

Enfin, l'âme douce se sépara de lui! J'ignore pourquoi y était-elle venue et pourquoi elle s'en est allée. — Le verbe شدن *šuden*, devenir, signifie dans le patois *guilek*, aller, partir, et il a le même sens dans le substantif

---

1) En sanscrit, *parári* signifie: dans l'antépénultième année.

آمدوشد *ámed u šüd*, le commerce, litt. il arriva et il partit, communications de négoce.

b. Adverbes de lieu.

نزد *nezd* ou نزديك *nezdík*, près, دور *dúr* ou دوردست *dúrdest* ou خيلى راه *heyli ráh* ou بعيد *be'aíd*, loin, پيش *píš* ou پيشِ رو *píši rú*, avant, رو برو *rú berú* ou برابر *beráber*, vis-à-vis, پس *pes* ou پشت *püšt* ou عقب *'eqeb*, derrière, راست *rást* ou دستِ راست *desti rást*, à droite (droit), چپ *čep* ou دستِ چپ *desti čep*, à gauche (gauche), اينجا *ynǵá*, ici, همينجا *hemánǵá*, ici, à l'endroit même, آنجايكه *ánǵáyki* ou همانجا كه *hemánǵá ki*, là où, اينطرف *ynteref*, de ce côté-ci, آنطرف *ánteref*, de ce côté-là, هر كجا *her küǵá* ou هرجايكه *herǵáyki*, partout où, همه جا *hemè ǵá*, partout, كو *kú*, ou كجا *küǵá*, où? كدام طرف *küdám teref* ou كدام سمت *küdám semt*, de quel côté? تا كجا *tá küǵá*, jusqu'où? اينك *ynek* (pour اين يك *yn yek*, en voici un) ou همينست *hemínest*, le voici, اين منم *yn menem*, me voici, آنست *ánest*, همانست *hemánest*, le voilà, ديگر *ǵáy díǵer* ou جاى غير *ǵáy ɣeïr*, ailleurs, تو *tú* ou توبش *túyeš* ou درون *derún* (pour در آن *der án*) ou اندرون *enderún*, dedans, dans [1], بيرون *birún*, dehors, بالا *bálá* ou سرِ بالا *seri bálá* ou دستِ بالا *desti bálá* ou زبر *zeber*, sur, dessus, پايين *páyn* ou سرِ پايين *seri páyn* ou زير *zír* ou زيرِ دست *zír dest*, sous, en dessous, پهلو *pehlú*, à côté, كنار *kenár*,

---

1) محبت ابلهان چو ديك تهى ست
كه درون خالى و بيرون سهى ست

soχbeti eblehán ču díki tühyst — ki derún χály u birún sühyst. La conversation des sots est comme une casserole vidée, dont l'intérieur est creux et l'extérieur noir, (سهى *sühy* pour la rime, licence poétique, au lieu de سيه *siyeh*, ou سياه *syáh*, noir).

de côté, ôtez-vous en, برهم berhem, confusément, ou زبر و زبر zêr u zeber, sens dessus dessous, ورا verá, en deçà, etc.

c. Adverbes de quantité 1).

چقدر چند čend (pour چه اند či end, quelle quantité?) ou či qeder, combien? چندان čendán, autant, نه چندان ne čendán, pas autant, pas grand'chose, بسیار becyár ou خیلی ḣeyli ou بغایت beẙáyet ou نهایت neḣáyet ou فراوان feráván ou وافر váfir, beaucoup, trop, الی نهایت ila neḣáyet ou بحد و حساب byzedd u ẋiṡáb, (litt., sans limite ni compte), excessivement, beaucoup, كم kem ou اندك endek (diminutif de اند end, petite quantité) ou كمی kemy ou قلیلی qelály, un peu, یك سر مو yek seri mû, (litt., un bout de cheveu), یك سر ناخون yek seri náḣûn, (litt., un bout d'ongle), ou خیلی كم ḣeyli kem, fort peu, une idée, كم كم kem kem, peu à peu, بس bes ou بچا beçá (vocatif) ou باشد bášed (aoriste de بودن búden), assez, il suffit. مالامال málámál, tout plein, فوج فوج fóuẏ fóuẏ, en foule, tumultueusement, یكجا yekyá ou تماما temámen ou هم hem ou یكسر yekser ou كلّا kullen, tous, d'accord, etc.

d. Adverbes de qualité.

خوب ḣûb ou پاكیزه pákize (vulg.) bien, bon, بسیار خوب becyár ḣûb ou خیلی خوب ḣeyli ḣûb, très-bien, به به beh beh, c'est parfait, ah! que c'est bon! بینتر án behter, tant mieux, بد bed, mal, خیلی بد ḣeyli bed ou بسیار بد becyár bed, très-mal, آن بدتر án bedter, tant pis, میانه miyáne ou طوری tóury ou همچنین hemčenin, médio-

---

1) Le pluriel équivaut parfois à un adverbe de quantité. Ex:

نذرها می کرد و عهدها مینمود
nezrhá my kerd u ahdhá minúmúd

Plusieurs fois il fit des vœux et prit maints engagements. بارها گفتم bárhá ẏoftem, Je l'ai dit maintes fois.

crement, comme ça, سخت seht́, fort, très, ملایم müláym, doucement, tout beau, بچشم bečeśm, (litt., par l'œil), ou از دل و جان ez dil u ǧán, (litt., de cœur et d'âme) ou از خدا میخواهم ez ẖüdá miḧáhem, (litt., je le demande à Dieu) ou منّت میکشم minnet míkešem, (litt., je traînerai l'obligation), ces quatre expressions signifient: volontiers, je ne demande pas mieux; زورکی záreky ou قهرًا عنفًا qehren 'ünfen, par dépit, forcément, ناگاه nágáh ou غفلتًا γefleten, inopinément, دیوانه‌وار qesden ou عمدًا 'emden, exprès, de propos délibéré, díváneváṙ, étourdiment, سر زمین seri zemín ou روی زمین rúy zemín, par terre, سر پا seri pá ou پیاده piyádè, à pied, سر اسپ seri esp ou سواره seváṙè, à cheval, دزدکی düzdeγy ou سر بسته ser bestè ou مخفی meḧfy ou سرًّا sirren, secrètement, clandestinement, آشکارا áškárá (ou bien آشکار áškár) ou فاش fáš, ouvertement, مفت müft, gratuitement, گران γirán, chèrement, lourdement, دشوار dišvár ou سخت seht ou مشکل müškil, difficilement, آسان ápán ou با کمال راحت bá kemáli ráẖet ou صفا ou در عین صفا der 'eyni sefá, facilement, bien aisément, à merveille, (litt., dans la source du plaisir), etc.

e. Adverbes de comparaison.

نه کم و نه زیاد bíšter ou زیادتر ziyádter, plus, davantage, نه کم و نه زیاد nè kem u nè ziyád, ni plus ni moins, کمتر kemter ou پستتر pestter, moins, plus bas, هم hem, aussi, également, همین hemín ou همان hemán ou محض meḧz, seulement, pas plus, چو ču ou چون čün ou چنان čenán ou همچنان hemčünán ou مثل misl, comme, ainsi, pareillement, و حال آنکه ve ẖál ánki, d'autant plus que, à plus forte raison que, etc.

f. Adverbes d'interrogation.

چرا čirá ou برای چه beráy či ou واسه چه váčei či (vulg.) pourquoi? چه طور či tôur ou از چه راه ez či ráh ou چگونه čiγünè, par quel moyen, comment? کی key ou چه وقت či veqt, quand? یعنی چه ye'ani či, (litt., 'c'est-à-dire quoi?') ou تو نگوی tu neγúy, (litt., ne le dis-tu pas?) serait-ce possible? ou نو مبیری *tu bemíry*, (litt., puisses-tu mourir bien!) ou راستی *rásty*, vraiment? ou جدی *jeddy*, sérieusement? مگر *meyer*, est-ce que 1)? peut-être, sinon, etc.

g. Adverbes d'affirmation et de négation.

آری *áry* ou بلی *bely*, oui, بیشبهه *bêšübhè* ou بلا شك *bílâ šekk* ou البته *elbettè* ou یقین *yeqin* ou ای بلی *ey bely* ou بلی بلی *bely bely*, mais sans doute, certainement, indubitablement, وراءی این *verdy ya*, bien autrement, d'ailleurs, خیر *ḥeyr*, non pas, ou نه خیر *nè ḥeyr* ou نه *nè*, non.

286. Pour rendre: *ma foi, foi d'honnête homme*, on se sert des expressions suivantes:

من که دروغ عرض نمیکنم *men ki düriȳ 'erz nemíkünem*, quant à moi, je n'ai jamais l'honneur de dire des mensonges, ou bien, ce qui signifie la même chose, قصّه گو نیستم *qissè yú nístem*, je ne suis pas un diseur de contes, ou من که جفنك نمی گویم *men ki ǰefeny nemy yúyem*, je ne dis pas de balivernes, ou حرف مفت نمیزنم *ẋerfi müft nemízenem*, je ne dis point (litt. je ne frappe pas) des paroles vaines (gratuites), ou عبث عبث حرف نمی زنم *'ebes 'ebes ẋerf nemy zenem*, je ne parle pas en vain.

Mais le plus souvent, pour affirmer, on jure sur un objet qui est précieux, soit pour soi-même, soit pour celui à qui l'on s'adresse. Exemples:

بسر مبارکت پدرم باروح *beveri mübáreket*, par ta tête sacrée!

---

1) On verra plus bas que مگر *meyer* est aussi un adverbe de doute. C'est le seul exemple que je connaisse où la négation مه *mè*, non, s'emploie ailleurs qu'à la 2e pers. sing. des impératifs prohibitifs et dans les optatifs, comme مباد *mebád*, qu'il ne soit pas, etc. La négation française, *sinon*, reproduit fidèlement مگر (مه *mè*, non, گر *yer*, si).

بقَبرِ پدرم *bè erváẓi pederem*, par les mânes de mon père! بقبرِ پیغمبرِ مان *beqebri peyγemberi mán*, par la tombe de notre prophète! بشهادتِ امام حسین *bešehádeti imám χüceyn*, par le martyre d'Imam Husseyn! بحقِّ علی *beχeqqi 'ely*, par le mérite d'Ali! (par les droits qu'il avait de succéder au prophète), بریشِ شما *beríši šümá*, par votre barbe! بمرگِ اولادم *bè merγi óuládem*, par la mort de mes enfants! etc.

287. L'étiquette persane défend l'usage des adverbes de négation isolés, surtout lorsqu'on s'adresse à une personne qui a quelques droits à votre affection ou à vos égards. Ainsi, au lieu de dire tout simplement خیر ou نه, il est plus poli de répondre, au moyen d'un euphémisme:

خیر آقا *ḥeïr áqá*¹), non, maître, ou خیر که انشاء الله *inšá alláh ki ḥeïr*, Dieu veuille que non, ou اختیار دارید *iḥtiyár dárid*, vous avez le libre arbitre; c'est-à-dire: dites et faites ce que bon vous semble, mais il en est autrement, etc.

Ou bien en intercalant la conjonction explétive که, et, en même temps, quelque autre mot qui modifie la négation. Ex.:

حالا که خیر *χálá ki ḥeïr*, pas pour le moment, بهین زودی که خیر *beyn zúdy ki ḥeïr*, pas aussi promptement, ou هنوز که خیر *henúz ki ḥeïr*, jusqu'à présent non, pas encore, pas si tôt, etc.

Quelques savants persans m'ont assuré que si l'on se sert de préférence du mot خیر au lieu de نه, c'est parce que خیر veut dire en arabe: bon, et, par conséquent, modifie ce qu'il y a de désagréable dans une négation absolue; c'est pour la même raison qu'on dit زیاد *zyadè*, plus, pour, سیزده *sînzdeh*, treize.

288. L'adverbe هرگز *herγiz*, jamais, employé négati-

---

¹) آقا *áqá*, maître, ne pas confondre avec آغا *áγá*, eunuque.

vement, se paraphrase souvent au moyen des expressions koraniques نَعُوذ بِاللّٰه *neʿûzü billah*, Dieu nous en préserve! اِسْتَغْفِرُ اللّٰه *esteǵfir üllah*, Dieu me pardonne! etc.

289. Dans une réponse négative où il s'agit d'établir la différence entre deux choses qui ne souffrent pas de comparaison, هرگز *herγiz*, jamais, se remplace par بگردش نمیرسد *beγerdeš nemîreced*, il n'arrive pas à sa poussière [1]), ou bien par سگی که است *seγγ ki est* (littéralement, à qui est ce chien?), jamais au grand jamais, quelle comparaison! Exemples:

مگر هنرش از هنرم بیشتر است *meγer hünereš ez hünerem bîšter est*, نه خیر آقا بگردت نمیرسد *ne ḫeir āqā beγerdet nemîreced*, est-ce que son mérite est supérieur au mien? — Jamais, maître, quelle idée! آیا تفنگک زدنش از من بهتر است *âyâ tüfenγ zedeneš ez*

---

1) Métaphore empruntée aux courses de chevaux: un cheval de race court si vite, que les chevaux ordinaires qui le suivent, ne sont pas même capables d'arriver au tourbillon de poussière (*γerd*) qu'il laisse s'élever après lui. — Si l'on ignore cette métaphore, on ne saurait comprendre le sens exagéré du dystique suivant:

که ما خود بگرد دامن مردی نرسیم
شاید که گرد دامن مردی بما رسد

ki mâ ḫûd beγerdi dâmeni merdy neresîm — šâied ki γerdi dâmeni merdy bemâ reced

Puisque le fait est que nous-mêmes n'arrivons pas à la poussière qui couvre le manteau de la vertu des braves (du pan de la vertu virile), il peut se faire que la poussière du pan de la vertu arrive jusqu'à nous, c'est-à-dire, ne pouvant briller par notre propre mérite, nous brillons parfois par réfraction du mérite d'autrui.

men behter est, Peut-il tirer le fusil mieux que moi? کجا بود سگی کہ است *kuǧá búd*, (littéralement, où était-il?), *seyy ki est*, Quelle idée! entre vous et ce chien il n'y a pas de comparaison à établir.

Ces expressions sont fort en usage dans le langage de la conversation.

h. Adverbes de doute.

مگر *meyer* ou آیا *áyá*, sinon, ou bien, بلکه *belkè* ou شاید *šáyed*, peut-être, ou گاہ است *yáh est*, (litt., il y a lieu), ou چہ میشود *či míševed* (littéralement, eh! que serait-il?), ou گویا *yuyá* ou مظنّہ *mezennè*, probablement, c'est possible; مشکل میدانم *múškil mídánem*, c'est douteux, (littéralement, je le sais difficile).

§ 2. PRÉPOSITIONS.

290. Les Persans n'ont, dans leur langue, que neuf prépositions proprement dites, c'est-à-dire, qui sont indéclinables, à savoir: هم *hem*, avec, ensemble, بی *by*, sans, با *bá*, avec, تا *tá*, jusqu'à, avant que, جز *ǧüz*, en outre, excepté, بہ ou ب *bè*, à, au, en, par, از *ez* (latin *ex*), de, du, par, de par, در *der* ou اندر *ender*, dans, en dedans, et بر *ber*, sur [1]).

---

[1]) در *der* et بر *ber* ont plus d'un emploi: 1º comme substantifs, در *der* signifie: porte, et بر *ber*, partie protubérante d'un objet quelconque, poitrine, fruit (pour بار *bár*); on dit از بر خواندن *ez ber hánden*, réciter (de poitrine) par cœur, از بر رفتن *ez ber reften*, s'arracher des bras de quelqu'un, در بدر شدن *der beder šüden*, aller d'une porte à l'autre, être sans pain ni asile, au point d'aller en chercher à la porte (*der*) d'autrui, etc. 2º comme prépositions, در et بر sont indéclinables et précèdent, soit un verbe, en lui donnant une signification qui diffère essentiellement de la primitive, soit un nom. On dit در آوردن *der ávürden*, exhiber, pro-

Toutes les autres prépositions persanes sont autant de noms ou de thèmes de verbes. Elles se construisent avec un nom, d'après les règles indiquées pour l'accord du génitif. Ex.:

بخش *behš* (thème aoriste de بخشیدن) ou بهر *bahr*, (littéralement, lot) ou برای *beráy* (composé de ب *bè* et de رای *ráy*, raison), ou واسه

---

duire, بر آورد کردن *ber ăvürd kerden*, inférer, tirer conséquence, supputer, برداشتن *berdášten* ou ورداشتن *verdášten*, soulever, enlever, ôter, در یافت نمودن *der yáft nümüden*, faire une découverte, saisir avec intelligence, comprendre, پایم بسنگ برخورد *páyem beceny berhărd*, mon pied heurta contre une pierre, امروز سر کوچه باو برخوردم *emrüz seri küčè beü berhărdem*, aujourd'hui je le rencontrai dans une rue. Chez les poètes, surtout chez Ferdôucy, les prépositions بر *ber* et در *der* اندر *ender* sont souvent explétives. Cette dernière, اندر *ender*, s'emploie quelquefois avec le verbe normal dans le sens de اندرون *enderün*, l'intérieur, le dedans. Ex.:

رفتی و همچنان خیال من اندری
refty u hemčünán belicyáli men endery

Te voilà parti, et cependant tu es, pour ainsi dire, au dedans de mon imagination.

Lorsque la préposition اندر *ender* suit le nom qu'elle régit, on préfixe ب *bè* au dit nom. Ex.:

اگر بد کنی کیفرش خود بری نه چشم زمانه بخواب اندر است

eger bed küny kicifereš hüd bery ne češmi zemáne behüáb ender est

Si tu fais mal, tu en souffriras toi-même la conséquence (*kicifer*, récompense). Non, les yeux du siècle (la justice) ne sommeillent jamais!

vácè (vulgairement), pour, بالا *bálá*, dessus, زیر *zír*, |dessous, پیش *píš*, avant, پس *pes*, après, پهلو *pehlú*, à côté, برابر *beráber*, (littéralement, poitrine à poitrine), avec, پی *pey*, après, بیرون *bírún*, (littéralement, l'extérieur), en dehors de, اندرون *enderún* ou تو *tú*, (littéralement, intérieur), dedans, سمت *semt*, (littéralement, côté), vers, نزد *nezd*, (littéralement, proximité), près, auprès, میان *miyán*, (littéralement, milieu), ou بین *beyn*, entre, etc., s'accordent ainsi: بخش شما *belši šumá*, pour vous, بهر فقرا *behri fúqerá*, quote part des pauvres, برای زمستان *beráy zemistán*, pour l'hiver, واسهٔ نوكر *váceï nôuker*, pour le domestique, بالای درخت *báláy direht*, sur l'arbre, زیر آب *zíri áb*, sous l'eau, پیش رو *píši rú*, devant le visage, en face, پس پرده *peci perdè*, derrière le rideau, پهلویم *pehlúyem*, à mes côtés, برابر تو *beráberi tú*, devant toi, پی زنها میگردد *pey zenhá míyerded*, il court après (la piste) les femmes, بیرون شهر *bírúni šehr*, hors la ville, اندرون چاه *enderúni čáh* ou چاه توی *túy čáh*, dans le puits, سمت شمال *semti šemál*, vers le nord, نزد یارو *nezdi yáru*, auprès de l'amie, میان ایشان *miyáni yšán*, entre eux, etc.

291. Au lieu de بر, on se sert aujourd'hui plus fréquemment de رو *rú*, surface, ou de سر *ser*, extrémité, dans le sens de *sur*. Exemples:

بوشقابهارا سر میز گذاشتند *bošqábhárá seri* (pour *ber*) *míz γuzáštend*, ils ont mis les assiettes sur la table 1), اسباب چایخوری روی زمین روی فرش افتاد *esbábi čáyhúry rúy* (pour *ber*) *zemin rúy ferš úftád*, le service de thé tomba par terre, sur le tapis, رویش آمد *rúyeš ámed*, il lui courut sus.

---

1) میز *míz*, que le dictionnaire de F. Johnson traduit: a stranger, a guest, pris isolément, signifie aujourd'hui: table à écrire ou à manger, et ne s'emploie plus, avec le sens donné par cet excellent lexicographe, que dans les noms composés, comme میزبان *mízebán*, hospitalier, etc.

292. Pour mieux préciser le sens de la préposition با *bâ*, avec, on lui adjoint son synonyme هم *hem*. Ex.:

باهم بنشینیم وبگوییم وخندیدم ودعاگوی تو باشم تا قیامت
bâhem benišînîm u beyîlim u behendîm u doȃ'ydy tu bâšem tâ qeyâmet,
Asseyons-nous ensemble, causons, rions, et je ferai des vœux pour ton salut jusqu'au jour du jugement dernier. (*Dicton populaire*).

§ 3. CONJONCTIONS.

293. Les conjonctions persanes sont و *ve*, *u*, et, که *ki*, qui, چه *či*, que, به *bè*, à, au, با *bâ*, avec, زیرا *zîrâ*, car, نیز *nîz*, aussi, گر *ɣier* ou اگر *eɣier*, si, مگر *meɣier*, sinon, malgré, کاش *kâš* ou کاشکی *kâšky*, ah que! *utinam*, تا *tâ*, afin que, *utinam*. Voici quelques exemples de leur emploi:

La conjonction و se rend quelquefois, dans nos langues qui se servent de signes de ponctuation, par une virgule, dont cette conjonction porte la forme. Exemples:

آمدم و دیدم و شکستم *âmedem u (,) dîdem u (,) šikestem*, (littéralement: je vins et je vis et je brisai). *Veni, vidi, vici*,

294. Les pronoms relatifs که *ki* et چه *či* correspondent aux conjonctions که *ki* et چه *či*, que, afin, car, et il est parfois difficile de les distinguer les uns des autres. Ex.:

که رفت که خبر کند *ki reft ki ḥeber kuned*, qui est-ce qui est allé pour annoncer, (littéralement, pour qu'il annonce), اگرچه بگویم گوش بدی *či beɣûyem eɣerči ɣûš bedehy*, que dirais-je, lors même que vous seriez disposé à m'écouter: (lit, à y donner l'oreille).

Lorsque la préposition conjonctive به *bè* n'est qu'une abréviation de با *bâ*, elle s'emploie dans le sens de: par, moyennant. Ex.:

بِفَكْرِ مَنْ bè (pour bâ) se'ay men, par mes soins, بِسَعْیِ مَنْ bè (pour bâ) fikri men, grâce à une idée que j'ai eue, بِتَوَسُّطِ ایشان bè (pour bâ) tevessüti yšân, par leur entremise, etc.

295. La conjonction pléonastique كه tient lieu quelquefois du signe des deux points (:). Exemples:

پُرسید که این چه شهری است pürsid (ki) yn či šehry est, il demanda (:) quelle est cette ville?

296. Ailleurs, كه n'est pas tout à fait explétif, car il donne plus d'emphase à la sentence, sans qu'on puisse toujours préciser s'il représente la conjonction ou bien le pronom relatif. Cela arrive fort souvent dans le langage de la conversation. Exemples:

ضرری که بشما ندارد zerery ki bè šümâ nedâred, ceci ne saurait vous porter aucun préjudice, من که مردم تو نایبِ منی men ki mürdem tu nâybi meny, après ma mort (littéralement, moi que je mourus), toi tu seras mon lieutenant, من که سوار میشوم men ki sevâr miševem, eh bien, quant à moi, je monte à cheval (tout à l'heure), etc.

L'expression ما که رفتیم mâ ki reftîm, dans la bouche d'un individu dangereusement malade ou qui part pour un voyage lointain sans espoir de revenir, correspond à: Ne me comptez plus au nombre des vivants, ou, nous voilà partis. Ce fut la dernière parole que le roi Fetχ 'Aly šâh prononça quelques moments avant sa mort.

297. Dans quelques locutions كه signifie: mais. Ex.:

تو که مانند آنها او که مرد û ki mürd, mais il est mort, تو که یقین مرا یاد نمیستی خواهی کرد tu ki mânendi ânhâ nîsty tu ki yeqîn merâ yâd χâhy kerd, mais toi qui ne leur ressembles guère, tu te souviendras de moi assurément, ابن الوقت که نخواهی شد ibn-ül-veqt ki nχâhy šüd, mais tu ne changeras pas selon les circonstances (littéralement: tu ne deviendras pas fils du temps), etc.

298. La conjonction زیرا *zîrâ*¹ répond à چرا, parce que, et s'emploie dans une phrase qui suit une autre phrase où se trouve چرا *čîrâ*, pourquoi?. Exemples: چرا ایشانرا مهمانی نکردید — زیرا که پول نداشتم *čîrâ yšânrâ mehmâny nekerdîd — zîrâ ki pûl nè dâstem*, Pourquoi ne les as-tu pas invités à manger chez toi? — Parce que je n'avais point d'argent.

299. Les conjonctions که et چه servent à la formation de composés tels que les suivants: چندانکه *čendânki*, autant que, هر چندکه *her čendki*, bien que, quoique, مگر آنکه *meger ânki*, si ce n'est que, پس آنکه *pes ânyâhi ki*, or lorsque, après que, چنانکه *čenân ki*, ainsi que, همچنانکه *hemčenânki*, de la même manière que, همینکه *hemînki* ou همانکه *hemânki* ou همانا که *hemânâ ki*, aussitôt que, اگرچه *egerči*, bien que, quoique, alors même que, چنانچه *čenânči* ou همچنانچه *hemčenânči*, ainsi que, quoique, یا آنکه *yâ ânki* ou یا آنچه *yâ ânči*, ou bien que.

خوی بد در طبیعتی که نشست
نرود جز بوقت مرگ از دست

hûyi bed der tebýiety ki nišest — nereved ğûz bereqti merg ez dest

Un mauvais naturel, une fois qu'il a pris possession de l'âme (du caractère humain) de quelqu'un, ne s'en ira (littér., ne s'émancipe) qu'au moment de la mort.

عادت دنیوی دنی آنستکه هر سودشرا خسرانی است و هر کماشرا نقصانی

---

1) Je crois que c'est une abréviation de از این را *ez yn râ*, par cette raison. S'il en est ainsi, ce composé dérive de la même source que la préposition برای *berây*.

'ádeti dünyáy deny ánest ki her súdešrá hesrány-st ú her kiemálešra noqsány

Une habitude déplorable de ce monde ignoble est (consiste en ce) que chaque gain y ait son déchet et chaque perfection son défaut.

On trouve quelquefois, en poésie, la conjonction چون čûn remplacée par چه či, qui se prononce alors čû. Ex.:

صبر وظفر دو دوستان قدیم اند
صبر چه بگذشت نوبت ظفر است

sebr u zefer dû dústáni qedímend — sebr čú (čûn) beγüzešt nóubeti zefer est

La patience et la victoire sont deux vieilles alliées (amies) inséparables; la patience aussitôt passée (épuisée), la victoire lui succède à son tour (nóubet) de rôle.

La conjonction تا tâ a divers emplois que voici:

a. Elle signifie, *avant que*. Ex.:

تا گل نروید بلبل سخن نگوید و تا سرو نبالد قمری ننالد

tâ γül neráyed bülbül sühen neγáyed u tâ serv nebáled qümry nenáled

Avant que la rose croisse, le rossignol ne dit mot; avant que le cyprès grandisse, la tourterelle ne gémit point.

b. تا tâ a le sens de *aussi longtemps que*. Ex.:

جهان تا بود ملکش آباد باد

ǧihân tâ beved mülkieš ábádbád

Puissent ses états prospérer aussi longtemps que le monde existe!

c. تا که tâ ki, signifie *aussi longtemps que*. Ex.:

خود چو می را حرام میدانند
نخورد تا که عقل و هوشش هست

húd čú mey râ χerám mídáned — nehúred tâ ki 'aql u húšeš hest

Quiconque sait par lui-même que le vin est interdit (dans le Qorân) n'en boit pas, aussi longtemps qu'il possède sa raison et son intelligence.

d. تا *tâ* signifie *pour ne pas, afin que.* Ex.:

كم خور تا خود نرنجى و كم گوى تا ديگران نرنجانى

kiem hûr tâ hûd nè rengy u kiem gúy tâ dîyerân nè rengâny

Mange peu pour ne pas te nuire à toi-même (te rendre malade), parle peu pour ne pas faire de la peine à autrui.

e. تا كه *tâ ki* signifie *aussitôt que, au moment même où.* Ainsi la légende du sceau officiel du roi actuel de Perse, Nâcir-eddîn Sâh, porte:

تا كه دست ناصر الدين خاتم شاه گرفت
صيت داد و معدلت از ماه تا ماهى گرفت

tâ ki desti nâcir-ud-dîn hâtemy sâhy girift — sîti (sauti) dâd u me'âdelet ez mâh tâ mâhy girift.

Dès le moment où la main de Nacir-ed-dîn eut pris le sceau de la souveraineté, la voix (l'écho) de sa justice et de son équité retentit (prit) depuis la Lune jusqu'au Poisson (sur le dos duquel repose la terre, selon les traditions cosmogoniques des musulmans).

Voici encore un exemple emprunté à Hâfiz où le premier كه *ki*, signifie *car, parceque,* et le second كه *ki* représente seulement nos deux points (:)

صبحى دم مرغ چمن با گل نو خاستهٔ گفت
ناز كم كن كه در اين باغ بسى چون تو شكفت
گل بخنديد كه از راست نرنجيم ولى
هيچ عاشق سخن سخت بمعشوق نگفت

sûbxi dem mürgi čem a bâ guli nou hasti guft — nâz kiem kun der in bâg bâsy čün tu sukuft — gul bahendîd ke ez rast nerenğîm uely — hîč ášiqân sühen siht bi me'asûqi nè goft.

Un beau matin, l'oiseau de la pelouse causait avec une rose nouvellement épanouie devant l'air moins de minauderies cadis, car (-) dans ce jardin, il y a beaucoup de floraisons qui valent la tienne. — La rose, en souriant, (répondit que): Jamais (*hič*) un amoureux ne proféra des paroles si dures en parlant à sa bien-aimée.

§ 4. PARTICULES INTERROGATIVES.

300. En persan, les questions peuvent se faire sans altérer l'ordre normal d'une sentence, c'est-à-dire, que l'intonation et le geste de celui qui parle déterminent s'il demande ou bien s'il répond. C'est la manière la plus usitée. Exemples:

Si en disant خان آمد *hân âmed*, on appuie la voix sur *âmed*, cela voudra dire: le hân est-il *arrivé?* Si au contraire, l'intonation s'arrête sur *hân*, l'interlocuteur ne fait qu'annoncer que, *le hân* est arrivé. La phrase این پولست *yn pûlest*, voici l'argent, se change en: Est-ce bien *tout l'argent* que vous m'apportez? Osez-vous appeler *argent* une somme aussi minime? si l'intonation, d'une voix ironique, tombe sur *pûl*, etc.

301. Cependant, il y a des mots spécialement destinés à l'usage du demandeur lorsqu'il s'agit d'une interrogation. En premier lieu, il faut y comprendre les prépositions interrogatives proprement dites: آیا *âyâ* ou یا *yâ*, est-ce? کی *key*, quand? et کو *kû*, کجا *küyâ*, où?

302. La particule آیا, latin *an*, se rencontre seulement au commencement d'une sentence interrogative; یا signifie *est-ce?* et en même temps représente la conjonction alternative, *ou, ou bien*. Dans une interrogation double, یا doit suivre آیا, ou bien se répéter. Exemples:

آیا با چشم خودتان دیدی یا نه *âyâ bâ češmi hûditân dîdy yâ ne*, as-tu vu de tes propres yeux, oui ou non? کار بیرون از دو حال نیست یا شمشیر یا تسلیم *kâr bîrûn ez dû χâl nîst yâ šemšîr yâ teslîm*, une de ces deux choses, décide-toi: ou l'épée (la mort), ou la soumission (l'islamisme); بروېم يا نروېم يكست *berevím yâ nerevím yekest*, autant vaut y aller que ne pas y aller (litt. allons-y ou n'y allons pas, c'est un).

303. L'interrogatif كو *kû*, où? s'emploie principalement en poésie et dans le langage familier, par exemple:

بختم كو جواني ام كو *behtem kú ǧevânyem kú*, où est mon bonheur, où est ma jeunesse? دشمن صف آراسته دوطلب كو *düšmen sef ârâstè dôuteleb kú*, l'ennemi s'est rangé en ligne de bataille, où sont les hommes de bonne volonté qui s'offriraient à engager le combat (litt. ceux qui demandent à courir sus, où?)

Cependant sa forme composée, كجا *küǧâ*, pour كدام جا *küdâm ǧâ*, abrégée en كو جا *kû ǧâ*, où est l'endroit? quel endroit? est bien plus en usage. Ex.:

پس كجا خويش جان جان
خال گردنش عشوه كردنش
ابروی كمانش طرّۀ جوگانش
چشم مستانش لعل دلستانش
پس من چه كنم جان جان

pes küǧâ hûbeš ǧâni ǧân — hâli gerdeneš 'išvè kerdeneš — ebrûu kemâneš türrèï čôuyâneš — češmi mestâneš le'ali dilsitâneš — pes men či künem ǧâni ǧân

Où est donc (le beau) le charme de sa personne, âme de mon âme? Est-ce ce grain de beauté sur son cou, ou bien ses œillades agaçantes? ses sourcils arqués? les fossettes (bilboquets) de ses boucles creuses? ses yeux ivres (d'amour)? serait-ce son rubis (c'est-à-dire sa bouche) qui ravit les cœurs? Que ferai-je, que devenir, âme de mon âme? (*Chanson des harems*.)

304. L'interrogatif چه *či*, que? quoi? est d'un usage fort répandu. Exemples:

تو قدر آب چه دانی که در کنار فراتی

tu qedri áb či dány ki der kenári feráty

Que sais-tu ce que vaut l'eau (litt. la valeur de l'eau), toi qui es sur la rive de l'Euphrate? (c.-à-d. le riche ne comprend pas les souffrances du pauvre).

شب عاشقان بیدل چه شبی دیراز باشد
تو بیا کز اول در صبح باز باشد

šebi 'ášiqáni bídil či šeby diráz bášed — tu beyá kez (pour از که) *evvel deri sübχ báz bášed*

La nuit des amoureux sans cœur (c'est-à-dire, dont le cœur est ravi), que c'est une nuit longue! Arrive, ami, et, de prime abord, les portes du matin s'ouvriront d'elles-mêmes (c'est-à-dire, quand nous serons ensemble il ne fera plus nuit).

Dans les exemples qui suivent, l'interrogatif چه peut se traduire par *combien*, de même qu'en français on dit: چه قدر بشما باید بگویم *či qeder bešumá báyed beyáyem*, que de fois faut-il donc que je vous dise? چه هنرها عبث عبث تلف شدند *či hünerhá 'ebes 'ebes telef šüdend*, que de hautes capacités se sont anéanties en pure perte! چه فایده *či fáidè*, à quoi bon? (litt. quel profit?) چه مصرف *či mesref*, quelle utilité? que veux-tu faire de cela? etc.

305. On rencontre souvent چه, soit précédé, soit suivi des substantifs qui en expliquent ou précisent le sens interrogatif, comme, par exemple:

چه خبر *či heber*, comment l'osez-vous? (littér., qu'y a-t-il de nouveau?) چه طور *či tóur*, de quelle façon? چگونه *čiyünè*, de quelle manière? comment? چه بخش *behši či* ou چه بهر *behri či*, à propos de quoi? pour quelle cause? از برای چه *ez berái či*, à propos de quoi:

Il est possible que l'interrogatif چرا, pourquoi? que

tous les grammairiens considèrent comme datif de چه, ne soit qu'un nominatif sing. du substantif را, râ ou رای, *râу*, raison, parce qu'il est synonyme de چه برای *berây či*, ou از برای چه *ez berây či*.

306. Dans une sentence continue, چه redoublé correspond au français, *soit.... soit, ou... ou bien, on a beau....* Ex.:

چه در شهر و چه در صحرا *či der šehr u či der seɣrâ*, soit en ville, soit dans les champs; چه در خواب وچه در رؤيا *či der ḥâb u či der rüayâ*, ou pendant le sommeil, ou bien lorsqu'on a des visions; چه اناث وچه ذكور *či ünâs u či zükûr*, (du sexe) soit féminin, soit masculin; هر چه ميگفتم وهر چه ميكردم اثرى نبخشيد *her či miɣoftem u her či mîkerdem ecery ne beḥšid*, j'ai eu beau dire et faire, mes efforts ont été stériles d'effet (litt., cela n'a été gratifié d'aucune impression).

307. L'adverbe de quantité چند *čend*, combien? (pour چه اند, quelle quantité?) et sa forme emphatique تا چند *tâ čend*, jusqu'à combien? de même que کی *key*, quand? تا بکی *tâ bekey*, jusqu'à quand? هیچ *hič* (anciennement ایچ *yč*), sont d'un usage journalier dans les interrogations. Ex.:

هیچ ميدانستى كه من در بارهٔ تو چها گفتم
hič (pour *eyer*) *midanisty ki men der bârei tû čihâ ɣoftem*
Si tu savais? que de choses n'ai-je pas dites sur ton compte?

هیچ interrogatif se traduit quelquefois par: si jamais, si....

Remarquez aussi l'usage de کی *key* dans ces idiotismes persans:

a. شما کی گفتيد که من اينرا نکرده باشم
šümâ key ɣoftîd ki men ynrâ nekerde bâšem

Si je ne l'ai point fait, c'est que vous ne me l'avez jamais dit, (littéralement: Quand me l'avez vous dit que je ne l'eusse point fait?).

b. پدرش پولرا کی دید که پسرش به بیند
pedereš pûlrâ kiey dîd ki pecereš bè bîned

Quand le père eut-il vu de l'argent pour que le fils en eût? ce qui veut dire: c'est un gueux qui n'a pas un liard à lui.

§ 5. PARTICULES NÉGATIVES.

308. Il a été déjà (37) question des particules négatives; nous allons en développer ici et en préciser l'emploi:

a. نه *nè* isolé, en poésie, نی *ney*, non, ne, ni, s'emploie indifféremment devant les parties du discours, soit conjugables, soit déclinables. Quelquefois en poésie, on lui substitue نی *ney*, comme on voit dans l'exemple suivant:

نی تاب وصل دارم نی طاقت جدای
ney tâbi vesl dârem ney tâqeti ǧüdáy

Je n'ai ni assez de patience (lorsque nous sommes) réunis ni assez d'énergie pour endurer le chagrin de la séparation.

شتر دیدی *šütür dîdy*, as-tu vu le chameau? — نه *nè*, non. (Proverbe expliqué dans le Gülistân).

Par euphémisme, on ajoute quelque petit mot à la négation, comme: نه خیر *nè heïr* (*heïr*, en arabe, signifie, *bien*), نه جانم *nè ǧânem*, non, mon ami.

Quelquefois نه *nè* signifie: نه تنها *nè tenhâ*, non seulement. Ainsi Se'ady, en parlant de Dieu loué par toutes les créatures, dit:

نه بلبل بر گلش تسبیح خوان است
که هر خاری به تسبیحش زبان است

nè bülbül ber ɣüleš tesbíχ ḫân est — ki her ḫáry bè tesbíχeš zebân est,

Perché sur sa rose, le rossignol n'est pas le seul à chanter les louanges 1) (réciter son chapelet) car (*ki*) chaque épine (du rosier) n'est qu'une langue pour te louer.

b. La négation conjonctive ن *nè* ne s'emploie guère que devant les temps d'un verbe et les participes.

c. نا *nâ* précède seulement les noms, les thêmes aoristes et les participes passés. Exemples:

نافهم *náfehm*, qui ne comprend rien, imbécile, نارس *náres*, qui n'est par mûr, vert, نا چار *ná čár*, synonyme de بیچاره *bičáre*, privé de toute ressource, incapable de se suffire à soi-même, خدا ناشناس *hüdá nášinás*, athée, ne connaissant pas Dieu, sans religion, نا رسیده *ná recídè*, n'étant pas arrivé, et aussi, avant d'arriver, نا دیده *ná dídè*, ne voyant pas, n'ayant pas vu, avant d'avoir vu, مهمان نا طلبیده *mehmâni ná telebídè*, convive non invité, intrus, etc.

d. La négation م *mè* ne s'emploie aujourd'hui que dans trois cas seulement: devant la 2ᵉ pers. sing. à l'impératif prohibitif, devant گر *ɣer* (pour اگر *eɣer*), donnant lieu à la particule exceptive مگر *meɣer*, sinon, excepté, outre, si ce n'est que, et enfin devant la 3ᵉ pers. sing. de quelques optatifs. Exemples:

حرف بلند مزن جفنگ مگو *ǰefeny meɣú*, ne dis pas de sottises, *χerfi bülend mezen*, parle plus bas, tu as le verbe haut et inconvenant, مگر نشنیدید *meɣer nešinídíd*, n'avez-vous donc pas entendu?

---

1) Le substantif *tesbíχ*, action de louer Dieu, chapelet, rosaire, est un abrégé des paroles coraniques اسبّح الله تسبیحًا له *üsebbiχü allaha tesbíχen lehü*, je loue Allah avec les louanges (à Lui) qui lui sont dues, paroles que doit prononcer tout bon musulman au moment du danger.

چـه *meyer či*, est-ce possible? quoi donc? on dit aussi يعنی چه *ye'any či*, littéralement: c'est-à-dire: quoi? هم رند اند مگر زید *hemè rind end meyer zeyd*, ils sont tous vauriens, excepté Zéid, راضی نمیشوم مگر آنکه *rázy nemîševem meyer ânki*, je ne consentirais pas, à moins que ....., مبادا *mebádá*, qu'il ne soit pas! à Dieu ne plaise! etc.

§ 6. INTERJECTIONS.

L'interjection, d'après la théorie des Occidentaux, n'est qu'une des prépositions n'exprimant, pour ainsi dire, qu'un seul son, *oh! ah!* Mais il ressort de la nature des idiomes de l'Orient que cette interjection, comme élément linguistique, a une forme et une influence prépondérante sur plusieurs parties de la parole. L'interjection, dans les langues orientales (et il me paraît qu'il en est ainsi dans celles d'Occident), est une espèce de note musicale qui donne le ton à toute une phrase, la rehausse ou l'abaisse, la rend par conséquent sublime ou ironique, triste ou gaie. C'est la seule partie du discours qui soit en même temps la note musicale de la parole, un mot qui touche de plus près à la musique. Il est donc de la plus grande importance pour celui qui veut communiquer une parole vivante, qui veut converser avec les hommes vivants (je parle des Orientaux), de saisir les différents sens de l'interjection, lesquels déterminent le sens des phrases, et, par conséquent, du discours. Il est bon de savoir que les Orientaux, en général avares de paroles, n'expriment, la plupart du temps, leurs idées et, pour mieux dire, ne les formulent que par les interjections.

L'interjection est une formule de sentiment, de pensée, d'idée. Il y a donc une infinité de phrases religieuses, politiques, domestiques, qui se rattachent à une interjection. Nous conseillons d'étudier beaucoup cette partie du discours, qui est le germe générateur d'un grand nombre de phrases et de tours de phrases du langage oriental.

309. On a déjà vu (122) les particules exclamatives du vocatif persan, ainsi que l'élif ا final qui, par sa destination et sa forme, ressemble à notre signe (!). Il faut y ajouter ce qui suit:

a. L'élif ا final d'exclamation ne s'emploie qu'au singulier; Les vocatifs pl. n'ont jamais de suffixe. Ex.:

دردا *derdâ*, ô douleur! دریغا *derîġâ* ou افسوسا *efsoûçâ*, ah! que je regrette! خوشا بحالش *ẖoŝâ beẖâleŝ*, est-il heureux! حیفا *χeyfâ*, quel dommage! مرحبا *merχebâ* (pour مرحبًا *merχeben*), bravo! خدایا *ẖudâyâ* ou الها *ilâhâ*, Dieu! دوستا *dûstâ*, ami! صاحبا *sâhibâ*, (en s'adressant à un Européen) Monsieur! et beaucoup d'autres.

b. Dans ایّها *eyyühâ*, la finale ها n'a rien de commun avec celle des pluriels persans. C'est une forme arabe.

Les exclamations de joie هان *hân*, هین *hîn*, appartiennent à l'idiôme des Persans.

Heyyâm dit:

ای بی‌خبران عشوهٔ دنیا مخرید

چون از همه حال‌های او با خبرید

وابن عمر عزیز خویش مدهید بباد

هان بار طلب کنید و هین باده خورید

ey bîẖeberân 'iŝvei dünyâ meẖerîd — čûn ez hemê χâlhâyi û bâ ẖe-

berûd — ve in 'ümri 'ezîzi hîš medehîd bebâd — hân yâr teleb kůnîd u hîn bâdè hůrîd.

O hommes ignorants! n'achetez pas (au prix de votre salut) les séductions (œillades) du monde. Puisque vous en connaissez tous les caprices (états), ne jetez pas au vent vos précieuses vies! sus (*hân*), faites appeler votre bien-aimée! O hé! là bas, vite (*hîn*), buvez du vin généreux.

c. اى *ey*, ايا *eyâ*, واى *vây*, واويلا *vâveylâ*, بگير ها *beŷîr hâ* (attrape!) ou هان *hân* ou هان هان *hân hân*, هاى *hây* ou هاى هو *hây hû* ou زهى *zehy*, ne sont que des cris de grande émotion, ô! ah! hélas!, et précèdent les vocatifs, soit au singulier, soit au pluriel, ou bien s'emploient tous seuls.

On sait que, à en croire les Persans, la poésie érotique de Hâfiz, en général, et ses gazels en particulier, cachent un sens mystique. De même qu'ils cherchent à prédire l'avenir en ouvrant au hasard le Qoran, ils consultent aussi les gazels. A cet effet, on se sert de la formule sacramentelle suivante, en tenant, à la main, un recueil (*divan*) des gazels de ce poëte:

ايا حافظ شيرازى تو كاشف هر رازى بر ما بيآ و يك فالى مناصب الحال بيندازى

eyâ χâfizi širâzy tu kiâšifi her râzy ber mâ beyâ u yek fâly mündcib-ül-χâl beyendâzy

O toi, Hâfiz de Širâz! Toi révélateur de chaque mystère! viens sur nous et prononce (lance) un oracle conforme à l'occasion.

En achevant les dernières paroles de la formule, on ferme les yeux, on ouvre le volume au hasard, et puis, après avoir posé le doigt sur les vers d'un distique, on les lit et on les commente. Cela s'appelle:

tirer au sort, *fâl kiešiden*. Ces consultations se font tout aussi souvent en Perse que, chez nous, celles des *tables parlantes*.

CHAPITRE II

LOCUTIONS EXCLAMATIVES

Par un respect sincèrement profond pour la divinité, les Persans n'accusent jamais Dieu de ce qui leur arrive de malheureux. Le destin (قدر *qeder* ou تقدير *teqdîr* [1]) est aussi une chose sacrée; mais on s'en plaint parfois, tout en reconnaissant qu'il est irrévocable et préexistant antérieurement à la naissance de ceux qu'il frappe.

Les auteurs de toutes les misères de l'humanité sont: فلك *felek*, ciel, et دنيا *dünyâ*, monde, que les Persans appellent aussi زمان *zemân*, temps, ou زمانه *zemânè*, époque, et دهر *dehr*, siècle, tous êtres mystérieux. Autant Dieu est bon et juste, autant ces démons, ennemis implacables de l'homme, sont, et de tous les temps ont été, méchants, vindicatifs sans qu'on sache pourquoi, astucieux et avides de s'abreuver des larmes et du sang des mortels. *Zemân* perse = Χρονος grec.

Zemânè est parfois représentée comme une femme laide et édentée, پیرِ زنی فرتوت و کهنسال *pîrè zeny fertût u kohen-çâlè*, vieille femme, décrépite, et âgée comme le monde, mais immortelle en même temps.

1, Le *fatum* des anciens, chez les mystiques chrétiens, l'*astrale*, l'esprit du grand monde (*spiritus mundi majoris*), l'esprit de la terre.

Felek, ciel, personnification du système planétaire, ou كنبز *γümbez*, voûte mobile, est une espèce de mouvement perpétuel que nous voyons étendu au-dessus de nos têtes. Il tourne sur lui-même, et imprime son mouvement rotatoire à tous les astres. C'est pourquoi on le nomme aussi كردون *γerdûn*, ce qui est en rotation, tourniquet, ou bien چرخ *čerh*, roue, poulie. Les étoiles qui président à nos destinées, et dont l'influence décide de tout ce qui doit nous arriver, dépendent elles-mêmes de *Felek*.

Aucun théologien musulman n'a cherché à excuser les méfaits de Zemânè ni de Felek: on dirait deux divinités payennes. Libre à qui veut de les accabler des malédictions et des invectives les plus injurieuses. Les prosateurs et les poëtes persans s'y livrent de gaieté de cœur, et surtout les auteurs des drames religieux (تعزیه *te'aziyè*) que l'on donne annuellement en l'honneur des martyrs Hassan et Husseyn.

En voici quelques exemples que j'emprunte à mon manuscrit intitulé: جنگ شهادت *ğünγi šehâdet*, le Cantique du martyre ou Répertoire des drames religieux.

اى فلك سر حسينىرا زيكديگر بريدى
اى زمانه نامۀ عمرم بيكديگر پيچيدى

ey felek seri χücëïnrâ zi yekdîγer bürîdy — ey zemânè nâmèï 'ümrem beyekdîγer pičîdy

O Ciel, tu as tranché la tête de Husseyn, en la séparant de ses épaules! O Époque, tu as froissé, ployé l'une dans l'autre les pages du livre de ma vie!

اى چرخ نابكار زيبمهرى نسو داد
كردى غريب وبيكس يارم از عناد
كردى بكربلا از جفايم ذليل وخوار

اوردهٔ از مدینه ای چرخ نابکار
افسوسا وآه آه زدنیای بیوفا

ey čerhi nābekár zi bímehráy tu dád — kerdy yerîb u bîkes yárem ez 'itád — kerdy bekerbelá ez ǧefáyem zalíl u hár — ávürdëi ez medinë ey čerhy nábekár — efsúçá u áh áh zidünyáy bívefá

Sphère tournoyante, vaurien! je gémis de ton manque d'amour. Tu as jeté mon ami en exil, il est seul et délaissé par suite de ta tyrannie. Je suis par ton injustice humilié et avili à Kerbéla. Tu m'y as amené de Médine, ô toi vil tourniquet. J'en appelle à Dieu de ton injustice, ô monde de mauvaise foi!

ای چرخ از جفا وستم واژگون شوی
دارم امید بر سر عالم نگون شوی
رفتند یاران حسین از بر حسین
بشکست از جفا دل غمپرور حسین

ey čerh ez ǧefá u sitem vájyún ševy — dárem ümíd ber suri ē'lem niyún ševy — reftend yárâni χŭcein ez beri χŭcein — bešikest ez ǧefá dili yemperveri χŭcein

Girouette infernale! ta tyrannie et ton injustice puissent-elles te précipiter dans un abîme! J'ai l'espoir qu'enfin tu feras une culbute pour tomber d'en haut, et t'écraser contre la terre. Ils ont disparu, les amis de Husseyn, leur tête ne repose plus sur la poitrine de Husseyn. Par tes méfaits, son cœur, navré d'angoisse, se brisa!

310. Il faut aussi compter au nombre des phrases exclamatives les expressions suivantes, d'un usage fort répandu en Perse:

Termes de tendresse.

نور دورت بگردم *dôuret beyerdem*, que je marche autour de toi [1],

---

[1] Expression biblique: Et circumdabo altare tuum, Domine. (Ps. XXV, 6.)

چشمم *nûri češmem*, lumière de mes yeux, نازت بکشم *nâzet bekešem*, que je te comble de caresses, تو که مثل روحی *tu ki misli rûḥy*, toi qui ressembles à un esprit, جانم *ǧânem*, mon âme, دلم *dilem*, mon cœur, تاج سرم *tâǧi serem*, couronne de ma tête, جان جانم *ǧâni ǧânem*, âme de mon âme, دست من بدامن تو *desti men bedâmeni tu*, je t'en supplie (litt., ma main sur le pan de ta robe), etc.

Malédictions et jurements.

مرده شور ترا ببرد *mûrdè šûr tûrâ bebered*, que le laveur des cadavres t'emporte (puisses-tu crever!), نفستراببرد ای مردکه *nefecetrâ beyired ey merdekè*, que le diable t'emporte, homme de rien! (litt. qu'il te coupe la respiration!), ریش پر شپش نا کرده شانه چو جاروبخانه *riši pûr šipiš nâ kerdè šânè ču ǧârûbḫânè*, barbe remplie de vermine, que le peigne n'a jamais touchée, comme un balai de la basse-cour, پدر سوخته *peder sûkté*, fils d'un père qu'on a brûlé, نسناس *nesnâs*, orang-outang, ولدزنا *veledeznâ* (pour *veledi zinâ*), enfant de prostitution, زنقحبه *zenqaḫbè*, époux d'une putain, کس *kûci zenet ḫendîdè*, rima uxoris tuæ subridens (souriant), در کن پسرت *der kûni peceret*, in podice filii tui, etc.

et beaucoup d'autres allusions au déshonneur d'une mère ou d'un père, etc., ce que les Persans appellent فحش مادر و پدر *feüḫši mâder u peder*, injures de père et mère, et que nous abrégeons ici par respect pour la décence.

Termes et expressions de bienvenue.

خوش آمدید *ḫoš âmedîd*, vous êtes le bienvenu, صفا آوردید *sefâ âvürdîd*, vous avez apporté la jouissance, مشرف *mušerref* ou مزین *müzeyyen* ou مفتخر فرمودید *müfeḫḫer fermûdîd*, vous m'avez (litt. vous avez ordonné) ennobli, ou, embelli, ou, enorgueilli, خانه مال

سرکار است hânè mâli serkâr est, la maison est au seigneur (à vous), ou منزل شما menzili šumâ, votre demeure, votre étape, ou خانۀ آشپز âspezhânèï šumâst ou خودتنست ou مطبخ metbeḫi ḫûdîtânest, notre maison serait heureuse, si vous la convertissiez en votre cuisine, اولادم غلامبچۀ شما و خانۀام کنیز شما و خودم بندۀ شما ایم ôulâdem ġulâm-beččeï šumâ u ḫânèem kenîzi šumâ u ḫâdem bendèï šumâïym, mes enfants (sont) ceux de votre domestique, ma femme (litt. ma maison), votre servante, et moi-même, votre esclave (nous sommes), کرم نما وفرودآ که خانه خانۀ تو است kerem nûmâ u furûdâ (pour furûâ, le d est euphonique) ki hânè hânèï tust, gratifie-nous du bonheur de ta présence (litt. montre de la libéralité) et descends, car la maison est ta maison à toi, etc. — Au lieu de زن zen, femme, il est plus poli de dire خانه hânè, maison, ou کوچ kuč, tente.

Pour demander des nouvelles de quelqu'un, il serait fort impoli de s'enquérir de celles de sa femme, dont on ne parle jamais nominalement, autant que possible. Il faut dire:

احوال شما خوب است exvâli šumâ ḫûbest, vos circonstances sont-elles bonnes? ناخوشی که ندارید nâḫôšy ki nedârid, vous n'avez aucune indisposition, n'est-ce pas (ki)? دماغ شما چاق است انشاء الله demâġi[1]) šumâ čâġ est inšâ alloh, votre cerveau est-il bien por-

---

1) دماغ demâġ s'emploie plus souvent dans le sens de بینی biny, nez, odorat, ainsi: دماغ جان demâġi ǧân, le nez de l'âme, c'est-à-dire, nos facultés olfactives, یک بوی بدماغم خورد yek bûy bedemâġem ḫûrd, je sens une odeur (litt. une odeur heurta mon nez), خون از دماغش ریخت ḫûn ez demâġeš riḫt, il a saigné du nez, دماغ بزرگی دارد demâġi bozûrgi dâred, il a le nez grand, درا بدماغم زد derrâ bedemâġem zed, il me ferma la porte au nez, etc. En turc oriental, demâġ veut aussi dire, nez, synonyme de برنو burnu.

tant? Dieu le veuille! کیف شما کوکست *keyfi šumá kieukest*, votre comfort est-il parfait (litt. accordé)? A cela, on répond: الحمد لله *elχemdü lillah*, gloire à Dieu! از شفقت شما *ez šefeqqeti šumá*, grâce à votre bienveillance, از دولت شما *ez dóuleti šumá*, grâce à votre fortune, از مرحمتیکه ندارید *ez merχemetíki nedárid*, litt., par la miséricorde que vous n'avez pas, c'est-à-dire, je me porte bien, mais vous m'oubliez, vous ne venez plus me voir.

311. Les expressions françaises, *merci*, *bien obligé*, se rendent de la manière suivante:

سایهٔ شما کم نشود *sáyèi šumá kem neševed*, que votre ombre ne diminue jamais! (l'ombre d'un jeune homme est plus haute que celle d'un vieillard).

métaphore née sous le ciel des tropiques où l'ombre est si bienvenue. Hâfiz dit quelque part:

چو ما در سایهٔ الطاف اوئیم
چرا او سایه از ما گرفت

ču má der sáyèi eltafi ú iym — čirá ú sáyè ez má γirift

Puisque nous nous trouvons à l'ombre (sous l'égide) de ses bienfaits, pourquoi nous la retire-t-il (nous a-t-il pris) cette ombre?

گرفتن *γiriften*, prendre, est, ici, synonyme d'éclipser, car, selon la tradition iranienne, le démon des ténèbres ravit le soleil et, alors, il y a éclipse.

عمر شما زیاد *'ümri šumá ziyád*, votre vie (puisse-t-elle durer) beaucoup, مرحمت دارید *merχemet dárid*, vous avez de la miséricorde, خدا شمارا نگه دارد *ħüdá šumárá nigeh dáred*, Dieu vous conserve! خدا سایهٔ شمارا از سر ما هرگز نگیرد *ħüdá sáyèi šumárá ez seri má herγiz neγired*, que Dieu ne retire jamais votre ombre de dessus notre tête! در ظل پناه شما میباشیم *der zilli penáhi*

šümâ mîbâšim, nous sommes à l'ombre de votre protection! طالع
بلند شما tâle'ûi šümâ bülend, que votre horoscope hausse!

Pour dire, *de temps en temps, parfois*, on dit: گاه
گاهی *γâh γâhy*, گاه بگاه *γâh beγâh* ou گه گه *γeh γâh*,
comme dans ce quatrain du sceptique Heyyâm:

قرآن که مهین کلام خوانند اورا
گه گاه نه بر دوام خوانند اورا
در خط پیاله آیتی روشنی است
کندر همه جا مدام خوانند اورا

qorân ki mehini kielâm hânend ûrâ — γeh γâh nè ber devâm hânend ûra — der hetti piyâlè âyety rôušeny est — kender hemè ĝâ medâm hânend ûrâ

Le Qoran, que l'on appelle *la Grande Parole*, se récite de temps en temps, et non pas d'une manière permanente; mais tout autour du bord de la coupe, il y a une surate enluminée (*rôušen*), lecture, dont on aime à s'abbreuver partout et toujours, (c'est-à-dire: les versets d'une surate sont les perles d'un vin mousseux qui environnent les bords d'un verre ou d'une coupe; ces perles s'appellent, en persan, l'écriture d'un *verre à boire*).

Pour dire: *je me porte à merveille, je suis content,* on dit:

احوالم بسیار خوب است *ervâlem beçyâr hûbest*, mes affaires sont fort bonnes, دماغ دارم *demâγ dârem*, j'ai mon nez, ou, mon cerveau à moi, کیفم ساز است *keyfem sâz est*, mon comfort est en accord.

Souvent, le cri d'admiration n'est que la seconde personne sing. des verbes persans ou arabes. Ainsi, pour exalter l'adresse d'un héros qui tue lestement ses ennemis, le poëte s'écrie:

فلک گفت احسنت و مه گفت زه
قضا گفت گبیر و قدر گفت ده

felek ɣoft eχcenta (arabe) *u meh ɣoft zeh — qezâ ɣoft ɣír u qeder ɣoft deh*

Le ciel dit: tu as fait bien! La lune dit: tu as gagné! Le sort dit: tiens! et le destin dit: donne!

Les impératifs des verbes زهیدن *zehíden*, gagner au jeu, گرفتن *ɣiriften*, prendre, دادن *dâden*, donner, que nous venons de traduire ici selon leur sens primitif, ne sont qu'autant d'exclamations signifiant: *bravo! à la bonne heure!* etc. — آفرین *âferîn* (litt. crée!), مرحبا *merχebâ*, à la bonne heure! (litt. largement), et plusieurs autres appartiennent à la même catégorie.

312. Enfin, pour en finir avec des locutions aussi différentes des nôtres, nous donnons ici les principales, à côté de leurs équivalents en français.

Fi! le vilain! — خجالت بکش *ẖeǧâlet bekeš*, litt., traîne la honte, آخر آبرو خوب چیزیست *âhir âbrû hûb čizîst*, enfin, la pudeur est une bonne chose, آبرویت کو *âbrúyet kú*, ta pudeur, où (est-elle?), آرت نمی آید *âret nemy âyed*, n'as-tu pas honte! (litt. la honte ne te vient-elle pas?), عیب است *'eyb est*, fi donc! (litt. c'est le tort), رویت سیاه *rúyet siyâh*, ta figure est noire, c'est-à-dire, tu es couvert d'opprobre, گوه خوردی *ɣöh kúrdy*, tu as mangé de la fiente, etc.

Fi! le tyran! — امان از دست تو *emân ez desti tu*, sauve qui peut, (litt. capitulation) de ta main, از جان من چه میخواهی *ez ǧâni men či mikâhy*, que veux-tu de mon âme? داد از جفای تو *dâd ez ǧefây tu*, (je pousse un) cri contre tes persécutions, etc.

J'avoue ma faute! — چه خاک بر سرم *či hâk ber serem*, quelle est (cette) poussière (qui s'est répandue) sur ma tête? رویم سیاه *rúyem siyâh*, mon visage est noir, غلّت کردم *ɣellet kerdem*, j'ai fait une étourderie, من گوه خوردم *men ɣöh kúrdem*, j'ai mangé de la fiente, (expression qui n'est pas plus impolie qu'en français: il a fait une ca-

cade), ديگر ببخشيد *díyer bebelišíd*, cette fois-ci, pardonnez-moi, ديگر نه خواهم کرد *díyer nè hâhem kerd*, je ne le ferai plus, etc.

Je te le jure par Dieu. — بخدا *bè hüdá*, de par Dieu, بحق پيغمبر *beḥeqqi peyγember*, par le droit du Prophète, بمرگ اولادم *bemergi ouládem*, par la mort de mes enfants, پدرم *pederem* ou مادرم بميرد *máderem bemíred*, que mon père, ou, ma mère meure! (en odeur de sainteté), بجان عزيزت *beǧáni 'ezízet*, par ton âme chérie, بمذهبت *bemezhebet*, par ta religion, والله *vállah* ou بالله *billah* ou تالله *tál-lah*, pour نعمت الله, par Dieu, etc.

Laisse-moi tranquille. — دست از گريبانم *dest ez γeribánem* ou از يخه‌ام وردار *ez yeḥèem verdár*, ôte (ta) main de mon collet, برو جهنم *ǧehennüm beróu*, va-t-en dans l'enfer, کارت ندارم *káret nedárem*, je n'ai aucune affaire avec toi, حرف پر و پوچ مزن *zerfi per u púč mezen*, trêve de paroles futiles! (litt. ne frappe pas des paroles plumeuses et creuses), گم شو *γum šóu*, disparais, va-t-en! (litt. sois perdu), etc.

A la bonne heure! — آخر *áhir* ou الامر آخر *áhir-ül-emr*, à la fin de la chose, enfin, اى بلى همچنين بگو *ey bely hemčenín begú*, mais oui, parle-moi comme ça, حسابى *ẕesábi*, c'est juste, et pour cause (litt. comptable), البته هزار البته *albetté hezár albetté*, sans doute, mille fois sans doute, صد هزاران آفرين *sed hezárán áferín*, cent mille bravos, روييت سفيد *rúyet sefíd*, ton visage est blanc, c'est-à-dire, tu t'es distingué, etc.

Une bagatelle! un rien! — چيزى نبود *čízy nebúd*, ce n'était rien, هيچ هيچ *híč híč*, rien de rien, قابليت ندارد *qábiliyet nedáred*, c'est peu de chose, (litt. cela n'a pas de capacité), سهل است *sehl est*, n'importe, به زحمتى نمى ارزد *bè zeḥmety ne my erzed*, cela ne vaut pas la peine (qu'on se donnerait pour l'obtenir).

J'y retiens part. — من شريكم *men šeríkem*, (litt., je suis (ton) associé), سهما بده *ṣehmárá bedeh*, donne-moi ma quote part, c'est-à-dire, c'est une bonne affaire, il y a à gagner.

Chercher des prétextes. — چون و چرا گفتن *čún ú čirá γoften*, littér., dire le comment et le pourquoi.

L'affaire est embrouillée. — قصّه غلیظ است *qisseï γelíz est*, (littér., l'historiette est épaisse), on n'y voit pas clair.

Il n'a offensé personne. — هیچ مردیرا خون از بینی نیآورد *hič merdírá hún ez bíny neyávurd*, (littér.: il n'a fait saigner le nez d'aucun homme); c'est un homme paisible, tranquille.

Prévenons, assurons-nous d'avance. — علاجی واقعه پیش از وقوع باید دید *'eláği váqe'a píš ez vüqu'ú báyed díd*, il faut trouver un moyen de rémédier au mal avant que le mal n'arrive.

Cela arrive fort souvent. — بسا اتّفاق می افتد ou bien بسیار می شود *beçá ittifáq my üfted* ou bien *beçyár my ševed*.

Volens, nolens. — خواهی نخواهی *háhy nè háhy*, veux-tu, ne veux-tu pas? équivaut à l'arabe طوعًا كرهًا *tu'en kierhen*, obéissant ou non, bon gré, malgré.

Parfois, l'interrogatif چه *či* se rend par *nonobstant, que m'importe!* Ex.:

اما سحری که میرم از مخموری
می خواهم و معشوقه چه دوزخ چه بهشت

emmá sexery ki mírem ez mehmúry — mey háhem u me'ašúqè či dúzeh či behišt

...... mais le matin (du jour) où je devrai mourir du déboire (ivresse de la veille) je me ferai donner du vin et une bonne amie, car que m'importent l'enfer ou le paradis?

L'interjection هان *hán* se rend par: *abstiens-toi! gare! ne le fais pas!* Ex.:

هان تا ننهی بر تن خود غصّه و درد
تا جمع کنی سیم سفید و زر زرد

زآن پیش که گردد نفس گرم تو سرد
با دوست بخور که دشمنت خواهد خورد

hân tâ nenehy ber teni hûd ŷüssè u derd — tâ ŷem'e küny sîmi sefyd u zeri zerd — zân (pour ez ân) *piš ki ŷerded nefeci ŷermi tû serd — bâ dûst behâr ki dušmenet hâhed hûrd*

Ah! garde-toi bien d'attirer (de ne pas mettre) sur toi (*ten*, corps, individu), du chagrin et de la douleur, afin d'amasser de l'argent blanc et de l'or jaune. Avant que ton tiède souffle ne devienne froid, bois, mange avec l'ami, car ton ennemi en boira et mangera certainement.

Supposons que, admettons que: گیرم *ŷírem*, au pluriel, گیریم *ŷírím*, (littér.: apprenons).

گیرم که بکام دل بمانی صد سال
صد سال دیگر بمانده گیر آخر چه

ŷírem ki bekiâmi dil bemâny sed sâl — sed sâli díŷer bemândè ŷír ãhir či

J'admets que tu continues pendant cent ans à vivre au gré des désirs de ton cœur. Suppose, toi aussi, que tu vivras encore une autre centaine d'années; mais, après cela, quoi?

گیرم که تو خود ملك سلیمان داری
گنجینهٔ قارون و خراسان داری
زبودن و نا بودن آن حاصل چیست
چون بگذری و جمله بجا بگذاری

ŷírem ki tû hûd mülki süleymân dâry — ŷenŷínči qârûn u hûrâçân dâry — zi bâden u nâ bâden ân ḥâcil čist — čûn beŷüzery u ŷümlè beŷâ beŷüzâry

J'admets qu'à toi seul tu possèdes le royaume de Salomon; que les trésors de Qârûn et la terre du soleil (le Horâçân) t'appartiennent aussi. Quel sera le résultat (la moisson) de ces être ou n'être pas? Quand tu auras vécu (passé), il te faudra laisser tout cela à sa place (où tu l'as trouvé)!

Au voleur! – واویلا دزد *vâveylâ düzd* ou دزد آمد *düzd âmed*, hélas, voleur! ou, le voleur est venu, ای داد *ey dâd*, ô justice! etc.

Au secours! – ای مدد *ey meded*, ô secours! ای مادر *ey mâder* ô ma mère, ای نه نه ام *ey nè nè âm*, ô maman! ای مسلمانان *ey müçülmânân*, ô musulmans! من مُردم والله مُردم *men mürdem vallah mürdem*, je suis mort, par Dieu, je suis mort! بکمکم *bekümekem* ou بفریادم برسید *beferyâdem berecîd*, arrivez à mes cris, ou, à mon secours, etc.

Faites place! – جا بدهید *ğâ bedehîd*, donnez place, کنار برو *kenâr berôu*, ôte-toi, va de ce côté, دور باشید *dûr bâšîd*, éloignez-vous, etc.

Arrête! – همینجا وایست *hemînğâ vâïst*, ici même tiens-toi debout, از جا مجنب *ez ğâ meğümb* ou bien حرکت مکن *xereket mekün*, ne bouge pas de la place, ou bien, ne fais pas de mouvement, etc.

Gare la tête! – زنهار *zinhâr*, gare! خبردار باش *heberdâr bâš*, sois avisé, سرتـرا نگه دار *seretrâ niyeh dâr*, gare à la tête! etc.

Hé bien! et quand même? – خوب *hûb*, bien, چه شد *či šüd* ou مگر چه شد *meyer či šüd*, qu'est-il donc arrivé? آسمان که پایین نیامده *âsmân ki pâïn neyâmedè*, le ciel n'est pas descendu (sur la terre).

Écoutez donc! – گوش بده *yûš kün*, écoute, گوش کن *yûš kün*, gûš bedeh, donne (prête) l'oreille, متوجه باش *müteveğğih bâš*, sois attentif, etc.

Adieu, portez-vous bien, bon voyage! – خدا حافظ شما *hüdâ xâfizi šümâ*, Dieu (soit) votre protecteur, خدا همراه *hüdâ hemrâh*, Dieu (soit votre) compagnon de voyage, بخدا سپردیم *behüdâ süpür-*

dìm, nous (vous) avons confié à Dieu, سفر بيخطر *seferi bíḫeter*, voyage sans péril, etc.

Au revoir! - بشرف ملاقات *bešerefi mülâkât* ou باز ديد *bâz dîd*, à l'honneur de la rencontre, ou, de nous revoir, انشاء الله خدمت شما مى رسيم *inšâ allah hedmeti šumâ mî recîm*, Dieu aidant, nous arriverons encore à votre service, مرخص ميشويم *müreḫḫes mîševîm*, permettez que nous nous en allions, مارا ياد كنيد *mârâ yâd künîd*, souvenez-vous de nous, از خواطر عالى مارا محو نفرمائيد *ez ḫevâtiri 'âly mârâ meḥv nefermâîd*, daignez ne pas nous effacer de votre esprit élevé, faites nous l'honneur de ne pas nous oublier, etc.

Je me pâme d'aise! - لذّت ميبرم *lezzet mîberem*, litt., je porte le plaisir, لذّت خوردم *lezzet ḫurdem*, litt., j'ai mangé du plaisir, به به چه خوبست *beh beh či ḫûbest*, litt., bon, bon, ah! que c'est bon! بهشتيست *behištîst*, c'est un paradis! پير شوى *pîr ševy*, puisses-tu parvenir à l'âge de vieillesse! (litt., deviens vieillard!), دستت درد نكند *destet derd nekûned*, que ta main ne te fasse mal, c'est-à-dire, sois toujours habile et heureux. — Cette dernière expression s'adresse aux individus qui excellent dans quelque art manuel, à un peintre qui vous fait voir son tableau réussi, à un bon tireur de fusil qui vous donne une preuve de son habileté, etc.

Le mot répété, de même qu'en sanscrit, marque la quantité ou l'affluence extraordinaire:

مردم جوق جوق و فوج فوج و گروه گروه نزد او مى آمدند
merdüm ğôuq ğôuq u fôuj fôuj u girûh girûh nezdi û my âmedend

Des hommes par groupes, par bataillons, par foules venaient auprès de lui, les uns après les autres.

Quelquefois, pour donner plus d'emphase à l'idée d'éloignement, on répète plusieurs fois le mot *loin*. Ex.:

معلوم شود چو پردها بر دارند
کز کوی تو دور دور دور افتادند

meʿalûm ševed čû perdèhá berdárend — kiez kúy tú dúr dúr dúr ûftádend

On apprendra, aussitôt le rideau levé, qu'ils (les mondains) sont tous retombés loin, loin, loin de ton chemin (qui conduit) à la Foi (à Dieu).

CINQUIÈME PARTIE

RÉSUMÉ

OBSERVATIONS CONCERNANT L'ÉTYMOLOGIE ET LA SYNTAXE PERSANES. — ACCENT. PRONONCIATION.

La langue persane, très-libre dans ses allures, est en même temps très-simple quant aux éléments constitutifs de son mécanisme grammatical. Il n'y a qu'une seule formule pour les inflexions du paradigme, c'est ce que nous avons appelé le verbe normal; une seule terminaison commune à tous les cas obliques, c'est le signe را, et, enfin, une seule annexion pour subvenir aux divers besoins de rapport d'un nom à un autre, c'est l'izafet.

Maintenant que ni la déclinaison ni la conjugaison ne nous embarrassent plus, nous pouvons nous occuper plus exclusivement des principales règles de syntaxe et de construction, et, sous ce point de vue, considérer d'abord les noms, puis les verbes, et ensuite l'emploi des noms et des verbes à la fois dans le corps d'une construction grammaticale.

CHAPITRE PREMIER

DES IZAFETS ET DES CAS OBLIQUES

I. IZAFETS.

313. Les Persans ont quatre espèces d'izafet, savoir: celui du *génitif* (117) celui de l'*adjectif* (139), celui du *pronom relatif* (275), et celui d'*intitulations* (324).

§ 1. IZAFET DU GÉNITIF.

314. L'izafet κατ' ἐξοχήν, par excellence, sur le modèle duquel se forment tous les autres, est l'izafet du génitif.

Le génitif s'emploie pour caractériser les noms qui servent de complément à d'autres noms ou à des prépositions. Ce caractère autoriserait à désigner ce cas sous le nom de *cas complémentaire.*

Cette définition du feu baron de Sacy s'accorde parfaitement avec l'idée que les Persans se sont faite sur le cas en question. Leur génitif doit être toujours accompagné d'un complément, et, alors même que ce complément reste sous-entendu, ils le font remplacer par les substantifs مال *mâl* (116) ou زان *zân* pour از آن *ez ân* (234), propriété, possession, qui, dans cette circonstance, perdent leur sens primitif et ne sont, pour ainsi dire, que des lieutenants muets d'autres substantifs, car مال زمين *mâli zemin,* زان برهمن *zâni berhemen,* veulent dire tout simplement, *de la terre,* et, *du brahmane.*

315. Le sens même de ces deux substantifs : propriété, possession, est non moins logique [1]) que leur rôle de suppléant. Ce sens indique la nature complémentaire des rapports établis par le génitif. En effet, bien que la détermination exprimée par le génitif puisse être fondée sur une infinité de rapports différents les uns des autres, on voit que tous ces rapports se ressemblent toujours, en ce que l'objet nommé par le précédent appartient d'une façon quelconque à l'objet nommé par le conséquent d'un génitif. Ainsi, en analysant ces deux exemples :

گل در لحاف غنچه خوش خفته بد سحر گاه
بـاد صـبـا بـر او خـوانـد ايــهـا المــزمّـل

γül der leχáfi γünčä χôš χüftä büd seχer γáh — bádi selá ber ü hánd eyyühá elmüzemmel

La rose dormait doucement emmaillotée dans son lange de bouton; de grand matin, le vent du midi (en soufflant) sur elle, l'appela : Sus donc, la paresseuse!

Le dernier mot du texte مزمّل *müzemmel*, signifie littéralement, emmailloté, enveloppé. La tradition musul-

---

1) Ce qui paraît illogique, c'est de faire annexer le signe d'izafet non pas au supplément du génitif, mais au mot qui le précède immédiatement et qui devrait rester au nominatif. Du reste, ceci n'est qu'une question d'orthographe, une faute consacrée par l'usage. On pourrait la réparer en annexant le ی d'izafet au commencement des mots auxquels il appartient de droit, comme les Persans le font à l'inverse, avec leur pronom relatif, et de même que les Arabes forment leur aoriste par l'addition de la consonne préfixe ی. Les Hébreux ont aussi un génitif semblable.

mane dit que l'ange Gabriel ayant trouvé le prophète Mohammed endormi sur les sables du désert et enveloppé dans les plis de son manteau, le réveilla en lui criant dans l'oreille: *Eyyühâ el-müzemmel*, ô toi, l'emmailloté! Tel est le mot initial de la révélation arabe et il sert de titre à une surate du Qoran. Encore un exemple:

گفتند که مارا از دو جهت رفتن بشهر هرات نا صواب می نماید اوّل آنکه ما مردم صحرانشینیم خانهٔ ما خانهٔ زین است وحصار ما تیغ آهنین خودرا در تنگیهای حصار انداختن وخویشتن‌را در زوایای چار دیوار افکندن از خرد دور است واز فرزانگی مهاجور دوّم آنکه

γoftendi ki mârâ ez dû ĝeheti refteni bešehri herât nâ sevâb my nü-mâyed evvel ânki mâ merdümi seχrânišînîm ħânèi mâ ħânèi zîn est u χeçâri mâ tîγi âhenîn ħâdrâ der tenγhây χeçâr endâhiten u ħištenrâ der zevâydy ĉârdivâr efkenden ez hired dûr est u ez ferzâneγy mehĝâr düvvüm ânki (زینت التواریخ).

Ils ont dit: Pour deux raisons il ne nous paraît pas prudent d'aller nous interner dans la ville de Hérât. Premièrement, parce que nous sommes un peuple nomade (litt. hommes assis dans le désert), nos maisons à nous sont les arçons (*ħânè*) de notre selle [1]), et le fer de nos épées nous sert de rempart. Nous jeter dans les clos étroits d'une circonvallation et nous cloîtrer dans les recoins de quatre parois, serait (une mesure) que le bon sens n'admet pas, et que la prudence répudie. Secondement, c'est que.... etc.

---

1) L'auteur, Mirza Abd-ül-Kerim, joue sur le mot خانه, qui a un double sens: maison, et, en parlant d'une selle, arçon.

Dans مردم صحرانشین, hommes assis dans le désert, l'izafet indique le rapport de l'agent à l'objet;

Dans حصار ما, notre rempart, et خانهٔ ما, notre maison, le rapport de la chose possédée au possesseur;

Dans خانهٔ زین, arçon de la selle, لحاف غنچه, couverture (litt., drap de lit) en bouton de fleur, et تیغ آهنین, épée en fer, le rapport de la forme à la matière;

Enfin, dans تنگهای حصار, les clos étroits du rempart, et زوایای چار دیوار, les recoins de quatre parois, le rapport de la partie au tout.

316. Dans une sentence parfaitement régulière, l'izafet ne se supprime jamais.

317. Il ne se supprime que dans les composés polygènes, lorsque deux substantifs mis au génitif s'unissent l'un à l'autre pour former un seul mot (186). Exemples: قباپوستین *qebâpûstin*, manteau doublé d'une fourrure, سرمایه *sermâyè*, fonds, capital, سر حساب *ser ẋesâb*, bon arithméticien, homme qui est toujours sur ses gardes, éveillé, prudent, سررشته *serrishtè*, ordre, méthode, صاحب سفره *sâẋib sûfrè* ou صاحب نان *sâẋib nân*, homme hospitalier, qui tient table (*sûfrè*, litt. nappe) ouverte, qui donne à manger (du pain *nân*) chez lui, صاحب خانه *sâẋib kânè*, maître de maison.

Tous les izafets qui ont disparu ici reparaissent dans une construction où chacun de ces mots composants s'accorderait isolément. Exemples:

قبای ماخوت سبکتر است از قبای پوستینی *qebây mâhût sübükterest ez qebây pûstîny*, un manteau en drap est plus léger qu'un manteau en fourrure, هر سال ذخیرهٔ می کند و سر مایه‌اش چیزی می افزاید *her sâl zehîrè my kûnèd u seri mâyèèsh čîzy my efzâyed*, tous les ans il fait des économies (provisions), en ajoutant quelque chose au capital qu'il possède, هرگز سر حسابمان نیامدیم *heryiz seri χeçâbimân neyâmedim*, jamais nous ne pouvions venir à bout de notre compte, nos comptes ne s'accordaient pas, سر رشته شکست *seri rištè šikest*, le bout du macaroni (*rištè*) s'est brisé, درویش صاحب کچکولست نه صاحب سفره *derviš sâχibi kečkûlest nè sâχibi sûfrè*, le derviche ne possède qu'une écuelle, il n'a point de nappe, ای صاحب نان ونمک *ey sâχibi nân u nemek*, ô toi qui as du pain et du sel (qui es libéral)! صاحب خانهٔ ایشان گربهٔ بود *sâχibi hânèï yšân γûrbèï bûd*, le maître de leur maison était un chat.

318. Lorsqu'il s'agit de désigner le rapport de la forme à la matière, l'izafet du génitif fait fonction d'un ی relatif (160). Ex.:

ساعت طلا (pour طلائی) *sâ'eti telâ*, une montre en or, کاسهٔ نقره *kâsèï nûqrè*, une soucoupe en argent, جقهٔ الماس *jiqqèï elmâs*, une aigrette en diamants, چنگال وقاشق نقره نما *čenγâl u qâšuqi nûqrè nûmâ*, la fourchette et la cuiller argentées, ou en métal imitant l'argent, گلولهٔ سرب *γûlulèï sûrb*, une balle de plomb, etc.

319. La même chose a lieu lorsqu'il s'agit d'établir le rapport de production au producteur. Exemple:

از میوهها واثمرهٔ خاك ایران غلوی تبریز وسیب دماوند وگلابی نتنس وانار ساوه وپستهٔ چهار اویماق وبه اصفهان وخربزهٔ نخچیوان وانگور شیراز وانجیر گیلان وهندوانهٔ نیشاپور بغایت مرغوب ونهایت مطلوب میباشند

ez mivehâ u esmerèï hâki yrân γûluy tebrîz u sîbi demâvend u γûlâbîy netens u enâri sâvè u pestèï čehâr oymâq u behi isfehân u herbûzèï nehičivân u enγûri šîrâz u enγîri γîlân u hindûvânèï nîšâpûr beγâyet merγûb u nehâyet metlûb mibâšend

En fait de fruits et de produits du sol de la Perse, la pêche de Tauris, la pomme de Demavend, la poire de Netens, la grenade de

Sava, la pistache du pays des Quatre Oïmaks, le coing d'Ispahan, le melon de Nahičévan, le raisin de Širaz, la figue du Ǧilan et la pastèque de Nišapour ont un goût exquis et sont fort recherchés.

320. Par extension, le génitif s'emploie quelquefois pour former les noms patronymiques (162) et les surnoms. Exemples :

مریم عیسی *meryemi ‛içâ*, Marie (mère) de Jésus, یعقوب لیث *ye‛aqûbi leïs*, Jacob (fils) de Leith, فاطمهٔ زهرا *fâtimeï zohrá*, Fatime (fille) de Zohra, کاوس وشمگیر *kâuci vešemyîr*, Kaous l'oiseleur, lit.: preneur de cailles (vešem), عبّاس شاه بنّا *‛abbâs šâhi bennâ*, Abbas Šâh le maçon, aimant à bâtir, بهرام خواجه *Behrâmi hâǧe*, Berhâm l'eunuque.

§ 2. IZAFET D'ADJECTIF.

321. L'izafet du génitif approprié, l'izafet de l'adjectif qualifié, et la manière de les accorder, en persan, ne diffère point. Dans un exemple ci-dessus (315), nous avons exprès confondu les adjectifs de تیغ آهنین, *gladius ferreus*, et de مردم صحرانشین, peuple nomade, avec d'autres substantifs mis au génitif, pour faire voir combien ces deux rapports se ressemblent quelquefois; car en remplaçant آهنین, ferré, par آهن *âhen*, fer, et en employant substantivement l'adjectif صحرانشین, homme vivant dans le désert, on substitue l'accord du génitif à celui de l'adjectif, sans altérer aucunement l'ordre grammatical.

322. L'izafet ne fait accorder les adjectifs avec un substantif que lorsque ces adjectifs servent d'épithète et font avec leur substantif logiquement un seul sujet. Ex. :

کوه بلند *kûhi bûlend*, une montagne haute, درهٔ پرتگال *dereï pertgâl*, un ravin escarpé, دشت پهن *dešti pehn*, une plaine étendue.

323. Mais l'izafet disparaît au moment où un adjectif cesse d'être épithète. Exemples:

عجب نیست که کوه بلند است *eÿeb nîst ki kûh bülend est*, il n'y a rien d'étonnant si une montagne est haute, اکثر اوقات دره پرتگاه میشود *ekseri ôuqât derè pertγâh mîševed*, pour la plupart du temps, un ravin est escarpé, خاصیت دشت پهنا شدن است *hácyyeti dešt pehnâ šüden est*, le propre des plaines est de s'étendre, etc.

Ici les adjectifs بلند, پرتگاه, پهنا ne soumettent pas leurs substantifs à l'annexion d'izafet, parce qu'ils ne sont plus épithètes, mais jugements portés sur کوه, دره et دشت.

گشنه زان تنگی جهانی تنگدل
گرسنه نالان و سیران سنگدل

γeštè ziân tenγy ÿihâny tenγdil — γürisnè nâlân u sîrân senγdil.

Cette détresse angoissait tout un monde. L'affamé gémissait (gémissant); les rassasiés (les satisfaits) se taisaient (se taisant) avec un cœur de roche.

Il faut lire *γürisnè nâlân* et *sîrân senγdil* et non pas *γürisneï nâlân* et *sîrâni senγdil*.

324. La suppression des izafets d'adjectif a déjà été remarquée (187). Elle a lieu dans les noms composés.

§ 3. IZAFET PRONOMINAL.

Il serait superflu de revenir ici aux règles déjà données (271—278) concernant l'izafet des pronoms relatifs.

§ 4. IZAFET DES INTITULATIONS.

L'étiquette orientale, considérée au point de vue littéraire, mériterait d'être traitée à part. La position hiérarchique d'un personnage et, par conséquent, les titres plus ou moins honorifiques qui lui appartiennent, influent beaucoup sur le style du discours ou de l'écrit qu'on lui adresse. Laissant de côté tout ce qui regarde le style proprement dit, il y a, sous le rapport grammatical, des remarques à faire sur les formules dont la connaissance est indispensable dans la correspondance ordinaire et même dans la conversation.

325. L'épithète honorifique se place la première et au nominatif, qui prend l'izafet de son complément, c'est-à-dire, du nom propre de la personne à laquelle on s'adresse et du degré hiérarchique de cette personne. Exemple:

جناب محمّد خان امير نظام عساكر نظام ايران *ǧenâbi moxammed ḫâni emîr nizâmi 'eçâkiri nizâmi yrân*, S. E. Mohammed han, généralissime (*emîr nizâm*) des troupes régulières (*nizâm*) de Perse.

Le substantif جناب (litt., puissance) correspond à notre titre d'excellence, c'est une épithète qui donne lieu à l'annexion de tous les izafets consécutifs, que nous avons compris sous la dénomination spéciale d'*izafet d'intitulations*, parce qu'on y rencontre des constructions qu'on ne voit nulle part ailleurs.

326. Une seule épithète, surtout en style d'administration, ne suffit pas. Plus un dignitaire a de droits à votre considération, et plus il faut la lui prouver en prodiguant des épithètes. Exemples:

Le Šâh de Perse, en écrivant à un puissant monarque de la chrétienté, commencerait sa lettre ainsi:

بزم حضور اعلحضرت پادشاه فلك دستگاه خورشید
شکوه شهریار آسمان بارگاه ثوابت گروه آرایش افزای اورنگ

سلطنت وجهانداری فرمانفرمای ممالك شوكت ودولت یاری
اعظم سلاطین ملّت مسیحیّة افخم خواقین دولت امپریّة
امپراطور اعظم ممالك فلان وغیره وغیره

bezmi χużûri e'alaχezreti pâdišâhi felek destγâhi ḧuršid šukuhi šeh-
ryiâri âsmân bârγâhi sevâbit γürûhi ârżiš efzây ôurenγi saltanet u
jehândâry fermânfermây memâliki šôuket u dôulet yâry e'azem selâtini
milleti meciχiyyëi efḧemi ḧevâqini dôuleti imperiëi imperatûri e'azemi
memâliki fülân u γeyreh u γeyreh.

Au festin joyeux de la présence de la plus sublime majesté du Souverain splendide comme le ciel, majestueux comme l'astre du jour, monarque d'une cour céleste, qui gouverne autant de nations qu'il y a d'étoiles fixes, dont la personne ajoute à l'éclat du trône du pouvoir et de la souveraineté, qui fait émaner et mettre à exécution ses ordres, auxquels obéissent des contrées glorieuses et favorisées par la fortune; le plus grand d'entre les potentats de la religion du Messie, le plus puissant des autocrates (*ḧâqân*) des puissances impériales, le très-élevé empereur des états (tels et tels), etc., etc.

L'héritier présomptif du Šâh commence ainsi sa lettre au même empereur:

بر آینهٔ ضمیر منیر اعلیحضرت قدر قدرت قضا شوكت
شاهنشاهی كشور بخش كشورگیر شهریار معدلت گستر
معذرت پذیر امپراطور اعظم عمّ اكرم فلان نام منقّش ومنرسّم
میباشد

ber âinëi zemîri münîri e'alaχezreti qeder qüdreti qezâ šôuketi šâhen-
šâhi kešver beḧši kešverγîri šehriyâri me'adelet γüsteri me'aziret pezîri
imperâtûri e'azemi 'emmi ekremi fülân nâm müneqqeš u müteressem
mîbâšed

Que (ce que j'écris) se reflète et se grave sur le miroir de l'esprit

16

enluminé de la plus sublime majesté, puissant comme la prédestination, majestueux et irrésistible comme l'astrale, le roi des rois qui fait don des empires, qui conquiert les empires, souverain propageant la justice, pardonnant à ceux qui lui demandent grâce, empereur grand, mon oncle magnanime, etc.

Le Šâh, écrivant au ministre des affaires étrangères d'une cour impériale de la chrétienté, lui donne les qualifications suivantes:

جناب مجدت ونجدت نصاب فخامت ومناعت انتساب جلالت ونبالت اكتساب نظام آموز امور رواج افزای مهام جمهور وزیر بی نظیر مشیر صایب تدبیر فلان

ǧenâbi meǧdet u neǧdet niçâbi fehâmet u menâʿet intiçâbi ǧelâlet u nebâlet iktiçâbi nizâm âmûzi ümûri revâǧ efzây mehâmi ǧemhâri vezîri by nezîri müšîri sâib tedbîri fûlân

Excellence, issu d'une origine illustre et glorieuse, apparenté avec la magnanimité et la puissance, instructeur et coordonateur des affaires d'état, infaillible garant du bon aloi des transactions internationales entre les peuples de l'univers, ministre sans pareil, conseiller avisé et intègre, (suivent le nom et le rang dont il jouit en Europe).

327. Il y a deux espèces d'izafets d'intitulation à distinguer: ceux dont l'omission ne peut pas avoir lieu sans nuire à la clarté du sens, et ceux qui ne sont ajoutés qu'euphoniquement, pour éviter le concours de plusieurs consonnes au commencement d'un mot. Nous les avons indiqués dans la transcription figurée. On peut les prononcer comme nous l'avons fait, ce qui est la manière la plus usitée, les omettre, ou bien les remplacer par la conjonction و *u*, à volonté.

328. Les izafets continus en question sont fort en usage dans les intitulations des chapitres et épisodes des ouvrages en prose ou en vers. Exemple:

ذكر مجملى بعضى وقايع حكومت معاويه وشرح فضايل صورى ومعنوى فضلاى معاصرين

zikri meǧmelăy be'azíy veqâye'aï χŭkumeti müâ'viyè u šerχi fezâili severy u me'anevíy fŭzelăy meâ'çirín

Mention succincte des événements du règne de Moavia, et description des vertus physiques et morales de ses contemporains les plus distingués.

329. C'est dans cette espèce d'intitulations qu'on rencontre souvent les exemples de la double influence syntaxique de l'infinitif persan. Ce mot, tout seul et dans un même temps, peut s'adjoindre l'izafet, les prépositions et les terminaisons propres à sa nature substantive et il peut aussi avoir ses régimes directs et indirects propres à sa nature verbale. Exemples:

فرستادن زليخا دايه را به نزديك يوسف *firistádeni züleyhâ dâyèrâ bè nezdíki yuçŭf*, Zuléïhâ (femme de Putiphar) envoie sa nourrice auprès de Joseph, شب رسيدن وعرضه كردن كنيزكان جمال خويش را به يوسف تا به كدام از ايشان رغبت نمايد *šeb recídeni u 'erzè kerdeni kenízeγán ǧemâli ḣíšrâ bè yuçŭf tâ bè küdâm ez yšân rüγbet nümâyed*, La nuit arrive; les servantes font étaler leurs charmes devant Joseph, afin de savoir) laquelle d'entre elles deviendrait l'objet de son choix, شب رسيدن عزيز مصر به يوسف عليه السلام وبيرون آوردن وپنهان داشتن آنچه در ميان وى وزليخا كذشته بود *šeb recídeni 'ezízi misr bè yuçŭfi 'aleïhi es-selâm u bírûn âvürden u penhân dâšteni ânči der miyâni vey u züleyhâ γüzeštè bŭd*, Pendant la nuit, le gouverneur ('ezíz) d'Égypte, vient chez Joseph, qui partiellement avoue et partiellement cache ce qui s'était passé entre lui et Zuléïhâ, رفتن مجنون به حج پياده بعد از اجازت خواستن از ليلى *refteni meǧnŭn bè ḣeǧǧ piyâdè be'ad ez iǧâzet ḣâsten ez leyly*, Meǧnûn fait à pied un pèlerinage, après en avoir demandé la permission à Leyla, etc.

II. DATIF.

330. L'emploi des deux formes du datif (119) de la déclinaison persane n'est pas identique. Voyons ce qu'elles ont de différent et de commun entre elles.

a. Datif avec la terminaison را.

331. Le datif را est obligatoire pour les régimes indirects du verbe بودن *búden*, lorsque celui-ci signifie *posséder*, *avoir*. Exemples:

مال و گنجی را مار و رنج است *mál u yenğrá már u renğ est*, chaque richesse a son souci, et chaque trésor a son serpent, مارا هرگز چنین گمانی نبوده *márá hergiz čenín gúmány nubúde*, nous n'avions jamais un pareil soupçon, etc.

Dans aucune de ces locutions, le datif به ne peut remplacer را, mais on peut lui substituer un pronom conjonctif. Ex.:

هیچ یادم نیست خاطرم نیست *kátirem níst* ou هیچ یادم نیست *híč yádem níst*, je ne m'en rappelle rien, je n'en ai aucune souvenance, یادت باشد *yádet báśed*, rappelle-toi-le, souviens-t'en, هیچ یادتان است *híč yáditán est*, vous en rappelez vous quelque chose? خوابش میاید *kábeš míáyed*, il veut dormir (litt.: le sommeil vient à lui), etc.

332. Le régime indirect des verbes impersonnels se met toujours au datif را.

b. Datif avec la préposition به.

333. On ne peut pas substituer le datif را au datif به, toutes les fois que le régime indirect marque un rapport de localité. Ex.:

مقصود رسیدیم *bemeqsúd recídim*, nous arrivâmes à notre but, با برکاب خانه گذاشت *behâně âmed*, il est venu à la maison, پا برکاب گذاشت *pâ berikâb γuzâšt*, il mit le pied à l'étrier, بدل عمر بزن *bedili ʿomer bezen*, frappe Omar au cœur, دستنش بقبضهٔ شمشیر است *desteš beqebzěï šemšír est*, sa main est sur (à) la garde de son épée, etc.

Dans aucun de ces exemples, به ne saurait être remplacé par را, parce que le datif est ici en quelque sorte synonyme du locatif. Pour la plupart du temps, به ne marque que le mouvement d'un endroit à un autre. Ex.:

طفلی بخدا سپردیم *belüdâ süpürdím*, nous avons confié à Dieu, طفلی به مکتبخانه فرستاد *tifly bè mektebhâně firistâd*, il envoya un enfant à l'école, صد اشرفی باو باخت *sed ešrefy beŭ bâht*, il perdit cent ducats en jouant avec lui, etc.

334. Le régime indirect des verbes گفتن *γoften*, dire, et دادن *dâden*, donner, peut être mis à un des deux datifs indifféremment. Exemples:

بایشان *beyšân* ou ایشانرا گفتم *yšânrâ γoftem*, je leur ai dit, چیزی اورا دادم *čízy úrâ dâdem* ou چیزی باو *čízy beŭ*, je lui ai donné quelque chose, etc.

335. Puisqu'il est question du datif به, remarquons que la préposition به a plusieurs significations en dehors de ce cas.

a. Nous l'avons déjà vue précéder les verbes (62 et 69) et faisant les fonctions de la conjonction با *bâ*, avec, (295);

b. Elle s'emploie dans le sens de *par, pour, dans, en, selon, au gré de*. Exemples:

تازه بتازه نو بنو *tâzè betâzè noŭ benoŭ*, en renouvelant, (litt., de frais en frais, de neuf en neuf), مو به مو *mú bè mú*, à un cheveu près, (litt.: cheveu par cheveu), لفظ بلفظ *lefz belefz*, mot par mot, بكرّات وبمرّات *bekerrât u bemerrât*, à plusieurs reprises, maintes fois, بخاطر خدا *behâtiri hüdâ*, pour l'amour de Dieu, لكلك بهوا بدام نمى افتد *leklek behevâ bedâm nemy üfted*, la cigogne en l'air ne tombe pas dans le piège (proverbe), باقى ايّام بعزّ وكام باد *bâqîy eyyâm be'izz u kâm bâd*, que le restant de (vos) jours se passe en honneur et au gré de votre bon plaisir, etc.

به *bè* signifie aussi *à raison de, au prix de*. Ex.: Hâfiz dit:

اگرچه دوست بچيزى نميخرد مارا
بعالمى نفروشيم موى از سر دوست

eyerči dûst bečîzy nemîhered mârâ — be'âlemy nefürûšim mûyi ez seri dûst

Bien que l'ami se refuse à nous acheter même pour rien, (fait peu de cas de nous), nous ne vendrions pas un seul cheveu de sa tête d'ami pour tout un monde.

c. Les prépositions به *bè*, pour, à, au, et در *der*, dans, se suppriment devant les noms de lieu et les noms de temps, surtout en style familier. Exemples:

جاى مرو خانه بنشين (*bè*) *yây merôu* (*der*) *hânè benišîn*, ne va nulle part, reste assis (dans) la maison, طهران آمدم (*bè*) *tehêrán âmedem*, je suis venu (à) Téhéran, برو منزلش احوال بگیر (*der*) *menzileš eχvâl beγîr*, va (dans) sa maison pour demander des nouvelles, حجره نیست صحرا میگردد (*der*) *χüğrè nîst* (*der*) *seχrâ mîγerded*, il n'est pas (dans) la boutique, il rôde (dans) les champs, عصرى لب رودخانه رسیدیم (*der*) *'esry* (*bè*) *leby rûdhanèi resîdîm*, (à) la tombée de la nuit, nous arrivâmes (sur) le rivage d'un fleuve, روزها میخوابد شبها مهمانى میرود (*der*) *rûzhâ mihâbed* (*der*) *šebhâ* (*bè*) *mehmâny mîreved*, (dans) la journée, il dort, (dans) la nuit, il va (pour) faire des visites, چه وقت (der) či veqt, ou bien چه ساعت باید شکار برویم (der) či sā‘et bāyed (bè) šikār berevim, (en) quel temps, ou bien, (à) quelle heure faut-il que nous allions à la chasse?

III. ACCUSATIF.

Où faut-il conserver et où faut-il supprimer la terminaison du régime direct, را râ? Tel est le problème que se sont souvent proposé les orientalistes, sans pouvoir trouver une solution satisfaisante. Les Persans n'ont pas besoin de règles là-dessus. Ils portent en eux-mêmes le sentiment, infaillible *criterium*, de ce qui est conforme ou contraire au génie de leur langue. Un étranger peut aussi acquérir à un certain degré ce sens exquis à force d'attention et d'usage. Nous croyons même possible de poser quelques règles générales pouvant servir d'introduction à cette sorte d'étude.

336. Le signe را de l'accusatif se supprime *toujours* après un nom qui entre dans la formation des verbes composés (100), qui abondent en persan.

337. Il se supprime *pour la plupart du temps :*
 a. Après un nom précédé de numératifs cardinaux (208);
 b. Après les noms d'un sens vague et indéterminé (121);
 c. Après les noms pourvus de l'article d'unité;
 d. Après les noms de lieu et les noms de temps.

338. Il faut conserver le signe را du régime direct *toutes les fois* que la suppression donnerait lieu à un double sens, ou qu'elle se ferait au détriment de la précision voulue.

339. On conserve را *ordinairement :*

a. Après les régimes directs précédés d'un pronom démonstratif (249);

b. Après les noms suivis d'un pronom conjonctif (225);

c. Après le régime direct d'un impératif ou des verbes causatifs.

d. Après les numératifs cardinaux, la terminaison رٱ du régime direct auquel ils se trouvent soumis par un verbe, n'est obligatoire que lorsqu'ils s'emploient isolément, c'est-à-dire en qualité de substantifs. Ceci est une exception à la règle générale (203 et 208) et arrive surtout dans le langage de l'arithmétique, dont je vais donner ici quelques échantillons d'autant plus volontiers qu'on en trouve peu dans les dictionnaires. Exemple:

در علم هندسه بجهت جمع وتفریق وضرب وتقسیم ومساوات نشانها قرار داده اند سه جمع چهاررا این طور مینویسند ۴+۳ پنج تفریق سه‌را این طور ۳—۵ سه ضرب چهاررا این طور ۳×۴ وچهار تقسیم هشت‌را این طور ۸÷۴ واین نشان = دلالت بر مساوات دارد .... باید دورا با سه جمع نمود وچهاررا از آن تفریق کرد وباقی‌را بدو ضرب نموده حاصل جمله‌را بسه تقسیم کنید .... امّا آنچه کسور است دو خمس چهار تسع‌را چنین می نویسند ۲/۵ من ۴/۹ وهفت ثمن ودو سدس‌را چنین ۲/۶ و ۷/۸

der ʿilmi hindüçè beğeheti ẏemʿa u tefrīq u zerb u teqsīm u müçávát nišánhá qerár dádè nd se ẏemʿi čehár rá yn tōur minüvīrend penğ tefrīqi se rá yn tōur se zerbi čehár rá yn tōur u čehár teqsīmi hešt rá yn tōur u yn nišán delálet ber müçávát dáred ..., báyed dúrá bá se ẏemʿa nümúd u čehár rá ez án tefrīq kerd u báqy rá bedú zerb nümúdè χácili ǧümlè rấ becè teqsím künîd . . . . ve ấnđi küçấr est dú hümsi čehấr tüç'a rấ čenín my nüvicend u heft sümn u dú südsrấ čenín

Dans la science de l'arithmétique, on est convenu de se servir de signes figuratifs de l'addition, de la soustraction, de la multiplication, de la division et de l'équation; *trois plus quatre* s'écrit ainsi : $3 + 4$; *cinq moins trois*, ainsi : $5 - 3$; *trois fois quatre*, ainsi : 3×4; *quatre dans huit*, ainsi : $4 \div 8$; quant au signe $=$, il désigne l'équation..... Il faut additionner 2 et 3 et en soustraire 4. Après avoir multiplié le restant par 2, divisez le résultat obtenu par 3 [1]...... Quant aux fractions, on écrit *deux cinquièmes de* (من *min* arabe, pour از persan) *quatre neuvièmes*, ainsi : $\frac{2}{5}$ de $\frac{4}{9}$, *sept huitièmes et deux sixièmes*, ainsi : $\frac{7}{8}$ et $\frac{2}{6}$.

IV. VOCATIF.

Le vocatif persan se forme de deux manières, soit en faisant précéder les substantifs d'une interjection, soit en les faisant suivre d'un élif ا exclamatoire : ای خدا *ey hüdâ*, ô Dieu! $=$ خدایا *hüdâyâ*. En poésie, cet élif et cette interjection se trouvent, quelquefois, remplacés par را, *râ*, désinence du cas oblique. Ces deux dernières formations n'ont jamais lieu au pluriel.

V. ABLATIF.

340. L'ablatif (123) conserve toujours از *ez*, sa préposition caractéristique. Exemples :

---

[1] Extrait du كتاب حساب *kitấbi χeçáb*, livre de mathématiques, par Mirza Djéafer, ingénieur en chef (مهندس باشي *mühendis bấšy*), ouvrage lithographié par l'ordre du Šâh à Téhéran, en 1262 (1844 de J. C.), in-8° de 341 pages. C'est la première arithmétique persane, digne de ce nom.

گر بنالد زتنگ چاه یکی مور ضعیف
تو از اسرار دلش موی بموی آگاهی
بی رضای تو یکی برگ نیفتد زدرخت
که تواند بملک تو کند گمراهی

γer benáled zi teγi čáh yeky múry ze'áif — tu ez esrári diléš múy bemúy áγáhy — by rizáy tu yeky berγ (pour *yek berγi*) *neüfted zi direht — ki tüváned bemülki tu küned γümráhy*

Si quelque pauvre fourmi se plaint, même du fond d'un puits, tu (Dieu) connais tous les secrets de son cœur, tous (litt.: à un cheveu près). Sans ton consentement, il ne tombe pas de l'arbre une seule feuille qui pourrait, en s'égarant, porter du trouble dans l'harmonie de ton royaume. (Le dernier hémistiche peut se traduire aussi: Quel être sous ton empire peut se dévoyer?)

هرچه از دونان به منّت خواستی
در تن افزودی از جان کاستی

her či ez dóunân bè minnet kásty — der ten efzúdy ez ǵán kásty

Chaque obligation que tu auras demandée aux gens bas et ignobles, ajoute au malaise de ton corps et ôte de la force à ton âme (litt.: dans le corps tu augmentas, de l'âme tu ôtas).

از پریدنهای رنگ و از طپیدنهای دل
عاشق بیچاره هر جاییست رسوا می شود

ez perídenháy reny u ez tepídenháy dil — 'ášiqi bičárè her ǵá hest rüsvá my ševed

Partout où se trouve un amoureux infortuné, il se compromet (*rüsvá*, déshonoré) par les disparitions de la couleur (les pâleurs subites de ses joues) ainsi que par les battements de (son) cœur.

341. Quelquefois از de l'ablatif doit se traduire par *au travers*, *par*, *à l'endroit de*. Exemples:

از رودخانه ردّ شدیم *ez rúdhânè redd šudím*, nous passâmes (à gué) la rivière, سرشرا از کاکل گرفته با خنجر بریدند *sereŝrâ ez kâkül γiriftè bâ ḣenǧer büridend*, l'ayant saisi par le toupet, on lui trancha la tête avec un poignard, از طُفیل او *ez tüfeyli ú*, ou bien بطفیل او *betüfeyli ú*, par ses bons soins, grâce à sa protection, sous ses auspices (*tüfeyl*, litt. curatelle, protection d'un enfant, *tifl*.)

342. La préposition از donne lieu à quelques locutions élégantes qu'il est utile de retenir. Exemples:

از این سرا رخت برد *ez yn serâ reḣt bürd* ou بربست *berbest*, il emporta de cette maison (ce monde) ses vêtements (son enveloppe), ou bien il plia ses bagages (pour: il mourut), دست از جان شستن *dest ez ǧân šusten*, renoncer à la vie (litt.: de son âme se laver les mains), از تقصیر گذشتن *ez teqsír γüzešten*, passer par-dessus une faute, la pardonner.

آتش از جگرم گرفت

âteš ez ǧeγerem γirift,

Le feu a pris à mon cœur (foie);

از پا در آمدن *ez pâ der âmeden*, être fatigué au point de ne pouvoir plus marcher, perdre l'usage de ses jambes (*pâ*), این خطا سر از من زده *yn ḣetâ ser ez men zedè*, (littér.: la tête de cette faute vient de moi, j'en suis le principal coupable).

خواهی که سخت و سستِ جهان بر تو بگذرد

بگذر از عهدِ سست و سخنهای سختِ خویش

ḣâhy ki seḣt u süsti ǧehân ber tu beγüzered — beγüzer ez 'ehdy süst-u süḣenhây seḣti ḣiš

Veux-tu être à l'abri des faiblesses et des duretés du monde? Re nonce toi-même à ta faiblesse dans le maintien de la foi jurée et à la dureté dans tes propos. (Hâfiz.)

CHAPITRE II

DES TEMPS DU VERBE.

Ceux d'entre les temps du paradigme persan qui ne se trouveront pas détaillés dans la nomenclature ci-dessous, auront été déjà suffisamment expliqués plus haut, ou bien n'ont rien de remarquable dans leur emploi.

§ 1. INFINITIF APOCOPÉ.

343. L'infinitif plein que les auteurs anciens employaient pour la formation du futur (52) est aujourd'hui toujours remplacé par l'infinitif apocopé.

344. L'infinitif apocopé se met ordinairement après les impersonnels. Exemples:

هیچ گنجی بی رنج نتوان یافت وهیچ گلی بی آزار خار نتوان چید

hič genǧy by renǧ netüvân yâft u hič ġuly by âzâri hâr netüvân čid

On ne saurait trouver aucun trésor sans peine, ni cueillir aucune rose sans essuyer la piqûre de l'épine. (*Envâri Süheïly.*)

345. Dans la langue moderne, après les trois verbes impersonnels (101), l'infinitif apocopé est préférable à l'infinitif plein. Ce n'est que dans un style prétentieux et qui vise à l'imitation des anciens que l'on fait encore usage d'expressions comme les suivantes:

مرا در وی سخن گفتن نشاید *merâ der vey sükhen γoften nešâyed*, il ne me sied pas de parler de lui, چه خواهی خریدن *či hâhy kerîden*, que veux-tu acheter? بفرمود کردن در آنجا نگار *befermûd kerden der ânğâ niγâr*, il ordonna d'y faire des peintures, etc. (Extraits du *Gulistân* cités par M. Vüllers, *Inst.* II, p. 85).

§ 2. PARTICIPE PRÉSENT

346. Tous les participes présents (57, 60) en نده *endè* et آ *â* ne sont guère que des adjectifs verbaux, qui s'emploient aussi en guise de substantifs, et se déclinent comme tels, avec cette différence que le participe en نده peut se mettre au pluriel, et que les participes en آ *â* ne s'emploient ordinairement qu'au singulier.

§ 3. PARTICIPE PASSÉ.

347. Les Turcs Osmanlis ont un participe passé en وب *ub*, qui correspond à celui des Persans en ده *dè*, ou ته *tè*. On connaît l'usage immodéré qu'en font les chroniques turques, où l'on rencontre des périodes d'une longueur excessive, dont les membres sont unis les uns aux autres au moyen de ces participes, occupant quelquefois des pages entières, en fatigant les yeux et l'attention du lecteur. La bureaucratie de Perse, ayant malheureusement suivi ce mauvais exemple, se plaît aussi à charger de participes passés le style des firmans et autres pièces officielles, ce dont on trouve peu d'exemples dans les bons prosateurs de la Perse. Cependant l'usage du participe passé est fort varié et permis lorsqu'il s'agit de l'emploi des temps composés dont le participe

passé fait partie intégrante, comme on va le voir tout
à l'heure.

348. Le participe passé remplace le prétérit composé
de l'indicatif. Exemple:

فرّاش باد صبا را گفته تا فرش زمرّدی بگسترانند و دایهٔ ابر
بهارا را فرموده تا بنات نباترا در مهد زمین به پرورانند
درختان را بخلعت نوروزی قبای سبز ورق در بر کرده و اطفال
شاخ را بـقـدوم موسم ربیع کلاه شکوفه بر سر نهاده و عصارهٔ
نای بقدرت کامله او شهد فایق شده و تخم خرما به یمن
تربیتش نخل باسق گشته

*ferrâši bâdi sebârâ γoftè (est) tâ ferši zümürrüdy beyüsterâned u
dâyëi ebri behârrâ fermûdè (est) tâ benâti nebâtrâ der mehedi zemín bè
perverâned direhtânrâ belïeb'ati nôurûzy qebây sebzi vereq der ber kerdè
(est) u etfâli šâhrâ beqüdûmi môucimi rebï'a külâhi šükufè ber ser ne-
hâdè (est) u 'eçârèi nây* 1) *beqüdreti kâmilèï û šehdi fâiq šüdè (est) u
tühmi hürmâ bè yümni terbyetes nehli bâciq γeštè (est)*

(Dieu a) ordonné au maître tapissier du vent d'Est de déployer ses tapis
d'émeraude. Il (a) ordonné à la nourrice du nuage printanier d'élever
(allaiter) les jeunes filles des végétaux dans leur berceau de terre. Ayant
revêtu les poitrines des arbres de manteaux en feuillage verdoyant,

---

1) Au lieu de نای, mon manuscrit a تاکی, leçon que les littérateurs
persans croient préférable. تاک *tâk*, veut dire, branche, et تاکی *tâky*,
cep de vigne. Il ne s'agit pas ici du vin, mais de دوشاب *dûšâb*, en
persan, پکمز *pekmez*, en turc osmanli et دبس *dibs*, en arabe: suc du
raisin épaissi par la coction. Les Persans s'en servent beaucoup, et le
préfèrent au sucre; il est blanchâtre, et en tout semblable au *šehdi
fâiq*, auquel Se'ady le compare.

comme d'autant de robes d'honneur (dont un souverain gratifie ses sujets au jour) de l'équinoxe vernal, il (a) mis des couronnes en boutons de fleurs sur la tête des petits (jeunes pousses) des rameaux, et illes (a) coiffés pour fêter l'arrivée du mois de mai. Par un effet de son omnipotence parfaite, le jus d'un roseau (est) devenu du miel le plus pur, et le noyau d'une datte, grâce à sa sollicitude providentielle, s'est transformé en un palmier élancé. (Gulistân).

349. Parfois, après le participe passé, sont omis باشم, باشى, etc., c'est-à-dire, qu'il s'emploie en guise de prétérit composé subjonctif et de conditionnel composé. Exemple:

بدين خوبى كه آفتاب است هركز نشنيدم كه كسى اورا دوست كرفته وعشق آورده

bedín húby ki âfitâbest heryiz nešinídem ki kecy úrâ dúst γiriftè (bášed) u ʿašq ávürdè (bášed)

Malgré cette beauté que le soleil possède, je n'ai jamais ouï dire que quelqu'un (l'eût) choisi pour ami, ou s'en (fût) épris d'amour. (Gulistân).

Souvent, le participe passé marque l'état où se trouve le sujet de la phrase. Exemple:

دو سه نفر درويش را ريش كنده و جامه از تن بيرون كنده و چوب زده در زندان كردند

dú sè nefer dervíšrá ríš kendè u ğámè ez ten bírún kendè u čúb zedè der zendán kerdend

Ils ont fait jeter en prison deux ou trois derviches, tous ayant leurs barbes arrachées, leurs corps dépouillés de vêtements et roués de coups de bâton.

350. Enfin, le participe passé peut représenter à lui seul le plus-que-parfait. Exemple:

ديدمش دامن گـل وسنبل و ريحان وضميران بهم آورده
قصد شهر كرده

dīdemeš dāmeni γūl u sümbül u reyχân u zemîrân behem âvürdè (*bûd*) *qesdi šehr kerdè* (*bûd*)

Je vis qu'il (avait) déjà rempli le pan de son vêtement avec des roses, des jacinthes et des basilics, et (s'était) dirigé vers la ville. (*гülistân*).

351. Partout ailleurs le participe passé, pris isolément, doit se rendre par *ayant fait*, ou *après avoir accompli* (telle ou telle action désignée par le verbe dont ce participe dérive). Exemple:

آدمى بود كه منازل برّ و بحر پيموده و اقـاليم شرق
و غربرا طى كرده و سرد و گرمى روزگار ديده و تلخ و
شيرينى ايّام بسيار چشيده بود

ádemy bûd ki menâzili berr u beχr peymûdè u eqâlîmi šerq u γerb rû tey kierdè u serd u γermyi rûzγâr dîdè u telχ u šîrînyi eyyam beçγár šešîdè bûd

C'était un homme qui ayant franchi (mesuré avec ses pas) des étapes du Continent et de l'Océan, et traversé (*tey*) des contrées (climats) de l'orient et de l'occident, et essayé (vu) des froideurs et des chaleurs du sort, avait (*bûd*) goûté beaucoup d'amertumes et de douceurs d'ici-bas (des jours).

La place obligée du verbe persan, dans une sentence, étant à la fin de la période, tous les participes passés de la période ci-dessus se rapportent au dernier verbe بود *bûd*.

Ce cumul des participes qui rendent le même service que, chez nous, les virgules, se rencontre chez les meilleurs auteurs persans et il est considéré comme de bon aloi.

§ 4. AORISTE.

352. Il y a deux aoristes, indicatif et subjonctif, et tous les deux peuvent désigner l'action, soit présente, soit future, soit conditionnelle. L'usage en est si fréquent et l'application si indispensable qu'aux exemples poétiques déjà donnés (67) nous croyons nécessaire d'en ajouter de nouveaux en prose.

353. L'aoriste est employé comme présent de l'indicatif. Ex.:

در هر دلی که آفتاب محبّت پرتو اندازد جهان جان را نوری بخشد و عالم روان را از ظلمت بشری می پردازد

der her dily ki áfitábi müxibbet pertóu endázed ǧeháni ǧán rá núry behšed u ʿálemi revánrá ez zülmeti bešery my perdázed

Dans chaque cœur où le soleil de la charité jette un de ses rayons, ils y répandent du jour sur le monde spirituel, et le vident des ténèbres des erreurs humaines. (تاریخ اکبر شاه)

354. L'aoriste est employé comme futur. Exemple:

گفت که در عراق عرب و خطّ بغداد چندین هزار از ترک قپچاق سکنی دارند که رسوم و عادت قپچاقیان را نیکو میدانند چون یورش خسرو آفاق را تصمیم خاطر است اگر رخصت فرمائید بروم و ایشان را مجتمع ساخته بدربار سپهرمدار آورم تا در حین نهضت همایون لشکر میمون را قراول و پیشرو باشند

γoft ki der ʿiráqi ʿareb u hetti beγdád čendin hezár ez türki qipčáqy sükna dárend ki rüçüm u ʿádeti qipčáqiyánrá níká mídánend čün yuriši (یورش, en turc oriental: attaque, assaut), qipčáq hosróu áfáqrá tesmími hátir est eγer rühset fermáyíd berevem u ysánrá müǧtemeʿá sáhte bederubári

17

sipehrmedár áverem tá der χíni nühzeti hümáyán leskeri meymáará qeráúl (turc oriental: sentinelle, guet) *u písrá básend*

Il dit: Dans l'Irak d'Arabie et dans la circonscription de Baγdâd, habitent plusieurs milliers de Turks, natifs des déserts du Kapčak. Ils connaissent bien les mœurs et les habitudes des gens du Kapčak. Or comme le souverain du monde se propose d'attaquer la contrée de Kapčak, si vous daignez bien me favoriser d'une permission, je m'y rendrai, et, après les avoir réunis, je les amènerai à votre cour céleste, afin que, pendant toute la durée de l'expédition de V. M., ils servent de vedettes à votre armée victorieuse et en forment l'avant-garde.

(زبينت التواريخ)

355. L'aoriste est employé comme conditionnel. Ex.:

كفته بود كه از آن روز كه از دار السلطنت بيرون رود تا روزى كه باز آيد در هر شهر وولايت آنچه ببيند بطريق روزنامچه ثبت نمايد

yofté búd ki ez án rúzi ki ez dár üs-sültanet bírún reved tá rúzy ki báz áyed der her sehr u velayet ánči bíned beteriqi rúznámeï seht nümáyed

Il lui avait dit qu'à partir du jour où il quitterait Hérat, capitale du royaume, jusqu'au moment de son retour, il écrirait, en forme de journal, tout ce qu'il aurait vu dans chaque ville et dans chaque province (M. Quatremère, *Notice sur le* مطلع السعدين).

§ 5. PRÉSENT.

356. La particule prépositive می placée devant l'aoriste avertit que ce temps est employé au présent; c'est la seule différence qui existe entre le présent proprement dit et l'aoriste.

357. Cependant il arrive quelquefois de voir le présent faisant fonction de futur. Exemples:

فردا مهمان شما میباشیم وکاهو می خوریم *ferdâ mehmâni šümâ mîbâšîm u kâhû my ḫûrîm*, demain nous serons vos convives, et nous y mangerons de la salade de laitue (*kâhû*), بگومی آی یا نمی آی *beγû my ây yâ nè my ây*, dis-donc, viendras-tu, ou ne viendras-tu pas? etc.

Dans sa traduction des quatrains de Ḣeyyâm (page 114), Nicolas a raison d'affirmer qu'en persan on emploie presque toujours le passé pour le présent et le présent pour le futur:

ما رفتیم *mâ reftîm*, nous partîmes, pour, ما می رویم *mâ mîrevîm*, nous partons. تو می روی ومگـوی بایشان که *tû my revy u my γûy òè yšân ki...*, tu vas et tu leur dis que..., pour, تو خواهی رفت و خواهی گفت بایشان که *tû ḫâhy reft u ḫâhy γoft beyšân ki*, etc.

§ 6. IMPARFAIT.

358. L'imparfait des Persans, de même que le nôtre, exprime l'action comme déjà passée et à la fois comme s'étant faite simultanément avec une autre. Exemple:

در صحن این فضا چند هزار جانور پرنده مثل قمری و کبوتر وزاغ میوها وریزها که افتاده بود میچیدند واز آدمی نمی رمیدند وایشانرا کسی مزاحم نمی شد

der seχni yn fezâ čend hezâr ğâneveri perendè misli qûmry u kebûter u zâγ mivehâ u rîzehâ li üftâdè bûd mîčîdend u ez âdemy nemy remîdend u yšânrâ kecy müzâχim nè my šüd

Sur l'esplanade de cette surface, quelques milliers d'oiseaux, tels que tourterelles, pigeons et pies, ramassaient les fruits et les miettes qu'on avait laissé tomber. Ils ne s'effarouchaient point de la vue des hommes, et personne ne songeait à les incommoder.

359. La particule مى, caractéristique de l'imparfait peut être supprimée, et alors, pour le distinguer du prétérit, on se sert de la variante propre au conditionnel et à l'imparfait, que nous connaissons déjà (51). Ex.:

شيخ بارها بترك سماع فرمودى وموعظهاى بليغ گفتى ودر سمع قبول من نيامده بود

šeiḫ bárhá beterki semá'a fermúdy u móu'azeháy beliý ɣofty u der sem'ái qebúli men neyámedè búd

Maintes fois le šeiḫ m'ordonnait de cesser d'écouter (les chansons), et il prêchait des sermons éloquents là-dessus; mais il avait prêché à un sourd (litt. cela n'avait pas d'entrée dans l'oreille de mon consentement).

(Se'ady.)

360. A la place de la particule مى de l'imparfait, on substitue quelquefois la particule دى. Exemple:

وقتها زمزمه بكردندى وبيت محققانه بخواندندى

veqthá zemzemè bekerdendy u beyti múḥeqqeqánè bekhándendy

De temps à autre ils récitaient des prières à voix basse (zemzemè), ou bien ils chantaient des poésies divinement mystiques. (Se'ady.)

§ 7. PRÉTÉRIT.

361. Ce temps, dont les Persans se servent bien plus souvent que les Français ne le font de leur prétérit, désigne une action qui s'est accomplie dans un temps donné et sans avoir égard aux circonstances qui l'auraient précédée ou suivie. Il faudrait l'appeler *temps de narration*, car il est d'un usage fort général dans les récits d'un événement passé. Exemple:

چون هولاکو خان را تخت سلطنت بر تختهٔ تابوت تبدیل شد واز خیمهٔ شهریاری به دخمهٔ خاکساری تحویل نمود ارکان واعیان حضرت به آیین مغول روان اورا آش دادند ودر تفویض کار خانیّت کنکاش کردند رأی ایشان بدین قرار گرفت که خاتم جهانداری بانگشت آباقا که پسر مهتر واز سایرین برادران بهتر بود نمایند

čún holâkú ẖân râ teẖti saltanet ber teẖtèï tâbût tebdíl šud u ez ẖeymèï šehriyâry bè dehmèï ẖâksâry teẖvíl nümúd erkân u c͑ayâni ẖez-ret bè âíyni moɣul revâni úrâ âš (آش, littéralement: potage), *dâdend u der tefvízi kâri ẖânyyet kenkâš* (mot mongol) *kerdend rây yšân bedín qerâr ɣirift ki ẖâtemi ȳehândâry beenɣüšti âbâqâ ki pücerí mehter u ez sâirîni berâderân behter búd nümâyend.*

Lorsque Holaku ẖân eut échangé le trône du sultanat contre la planche d'un cercueil (c'est-à-dire: après sa mort), et qu'il eut déménagé de la tente de la souveraineté dans un caveau de cendres, les principaux (litt. les colonnes) et les ministres de Sa Majesté, selon la coutume mongole, donnèrent à (en l'honneur de) son âme un festin (funéraire). Ils se réunirent en assemblée (*kenkâš*) pour délibérer à qui revenait de droit la dignité de ẖân. La résolution qu'ils y prirent fut celle de faire passer le sceau de l'empire du monde au doigt d'Abaqa, qui était le fils aîné du défunt, et surpassait en mérite ses autres frères. (زينت التواريخ).

Le prétérit est quelquefois employé dans le sens du présent. Exemples:

اگر گفتی چه در دامن دارم از آن تواست *eyer ɣofti či der dâmen dârem ez âni túst*, Si tu dis (devines) ce que j'ai dans le pan, cela t'appartiendra; ما که رفتیم و شمارا بخدا سپردیم *mâ ki reftim u šumârâ beẖudâ süpürdim*, Nous voilà partis et nous vous avons recommandé à Dieu.

362. La 3ᵉ pers. sing. du prétérit du verbe گرفتن γirîften, prendre, se construit avec un infinitif plein, dans le sens de: *il se mit à, il commença.* Exemples: گریستن گرفت γirîsten γirift, il se mit à pleurer; برف و تگرگ باریدن گرفت *berf u teγery bárîden γirift*, il commença à tomber de la neige et de la grêle, etc. — La Fontaine a dit: Le roi se prit à rire; *prit* est la traduction littérale de γirift.

§ 8. PLUS-QUE-PARFAIT.

363. Ce temps, chez les Persans comme ailleurs, marque une action antérieure à une autre déjà passée elle-même. Ex.:

روزی سیّم که وعده بر آن قرار یافته بود ملک بوزینگان با لشکر خود بشهر آمد *rázi seyyúm ki veˈadè ber án qerár uáfte búd meliki buzíneyán bá leškeri húd bešehr ámed* (انوار سهیلی). Le surlendemain, d'après la promesse qui avait été faite, le roi des singes vint dans la ville avec son armée; یاد دارم که شبی در کاروان هم شب رفته بودیم *yád dárem ki šeby der káreván hemé šeb refte búdîm*, je me rappelle qu'une nuit, moi et la caravane nous avions voyagé depuis le soir jusqu'au matin (toute la nuit).

§ 9. FUTUR.

364. Nous avons dit (52, note) que le futur, que l'on forme de l'aoriste du verbe خواستن et de l'infinitif du verbe en conjugaison, peut se paraphraser en mettant le premier verbe au présent de l'indicatif et le second au présent du subjonctif. Ex.:

میخواهم بروم *miháhem berevem* ou خواهم رفت *háhem reft*, je partirai, میخواهی ببینی *miháhy bebîny* ou خواهی دید *háhy díd*, tu veux voir, میخواهد بگیرد *miháhed begíred* ou خواهد گرفت *háhd γiríft* ou *mîhâhed beyûrîzed*, il fuira, خواهیم ستانـد *hâhîm sitând* ou میخواهیم بستانیم *mîhâhim besitânim*, nous prendrons, etc.

365. Cependant les locutions auxquelles donnent lieu ces deux formes ne sont pas tout à fait synonymes. La première est une espèce de futur énergique qui correspond au futur des Anglais *I will, etc.*, je partirai sans faute, tu verras certainement, etc.; tandis que l'action désignée par میخواهم بروم *mîhâhem berevem*, je veux partir, mais j'ignore si je le ferai, میخواهم ببینم *mîhâhem bebînem*, je verrai si je le puis, etc., jette quelque chose d'incertain et de vague sur la volonté de l'interlocuteur, et correspond au futur des Anglais, *I shall, etc.* La même différence a lieu entre le futur proprement dit et le futur aoriste. Ex.:

اکر این سخن راست بیرون آید نه همین خیانت باشد و بس بلکه دلیل کافرنعمتی و حقّ ناشناسی خواهد بود

eyer yn sühen râst bîrûn âyed nè hemîn heyânet bâşed u bes belkè delîli kâfirneᶜamety u χaqq nâšinâcy hâhed bûd (انوار سهیلی).

Si ces paroles se vérifient (*if it shall, etc.*), elles serviront, non-seulement comme une preuve de trahison et rien d'autre, mais aussi elles témoigneront (*it will, etc.*) d'une perversité et d'une ingratitude atroces.

De même qu'en anglais le verbe *to will*, le verbe خواستن, employé pour former le futur, perd le sens de *vouloir*. Lorsqu'il le garde, il veut, après lui, le subjonctif. Ex.:

میخواست بزند امّا نزد *mîhâst bezened emmâ nezed*, il voulait frapper, mais il ne frappa pas, صورتش را کشیدند اینقدر شبیه است که گویا میخواهد حرف بزند *sûreteš râ kešîdend yn qeder šebîhest ki γûyâ mîhâhed χerf bezened*, on fit son portrait; il était si ressemblant qu'on aurait dit qu'il voulait parler, می‌خواست بگیرد نشد *mîhâst beyîred nešüd*, il voulut prendre, mais cela ne lui réussit pas.

CHAPITRE III

DES PROPOSITIONS

366. Règle générale. Dans une sentence persane, régulièrement énoncée, le sujet doit occuper la première place, le régime direct la seconde, le régime indirect, avec les propositions indirectes, la troisième et, enfin, vient le verbe qui est toujours le dernier mot de la phrase. Exemples:

یعقوب یوسف را بیشتر از همه فرزندان خود دوست میداشت

yeʿaqûb yûcefrâ bîšter ez hemëï ferzendâni hûd dûst mydâst, Jacob aimait Joseph plus que tous ses autres enfants.

باید لشکر سایر طوایف فرنگیان را از حدود متعلقه بخاک ایران راه ندهند *bâyed leškieri sâïri tevâïfi ferengyân-râ ez χudûdi müteʿelliqëï be hâki irân râh nedehend*, Il faut qu'ils ne laissent point (ne donnent pas chemin) les différentes populations de l'Europe traverser les frontières qui appartiennent au territoire iranien.

367. Lorsque le sujet est un pronom, il n'est exprimé que par l'inflexion que l'on donne au verbe. Ainsi, en disant پادشاهم *pâdišâhem*, سردارى *serdâry*, فقیرند *feqîrend*, le verbe normal, devenu partie intégrante du sujet, ne fait avec lui qu'un seul mot persan, qui, en latin, se rend par deux et, en français, par trois mots: *rex sum*, je suis roi, *dux es*, tu es chef, *pauperes sunt*, ils sont pauvres, et ainsi de suite pour tous les verbes persans.

368. Les verbes persans, comme nous l'avons vu dans leurs paradigmes, se conjuguent sans l'intervention des pronoms personnels, excepté dans quelques locutions emphatiques où il s'agit de fixer une attention particulière sur le sujet. Exemples:

(یای تعظیم) ما مخلوقیم او خدای است *má mekhlûqím ú khüdáist* nous ne sommes que des créatures, lui est un Dieu grand et puissant;

تو خیانت کردی من دلیل دارم *tú kheyânet kerdy men delîl dárem*, tu as commis une trahison, toi; j'en ai la preuve, moi, etc.

369. Si dans la forme accidentelle de l'attribut, ou dans la manière dont l'attribut est coordonné par rapport au sujet, il y a un signe suffisant de cette existence et de cette relation, on peut, en persan, de même qu'en latin, supprimer le verbe et n'exprimer que le sujet et l'attribut. Exemples:

تو آزاد من بنده *tú âzâd men bendè*, tu liber, ego servus.

370. La suppression du verbe substantif, assez fréquente chez les Persans, est désignée:

a. Soit par le sens même de la proposition. Ex.:

حوریان قدح بدست ذکریشان لا اله الّا هو *khûriyán qedeh bedest zikrîšán lâ ilehu illa hú*, Les houris, une coupe à la main, (chantent) leur refrain: Il n'y a pas de Dieu autre que lui.

از همه کس بی نیاز و بر همه مشفق
از همه عالم نهان و بر همه پیدا

ez hemè kes by niyáz u ber hemè müšfiq (est) — ez hemè âlem nehân u ber hemè peydâ (est)

(Dieu) n'a besoin de personne et (il est) miséricordieux envers tous. Caché à tout le monde, (il est) trouvable dans tout et pour tous.

b. Soit moyennant le parallélisme, c'est-à-dire que le verbe substantif est suprimé à l'endroit même où deux ou plusieurs membres d'une proposition riment l'un avec l'autre. Exemples:

نه هر چه بقامت مهتر بقیمت بهتر *nè her či beqâmet mehter (est) beqeymet behter (est)*, On ne juge pas du mérite par la taille: خزینه بیت مال مساکین نه طعمۀ اخوان شیاطین *ẖezînè beyti mâli meçâkîn (est) nè teʿaměi eẖwâni šeyâṯîn (est)*, Le trésor public est la maison servant de dépôt à la richesse des pauvres, mais non pas la curée pour l'engeance (frères) des diables (pour les intrigants). امشب شکر بی غوغای مگس است و صحبت بی های هوی عسس *emšeb šeker by ğöuğây meges est u soẖbet by hây-hûy ʿeses*, cette nuit, le sucre est sans bourdonnement des mouches et la conversation sans remontrances (cris confus) des mouchards de la police; سخن که از دهان و تیری که از کمان بیرون آمد نه این بدست آید و نه این به شست *suẖen ki ez dehân u tîry ki ez kemân bîrûn âmed nè ân bedest âyed u nè yn bè šest*, la parole une fois partie (qui sort) de la bouche et une flèche décochée de l'arc (ne rebroussent pas chemin); ni celle-là ne se laisse plus empoigner avec la main, ni celle-ci ne vient sous le pouce de l'archer.

371. Dans tous les verbes persans autres que les verbes abstraits, un seul mot exprime l'attribut et l'existence intellectuelle du sujet avec sa relation à cet attribut. Exemples:

میخورم *miẖûrem*, (je) mange. مینوشم *mînûšem*, (je) bois; میخندم *miẖendem*, (je) ris, etc.

DE L'ORDRE DES MEMBRES D'UNE PROPOSITION.

372. Nous avons dit déjà qu'en persan, dans une

proposition régulière, le sujet doit occuper la première place, l'attribut la deuxième, et le verbe la dernière. Ex.:

حقّ تعالى بر غریبان رحم کرد *χaqqi te'âla ber γerîbân reχm kerd*, Le Dieu très-haut a montré sa miséricorde envers les étrangers.

373. Les propositions incidentes se mettent ordinairement entre le sujet et le régime indirect. Exemples:

سلطان از بیم جان جواهر چند بباغبان داد *sûltân ez bîmi ğân ğevâhiri čend bebâγbân dâd*, Le sultan, craignant pour sa vie, donna quelques bijoux au jardinier, بایدو خان بعد از قتل عموزاده بر سریر سروری متمکّن شد ومنصب وزارترا بخواجه جمال الدین مفوّض داشت *baïdû ĥân be'ad ez qetli 'emûzâdè ber serîri servery mütemekkin šûd u menseli vezâretrâ beĥâğè ğemâl eddîn müfevvez dâšt*, Baïdu hân, après le meurtre du fils de son oncle, s'établit sur le trône de la souveraineté, et conféra le rang de son grand-vizir au vénérable seigneur Ğemâl-eddîn.

Les désinences را, soit d'un datif, soit d'un accusatif, peuvent en être separées par toute une proposition incidente. Ex.:

فرمود که جای متعلّقۀ به ایرانرا بآندولت بدهند *fermûd ki ğâyi müte'elliqèi bè îrânrâ bcân dôulet bedehend*, Il ordonna qu'une localité appartenant à la Perse fût donnée à cet empire.

374. Si les propositions incidentes contiennent un verbe, il se met avant celui de la proposition générale. Ex.:

امیر این قطعه را که زادۀ طبع همایونش بود در نامۀ خویش مندرج وارسال دربار خسروی نمود *emîr yn qet'aèrâ ki zâdèi teb'aï hümâyûneš bûd der nâmèi ĥîš münderiğ u irsâli derûbâri ĥosrevy nümûd*

L'émir inséra dans sa lettre ce couplet de vers qui venaient de naître de son auguste génie, et les envoya à la cour du souverain.

375. Le verbe devant se mettre à la fin de la proposition, on y rencontre quelquefois deux verbes à la fois, placés l'un à côté de l'autre. Dans ce cas, le premier verbe appartient à une proposition incidente, et le dernier à la proposition générale. Ex.:

بعد از قطع مفاوز و طی مسالك بولایت سیستان كه اولین منزل استراحت بود رسید

be'ad ez qet'aï mefáviz u teyi meçálik bevelâyeti sístáni ki evvelini menzili istiráxei búd recid

Après avoir traversé les déserts, et avoir franchi les distances, il arriva dans la province de Sistan, première étape où il pouvait enfin prendre du repos.

عقلاء متعرّض كارى كه احتمال خطر داشته باشد نشده اند و خردمندان شروع در مهمّی كه امكان فتنه در او متصوّر بوده ننمودند

'uqelá müte'errezi káry ki extimáli heter dášte bášed ne šüde end u xiredmendán šürú'u der mühimmy ki imkáni fitne der ú mütecevver búde nenümúdend

Les hommes raisonnables ne s'exposent pas à (subir les conséquences d') une affaire qui leur paraîtrait dangereuse. Les hommes avisés n'entreprennent aucune besogne où ils soupçonneraient la possibilité de l'existence d'un guet-apens.

در حال نزدیك قفل كه قفل از او خریده بودم رفتم

der xál nezdiki qüffáli ki qüfl ez ú herídè búdem reftem. A l'instant même je suis allé auprès du serrurier chez qui j'avais acheté la serrure.

Ce concours de deux verbes sans intermédiaire n'a lieu que dans une proposition complexe.

376. Cependant les Persans usent de beaucoup de liberté dans l'arrangement des membres d'une proposition, et ne se conforment souvent pas aux règles en question (372—373):

377. Les membres incidents se placent avant le sujet d'une proposition. Exemple:

بأندك وقتی لشکر فراوان در ظلّ رأیت ظفر آیت مجتمع گردانید

beendek veqty leškeri ferâvân der zilli re'âyeti zefer âyet müğteme'a γerdânîd

Dans peu de temps, il réunit une armée nombreuse sous l'ombre de son drapeau victorieux.

378. Le régime indirect précède le régime direct. Ex.:

امیر مظفّرا سرپنجۀ حبّ وطن گریبانگیر دل گشته بطرف یزد رفت

emîr müzefferâ serpenğeï χübbi veten γerîbânγîri dil γeštè beterefi yezd reft

L'émir Mozaffer, ne pouvant plus résister au désir de revoir sa patrie (litt. la main de l'amour de la patrie ayant saisi le collet de son cœur), partit pour Yezd.

379. Le verbe étant à l'impératif peut régulièrement commencer une proposition. Exemple:

بگو ای برادر بلطف و خوشی *beγû ey berâder belütf u χoš*y, parle, ô frère, avec douceur et bienveillance.

380. Par une licence poétique, le verbe se met irrégulièrement avant son sujet. Exemples:

نیم نانی گر خورد مرد خدای بذل درویشان کند نیم دیگر

nîm nânŷ γer χured merdi hüdây bezli dervîšân küned nîmi dîγer, Si l'homme de Dieu mange la moitié d'un pain, il en distribue aussitôt

l'autre moitié aux pauvres; صمّ بكمّ به كه نباشد زبانش اندر حكم
sümmün bükmün beh ki nebášed zebáneš ender χükm, Celui qui ne sait pas gouverner sa propre langue, puisse-t-il plutôt être sourd et muet, etc.

381. Le verbe étant obligé de clore la sentence, il faut le chercher quelquefois bien loin à travers un grand nombre de termes incidents, tous renfermés dans le cadre d'une période qui commence par un nominatif, et finit par ce verbe. Ex.:

خاقان گردون اقتدار شاهزادگان عظام بهرام میرزا و سام میرزارا بمرافقت قاضی جهان وزیر اعظم و سایر امرای دولت سعادت توام را باستقبال آن مهمان محترم مأمور فرمود
(remarquez l'usage de l'accus. را).

χāqāni yerdūn iqtidār šāhzādeyāni 'uzzāmi behrām mirzā u sām mirzārā bè murāfiqeti qāzyi ǧehān veziri a'zem u sāiri ümerāy doúleti sa'ādet tevāmrā beïstiqbāli ān mehmāni müχterem me'amūr fermūd

Le souverain, fort comme la coupole céleste, envoya à la rencontre du vénérable hôte les grands princes du sang, Behram Mirza et Sam Mirza, accompagnés par le grand vizir Qazy Ǧehan et par d'autres dignitaires de l'empire fortuné (litt. jumeau du bonheur).

رایتمان مضمار بلاغت و فرسان میدان فصاحت اعنی مورخین توارین سلف نسب چنگیز خان را از قراری که در تلو احوال سلاطین ترکستان بعون ملک المستعان رقم خامهٔ مشکین خنده خواهد ساخت و بذکر صادرات وواقعات ایشان بطریق اختصار در این کتاب مستطاب خواهد پرداخت به یافت این نوح علیه السلام رسانیده اند

rāišāni mezmāri belāγet u fārisāni meydāni feṣāḥet a'nay müverrihini tevāriḥi selef necebi čengīz hānrā ez qerāri ki der tilei eḥvāli selāṭini türkestān be'ūni melik-ül-müste'ān reqemzedi ḥāmëi meškīn ḥetāmi ḥāhed sâlit u bezikri sâdirât u vaqe'âti yšân beterîqi iḫtiçâr der yn kitâbi müstetâb ḫâhed perdâḫt bè yâfes ibn nûχ 'aleyhi esselâm reçânidè end

Les dompteurs des chevaux de l'hippodrome de l'éloquence et les écuyers de l'arène de la faconde, c'est-à-dire, les auteurs des chroniques anciennes, font remonter la généalogie de Čenγiz Hân à Japhet, fils de Noé, ce que (notre) plume trempée dans le (noir) musc, en traçant ci-dessous les fastes des souverains du Turkestan, aura l'occasion de noter, si Dieu, ce roi que nous sollicitons toujours, daigne bien nous aider, lorsqu'il s'agira de faire mention des événements et des faits qui concernent ces souverains, et que nous décrirons en abrégé dans ce bon et utile livre. (زينت التواريخ)

DE LA CONCORDANCE DE NOMBRE.

Comme le genre des mots persans n'est jamais désigné par aucunes terminaisons (93), et puisqu'il a déjà été question des irrégularités de la concordance de personne, il ne nous reste guère qu'à ajouter quelques observations sur la concordance de nombre.

382. Le verbe est assujetti à concorder avec son sujet en nombre, toutes les fois que ce sujet est un être animé. Exemple:

شيب با برادران و اصحاب خويش از باديه رو بشهر نهادند و اسپهای محمّد مروان را که در آن حوالی بود تصرّف نموده پیاده که داشتند وارد خارج شهر شدند

šîb bâ berâderân u esχâbi ḫîš ez bâdiyè rû bešehr nehâdend u esphây müχammed mervânrâ ki der ân χvâly bûd tecerrüf nümûdè piyadèi ki dâštend vâridi ḫâriǧi šehr šüdend

Šîb, avec ses frères et ses adhérents, quitta le désert pour marcher vers la ville. Après qu'ils se furent emparés des chevaux appartenant à

Moχammed Mervan, qui se trouvaient (*se trouvait*) dans les environs, leur infanterie arriva (*arrivèrent*) jusqu'aux faubourgs de ladite ville. (زينت التواريخ)

Les mots en italique du dernier exemple se rapportent à deux exceptions de la règle en question, savoir:

383. Les pluriels des noms des êtres animés, mais qui n'appartiennent pas à l'espèce humaine, s'accordent quelquefois avec le singulier du verbe. Exemple:

بسبب سموم هيـچ جـانوران در آن صحرا جاى نكَرفتى
becebebi semûm híč ğâneverân der ân seχrâ ğây ne ɣirifty, A cause du sémoum (vent pestilentiel), aucun animal ne pouvait habiter (prendre pied dans) ce désert (انوار سهيلى, éd. de Calcutta, p. 165.)

384. Le nom collectif مردم *merdüm*, toujours, et d'autres noms collectifs, presque toujours, mettent leur verbe au pluriel. Exemples:

مردم ميكَويند *merdüm miɣûyend*, on dit, tout le monde parle; جمع شدند *hemè ğem'a šüdend*, ils se sont réunis tous;

كسانيكه مورچهرا در ذهن خود باندازهٔ فيل تصوّر كنند چنين شخص (اشخاص) لايق و زيبندهٔ سرداري نيست

keçâniki môrčerâ der zehni hûd bendâzeï fîl tecevvür künend čünîn šehs (ešhâs) lâïqi a zibendeï serdâry nist (nistend)

Ceux qui, dans leur esprit, se représentent qu'un moucheron a les dimensions d'un éléphant, celui-là (ceux-là) n'est (ne sont) ni digne, ni qualifié d'exercer les pouvoirs d'un chef d'armée.

Ici كسان, au pluriel, se trouve en relation grammaticale avec le substantif collectif شخص, au singulier.

Pour dire: les indigènes de la province de Fars, on dit: مردم فارس *merdümi fars*.

385. Sauf quelques exceptions peu nombreuses, les pluriels des substantifs inanimés mettent leur verbe au singulier. Ex.:

درختهای باغ همسایه پر از گیلاس و آلوچه و زردالو و بادام و کونوس است, *direkhtháy báγi hemsáye pür ez γilás u áluče u zerdálu u bádâm u kúnús est*, Les arbres du jardin du voisin sont chargés (*est plein*) de cerises, de mirabelles, d'abricots, d'amandes et de nèfles,

قهر و نفوس امّاره و حسد و غرض و کینه و فکرهای شرّاندیش هیزم جهنّم است *qehr u nüfúci emmárè u xeced u γerez u kínè u fikrháy šerrendíš heyzümi ğehennem est*, La colère, les appétits charnels, la jalousie et les malveillantes arrière-pensées ne sont (*est*) que du bois dont on chauffe l'enfer, از غایت خشم چشمهایش احول شد *ez γáyeti hišm češmháyeš exvel šüd*, Par un excès de colère ses yeux sont devenus (*est devenu*) louches (c'est-à-dire, il regardait de travers).

386. Dans une proposition où, à côté des noms des choses inanimées, il y a des noms d'êtres animés, le verbe se met ordinairement au singulier. Ex.:

این حکایت دلیل است بر آنکه قصر و عباد و دولت و محنت و عمل و عزل و نیك و بد همه داد بار بجدّ و جهد و کوشش و کسب متعلّق نیست

yn xekáyet delíl est ber ánki qesr u 'ibád u dóulet u mixnet u 'emel u 'ezl uník u bed hemè dádi bár (370) beğedd u ğehd u kúšiš u kesb müte'alliq níst (pour *nístend*)

Ce conte sert de preuve à ce que: château et serviteurs, heur et malheur, emploi et destitution, bien et mal, tous (étant un) don de Dieu ne dépendent (*dépend*) aucunement ni de nos efforts et de nos soins, ni de notre adresse commerciale non plus.

387. Les substantifs persans بلوکات *bülúkát* ou بلوك *bülük*, districts, بقسمات *beqsümát*, biscuits, سیبورات

(prononcez *sûrsât*), provisions de bouche, qui n'ont pas de singulier, mettent leur verbe au singulier.

388. Les locutions françaises précédées du pronom indéfini *on* et où le verbe se met au singulier, doivent être traduites en persan par le pluriel d'un verbe. Ex.:

جار ميكشند *ǵâr mikešend*, on proclame à haute voix, ناقوس ميزنند *nâqûs mizenend*, on fait sonner les cloches, طبل ميزنند *tebl mizenend*, on bat le tambour, etc.

CHAPITRE IV

DE L'ACCENT

389. Tous les mots de la langue persane, soit étrangers, soit d'origine iranienne, sont assujettis aux mêmes règles, en ce qui concerne l'accent tonique.

390. L'accent de tous ces mots ne relève aucunement de la valeur rhythmique des syllabes. Exemples:

پشه *pešè* (◡ ⊥), moucheron, مرغزار *merγzár* (— ⊥), pré, champs, باختم *báḫtem* (⊥ —), j'ai perdu au jeu, پسره *pücerè* (◡ ◡ ⊥), petit garçon, سالاران *sálárán* (— — ⊥), les chefs, etc.)

391. La place obligée de l'ictus de l'accent persan, sauf un petit nombre d'exceptions, tombe sur la pénultième ou sur la dernière syllabe du mot.

392. Dans ce que j'appellerai *les primitifs*, l'accent tombe toujours sur la dernière.

393. Les primitifs verbaux sont: les deux thèmes du

verbe, c'est-à-dire, le thème prétérit représenté par la 3ᵉ personne sing. du prétérit et le thème aoriste représenté par la 2ᵉ pers. sing. de l'impératif. Exemples:

بردار *berdár* (‿⊥), ôte, soulève, برداشت *berdášt* (‿⊥), il ôta, برميداشتيم *bermidáštim* (‿‿⊥‿), nous ôtions, برداشتند *berdáštend* (‿⊥‿), ils ôtèrent, ميشوم *míševem* (‿◡⊥), je deviens, شدم *šúdem* (⊥‿), je devins, مشو *méšou* (◡⊥), ne deviens pas.

394. Les primitifs nominaux sont: pour les déclinables, y compris tous les participes, leur nominatif au singulier et leur nominatif au pluriel; pour les indéclinables, ce sont ces mots mêmes à leur état normal. Ex.:

بادزن *bádzen* (‿⊥), éventail, دستکش *destkeš* (‿⊥), gant, کتخدا *kethüdá* (‿◡⊥), chef d'un village, (kiet pour کند *kiend*, village), کتخدایان *kethüdáyán* (‿◡‿⊥), les chefs des villages, دستکشها *destkešhá* (‿‿⊥), les gants, هنوز *henúz* (◡⊥), encore; هرآئینه *heráïne* (‿⊥◡◡), toutefois, absolument, porte exceptionnellement son accent sur l'antépénultième syllabe, etc.

§ 1. ACCENT DES VERBES.

395. Toutes les personnes des temps dérivés du thème aoriste ont l'accent sur la dernière syllabe de ce thème et l'ictus se maintient toujours sur cette syllabe, même après l'addition de préfixes ou de suffixes. Exemple:

تا نگوی نمی رویم *tá negúy nemý revém*, tant que tu ne parleras pas, je n'irai pas; چند نفر از خواننده و نویسنده همراه بر میداریم که بنویسند و برای شما وقایع بخوانند *čend nefer ez hánende u nüvicende hemráh ber midárim ki benüvicend u beráy šumá veqáye'a behánend*, Nous nous ferons accompagner dans notre voyage par quelques lecteurs et écrivains, afin qu'ils écrivent et qu'ils vous lisent ce qui pourrait nous advenir.

396. Cette règle n'a qu'une seule exception: dans les impératifs prohibitifs, pour donner plus d'énergie à la prohibition, on fait tomber l'accent sur la première syllabe. Exemples:

میانداز *meyendáz* (⌣ _ _), ne jette pas, ne tire pas, نروند *nerevend* (⌣ ⌣ _), qu'ils ne s'en aillent pas, نخوانند *nekhánend* (⌣ _ _), qu'ils ne chantent pas, etc.

397. Tous les temps dérivés du thème prétérit ont leur accent tonique sur la pénultième, excepté la 3ᵉ pers. sing. du prétérit, qui est identique avec le thème lui-même. Exemple:

سیاحتی میکردند و روزنامه می نوشتند و امّا صورت وقایع را نخواندیم *siyáxety míkerdend* (_ ⌣ _ _) *v rúzaámä my núvistend* (⌣ _ _) *ve emmá sureti ceqáye'erá nekhándim* (⌣ _ ⌣ _), Ils voyageaient et ont tenu un journal, mais nous n'avons pas lu le récit de ce qui leur est arrivé.

398. Il est remarquable que l'infinitif-verbe, en sa qualité de dérivé du thème prétérit, prend l'accent sur la pénultième, et que l'infinitif-nom, en sa qualité de nominatif (68), prend l'accent sur la dernière syllabe. Exemples:

خوردن و آشامیدن و خوابیدن *khórden* (_ ⌣ _) *v ášámíden* (⌣ _ _ _) *v kábíden* (⌣ _ ⌣ _), veulent dire: manger, boire et dormir; tandis que خوردن *khordén* (_ ⌣), signifie: le manger, آشامیدن *ášámidén* (_ _ _ ⌣), le boire, et خوابیدن *kábidén* (_ _ _ ⌣), le dormir.

§ 2. ACCENT DES NOMS DÉCLINABLES ET INDÉCLINABLES.

399. Les nominatifs des noms au sing. et au pl. con-

servent l'accent sur leur dernière syllabe. Elle en reste affectée alors même que les terminaisons des cas obliques et les izafets s'y adjoignent pour subvenir aux besoins de la déclinaison. Exemples:

سرهنگ *serheny* ($-\acute{-}$), colonel, سرهنگان *serhenyán* ($--\acute{-}$), colonels, سرهنگرا گفتم *serhenyrá* ($-\acute{-}-$) *yoftem*, je dis au colonel, سرهنگان سپاه *serhenyáni* ($--\acute{-}$) *sipáh*, les colonels de l'armée, etc.

400. Tous les participes et gérondifs ou adjectifs verbaux sont également accentués sur leur dernière syllabe. Exemples:

سوخته *sukhtè* ($-\acute{\smile}$), brûlé, سوزنده *suzendè* ($--\acute{\smile}$), brûlant, سوزان *suzán* ($-\acute{-}$), en brûlant, qui brûle, سوختنی *sukhteny* ($-\smile\acute{-}$), digne d'être brûlé, سوختگانرا *sukhteyánrá* ($-\smile\acute{-}-$), à ceux qui ont été brûlés, etc.

401. Dans la formation des adjectifs de comparaison, l'accent tonique passe sur la dernière des désinences formatives. Exemples:

زرّین *zerrín* ($-\acute{-}$), en or, comparatif, زرّینتر *zerrínter* ($--\acute{\smile}$), superlatif, زرّینترین *zerrínterín* ($--\smile\acute{-}$), etc.

402. Dans la formation des noms composés, soit monogènes, soit polygènes, l'accent doit toujours s'arrêter sur la dernière syllabe.

403. L'accent ne tombe jamais sur le ی de l'article d'unité, mais il tombe toujours et invariablement sur le ی relatif. L'observation de cette règle est de la plus grande importance pour ceux qui veulent se faire entendre en parlant persan. Exemples:

عروسی *'erúcy* ($\smile\acute{-}-$), une fiancée, et عروسی *'erúcy* ($\smile-\acute{-}$), les fiançailles, la noce, سفری *sefery* (‿ ˘ ‑), un voyage, et سفری *sefery* (‿ ‿ ⊥), individu qui doit partir prochainement; meuble ou chose portative, propre au voyageur, جنگی *ğenyy* (⊥ ‑), un combat, et جنگی *ğenyy* (‑ ⊥), homme de guerre, qui aime à combattre, belliqueux, زبانی *zebány* (‿ ⊥ ‑), une langue, et زبانی *zebány* (‿ ‑ ⊥), oralement, de vive voix (164), etc.

404. L'accent tonique des noms indéclinables tombe sur leur dernière syllabe. Il faut en excepter seulement:

اما *emmá* (⊥ ‑) ou لیکن *líken* (⊥ ‑) ou ولی *vely* (⊥ ‑), mais, cependant, یعنی *yeʿany* (⊥ ‿ ‑) ou اعنی *eʿany* (⊥ ‿ ‑), c'est-à-dire, savoir; بلی *bely* (⊥ ‑) ou آری *áry* (⊥ ‑), oui, اینک *ynek* (⊥ ‑), voici, لبّی *lebbey* (⊥ ‑), (idiotisme des Širaziens), comment? qu'est-ce que c'est? برای *beráy* (‿ ⊥ ‿), pour, à, au, بلکه *belké* (‑ ⊥), est-ce que? peut-être, plutôt.

405. Les pronoms conjonctifs ne prennent pas d'accent. Or, comme ils doivent (219) faire partie intégrante des mots auxquels ils s'adjoignent, l'accent de ceux-ci rétrograde d'une syllabe si ceux-là sont au singulier, et de deux syllabes s'ils sont au pluriel. Exemples:

ارزانم خرید *erzánem heríd* (‑ ⊥ ‑ ‿ ⊥), il m'acheta bon marché, ارزنش *erzeneš* (‑ ‿ ‑), son millet, پستانت *pistánet* (‿ ⊥ ‑), ta mamelle, بستانت است *bestánet est,* (‿ ‑ ⊥ ‑) cela te suffit, tu en as assez, است *est*, ici, un datif), آدمان *ádemimán* (‑ ‿ ‿ ‑), notre homme, سبیلتان *sebiletán* (‿ ‑ ⊥), ta moustache, مخاصنیشان *mexácinišán* (‿ ‑ ‿ ‑), leur barbe (litt. leurs poils autour de la lèvre supérieure et de la lèvre inférieure), etc.

CPAPITRE V

DE LA PRONONCIATION

406. La prononciation et l'accent figurés, que j'ai donnés à la suite de chaque mot persan dans ce livre, sont conformes à la véritable prononciation des Persans de nos jours, autant qu'il m'a été possible de les exprimer par les sons français.

Dans la bouche d'un Persan, les voyelles brèves, mises en contact avec les consonnes خ, غ et ق, prennent un son emphatique, dur et impossible à représenter avec des lettres de l'alphabet latin. *E*, après chacune de ces trois consonnes, devient une articulation fortement aspirée qui tient le milieu entre *e* ouvert et *a* français; partout ailleurs, il a le son de l'*e* italien. La voyelle *ü*, unie à ces consonnes, s'articule comme les Parisiens prononcent leur *u*, en disant, *un homme*, et comme les Turcs Osmanlis prononcent leur و dans le mot بتون *bütün*. La voyelle *i*, placée dans les mêmes conditions, a beaucoup d'analogie avec l'*y* slave dans *ty*, *my*, *wy*, etc., et avec l'*y* dur des français dans: *vas-y, je m'y rends*. Les consonnes persanes ل et ك affectées d'un ا *á* long, sont mouillées par l'intervention très sensible de la voyelle *i* bref, et se fondent dans une seule articulation: كافر, infidèle, كامش, buffle, se prononcent à peu près *kiáfir, yiámüš*; je dis à peu près, car il n'y a pas de son français capable de les reproduire exactement. L'*i* avant *l* mouillé, dans les mots *travailler, bataille*, s'en rapproche beaucoup plus.

La prononciation que j'ai proposée diffère beaucoup,

je le sais, de celle de la majorité de nos orientalistes, de ceux surtout qui, n'ayant pas eu l'occasion de séjourner en Perse, ont adopté la transcription des grammairiens anglais et allemands, ou se sont basés sur les indications données par les dictionnaires persans, sans avoir entendu la prononciation de leurs auteurs.

Par exemple, le dictionnaire هفت قلزم *heft qelzim*, t. VII, p. 33, indique la manière de prononcer می et همی, que M. Vüllers et autres, sur l'autorité de Lumsden, ont transcrits *mê* et *hamê*. A moins d'avoir entendu prononcer l'auteur persan du dictionnaire susdit, il est impossible de savoir comment il le faisait; mais très-certainement sa prononciation se rapprocherait plutôt de celle des Persans modernes, qui disent tout de bon می *my* et همی *hemy*.

Il y a une autre circonstance à remarquer concernant le فارسی de l'école des philologues indo-britanniques. Jones, Gladwin et Lumsden, dont les ouvrages ont servi de base à toutes les grammaires[1] publiées depuis en Europe, avaient appris le persan aux Indes. Ils comprenaient et traduisaient bien les chefs-d'œuvre de la littérature de l'Iran, mais ils parlaient et ils écrivaient un dialecte persan qui n'est guère en usage que dans la péninsule indienne. Cette langue-là n'est pas celle des Persans de l'Iran. C'est un dialecte qui fut importé dans l'Inde par les Mongols et adopté plus tard comme la langue des lettres et des tribunaux, et dont jusqu'à

---

1. Excepté celle de Mirza Ibrahim, dont la devise se trouve en tête de ce volume.

présent se servent les musulmans indigènes et la noblesse lettrée de l'Hindoustan. Un ouvrage antérieur à la grammaire de Lumsden, les dialogues du *Moonshee* de Gladwin, quoique rédigés par un musulman, sont déjà entachés de locutions propres à cet idiome. Séparée depuis tant de siècles de la souche indigène, la branche iranienne des Indes a dû subir des influences locales. Un grand nombre d'expressions en cours à Calcutta, Bombay, Delhi, sonneraient d'une manière étrange aux oreilles d'un natif de Širaz, d'Ispahan ou de Téhéran. Par exemple, زيدرا اندرز دادم پس ناخوش شد, I admonished Zyde and therefore he became angry [1]), (Lumsden, *Grammar*, t. II, p. 483), signifierait aujourd'hui en persan de Perse: j'ai donné un conseil à Zeïd, après quoi il tomba malade. Aucun habitant de Širaz ou d'Ispahan ne comprendrait que l'expression خانه را از خود پرداختم veut réellement dire, I emptied, or disengaged the house from myself, (*ibid.* t. II, p. 360); ou bien علمرا بزيد آموزانيدم از فلان, I made such a man teach Zyde knowledge, (*ibid.*); ou bien زيدرا بكر فرش گسترانيد, Zyde caused Bekr to spread carpet, (*ibid.* t. II, p. 357); ou bien از قلم نوشتم, I wrote with a pen, (*ibid.*); ou bien encore بر من هزار روپيه فلان است, I owe such a man a thousand roupees, (*ibid.* t. II, p. 468). Fr. Johnson même, ailleurs si correct, a parfois puisé à cette source impure. Ex.: ما همه مردن را پيدا شده ايم *mâ hemè*

---

1) He became angry, ils s'en est offensé, se rend par بدش آمد *bedeš âmed* ou كج خلق شد *kečhůlq šüd* ou bien قهر كرد *qehr kerd*, etc.

mürden râ peïdâ (sic) *šŭdè îm*, we were all born to die. (Cf. son Dictionary persian, arabic and english, page 602, *sub voce* ﺍی), etc.

Tout cela est intolérable dans une grammaire *persane de la Perse* du XIXᵉ siècle. Il me serait facile de multiplier de pareils échantillons de prononciation et de rédaction hindoue-persane de Lumsden, non, certes, pour le plaisir de critiquer l'auteur, d'ailleurs fort recommandable et qui a fourni tout ce qui était possible dans le temps et les circonstances où il s'est trouvé, mais pour signaler des erreurs qui n'ont pas été jusqu'à présent relevées.

J'avais fait cette observation à quelques-uns de nos persianistes qui n'ont pas eu l'occasion d'habiter la Perse; ils persistent à se retrancher derrière l'allégation que c'est la *langue savante* (?). Pour ce qui concerne la prononciation figurée, c'est pis encore. Il faut tâcher cependant de la maintenir aussi vraie que possible, car le persan va devenir la langue vivante des relations journalières entre l'Europe et l'Asie centrale.

Nous finirons comme finit le Gulistan:

ما نصیحت بجای خود کردیم   روزگاری در این بسر بردیم
گر نیاید بگوش رغبت کس   بر رسولان پیام باشد وبس

mâ necîẋet beǧây ḫûd kerdîm — rûzyâry der yn beser bürdim — yer neyâyed beyûši rüybeti kes — ber reçûlân peyâm bâšed u bes

Nous avons donné des conseils en leur lieu (opportun), fruits de maintes journées consumées (en pratique). Si ces conseils ne trouvent pas d'accès à l'oreille du goût de quelqu'un, soit: les messagers ne sont tenus qu'à accomplir leur message

TEXTES

CONTES PERSANS

UN VIRTUOSE A LA COUR DU KHALIFE HÂRÛN ER-REŠÌD

اسمعیل بن جامع الشّهمی در علم موسیقی استاد ماهر بود و تقدیم او در آن شیوه بر اهل حرفه ظاهر حکایت کند که در مکّه مرا وقتی اعساری تمام روی نمود و بین از یسار خالی شده وراه فرا پیش ویس وبین و یسار نداشتم تا اهل و عیال از آنجا بمدینه انتقال کردم ویک روز بامداد در مدینه میرفتم و در ملک من بیرون از سه درم نبود که در آستین داشتم کنیزکی را دیدم که در پیش من میرفت سبو در گردن و بصوت حزین و دلکش ترنّم مینمود و می گفت [نظم] با دوستان کنم ز درازی شب گله *ایشان همیکنند شکایت ز کوتهی *بیدار را بود

ز درازی شب خبر * خفته از آن درازی کسی دارد آگهی
* شادان شوند چونکه شب آید برای خواب * من در غمم
که باشد از او چشم من تهی * گو در دل تو عشق مرا
گرمی کند * باشد هر شب از غم بیدار چون رخ * و چون
بشنیدم آن سماع خوش همگی دل مرا فرو گرفت و یک
حرف بر یاد من نماند گفتم این کنیزک را نمیدانم که
رویت خوبست یا آوازت خوشتر و اگر لطف کنی و
افادت فرمائی و آن صوت را اعادت کنی گفت منت دارم
وخدمت کنم وآغاز کرد هزار بار از آن اول خوشتر و دلکشتر
بخواند چون خاموش شد از کمال حیرت آن صوت مرا
دیگر باره فراموش شد من در ستایش و تحسین او بیفزودم
و گفتم چه باشد اذر از روی تفضل یک بار دیگر مترنّم
این صوت دلآویز و این ترانۀ طرب انگیز شوی او
روی ترش کرد و چین در ابرو آورد و گفت عجب از آن
میدارم که یکسی از شما بیآید و کنیزک مردمان را که
بر روی ضریبه موظفست از کار باز دارد واز شغل مانع آید
من دست در آستین بردم وآن سه درم در دامن او افکندم
و گفتم ضریبۀ امروز از آنجه بگذار واین صوت را تلقین
کن تا یاد گیرم و او بگیره و کراهت آن درمها از من فرا
گرفت و گفت تو میخواهی که بسه درم صوتی از من یاد

كبيرى كه بدان صدوت سه هزار دينار بستاني و چند بار
ديگر بگفت تا من بياد گرفتم و شادان و خوشدل باز گشتم
و با خود چند كرّت مكرّر كردم تا مقرّر شد و تخمير گشت
و از آنجا قصد بغداد كردم و مسكارى مرا بدروازهٔ بغداد
فرود آورد و خود برفت و من بشهر رفتم و ندانستم كه
كجا روم وبكه انجا بيآرم ودر كدام موضع نزول كنم چون
از جسر بگذشتم وبشارع رسيدم نزديكى سراى فضل بن
ربيع مسجدى ديدم بناى مرتفع و عمارتى خوب وبفرش
و زينت آراسته با خود گفتم بهمه حال اين مسجد
جماعت بزرگان ومعاريف توانند بود ودر مسجد رفتم
وقت نماز ديگر بود نماز بگذاردم و همان جايگه بودم تا
آنكه كه نماز خفتن بگذاردم و بغايت دلتنك و متوحش
و مهموم بودم واهل مسجد باز گشتند و مردى بماند كه
نماز ميگذارد وجمعى ديدم در انتظار او بر پاى ايستاده و او
چند ركعت نماز از ديگران زياده بگذارد و سلام باز داد
و روى من آورد و گفت مى پندارم كه تو مردى غريبى
من گفتم آرى گفت كى بدين شهر رسيدى و بچه مهم
آمده و چه صنعت دارى گفتم امروز نماز ديگر بدين شهر
رسيدم ومرا در اين شهر منزلى و مسكنى نيست و
خويشى و آشنائى ندارم كه نزد او روم و نيز صنعت من

از آن صنعتها نیست که با اهل صلاح وعفاف وارباب زهد
و تقوی تمسّک توانم نمود گفت صنعت تو چیست گفتم
من مغنّی و مطربم در آن شیوه مهارتی تمام دارم ودر
آن باب بصارتی کامل او چون بشنید بتعجیل بر خاست
و برفت و از آن کسان که با او بودند یکی را فرمود تا با
من ملازمت نماید من پرسیدم که این مرد چه کسست
گفتند سلّام الابرش است از جملهٔ خواصّ ومقرّبان امیر
المؤمنین و این شخص که مرا ملازم بود مرا بکوشکی برد
از کوشکهای دار خلافه و از مقصوره بگذرانید و مقصورهٔ
دیگر رسانید و مایدهٔ آراسته بانواع اطعمه و انواع اباها
که بر موایدِ پادشاهان باشد بیآوردند چون از اکل فارغ
شدم غسول وطیب و خلعتی لضیف قیمتی بیآوردند
ومرا بر مرکبی نشاندند و بسرای خلیفه بردند وبدان
دانستم که سرای خلیفه است که آواز پاسبان و تکبیر
میشنودم و بر چند سرای و حجره بگذرانیدند تا بسرائی
رسانیدند که بیشتر از آبگینه بود و مردی دیدم نشسته و
بریضی بر کنار انبر چون مرا بدید ترحیب کرد و پهلوی
خود جای بداد چون بنشستم در برابر آن مجلس مجلسی
دیگر دیدم آراسته ومعلوم شد که جمعی آنجا نشسته اند
وبر خاسته اند وپرده دیدم آویخته من بنشستم وبر خود

گفتم * تا خود فلك از پرده چه آرد بیرون * م در حال خادمی از پس آن پرده بیرون آمد و آن مرد را فرمود تا غنا آغاز كند و صوتی ولحنی گفتن گرفت كه من ساخته بودم این صوت را و بربط بی اصابت و اصول بر اوتار مختلف و دستانهای پریشان برد و چون فارغ شد همان خادم بیرون آمد و كنیزكی را كه پهلوی او نشسته بود اشارت كرد او نیز صوتی را كه م من ساخته بودم گفتن گرفت قدری راست تر از آن مرد كه گفت و آن خادم باز آمد و كنیزك دوم را اشارت كرد او نیز صوتی كه حكیم الوادی ساخته بود آغاز كرد و چون این صوت تمام كرد خادم دیگر باره بیرون آمد وآن مرد را فرمود تا نوبتی دیگر سماع كند او صوتی از آن من كه بر شعر عمر بن ابی ربیعه ساخته بودم گفتن گرفت و چون هر یك از مطربان سه نوبت سماع بكردند دانستم كه بعد از این نوبت من باشد آنمرد را فرمودم كه بربط برگیر و فلان پرده بساز چنان كرد خادم بیامد ومرا اشارت فرمود من بربط بر گرفتم وآن صوت اول كه آنمرد مُخِلّ بی اصول گفته بود با سازی هر چه تمامتر بگفتم و چون اغاز گفتن كردم از خدّام و حواشی جمعی از هر گوشه باستماع آن نزدیك من آمدند چون تمام شد خادم بیرون آمد كه این قول

که ساخته است گفتم من باز گشت وباز بیرون آمد
و گفت دروغ میگوی این قول ابن جامع است چون دور بر
گشت وبار دیگر نوبت سماع بمن رسید من آن صوت دوم
که م از آنِ من بود وایشان گفته بودند اعاده کردم
ایشان همان تعجّب نمودند واز من سؤال کردند که این
کراست گفتم من ساخته ام همان تکذیب بکردند و گفتند
اسمعیل بن جامع راست من گفتم منم اسمعیل بن جامع
چون این سخن بر زبان من رفت امیر المؤمنین رشید
وجعفر بن یحیی البرمکی را دیدم که همچنانکه آفتاب
و ماه که ناگاه از سحاب بیرون آیند از پرده بیرون آمدند
و فضل بن ربیع پیش آمد و اشارت کرد که امیر المؤمنین
است زمین را بوسه دادم و سر از تفاخر بر آسمان رسانیدم
مرا گفت ابن جامع تو بوئی گفتم بنده امیر المؤمنینم
بنشستند و مرا فرمودند تا بنشینم وحال من پرسیدند
ومن همچنانکه بود عرضه داشتم پس اشارت کردند که
باز سر سرود گفتن گیرم و من آن صوت که از آن کنیزك یاد
گرفته بودم گفتن گرفتم و امیر المؤمنین را بغایت خوش
آمد اشارۀ بخادمی کرد خادم کیسۀ از هزار دینار بیآورد
و بمن داد و گفت آن صوت باز گوی من نوبت دیگر
گفتن گرفتم استادانه تر و نـبـاتی تر از بار اوّل و چند

نغمه و زخمه در افزودم و آهنگ پرده بلندتر کردم و طرب و نشاط ایشان زیاده شد و در تحسین و استحسان افزودند و امیرالمؤمنین هم اشارت بدان خادم کرد و کیسهٔ دیگر هم از هزار دینار بیاورد و بمن داد و من در زیر ران نهادم و خدمت کردم و بعد از آن فرمود که هر صوت بخاطرت می آید بگوی من جملهٔ اصوات و الحان که شنیده بودم که آن وقت پسندیده است گفتن گرفتم ونزدیک رسید که زنگئی شب از رومی روز منهزم شود وصیقل صبح زنگ شب از آینهٔ روز بزداید امیرالمؤمنین گفت امشب ترا بسیار زحمت دادیم همان صوت اوّل یعنی صوت کنیزک باز گوی چون باز گفتم بفرمود تا هزار دینار دیگر بیاوردند و بمن دادند چون سه هزار دینار در زیر ران نهادم سخن آن کنیزک که مرا گفته بود که بدین صوت سه هزار دینار خواهی ستد مرا یاد آمد تبسّمی بکردم ونظر امیر المؤمنین بر تبسّم من افتاد مرا دشنام داد و گفت چرا تبسّم میکنی من گفتم الصدق منجاة و قصّه باسرها شرح دادم از قول آن تعجّب نمود و بر خاست ودر حرم رفت و من ندانستم که کجا روم زود فرّاشان بیآمدند ومرا بسرائی بردند که امیرالمؤمنین فرموده بود تا بجهت من فرش افکنده بود وهر اسباب و آلت و زینت و ثیاب که لایق جلسای

ملوك وپادشاهان باشد دروی معدّ کرده نماز دیگر در بغداد شدم درویش ومسکین که در دنیا هیچ نداشتم وبامداد که بر خاستم از جملهٔ اکابر بغداد و مقبولان و مقرّبان حضرت یکی من بودم [فصل] و این حکایت محرّضست بر آنکه چون کسی در علمی شروع خواهد کرد یا در هنری نابض خواهد شد یا بحرفتی و صناعتی قیام خواهد نمود در آن کوشد که باوج کمال آن حرفت و نهایت آن صنعت برسد ودر آن علم ماهر ومقدّم بر اهل آن حرفت گردد تا چنان که اسمعیل بن جامع اگرچه متّقی محروم بود چون در صنعت خود مهارت داشت در یك شب مال وافر و مرتبهٔ بلند بدست آورد

L'AIGLE SAUVEUR

در آذربیجان رودیست که آنرا کُرّ خوانند واز سرعت رفتن آن آب بکشتی گذر نتوان کرد و قعری عمیق دارد و کنارهای آن سنگستانیست و آن را مشارعی نباشد و عمق احراف و خشونت اطراف آن بغایت هایل و آنرا پُلی است که ممر رهگذر لشکر ما بر سر آن پُل بود

وقتیکه با لشکر خویش بدآن پل میگذشتم چون بمیان پل رسیدم عورتی را دیدم که کودکی شیرخواره را در قماطی سرخ پیچیده و در آغوش گرفته میرفت اشتری با بار تکیه بر آن عورت زد بمیان پل از پای در آمد و بچه از دستش رها شد ودر آب افتاد و پُلی بغایت بلند بود واز سقف پل تا صفحهٔ آب بُعد بسیار بود و در میان آن آب سنگستانی بزرگی بود و هیچکس در هلاک آن کودک شک نکرد و از جزع مادرش ولوله در لشکر افتاد و چون کودك از دست رها شد من مطالعه کردم چون بآب رسید غوطه خورد و در حال بر سر آب آمد و در حوالی آن پل و آب بر پهنای رود عقابان بسیار بودند و آشیانه نهاده اتفاقاً در آنساعت که کودك در آب افتاد عقابی بر سر این آب تَوْر میکرد چون نقاط سرخ بدید بتصور گوشت فرود آمد و مخالب، در نقاط آن کودك استوار کرد و اورا از آب در ربود و هنجار صحرا و خشکی داد مرا در خلاص آن طفل طمع افتاد وسوارانرا بفرمودم تا بر صوبی که عقاب هنجار آنموضع داشت بتاختند و من نیز موافقت کردم و چون عقاب کودکرا بر زمین نهاد پیش از آنکه مخلب و منقار او بطفل رسد سواران بدو رسیدند و اورا از جوانب بصیحه و غریاد از سر آن طفل دور کردند

چنانکه از حیرت و دهشت باستبیلای طفل نپرداخت و طفل را همچنان در قفاط آنجا رها کرد و چون طفل را بر گرفتند بسلامت بود وهیچ زخمی وآسیبی بدو نرسیده بود سرنگونسار کردند تا آبی که در حلقش رفته بود بیرون آمد ومادر رسید [فصل] و از این حکایت کمال الطاف باری تعالی در حقّ بندگان مشاهده افتند که چون خواهد که بنده را از لجّهٔ هلاك بساحل خلاص رساند و از حضیض بوار باوج فرود مناص برد بواعث در اندرون مرغ وماهی و رعیّت وسپاهی بر انگیزد تا هر یك بی قصدی موجب خلاص و سبب مناص او گردند چنانکه در این صورت حادثهٔ فتادن آن کودك در آب و قصد هلاك او از عقاب تحقیق این معنی میکنند

LE CADAVRE D'UNE BAYADÈRE DÉCAPITÉE

در بغداد یکروز بنماز پیشین میرفتم دو حمّال را دیدم که جنازه می بردند با خود گفتم این شخص که می برند غریب و درویش مینماید تشییع جنازهٔ او بجای آرم و با حمّالان در حمل معاونت نمایم تا ثواب

بابم و فرا رفتم و یك طرف جنازه از دوش یك حمّال بر گرفتم و بر كتف خود نهادم وساعتی برفتم چون مانده شدم حمّال را آواز دادم هیچکس جواب نداد و آن دیگر گفت برو و خاموش باش كه او باز گردید گفتم من نیز این جنازه بیفکنم و بروم حمّال دیگر گفت من بر تو تشنیع زنم و رها نکنم كه بروی شرم داشتم و گفتم این مشقّت من تحمّل كنم و چون رنج زیاده باشد ثواب بیشتر بود و همچنان آن جنازه را بنتشویش ببردم و چون در مسجد نهادیم آن حمّال دیگر نیز بگریخت و جنازه من باز گذاشت من بر ایشان نفرین كردم وبا خود گفتم این ثواب را تمام كنم و چند درم از آستین بیرون كردم وجماعت گوركنان را كه در آنجا بودند آواز دادم گفتم این مرده را كجا گور كنده آید گفتند نمیدانیم من اجرت بدایشان دادم و فرمودم تا گوری بکنند و بر مرده نماز كردیم و چون خواستیم كه دفن كنیم وحقّاران بگور فرو رفتند ومن از بالا آن جنازه را بجنبانیدم تا ایشان فرو گیرند و در گور نهند من از آن دیدم كه حقّار از لحد برجست و لطمهٔ سخت بروی من زد و دستار از سرم بر گرفت وَدَوْرِ گردنم آویخت و آواز داد كه ای مردمان كُشتنه آورده است ومیخواهد دفن كند مردمان جمع شدند واز حال پرسیدند حقّار

گفت این مُردهٔ بی سر آورده است ومیخواهد که دفن کند وکفن از مُرده باز کردند چنان بود که او گفت شخصی بی سر یافتند و من مدهوش ومتحیّر بماندم و از هر کس مشتی و لطمهٔ و زخمی دیگر خوردم و از هر زبانی تعبیری ودشنامی و لعنتی دیگر شنیدم و همچنان دستار در گردن مرا نزدیك صاحب شرط و والی بردند وبیم آن بود که از زخم وآسیبی که بمن رسیده از غصّه هلاك شوم و چون بر آنکه این قتیل را من کشته ام گواهی نیافتند فرمود تا مرا برهنه کردند برای آنکه تازیانه زنند که بجرم اعتراف کنم واین والی را کاتبی بود عاقل چون مرا متحیّر بدید ایشانرا گفت یکملحظه صبر کنید تا من در کار این مرد نظری کنم شاید که حقیقت حال مکشوف شود که مظلوم می نماید و مرا بگوشهٔ برد واز من سرّ این حال بپرسید من چنانکه بود از اوّل تا آخر بیان کردم او فرمود تا مرده را از جنازه فرو گرفتند و در جنازه تأمّل کردند بر طرفی از جنازه نوشته بود که از آن فلان مسجد است جماعتی پیادگان را با خود فرا پیش گرفت و بدان مسجد برد و در مسجد درزی بود از وی پرسید که جنازهٔ این مسجد کجا است گفت برای نقل مرد بُرده اند آن کاتب گفت هیچ میدانی که برده است گفت اهل این سرا واشاره

بسرائی کرد که در جوار مسجد بود در حال بفرمود تا در و بام سوا گرداگرد فرو گرفتند و در را بشکستند و در رفتند قومی غربا را یافتند ایشانرا بر گرفتند و نزدیک صاحب شرط بردند و ایشان اقرار کردند که شراب خورده بودند و در میان ایشان کنیزکی بود ایشان بسبب آن کنیز با یکدیگر خصومت میکردند و بر یکدیگر غیرت می بردند و بدان رسید که کنیز را بکشتند و سرش در جائی انداختند و تن را خواستند که دفن کنند و آن هر دو حمّال از ایشان بودند صاحب شرط بفرمود تا گردن قتّال بزنند و مرا رها کردند و من خدایرا شکر گذاردم و آن کاتب را دعا گفتم و نذر کردم که دیگر بر هیچ جنازه نماز نگذارم [فصل] و در این حکایت تنبیهست بر آنکه مرد باید که پیوسته از خمر و زمر و آنچه مناسب آن امر بود مجتنب و محترز باشد و از جماعتی که بدان معصیت مشغول باشند توقّی نماید و فرمان ربّانی را جلّ جلاله که انّما الخمر و المیسر و الانصاب و الازلام رجس من عمل الشیطان فاجتنبوه منقاد گردد و بمعانی و حکم الفاظ نبوی صلّی الله علیه و آله که جعل الشرّ کلّه فی ثلث و جعل مفتاحه الخمر متّعظ و متنبّه شود چه هر فتنه و خصومت و قتل و ستم و ضرب که در جهان رود بیشتر آن

باشد کـه مایـه و مادّهٔ آن فتنـه خمو بـود چنانکه آن حکایت مینویست از آن معنی

INTELLIGENCE DES ÉLÉPHANTS

مردی از جملهٔ صیّادان ولایات هنـد و سند که معاش او از صید فـیـل بـود حـکـایت کـرد کـه عادت من در شکار کردن فیلان آن بود کـه در بیشهٔ که مسکن فیلان بودی یک باری در مشری از مشارع آبخور ایشان در مرّی از مرات فیلان بر درخت بزرگ در میان شاخهـای درخت پنهان شدمی و چون گلّهٔ فیل بر من بگذشتی بوقت مراجعت از آبخور تیری که پیکان او بزهر آب داده بودمی و چون آتش سوزان و پرّان گردانیده بر فیل باز پسین زدمی و آن فیـل میفتادی و هـلاك شدی و فیلان دیگر بگریختندی و مـن از درخـت فـرو آمـدمی و دنـدان و پوستنش جُدا کردمی یک نوبت هم بر این عادت فیلی را زخم کردم و آن فـیـل بیفتاد و بانگی صعب بکرد و فیلان دیگر بگریختند و چون لحظه بـود فیلی بـرزگتـر باز گشت و بر سر آن فیل مجروح بایستاد وبر تیر مینگریست و موضع جراحت میدید و چون او باز گشتن تمامت

فیلان دیگر باز گشتند و بر سر آن فیل زخم خورده باستادند و آن فیل مجروح اضطراب میکرد تا آنگاه که هلاک شد و فیلان در بیشه مینگریستند و متفرّق شدند ویک یک درخت را میبوییدند و تفتیش میکردند و من بهلاک خویش متیقّن شدم و آن فیل بزرگ بدان درخت آمد که در آنجا بودم چون نیک تأمّل کرد مرا بدید و خویشتن را بر درخت مالید درختی بدان عظمت و بزرگی از بیخ بر آمد و بر زمین افتاد وشکّ نکردم که همین لحظه مرا بی توقّعی هلاک گرداند و در زیر پای نرم کند و فیلان دیگر قصد من کردند و آن فیل بزرگ ایشان را منع کرد و بر من و تیر و کمان من تأمّل بسیار کرد بعد از آن خرطوم فراز کرد و برفق مرا بر گرفت و بر پشت خویش نهاد و تیر و کمان بر گرفت و بمن داد و باز گشت و روی بدان طریق نهاد که آمده بود فیلان دیگر فرای او بودند تا بموضعی رسیدند که ماری بزرگ بر مثال ازدها آنجا خفته بود چون فیلان را بدید روی بدیشان آورد و پی هم در ایشان میدمید و فیلان از او دور بایستادند و مجتنب و محترز می بودند و آن فیل بزرگ مرا بر زمین نهاد و تیر و کمان فرا پیش من نهاد و خرطوم بسوی آن مار اشارت میکرد و بتیر

وكمان من مىبنگرىست مرا معلوم شد كه مىجوابد كه آن مار را به تىر بزنم تىر بر كمان نهادم وبر اژدها زدم و تا ىىر بگذرانىدم و دىگرى در عقب آن همچنىن تا آن مار را مجروح كردم و بىهوش بىفتاد و چون فىلان دىدند كه تىر كارگر آمد فىلى فراز رفت و مار را در زىر دست وپاى خرد و مرد كرد و مرا بار دىگر فىل بزرگ بر پشت خود نهاد و بتعجىل دوىدن گرفت و فىلان دىگر بر اثر او تا آنگاه كه به بىشهٔ رسىد كه هرگز آن بىشه نـدىـده بودم چندىن فرسنگ طول وعرض آن بىشه بود وچنـدىن هزار فىـل مرده و بعضى پوسىده در آن بىشه افتـاده بود و استـخـوانـهـا مانـده وآن فـىـل بـزرگ دنـدانهاى آن فىل مـرده را جمع كـرد و ىكـىك فىل را اشارت مىكرد و آنقدر كـه از دنـدانها بر پشت او تعبىه مىتوانـست كرد و بر پشت او مى اىستاد بر پشت او مى نهاد تا تمامت فىلان را پربار گردانـىـد و مـرا بار دىـگـر بر پشت خـود نـهـاد و براهى كه بجانب ولاىت معمور بود پوئىدن گـرفت و دىگران در عقب او تا آنگاه كه بموضعى رسىد كه آثار آبادى از دور پىدا شد آنجا توقّف كرد و فىلانـرا اشاره كـرد تا آن دنـدانـهـاى فىل كـه بر پشت اىشان بود بر زمىن رىختند و مرا نىز بر زمىن نهاد و باز

گشت وبن بنزدیکتربن دہ از آن دہها در رفتم وحمّالان را بکرایه گرفتم دندانها بدان ده حمل کردم و مبلغی مال مرا از بهای آن حاصل شد واز جملهٔ اغنیا و متموّلان گشتم و خدای عزّ و جلّ را بر حصول سلامت وأمن از آن غنیمت شکرها گذاردم

LES ARABES DE BAGDAD AU IXᵉ SIÈCLE DE NOTRE ÈRE

محمّد بن عبدوس در کتاب تاریخ وزرا آورده است که یحیی بن خاقان گفت یک روز نزدیک یحیی بن خالد البرمکی رفتم و پسر او فضل در پیش او نشسته بود هم در آن ساعت احمد بن زید که بابن ابی خالد معروف بود در آمد سلام کرد و باز گشت یحیی بن خالد پسر خویشرا گفت از این مرد و پدر او حکایتی دارم چون از این که در اینم فارغ شوم مرا یاد ده تا بر تو تقریر کنم فضل بعد از اتمام آن شغل او را یاد داد و یحیی گفت در روزگار خلافت امیرالمؤمنین مهدی من و پدرم مدّتها از شغل غافل بودیم و محن و نوایب متوالی و متواتر گشت و فقر و احتیاج بحدّی رسید که

بقوت و ما لابقّ فرو ماندیم یک روز جامه در پوشیدم و خواستم که بر نشینم والده‌ء فرزندانم بمن گفت دوش این اطفال گرسنه خفته اند و ایشانرا بنمنمه و تعلّل بخواب کرده ام و امروز نه ایشانرا قوتی هست و نه چهار پای که داریم علفی من چون این سخن بشنیدم متحیّر بر پای بماندم و هر چند تفکّر کردم که ترتیب قوت ان روز از کجا سازم هیچ وجهی ندانستم الّا آنکه دوستی از اهل ری مرا ازاری طبری تحفه آورده بود گفتم تا آن ازاررا ببازار بردند تا بفروشند و در وجه اخراجات آنروز صرف کنند و من بر نشستم و ندانستم که کجا روم و از که استعانت کنم چون به شارع رسیدم پدر این مرد را دیدم در موکبی بزرگ ومی آمد و او در آن روزگار کاتب عبد الله وزیر مهدی بود وچون اورا بدیدم در موکب او روان گشتم و حال خویش و پدر بنقیر و قطمیر با او شرح دادم و فرو ماندن آن روز بی قوت و فروختن منذل تقریر کردم و سوگندهای غلاط و شداد بزبان راندم که در آنچه گفتم تفاوتی نبست واو این سخن میشنید و اسپ براند تا بقصر رسید و من باز گشتم و از وی به نیك و بد در باب خویش هیچ جواب نشنیدم من شکسته دل و کوفته خاطر و متحیّر و پریشان باز گشتم و نفس خود را باظهار سرّ

وافشانی راز خویش ملامت میکردم که خود را فضیحت و رسوا گردانیدم و در موقف تضرّع و مذلّت عرضه داشتم و بغایت اندوهگین و غمناک بخانه رسیدم و عیال چون اثر اندوه بر ناصیهٔ من بدیدند و امارت حزن در بشرهٔ من مشاهده کردند ایشان نیز زبان توبیخ و ملامت بکشادند و گفتند اقلّ ما فی الالباب آن باشد که چون حال تو در قلّت مال و کثرت عیال باین حدّ معلوم گردید در کارها ترا محلّ اعتماد ندانند و دلها از تو نفور گردد و آنچه از توبیخ و سرزنش ایشان بمن رسید بر دل مؤثّر تر از آن مذلّت بود که کشیدم روز دیگر پیراهن از زیر دراعه بیرون کردم و بفروختم و در وجه قوت عیالان نهادم و روز سیوم هیچ وجوه نداشتم و از غایت دلتنگی و دستتنگی بیم بود که جنون بر من غالب شود و اهل بیت و عیالان میگفتند چندین غم بر دل منه و امید از فرج بر مگیر باشد که خدای تعالی ناگاه از الطاف خویش لطفی بنماید و دری از درهای روزی بر ما بکشاید و ما می ترسیم که این اندیشه ترا بوسواس انجامد و احتیاج ما بوجوه مداوات تو اضعاف آن باشد که بوئت نفقه پس من بر نشستم و از خانه بیرون آمدم بر امید فرج و ندانستم که کجا روم در راه رسول ابی خالد را دیدم که بطلب

من می آمد با او سرای ابی خالد رفتم چون نظرش بر من افتاد سلام کردم گفت ای برادرزاده دیروز با من از روزگار شکایت کردی و از عجز حال خود حکایتی عرضه داشتی در آن باب بغایت متفکر بودم و جواب آن جز بفعل نیکو ندانستم بفرمود تا حمید وطاهر را حاضر گردانیدند و ایشان دو بازرگان بزرگ بودند که هر سال تمامت غلّات و ارتفاعات سوادان دیوان بیکبار بخریدندی و در اثنای سال بتفاریق میفروختند و بدان سود بسیار کردندی پس روی بدیشان کرد که دوش سی هزار کرّ بشما فروخته ام و کرّی هزار وهشتصد وهشتاد من باشد بر آن قرار که این برادرزادهٔ من در ربع آن با شما شریک باشد پس مرا گفت از این جمله ده هزار کرّ نصیب تو باشد کرّی هزار درم بتو دهند و شاید خواهند که تو پای خود از میان بیرون کشی واگر نه ترا باید که شرکت باتمام رسانی و در خرید و فروخت با ایشان شریک باشی پس آن هر دو بازرگانان مرا بگوشه بردند و گفتند تو مردی بزرگی واز خاندان بزرگ خرید و فروخت کار تو نباشد و این کار را کارکنان بسیار اگر مصلحت دانی سی هزار درم بستان و این شرکت بما باز گذار من اجابت کردم و آن حال بر رأی ابی خالد عرضه داشتم گفت نیکو کردی ترا

این آسان‌تر باشد پس فرمود که مال بستان و باز گرد و بعد از این ملازمت نمای که هر چه امکان دارد از نیکوی در باب تو بتقدیم رسانم پس سی هزار درم از آن هر دو بازرگان قبض کردم و میان آن و فروختن پیراهن یکروز بیش نگذشته بود بنزدیک پدر رفتم و در پیش او نهادم و گفتم جان من فدای تو باد حکم این مال بفرمای پدر گفت بر تو همان حکم میکنم که ابو خالد بر آن هر دو تاجر حکم کرد ثلثان تــرا و ثلث مــرا از آنجمله ده هزار درم ببدر دادم و بده هزار اسباب و ضیاع خریدم و باق نفقه می کردم تا آنکه خدای تعالی مرا بدین درجه رسانید و این حکایت با تو از آن گفتم که حـق مرد شناسی ۞ محمّد بن عبـدوس گوید از یحیی بن خاقان پرسیدم که یحیی بن خالد با احمد بن ابی خالد چه نیکوی کرد در مکافات آنچه پدر با او کرده بود یحیی گفت احمد ابن ابی خالد در روزگار برامکه منظور ایشان بود و محترم و مرفه روزگـار میگذرانید و در نعمت و حرمـت با ایشان مشارکت داشت تا آنگاه که رشید بر خالد بن یحیی ساخت شد و اورا محبوس کرد و اما احمد بن ابی خالد باردن رفتـه بـود بشغلی او حکـایت کنند کـه چون باز آمدم محنت روی ببرامکه آورده بـود و دولت پشت بر ایـشان

گردانیده با من شش هزار دینار بود بکوشیدم تا ببسی حیل
و وسایل در حبس خویشتن به یحیی خالد رسانیدم و آن شش
هزار دینار که با من بود بر وی عرضه کردم و بر فوات دولت
ایشان تاسّف خوردم و بر آن حال توجّع فرا نمودم و ملتمس
گشتم تا قبول آن شش هزار بر من منّت نهد گفت ترا
در حرج نتوانم افکند از آنجمله سه هزار دینار قبول کرد
و فرمود که باقی در مصالح خود صرف کن پس رقعه بنوشت
و بدو پاره کرد یك پاره بمن داد و یك پاره در زیر مصلّی
خویش نهاد و گفت کار ما بر گشت و دولت ما منقضی
شد و زود باشد که این خلیفه بجوار حقّ پیوندد
و فتنهٔ عظیم قایم شود در میان دو خلیفه و عاقبت آن
خلیفهٔ که در جانب شرق باشد غالب آید و پسری
باشد نام او فضل بن سهل اورا بآن خلیفه قربتی باشد
و وزیر او گردد چو خبر او بتو رسد نزدیك او رو و
این نصف رقعهٔ که تو داری برسان او خود بعد از آن ترا
بدرجهٔ بلند و مرتبهٔ عالی رساند و کار تو بزرگ گردد
و احمد بن ابی خالد گوید من از پیش یحیی بن
خالد از زندان بیرون آمدم با ندامتی هرچه تمامتر و خود را
ملامت میکردم که سه هزار دینار از دست بدادم برای
مردی که مرا بزرگ خود تعذیب میکرد و آن نصف رقعه

نگاه داشتنم روزگاری برین بر آمد و رشید دامی حقرا
اجابت نمود و محمّد امین را ولی عهد کرد ومیان مأمون
و محمّد امین فتنها و حربها بود تا آنگاه که محمّد
امین را بکشتند و خلافت بر مأمون مقرّر شد ومن سالها
معطّل و بیکار بماندم و روزگار من تواجع پذیرفت ودر ما
یحتاج و اسباب مروّت خللی فاحش پدید آمد و مأمون
بمرو دار الملك ساخت وطاهر بن الحسین از جانب او امیر
بغداد شد من یك شب در خانهٔ خود نشسته بودم
متفکّر در آن باب که وجوه اخراجات از کجا ترتیب کنم
و اسباب معیشت بچه طریق سازم که ناگاه آواز حلقهٔ در
شنیدم منکوحهٔ خود را گفتم برو وبنگر تا کیست که در میزند
و در مکشای تا مرا اعلام کنی برفت و در حال باز گشت و
گفت روشناییها می بینم و جمعی سرهنگان و سپاهیان
من رفتم و در پس در بیاستادم پرسیدم که کیست
گفتند سرای احمد بن ابی خالد اینست گفتم آری
گفتند ما رسولان امیر طاهر بن الحسین ایم و نزدیك او
آمده ایم گفتم باشد که غلط میکنید امیر بامثال او
مراسلت نکند ایشان گفتند که ما بکاری آمده ایم
که او بدان مسرور شود برو و اورا اعلام کن وپنداشتند که
من غلامم من باز گشتم و چراغی بر افروختم و در باز کردم

ودر آمدند و سپهسالاری بزرگ با ایشان بود بیامد
و بحرمت پیش من بزانوی ادب بنشست و گفت اعزّك
الله احمد بن ابی خالد توئی گفتم آری گفت امیر التماس
میکند که بچشم فرمائی در خانه رفتم و وصیّتی که داشتم
با عیال بگفتم و بیرون آمدم و گفتم مرکب ندارم جنیبی بپیش
من کشیدند سوار شدم و با ایشان نزدیك طاهر بن الحسین
رفتم و چون بر وی سلام کردم گفت احمد بن ابی خالد
توئی گفتم آری حالی نامه بر نیم کاغذ نوشته پیش من
انداخت بخطّ فضل بن سهل و بر عنوان نوشته که لابی
الطیب من ذی الرّیاستین و در صدر نامه این بود که اعزّك
الله و اطال بقاك امیر المؤمنین اطال الله بقاه میفرماید که در
حال این نامه بتو رسد احمد بن ابی خالد را در هر کجا
که باشد در افطار بغداد و اعمال آن طلب کنی و بمجلس
خود حاضر گردانی و پنجاه هزار درم بدو دهی و بیست
مرکب بدو تسلیم کنی و او را مسرور و محترم و مرفه
بحضرت امیر المؤمنین فرستی وبنأخیر رخصت ندهی چون
نامه بر خواندم مسرّت و بهاجت زیاده شد و خوشدل
و منتظر گشتم و گفتم باز گردم واستعداد کنم گفت البتّه
تأخیر را مجال و توقّف را رخصت نیست و در حال پنجاه
هزار درم و بیست مرکب حاضر کردند و بمن تسلیم کرد وفرمود

که در ساعت بر نشین من اینقدر مهلت خواستم که در خانه هر مصلحت که بود در قلم آوردم از آن مال بیشتر بعیال و فرزندان فرستادم و بفرمودم تا آن نصف رقعهٔ یحیی بن خالد بیاوردند و در وقت سحر از سرای طاهر بر نشستم و از بغداد بیرون آمدم و بهر شهر که بگذشتم مرا استقبال نمودند و خدمت کردند و نزول آوردند تا آنگاه که آسوده و خوشدل در نعمت و حرمت بدرگاه فضل بن سهل رسیدم فضل را از رسیدن من اعلام کردند چون رفتم و شرط خدمت سرکاری بجای آوردم فرمود که احمد بن ابی خالد الکاتب توئی گفتم آری فرمود که باز گرد و تا منزل خویش برو تا بیاسائی بعد از سه روز جامهٔ سیاه بپوش که شعار عباسیان است و بیا تا امیر المؤمنین را باز بینی من باز گشتم و ندانستم که کجا روم تا حال می باید مرا بسرائی برد با تمامت ما یحتاج وآن سه روز در سرور ونعمت بگذارانیدم وروز چهارم بامداد با جامهٔ سیاه بر نشستم و روی بدرگاه ذی الریاستین فضل بن سهل نهادم و اورا بر نشسته یافتم و عزم خدمت امیر المؤمنین داشت در حال پیاده شدم و دستش ببوسیدم و بر نشستم در موکب او براندم تا بدر سرای امیر المؤمنین رسیدم و همچنین سواره بسرای امیر المؤمنین براند و من پیاده شدم

و در رکاب او میدویدم تا آنگاه که بپرده رسیدم که در پس آن پرده مجلس امیر المؤمنین بود فضل از مرکب نزول کرد و در محفه نشست که برای او معدّ کرده بودند وجمعی که حاضر بودند از پهلوانان و سرهنگان محفه بر گرفتند تا بآنجا که مجلس امیر المؤمنین بود و اورا با مأمون بر تخت نشاندند و من لحظهٔ توقّف کردم تا مرا بخواندند چون در رفتم و خدمت کردم امیر المؤمنین را و فضل را دیدم هر دو بر تخت نشسته وروی بیک دیگر آورده چون نظر فضل بر من افتاد فرمود و گفت یا امیر المؤمنین این احمد بن ابی خالد است که در روزگار مخلوع یعنی محمّد امین نامههای او از مدینهٔ السلام بما میرسید و از احوال محمّد امین و اخباری که آنجا بود خبر میکرد و بندگی و هواداری امیر المؤمنین بجای می آورد وامروز مال وافر وجاهِ عریض و نعمتی بسیار دارد و آمده است و خود را و مال خود را بر امیر المؤمنین عرضه میدارد امیر المؤمنین گفت خدای بر مال او برکت کناد و اضعاف آن بدان متّصل گرداناد فضل گفت اورا با بندگان و خدّام امیر المؤمنین در اشغال بزرگ مشارکت دهیم فرمود که آری فضل گفت صلت در خور بندگی و کفایت او که موقّع او بنزدیک امیر المؤمنین چگونه است مردمان بسبب آن بدانند بدو

رسانیدم مأمون گفت آری و دیوان توقیع بـدو مفوّض کنم گفت آری و از آنجا بیرون نیـآمدم تا بر این جمله مثال نوشتند و چون از این سخن روزی چند بر آمد فضل در شب مرا پیش خود خواند و من آن نصف رقعه یحیی بن خالد با خـود بر گرفتم چون بنزدیک او رفتم نشسته بود و برادر او حسن بن سهل نزدیک او نشسته بود گفت یا ابا عبّاس میان تو و استاد و خواجهٔ ما ابو علی یحیی ابن خـالـد سابقهٔ معرفتی و حرمتی و وصلتی بـوده است وبر روی حقّی ثابت داری گفتم آری گفت سبب آن باز گوی من آنچه پدرم در حقّ او فرموده بود وآنچه من بآخر عمر او در وقتی که محبوس بود کرده بـودم با او شـرح دادم تا آنجا که بساختن نصف رقعه رسیدم فرمود که آن نصف رقعه کجـاست گفتم با منست و در پیش او نهادم او دست در زیر مصلّی کرد و آن نصف رقعه بیرون آورد و بیکدیگر باز نهاد و چـون بر خواند آب در چشم آورد وپس روی ببرادر کرد و گفت واللّه که خطّ ابو علیست و مرا گفت هیچ میدانی که چه نوشته است گفتم نه رقعه بمن داد و در آنجا نوشته بود که خدای تعالی ترا بر خوردار گرداناد ای پسر بدان که حقوق ابی العبّاس احمد بن ابی خالد در این حالت که مـنـم چنان بر من جمع شده است

که از مکافات آن عاجز گردانید و با ایادی که از پدرش دیده ام منتظم شده و روز ما بآخر و کار ما بانجام کشید و صبح دولت ترا اغاز بتنفس است و آفتاب اقبال ترا مبادی طلوع می باید که عذر من از این جوانمرد بخواهی وحقی که اورا بر من ثابتست قضا کنی انشاء الله تعالی ۞ احمد می گوید پس از آن روز هر روز کار من با فضلم در ترقی بود و اختصاص من بمأمون زیاده تا آنگاه که بمرتبهٔ وزارت مأمون رسیدم [فصل] و در این حکایت دو فایده است یکی آنکه کریم بداند که جواب سؤال معتبر بحسن فعل باید گفت نه بلطف قول واز تملّق میان تهی و تکلّف بلا طایل دور می یابد بود ودر آن کوشد که بی سابقه و عدّه و التزام قبول باسعاف حاجت محتاج قیام نماید چنانکه ابو خالد با یحیی بن خالد کرد دوّم آنکه عاقل حسن عقبت کرم و لطف خاتمت سخا بشناسد وبداند که اقدام بر اصطناع با اهل مروّت کریم را بهترین ذخیرتست که اگر از نهال نیکوی غارس ثمره نچیند بعد از وفات او اولاد او را آن شجره برومند باشد چنانکه احمد بن ابی خالد را بود ۞

MORT DU KHALIFE MOUÇA EL-HÂDI ET INAUGURATION DE SON FRÈRE HÂRÛN-ER-REŠÎD (A.D. 786)

حسن بن سهل روایت کند و چنین گوید که ابو غانم هرثمه بن اعین که در اوّل ایّام مأمون بمرد با من چنین حکایت کرد که موسی هادی قربتی و اختصاصی داشتم و از جملهٔ خواصّ او بودم و با این همه از او بغایت متحرّز و خایف بودم که کثرت اقدام او بر سفك دما وغایت جرأت او بر نهب ارواح میدانستم پس یك روز وقت نصف النهار در غایت شدّت گرما مرا بخواند و من هنوز چیزی نخورده بودم و از غایت خوف و هیبت او لرزه بر اندام من افتاد و چون بدار الخلافه رفتم مرا از چند سرا بگذرانیدند بنزدیکی سرای حرم در سرائی بردند که نشسته بود بفرمود تا جملهٔ نزدیکان را دور کردند و مجلس خالی گردانیدند و مرا فرمود که در ببند و بیا پس فرع بر من زیاده شد برفتم و در در بستم و باز آمدم پس روی بمن کرد و گفت پیوسته میرنجم از این سگ ملحد یحیی ابن خالد که اورا هیچ کاری نیست جز تضریب و تخلیط کردن میان من واعیان لشکر و وجوه قوّاد و دعوت کردن ایشان بخداوند خویش هرون و نفرت دادن

از من و میخواهند که مرا بکشند و اورا بر مسند خلافت نشانند و میباید که امشب بروی و سر هرون را نزد من آری یا هم در سرای او بگیری اورا و سر او بر گیری و یا اگر ترسی که آنجا میسّر نشود رسالت من بدو رسانی و اورا بحضرت من خوانی و در راه بسرای خویش بری وسرش بر گیری و بیآوری من از این سخن متحیّر بماندم وگفتم یا امیر المؤمنین دستوری باشد که سخنی بگویم فرمود که بگو گفتم یا امیر المؤمنین او برادر تست و پسر مادر و پدر تست و ولیعهد خلافت بعد از تو اگر این حکم بفرمائی نزد خدای عزّ و جلّ چه عذر آری و دوّم مردمان چه گویند گفت اگر آنچه فرمایم نکنی گردنت بزنم گفتم سمعاً و طاعةً فرمان بر دارم بعد از ان گفت چون از آنچه فرموده ام فارغ شوی بزندان رو و هر یک از فرزندان علیّ ابن ابو طالب را بیرون آری و قتل کنی یا بعضی در دجله غرق کنی گفتم فرمان بر دارم گفت چون از این فارغ شوی جملگی لشکر و غلمان را پیش گیری و بکوفه بری و هر که از عبّاسیان و اتباع ایشان و عمّال و متصرفان آنجا یابی از آنجا بیرون آری و باقی کوفه را آتش در زنی تا تمامت اهل او در آنجا بسوزند و هر که از آنجا بجهد بکشی و هر بنای که نا

سوخته ماند خراب کنی چنانکه در کوفه یك تنی نماند گفتم این حادثهٔ عظیم باشد گفت آری ایشان دشمنان مایند و شیعهٔ آل ابی طالب و هر فتنه که در ملك ما انگیخته شود و هر خون که ریخته گردد بسبب ایسان باشد و غیر از این که فرمودم چارهٔ نیست بهمه حال آنچه گفتم باتمام باید رسانید گفتم بالعین والرأس فرمان بردارم پس گفت باید که امشب از این موضع بیرون نروی تا آنگاه که یك نیمه از شب بگذرد بعد از آن نزد هرون روی واز وی اغاز کنی و بترتیب چنانکه فرموده ام بآخر رسانی متقبل شدم که چنین کنم او بر خاست و بسرای حرم در رفت و من بر جای متحیر و متفکر ماندم و شك نکردم که هین لحظه بفرماید تا مرا بگیرند و قتل کنند و این کار دیگری را فرماید و چون از من آثار کراهیت وامتناع مشاهده افتاد ویك دو نوبت رأی اورا تحطئه کردم و فرمود که از این موضع بیرون نروم غرض آنست تا این سرّ مکشوف نگردد واین منکر معروف نگردد وخدا میداند که من در دل داشتم که از اینجا بیرون روم و باسپ بر نشینم و بطرفی از اطراف روم چنانکه او نداند که کجا رفتم و مال و ملك و زن و فرزند بگذارم تا آنچه او فرمود بجای نباید آورد و

چون او در حرم رفت من منتظر قتل نشستم و از غایت اندوه سر بر آستان آن خانه نهادم و بخفتم و از خواب بیدار نشدم تا آنکه خادمی بیآمد و مرا بیدار کرد و گفت امیر المؤمنین ترا میخواهد فرمان او را اجابت کردم و از شب نیمه گذشته بود گفتم انّا لله وانّا الیه راجعون هین لحظه بقتل من فرمان دهد یا فرمان داده است و کلمهٔ شهادت بر زبان میراندم و میرفتم با خادم تا بنزد او رسیدم و آواز زنان و سخن گفتن ایشان می شنودم و با خود گفتم مگر می خواهد تا بالزام حاجّت مرا بکُشد و در سرای حرم خواند و گوید که ترا که اجازت داد که در حرم من آئی و بدین بهانه خون من بریزد و من بیرون پرده بایستادم هر چند خادم گفت اندر آی گفتم نعوذ باللّه نه من در آیم نه پریرا زهره بود که اندر آید خادم لِلحاح کرد من بآواز بلند گفتم بخدای که نه من در آیم تا آنکه که امیر المؤمنین را نه بینم و آواز او نشنوم واگر خود مرا پاره پاره کنی چون من این بگفتم آوازی شنیدم که یا هرثمه بیا که خیزرانم و واقعهٔ بزرگ افتاده است و ترا برای آن خواندم که متحیّر مانده ام در رفتن پردهٔ دیگر کشیدد بود و او در پس پرده ایستاده مرا گفت موسی بمُرد و خدای تعالی ترا و جملهٔ

مسلمانانرا از وی برهانید بیا تا به بینی اورا در زشتم و اورا دیدم بر تخت خفته و چادری بر وی کشیده چادر باز کردم دست بر نبض او نهادم مُرده بود خدایرا شکر گذاردم و از خیزران که مادر او بود سبب آن حادثه را سؤال کردم خیزران گفت آنچه او ترا میفرمود در حقّ پسرم هرون و در حقّ ابی طالبیان واهل کوفه من میشنیدم چون نزدیك من در آمد تضرّع مینمودم و شفاعت میکردم تا آن عزیمت ترك کند و سوگندها دادم هیچ فایده نکرد و سخن من نشنید و باذك بر من زد و همچنان با او رفق میکردم و موی و سینه را برهنه کردم و خدایرا شفیع آوردم و در پیش او در خاك بغلطیدم باو در نگرفت تیغ بر کشید و گفت اگر خاموش نباشی گردنت بزنم من ترسیدم واز وی نومید شدم و روی بخدا آوردم و با خلاص تمام نماز بگذاردم و او را دعای بد میکردم چون ساعتی بگذشت او بر جامهٔ خواب بیفتاد تا بخسپید خیو در گلویش گرفت و فرو نتوانست بردن ما کوزهٔ آبش بدادیم تا باشد که آب بگلویش فرو شود آب نیز در گلویش گرفت تا آنگاه که هلاك شد اکنون بر خیز و پیش یحیی خالد رو وماجرا از اوّل تا آخر با او حکایت کن و هر دو نزدیك پسرم هرون

روید و اورا بتعجیل بیاورید پیش از آنکه خبر منتشر شود و بیعت او تازه کنید من بر خاستم و آنچه فرموده بود بجای آوردم و رشید را بخلافت حاضر گردانیدم وچون صبح بر آمد از بیعت فارغ شده بودیم وخلافت بر هرون مستقیم شد وید موسی ﷶ با نفس او راجع گشت و من و جملهٔ مردمان از شرّ او برستیم وسبب اختصاص من نزد رشید وتضاعف نعمت و ترقّی درجه این بود [فصل] و در این حکایت فواید بسیار است از این جمله یکی آنست که مرد باید که با برادران واهل بیت خویش بلکه با سایر الناس بدخواه و بداندیش نبود و یقین شناسد لا یحقّ المکر السیّئ الّا باهله واز تحقیق این معنی که من حفر حفرة لاخیه وقع فیه ترسان باشد که بدخواه را سرّ دل قضای سر گردد چنانکه موسی الهادی را ﷶ

POURQUOI SODOME A ÉTÉ DÉTRUITE

از معتمدی شنیدم که گفت اهل سدوم بدعای مجوسی هلاک شدند از او پرسیدم که سبب آن چه بود گفت پلیست در بصره که آنرا پل خشب خوانند و در روزگار

سدوم آن پلی بوده است که ایشان ساخته بودند گبری بیآمد و زن خود را بر درازگوشی نشانده خواست که از آن پل بگذرد از اهل سدوم جماعتی بر سر آن پل بودند از گذشتن منع کردند وده درم خواستند و ایشان نداشتند که بدهند یکی از آن جماعت دنبال خر برید و خر از الم آن بر جست و آن عورت را بر زمین زد و حامله بود و بچه از شکمش بیفتاد و آن مجوس حیران بماند و گفت بکه تظلّم دارم گفتند بخداوند این کوشک که پادشاه اوست آن مجوس نزدیک آن پادشاه رفت وصورت حال تقریر کرد پادشاه جواب داد که باکی نیست درازگوشرا بدیشان ده تا دم ببالد و زنرا نیز بدایشان ده تا خمار میکشد و طبیش میکند تا دیگر باره حامله شود آن مجوس روی بآسمان کرده گفت خداوندا اگر این حکم حکم توست و تو بدین راضی من نیز راضیم خدای تعالی فرشته بفرستاد تا دست آن مجوس بگرفت و هر دورا از آن پل بگذرانید بسلامت آن مجوس گفت ای بندهٔ خدای چه کسی تو که در حقّ من این احسان فرمودی و بر جان من این منّت نهادی گفت من از فرشتگانم تو چون با خدای تعالی این مناجات کردی مرا بسبب نجات تو فرستاد و

باز پس نگر تا اثر خشم خدای تعالی در حقّ ایشان مشاهده کنی مجوس باز پس نگریست تمامت آن شهر خدای تعالی بشومی این ظلم بر زمین فرو برده بود و دعای مجوس را اجابت کرد [فصل] و از این حکایت وخامت عاقبت ظلم و سوء خاتمت ظالم معلوم میشود و مقرّر و محقّق میگردد که دعای مظلومان مستجابست و نالهٔ ستم دیدگان مقبل و اگر چه کافر باشند چنانکه در حقّ آن مجوس

L'IDÉAL DU BONHEUR D'UN PORTEUR D'EAU

اسحق بن ابراهیم الموصلی که از اکابر بغداد و مقرّبان دار الخلافه بود و جمعی از حمایت او در خفض عیش روزگار میگذرانیدند غلامی داشت فتح نام که بآب کشیدن نصیب کرده بود روزی اسحق غلام را گفت حال تو چیست و خبر تو چگونه باشد گفت از چندین مردم که در این سراها اند هیچ کس از من و تو بدبخت تر و رنجکشتر نیست تو همه روز ترتیب نان ایشان میکنی و من همه روز ترتیب آب ایشان میکنم اسحق بخندید و این سخن او را از غلام خوش آمد گفت حاجتی بخواه گفت حاجت من آنست که مرا دل شاد

گردانی و از مال خود آزاد کنی و این هر دو استر که بدان آب این جماعت را ترتیب میکنم بمن بخشی تا بعد از این نان خود ترتیب کنم اسحق در حال اورا آزاد کرد و آن هر دو استر بدو بخشید [فصل] و در این حکایت فایده آنست که بزرگی را که ایزد عزّ اسمه عزازت مال و جلالت حال و بسطت جاه اورا ارزانی داشته باشد چون از فرودستی خدمتی پسندد یا بر مداح مدّاحی تحسین گوید با هنرمندی مرضی شمرد یا بر نکتهٔ معاشری بخندد باید که در حال او را صله بخشد و انعامی واکرامی ارزانی دارد تا همچنانکه بواسطهٔ آن شخص نشاطی در ضمیر او پیدا آمد بسبب آن انعام واکرام که از او بدان شخص رسد شادمان وخوشدل گردد

L'ÉDUCATION D'UNE JEUNE FILLE PERSANE

قصّهٔ خورشید خانم که دختری چهار ساله بود و همه مردم اورا دوست داشتند

زنی بود مشتری خانم نام دختری داشت که اسمش کوکب خانم بود بسیار بی ادب و بی حیا بود و بی سبب خندهٔ

زیاد می نمود و در پیش مردم دهان خود را باز کرده آوازهای بد میکرد و در میان مجلس باین طرف وآن طرف میدوید و کسی را اعتنا نمیکرد وبدوش اهل مجلس سوار میشد ودر صبح وشام بهیچ کس سلام نمیداد و حرفهای بیمعنی بسیار می گفت و هر گاه چند نفرا بر تختی یا صندلی نشسته میدیدند میرفت و بر چوب آنها سوار میشد واگر دو نفر آهسته حرف میزدند نزدیک رفته گوش میداد خلاصه بسیار فضول و کم تربیت وبیحیا بود و باین سبب زنهای که با مادرش دوست بودند از او نفرت داشتند و اورا در پیش خود راه نمیدادند و باو حرف نمیزدند و با وجود آن بسیار خود خواه و خود پسند بود ومیخواست که همه کس اورا دوست داشته باشند اما کاری نمیکرد که کسی بصاحبتن او مبل کند و اورا دوست بدارد اتفاقاً روزی با مادرش بمهمانی رفته بود و دختری را دید که هر که چشمش بر او می افتاد با او کمال مهربانی را می نمود و چشمهای اورا بوسیده در نزد خود مینشانید و اورا شربت وشیرینی ومیوه میدادند کوکب خانم را غیرت گرفت و از مادر خود پرسید که چرا جمیع مردم این دختر را دوست دارند و با او محبّت ومهربانی میکنند و اورا لباس وشیرینی و میوه می دهند و با او محبت می

نمایند مادرش گفت ای دختر من این دختری که می بینی اسمش خورشید خانم است و دختری است بسیار با کمال وحرف شنو و با ادب که همه کس اورا دوست دارند وپدر ومادرش از او راضی هستند به سبب آنکه هر روز صبح که از خواب بیدار میشود با کمال خوشی وبی زحمت از جای خود بر می خیزد و مثل بعضی بچها در اوّل صبح گریه وبد خلقی نمیکند پس لباس خود را میپوشد ولباس خود را پاک کرده وضوء و نماز خدا را بجای آورد و تا شام جمیع حرکات و رفتار او شایسته و خوبست و عادت کرده است که شبها وقت خوابیدن پدر و مادرش می خوابد وصباحها وقت بیدار شدن آنها بیدار میشود وپس از آنکه خود را پاک وتمیز کرد ولباس خود را پوشید عروسکها واسباب بازی که دارد گرفته در گوشه می نشیند ویا آنها بازی میکند و مثل پاره بچها نیست که در میان خانه برود و شیطنت کند و حرفی را که مناسب او نیست نمی پرسد ونمی گوید واگر دو نفر نجوی کنند یعنی آهسته حرف بزنند نزدیک نمیرود که بحرف آنها گوش بدهد واز این جهت کسی اورا فحش نمیدهد واذیّت نمیکنند وتمام روز خوشحال و خرّم است و حالا در مکتب خانهٔ دختره‌هاست قرآن و خطّهای نسخ را بسیار

خوب میخواند و در مهمانیها و تماشاگاهها وجمعیّتها و کوچه‌ها هرگز از نزد مادرش دور نمیشود و بی اذن و رضای مادرش هیچ کاری نمیکند همیشه تن ولباس خودشرا پاک و پاکیزه نگاه میدارد وپیش از غذا وبعد از غذا دست خود را میشوید وبا دست راست غذا میخورد وهرگز با خاک وگل بازی نمیکند و بر زمین بی فرش نمی نشیند که لباسهای او چرکین بشود وعادتهای بد ندارد مثل آنکه انگشت به بینی خودش بکند بلکه همیشه بینی خودرا پاک نگاه میدارد بی آنکه پدر ومادرش باو بگویند خلاصه همیشه در فکر پاکی و تمیزی است و بسیار خوش خلق وبا ادب و مهربان است که جمیع مردم از خوبی او در عجب هستند ای دختر من سبب آنکه همه کس خورشید خانم را دوست دارد این چیزهاست که با تو گفتم کوکب خانم بسیار با هوش و زیرک بود بمادر خودش التماس کرد که اورا با خورشید خانم آشنا کند تا با او دوست شود و حالتها و رفتارهای خوب را از او یاد بگیرد ومادرش قبول کرد و او را پیش خورشید خانم برد و با او آشنا کرد و آنها با هم دوست شدند بطوری که یک دقیقه از هم جدا نمی شدند دوکب خانم همه حرکات و رفتارهای خوب

را از خورشید خانم یاد گرفت و در اندك زمانی او هم مثل خورشید خانم دختر خوب وبا ادب شد که هر کس اورا میدید محبّت او در دلش جای میگرفت پس همه دوستان وآشنایان مادرش با او دوست شدند وهر روزی برای او شیرینی و میوه و چیزهای خوب می فرستادند۞

VOCABULAIRE

PERSAN-FRANCAIS

AVERTISSEMENT.

Les verbes composés avec une particule (adverbe, préposition) qui ne se trouveront pas aux verbes simples devront être cherchés sous la particule. Les verbes composés au moyen d'un substantif doivent se chercher à ce substantif lui-même.

Les mots arabes terminés par un ة ont été écrits tantôt par un ت et tantôt par un ه selon l'usage le plus fréquent. Si l'on ne trouvait pas un mot à la première de ces deux lettres, c'est donc à la seconde qu'on devrait le chercher et vice versâ.

Pour faciliter la traduction aux personnes qui ne connaissent pas l'arabe, nous avons traduit et donné au commencement du Vocabulaire toutes les citations qui sont faites dans cette langue.

Quand le même mot est répété nous le remplaçons par un trait

ABRÉVIATIONS.

A.	Arabe.		PA.	Persan-Arabe.
AP.	Arabe persan.		P.e.	Par exemple.
c.-à-d.	C'est-à-dire.		P. ext.	Par extension.
F.	Formule.		Pl.	Pluriel.
Id.	Idem.		Prép.	Préposition.
Imp.	Impératif.		S.	Substantif.
Litt.	Littéralement.		T.	Turc.
N. P.	Nom propre.		TP.	Turc-Persan.
P.	Persan.		V.	Verbe.

LOCUTIONS ET FORMULES ARABES.

اعزّك الله واصال بقاك امير المؤمنين اطال الله بقاه *E'ezzeke-llâhü üe etâle beqâke emîr el-müminîn etâle-llâhü beqâhü.* — Que Dieu te rende puissant et qu'il prolonge ta vie. L'émir des croyants, que Dieu prolonge sa vie, etc.

الصدق منجاة *es-sidqü mengâtün.* La véracité est un moyen de se sauver.

الكاتب *el-kâtib.* L'écrivain.

انّا لله وانّا اليه راجعون *innâ lillâhi üe innâ ileyhi râgi'ûna.* Certes nous sommes à Dieu et nous retournerons à lui. Coran, II. 131.

انشاء الله *inšâ-llâh.* Si Dieu le veut.

انّما الخمر والميسر والانصاب والازلام رجس من عمل الشيطان فاجتنبوه *inaemâ-l-hamrü üe-l-meyserü üe-l-ansâbü üe-l-ezlâmü rigsün min* 'emeli-šševtáni fe-ǧtenibûhü. Le vin, les jeux de hasard, les lots, et les flèches avec lesquelles on tire au sort sont des impuretés de Satan. Donc, détournez vous en. Coran, V. 92.

بالعين والرأس bil-ᶜeyn ŭer-râs. Par mon œil et par ma tête. Formule employée pour les serments.

تعالى teᶜâla. Qui est élevé, le Très-Haut. Formule arabe qui se met après le nom de Dieu.

جلّ ǧelle. Qui est grand.

جلّ جلاله ǧelle ǧelâlühü. Dont la puissance est grande. F. A. qui se met après le nom de Dieu.

جُعِل الشرّ كلّه فى ثلاث وجعل مفتاحه الخمر ǧüᶜila-š-šerrü küllühü fy thalâthin ŭe ǧüᶜila miftâχehü-l-ḥemrü. Le mal est tout entier placé en trois choses et le vin en est la clef.

ساير الناس sâïr-ün-nâs. Tout le reste des hommes.

سمعًا و طاعةً semᶜen ŭe tâᶜeten. Entendre c'est obéir.

صلّى الله عليه و آله sella-llâhü ᶜeleyhi ŭe âlihi. Que Dieu le bénisse ainsi que sa famille.

عزّ و جلّ ᶜezze ŭe ǧelle. Il est puissant et grand.

عزّ اسمه ᶜezze ismühü. Dont le nom est puissant. Ces deux formules suivent souvent le nom de Dieu.

فورد منـاص feŭerede menâs. Et le salut est arrivé = délivrance.

لابى الطبيب من ذى الرياستين A Ebu-t-Tîb, de la part de Zu-r-Riyâsateyn.

لا يحقّ المكر السيىي الّا باهله lâ yeχiqqü-l-mekrü-s-seyyiyü illâ bi ehlihi. La ruse méchante ne convient que pour les méchants (Proverbe arabe).

ما جرا mâ ǧerâ. Ce qui s'est passé.

ما فى الالباب *má fy-l-ellâb.* Ce qui est dans les cœurs.

ما لا بدّ *má lâ büdde.* Ce qui est indispensable.

ما يجتاج *má yüχtâǧü.* Ce qui est nécessaire.

من حفر حفرة لاخيه وقع فيه *men χefere χüfreten li-eḫîhi ůeqe'e fîhi.* Celui qui creuse une fosse pour son frère y tombera lui-même (Proverbe arabe.)

نعوذ بٱلله *ne'ûzü billâh.* Nous nous réfugions en Dieu. A Dieu ne plaise.

وٱلله *vellâhi.* Par Dieu. Je vous affirme.

يا ابا عبّاس *yâ Ebâ 'Ebbâs.* ô Ebû 'Ebbâs.

يعنى *ye'ny.* C'est-à-dire.

VOCABULAIRE PERSAN.

ا

P. آب *âb.* Eau. Larme

دادن — Tremper.

P. ابا *ebâ.* Potage.

P. آبادى *âbâdy.* Culture. Civilisation.

P. آخور *âkhâr.* Abreuvoir.

P. ابرو *ebrû.* Sourcil.

P. آبگينه *âbgîne.* Miroir.

از — Orné de miroirs (Salon).

ابن ابى خالد *Ibn Eby-hâled.* N. P.

اسمعيل بن جامع *Voy.* ابن جامع

ابو طالب *Ebû Tâleb.* N. P.

ابو على يحيى بن خالد *Ebû 'Aly Yexye ibn hâled.* N. P. Vizir de *Hârûn er Rešîd* et le deuxième de la famille des *Barmécides.*

ابو غانم هرثمة بن اعين *Ebû ɣânim Herseme ibn E'yen.* N. P. Fameux général des *'Abbâsides.*

ابى طالبيّان *E y tâlebiyyân.* Les *šyites,* sectateurs d'*Aly ben Ebû Tâleb,* gendre de Mahomet.

A. اتباع *etbâ'.* Sectateurs, partisans. Pl. de تابع *tâbi'.*

P. آتش *âteš.* Feu.

درزدن — Incendier.

A. اتّفاق *ittifâq.* Hasard.

اتّفاقًا *ittifâqen.* Par hasard.

A. اتمام *itmâm.* Achèvement.

باتمام رسنيدن *be-itmâm reçânîden.* Mener à bien, accomplir.

A. آثار *âsâr.* Traces. Pl. du suivant.

A. اثر *eser.* Trace.

A. اثنا *esnâ.* Milieu.

در اثنا *der esnâ.* Au milieu, pendant.

A. اجابت *iǧâbet.* Action d'agréer et d'accepter. Réponse favorable.

كردن ou نمودن — Consentir. Obéir. Exaucer.

A. اجازت *iǧâzet.* Permission.

A. اجرت *üǧret.* Salaire.

A. احتياج *ixtyâǧ.* Besoin. Indigence.

A. احراف *exrâf.* Bords, rives. Pl. de حرف *xerf.*

A. احسان *ixsân.* Bienfaisance, bienfait.

احمد بن زيد *Exmed ben Zeyd.* N.P.

A. احوال *exvâl.* Affaires. Evènements. Pl. de حال *xâl.*

A. اخبار *ehbâr*, pl. de خبر *heber.* Nouvelles.

A. اختصاص *ihtisâs.* Intimité.

A. آخر *âhir.* Fin.

از اوّل تا اخر *ez evvel tâ âhir.* Depuis le commencement jusqu'à la fin.

A. اخراجات *ehrâğât.* Dépenses.

A. ادب *edeb.* Politesse, éducation.

با ادب *bâ edeb.* Bien élevé.

بى ادب *bî edeb.* Mal élevé.

آذربیجان *âzerbeyğân.* Province de la Perse située au sud-ouest de la mer Caspienne et dont la capitale est Tebrîz.

A. اذن *izn.* Permission.

A. اذیت *eziyet.* Tourment

کردن — Tourmenter.

P. آراستن *ârâsten.* Préparer. Orner. Imp. آرای.

P. آراسته *ârâste.* Orné, paré, disposé, préparé.

A. ارباب *erbâb.* (Pl. de ربّ *rebb*). Possesseurs, de là, gens de.

ارباب زهد *erbâbi zühd.* Les gens de bonne vie.

A. ارتفاعات *irtifâât.* Récoltes. Pl. de ارتفاع *irtifâ.*

A. اردنّ *urdünn.* Province du Jourdain.

P. ارزانى *erzâny.* Digne.

دانستن — Accorder, assigner. Litt. Juger digne de.

A. ارواح *ervâx.* Ames, existences. Pl. de روح *rûx.*

P. آرى *ârỵ.* Oui, certes.

P از *ez.* De. De la part de. Par. Par suite de. Que (avec un comparatif). Depuis.

P. آزاد *âzâd.* Libre.

کردن — Affranchir.

A. ازار *izâr.* Habit, robe.

P. اژدها *ejdehâ.* Dragon, animal fabuleux.

P. آسان *âsân.* Facile.

A. اسباب *esbâb.* Moyens, causes. Ustensiles, meubles. Pl. de سبب *sebeb.*

P. اسپ *esp.* Cheval.

باسپ بر نشستن *be-esp ber nişesten.* Monter à cheval.

P. استاد *üstâd.* Maître.

P. استادانه *üstâdâne.* Magistralement

P. استادن *istâden.* Voir au mot ایستادن.

P. آستان *âsitân.* Seuil.

A. استحسان *istixsân.* Louange, approbation

P. استخوان *üstühân.* Os.

P. استر *ester.* Mulet.

A. استعانت *istiâne.* Action de demander secours.

استعانت کردن Demander secours.
A. استعداد *istiʿdâd*. Préparation.
کردن — Se préparer.
A. استقبال *istiqbâl*. Action d'aller au devant, de recevoir qqn.
A. استماع *istimâʿ*. Audition.
A. استوار *üstüvâr*. Ferme, solide.
کردن — Affermir, enfoncer solidement.
A. استیلا *istîlâ*. Action de s'emparer.
P. آستین *âsitîn*. Manche d'habit; c'est là que les Orientaux mettent leur argent.
اسحق بن ابراهیم الموصلی *Isḥâq ben Ibrâhîm el Môusily*. N.P. Célèbre musicien.
A. اسعاف *isʿâf*. Action d'accorder qq. ch.
A. اسم *ism*. Nom.
P. آسمان *âsmân*. Ciel.
اسمعیل بن جامع السهمی *Ismâʿyl ben ǵâmiʿ es-Sehmy* Célèbre chanteur arabe originaire de la Mekke. Il fut en faveur à la cour d'*El-Mehdy*, d'*El-Hâdy* et surtout de *Hârûn er Rešîd* Il mourut vers l'an 187 de l'*Hégire*, 803 de J. C., une année après son rival *Ibrâhîm el Môusily*.
P. آسودن *âsûden*. Se reposer. Imp. آسا *âsâ* ou آسای *âsây*.
P. آسوده *âsûdè*. Reposé.
P. آسیب *âsib*. Mauvais traitement.
A. اشاره *išârè*. Indication. Signe.

اشاره کردن ou فرمودن Faire signe de, ordonner. Dire. Indiquer, montrer.
P. اشتر *üštür*. Chameau.
A. اشغال *ešγâl*. Occupations, affaires. Pl. de شغل *šüγl*.
P. آشنا *âšinâ*. Ami, connaissance.
کردن — Mettre en rapports avec, faire faire connaissance.
P. آشیانه *âšyânè*. Nid.
A. اصابت *içâbet*. Justesse.
A. اصطناع *istinâʿ*. Action de faire du bien.
A. اصوات *esvât*. Airs, chansons. Pl. de صوت *sôut*.
A. اصول *üsûl* (pl. de اصل *esl*). Principes.
A. اضطراب *iztirâb*. Agitation.
کردن — S'agiter.
A. اضعاف *ezʿâf*. Le double. Pl. de ضعف *zeʿf*.
A. اطراف *etrâf*. Côtés Directions. Régions. Pl. de طرف *teref*.
A. اطعمه *etʿimè*. Mets. Plats. Pl. de طعام *teʿâm*.
A. اطفال *etfâl*. Enfants. Pl. de طفل *tifl*.
A. اظهار *izhâr*. Action de montrer, de découvrir.
A. اعاده *iʿâdè*. Action de répéter.
کردن — Répéter.

A. اعتراف i'tirâf. Aveu.

کردن — Avouer.

A. اعتماد i'timâd. Confiance.

A. اعتنا i'tinâ. Attention.

کردن — faire attention, donner ses soins à, prendre garde à.

A. اعسار i'sâr. Pauvreté, détresse.

A. اعلام i'lâm. Annonce.

کردن — Annoncer.

A. اعمال e'mâl. Provinces. Pl. de عمل 'emel.

A. اعیان e'yân. Chefs, notables. Pl. de عین 'eyn.

P. اغاز âyâz. Commencement.

کردن — Commencer.

A. اغنیا eýnyâ. Riches. Pl. de غنی ýeny.

P. اغوش âyûš. Sein. Partie du sein sur laquelle la mère tient l'enfant embrassé.

A. افادت ifâdet. Profit.

فرمودن — Faire profiter de

P. افتاب âftâb. Soleil.

P. افتادن üftâden. Tomber. Arriver, se produire.

P. افروختن efrûhten. Allumer.

— Idem.

P. افزودن efzûden Augmenter. Faire plus, ajouter. Imp. افزای

در — Ajouter.

P. افشانی efšâny. Action de répandre, de divulguer.

P. افکندن efkenden. Jeter. Etendre. Laisser là, abandonner.

A. اقبال iqbâl. Bonheur. Prospérité.

A. اقدام iqdâm. Action de s'attaquer à, d'aborder qq. chose.

A. اقرار iqrâr. Aveu.

کردن — Avouer.

A. اقطار eqtâr. Pays. Environs. Pl. de قطر qetr.

A. اقل eqell. La plus petite partie, la moindre chose.

A. اکابر ekâbir. Les plus grands, les notables. Pl. de اکبر ekber.

A. اکرام ikrâm. Bon traitement, honneur.

A. اکل ekl. Action de manger.

P. اکنون eknûn. Maintenant.

P. اگر eyer. Si.

P. اگرچه eyerči. Quoique. Quand même.

P. اگهی âyehy. Information, connaissance.

A. ال âl. Famille.

A. الا illâ. Si ce n'est, sinon.

الا انکه illâ ân-ki Si ce n'est que.

A. البته elbette Certainement. Expressément.

A. الت âlet instrument, ustensile

A. التجا iltijâ. Action d'avoir recours, de se réfugier.

آوردن — Se réfugier.

A. التزام *iltizám*. Action de s'engager à.

A. التماس *iltimás*. Demande, prière.

کردن — Demander, prier.

A. الحاح *ilxáx̱*. Insistance.

کردن — Insister.

A. الحان *elxán* Chants. Pl. de لحن *lexn*.

A. الزام *ilzám*. Action d'arguer, d'employer un argument. بالزام حاجت *le-ilzámi x̱üǧǧet*. Par l'emploi d'une preuve convaincante.

A. الطاف *eltáf*. Grâces, bienfaits. Pl. de لطف *lütf*.

A. الفاظ *elfâz*. Paroles. Pl. de لفظ *lefz*.

A. الله *allâh*. Dieu. والله Par Dieu ! والله که Il est très vrai que.

A. الم *elem*. Douleur, souffrance.

A. الوان *elván*. Sortes, espèces. Pl. de لون *lôun*.

A. اما *emmá*. Mais, cependant.

A. امارت *emáret*. Marque, signe.

A. امتناع *imtináʿ*. Refus, désir de s'abstenir.

A. امثال *emsál*. Pl. de مثل *misl*. Semblables, pareils.

P. آمدن *ámeden*. Venir. Imp. آی *áy*.

در آمدن *der ámeden*. Entrer. Voyez aussi پای.

— فرود *ferûd ámeden*. Descendre, s'abattre.

— پیش *piš ámeden*. Venir au devant, s'avancer.

— بر Se lever, monter, s'élever. Survenir, s'écouler, passer (temps).

از بیخ بر آمدن Etre déraciné.

اندر — Entrer.

Le verbe آمدن s'emploie aussi comme auxiliaire, p. c. p. 295 : کجا گور کنده آید où la fosse sera-t-elle creusée ?

A. امر *emr*. Affaire, chose.

P. امروز *imrûz*. Aujourd'hui (composé de این et de روز).

P. امشب *imšeb*. Cette nuit (composé de این et de شب).

A. امکان *imkán*. Possibilité.

داشتنن — Être possible.

A. امن *emn*. Sécurité.

P. امید *ümíd* Espoir.

A. امیر *emír*. Chef. Gouverneur.

امیر المؤمنین *emír ül-múminín* commandeur des croyants, khalife.

P. آن *án*. Celui-là, celle-là. S'attache qqf. aux mots suivants, comme dans آنمرد *ánmerd*, cet homme.

از آن ez âni, avec l'izâfet, signifie: appartenant à, composé par.

آنکی ânki. Celui qui. Ceci que

A. انتظار intizâr. Attente.

A. انتقال intiqâl. Transport.
کردن — Transférer.

P. آنجا ânŷâ et — در. Là.

P. انجام enŷâm. Fin.

P. انجامیدن enŷâmîden. Finir. Aboutir.

P. آنچه ânči. Ce qui, ce que.

P. انداختن endâhten. Jeter. Imp انداز endâz.

P. اندام endâm. Corps.

P. اندرون enderûn. Intérieur.
— در Dans.

P. اندک endek. Peu.

P. اندوه endûh. Douleur, tristesse.

P. اندوهگین endûhŷin. Triste.

P. اندیشه endîše. Souci.

A. انعام en'âm. Bienfait, grâce.

P. آنگاه ânŷâh. Alors.
تا آنگاه که Jusqu'à ce que.
آنگاه که Alors que.

P. انگشت enŷüšt. Doigt.

P. آنکه ânŷeh. Voir آنکه.

P. انگیختن enŷîhten. Se produire. Susciter. Imp انگیز enŷîz.
— بر Susciter.

A. انواع envâ'. Espèces, sortes. Pl. de نوع nû'.

P. آواز âvâz Bruit. Voix. Parole, mot.
دادن — Appeler. Crier.

A. اوتار ôtâr. Cordes d'instrument de musique. Pl. de وتر veter.

A. اوج ôŷ. Sommet, apogée.

P. آوردن âvürden. Apporter. Amener. Rapporter dans un livre.
آب در چشم آورد Des larmes lui vinrent aux yeux.

A. اول evvel. Premier. Commencement.

A. اولاد ôlâd. Enfants. Pl. de ولد veled.

P. آویختن âvîhten. Suspendre, attacher. Se suspendre. Imp آویز âvîz.

P. آویخته âvîhte. Accroché, suspendu.

P. آهسته âhste. Doucement.
آهسته حرف زدن Causer à voix basse.

A. اهل ehl. Gens.
اهل و عیال La famille.

P. آهنگ âheng. Accord d'un instrument. Ton

P. ای ey. Ô Particule du vocatif.

A. ایادی eyâdî. Bienfaits. Pl. de ید yed.

A. ایام eyyâm. Jours. Pl. de یوم yevm.

P. ایستادن *istáden.* Se tenir debout. Tenir dans un endroit. S'arrêter.

P. ایشان *išán.* Eux. Elles.

P. این *in.* Ceci, ce, cet, cette.

P. اینجا *inǧá.* Ici.

P.A. اینقدر *inqeder.* Cette quantité. Voyez قدر.

P. ایزد *ízed.* Dieu.

P. آینه *áyne.* Miroir.

ب

P. ب *be.* Préposit. s'attachant aux mots et pouvant s'en séparer sous la forme به: A, vers, avec en, par, pour. Placée devant le parfait, elle n'en modifie pas le sens. Voir بد et بی.

P. با *bá.* Avec, à. Placée devant un substantif, cette particule forme des adjectifs. Ex. کمال, perfection; با کمال, parfait.— با خود, en soi-même; mais aussi, avec soi-même. Voir encore راجع.

A. باب *báb.* Chapitre. Branche (d'art ou de métier).

— در *der báb.* Au sujet de.

P. بار *bár.* Fardeau.

— با *bá bár.* Chargé.

P. بار *bár.* Fois.

— یك *yek bár.* Une fois.

P. باره *báre.* Fois.

— دیگر une autre fois.

A. باری *báry.* Dieu, le créateur.

P. باز *báz.* De nouveau — پس *báz pes.* Derrière. — پسین *báz pesín* Qui vient en dernier, dernier.

— گشتن *báz gešten.* S'en retourner.

— آمدن *báz ámeden.* Revenir.

— داشتن *báz dášten.* Empêcher.

— کردن *báz kerden.* Ouvrir. Découvrir.

— دادن *báz dáden.* Rendre.

— دیدن *báz díden.* Rendre visite.

P. بازار *bázár.* Bazar.

P. بازرگان *bázárgán.* Négociant.

P. بازی *bázy.* Jeu.

— کردن *bázy kerden.* Jouer.

A. باسرها (composé de ب, de et de هها) tout entier, tout entière, d'un bout à l'autre.

A. باقی *báqy.* Le reste.

P. باك *bák.* Peur, Crainte.

باكی نیست Il n'y a rien à craindre, cela ne fait rien.

P.A. با کمال *bá kemál.* Parfait.

P. بالا *bálá.* Sommet.

— از *ez báló.* D'en haut.

P. بالیدن *báliden.* Pousser, croître, repousser.

P. بام *bám.* Toit, terrasse.

P. بامداد *bámdád.* Matin, point du jour. Adv. Au matin.

22

P. باذكی *bâny*. Voix. Cri.

زدن — *bâny zeden*. Crier après, gronder, sonner.

P. باید که *bâyed ki*. Il faut que. Du verbe بایستن.

P. بایستن *bâysten*. Falloir, être nécessaire.

P. بچه *bečè*. Enfant.

P. بخشیدن *behšiden*. Donner en cadeau.

P. بد *bed*. Prép. qui se met à la place de ب devant un mot commençant par une voyelle.

P. بد *bed*. Mauvais, méchant. Mal. اندیش — *bed-endîš*. Qui pense à faire le mal.

بخت — *bed-beht*. Malheureux. Litt. dont le sort est mauvais.

خلقی — *bed-hûlqy*. Mauvais caractère. کردن — *bed-hûlqy kerden*. Faire le méchant.

خواه — *bed-hâh*. Méchant. Litt. qui désire le mal.

P. بر *ber*. Sur. Auprès de.

P. بر *ber*. Fruit.

P. برابر *berâber*. En face. در — *der berâber*. Vis à vis de.

P. برادر *berâder*. Frère.

زاد — *berâder zâdè*. Fils de frère, cousin. Terme d'amitié.

A. برمكی *bermeky*. Barmecide.

Célèbre famille de vizirs qui joua un rôle important sous les premiers khalifes abbassides Voyez: *hâled*, *Yehye*, *Fezl*, *ǧa'fer*. Pl. de برمكی *bermeky*.

P. برای *berây*. Pour.

A. بربط *berbüt*. Luth.

P. بردن *bürden*. Porter. Mener. Amener. Imp بر *ber*.

فرو — *ferû bürden*. Faire descendre. Renverser. Avaler.

A. بركت *bereket*. Bénédiction.

کردن — *bereket kerden*. Bénir.

P. برهنه *berehnè*. Nu.

کردن — *berehnè kerden*. Mettre à nu, dépouiller.

P. برومند *berûmend*. Fertile. Productif.

P. بریدن *büriden*. Couper.

P. بزرگ *büzürg*. Grand, notable.

P. بزرگی *büzürgy*. Grandeur.

P. بستن *besten*. Fermer. Imp. بند *bend*.

A. بسطت *bestet* Ampleur, étendue.

P. بسی *besy*. Beaucoup, très.

P. بسیار *bisyâr*. Beaucoup, très. Considérable.

A. بشره *bešerè* Visage, face.

A. بصارت *besâret*. Entente, habileté.

A. بصری *bsry* Bassorah (ville).

A. بعد *be'd*. Après. از — idem.
A. بعد *bü'd*. Distance, éloignement.
A.P. بعضى *be'zy*. Quelques, quelques uns.
P. بغداد *baŷdâd*. Capitale des khalifes abbassides.
A. بلا *bilâ*. Sans.
A. بلا *belâ*. Malheur.
A.P. بلكه *belkè*. Au contraire. Bien plus.
P. بلند *bülend*. Elevé.
— بآواز *be âvâzi bülend*. A haute voix.
A. بنا *binâ*. Construction.
P. بنده *bendè*. Serviteur.
P. بندگى *bendeyy*. Service.
A. بوار *bevâr*. Perte, ruine.
A. بواعث *bevâ'is*. Impulsions, motifs. باعث *bâ'is*, cause, raison.
P. بودن *büden*. Etre. Imp. باش *bâš*. — چه باشد *či bâšed*. Que ce serait agréable!
P. بوسه *büsè*. Baiser.
— دادن *büsè dâden*. Embrasser.
P. بوسيدن *büsîden*. Embrasser, donner un baiser.
P. بوئيدن *büyiden*. Sentir, flairer.
P. به *bè*. Voyez ب.
P. بها *behâ*. Prix, cherté.
P. بهانه *behânè*. Prétexte.
A. بهجت *behjet*. Contentement.

P. بى *by*. Sans. S'attache parfois au mot suivant.
بى آن كه Sans que.
P. بى pour ب, se met devant les verbes commençant par une voyelle.
A. بيان *beyân*. Explication.
كردن — *beyân kerden*. Expliquer, démontrer.
P. بيخ *bîh*. Racine.
P. بيدار *bîdâr*. Eveillé.
شدن — *bîdâr šuden*. S'éveiller.
كردن — *bîdâr kerden*. Éveiller.
P. بيرون *bîrûn*. Dehors.
از — En dehors de, au delà de, plus de.
آمدن — *bîrûn âmeden*. Sortir.
كشيدن — Retirer, sortir.
آوردن — *bîrûn âvürden* Faire sortir, produire, exhiber. Retirer. كردن — id.
P. بيست *bîst*. Vingt.
P. بيش *bîš* Plus. Davantage.
P. بيشتر *bîšter*. Plus. La majeure partie. *Adv*. Pour la plus grande partie, en grande partie.
P. بيشه *bîšè*. Forêt.
A. بيعت *beiy'et*. Prestation du serment. Investiture d'un souverain.
P. بيكار *by-kâr*. Sans emploi.
P. بيم *bîm*. Crainte.
P. بينى *bîny*. Nez.

P. بیهوش *bîhûš*. Privé de sentiment, évanoui.

ب

P. پادشاه *pâdišâh*. Roi. Monarque.

P. پاره *pâre*. Morceau. Certains, quelques.

پاره پاره کردن Couper en petits morceaux.

P. پاسبان *pâsbân*. Gardien de nuit, pâtre.

P. پاك *pâk*. Propre, pur, chaste.

کردن — *pâk kerden*. Nettoyer.

P. پاکزه *pâkize*. Propre, net.

P. پاکی *pâky*. Pureté, propreté.

P. پای *pây*. Pied.

بر پای ایستادن *ber pây istâden*. Rester debout.

از پای درآمدن *ez pây derâmeden*. Tomber.

P. پدر *peder*, Père.

P. پدید *pedîd*. Evident. Apparent آمدن — Se manifester, se montrer.

P. پذیرفتن *pezîreften*. Accepter. Employé qqf. comme auxiliaire au sens de subir.

P. پر *per*. Plume (d'oiseau, de flèche).

P. پرّان *perrân*. Volant.

P. پربار *pûrbâr*. Chargé. Litt. plein de fardeau. کردانیدن — Charger (une bête de somme).

P. پرداختن *perdâhten*. Achever. Imp. پرداز *perdâz*.

P. پرده *perdè*. Rideau, portière. Mode (en musique).

از — بیرون آوردن Produire au jour, manifester.

P. پرسیدن *pürsîden*. Demander, s'informer.

P. پری *pery*. Péri, fée.

P. پریشان *perîšân*. Troublé, désordonné, dispersé, pris au hasard.

P. پس *pes*. Arrière, derrière. Donc, ensuite.

از — *pes ez*. Après, après que.

در — *der pes*. Derrière. Voyez aussi باز.

P. پسر *püser*. Fils. Garçon, jeune homme.

P. پسندیدن *pesendîden*. Approuver. Agréer. Trouver bon.

P. پسندیده Agréable. Recherché, à la mode.

P. پسین *pesîn*. Qui vient le dernier. Voir باز.

P. پشت *püšt*. Dos.

کردانیدن — Tourner le dos.

P. پل *pül*. Pont.

P. پنجاه *penğâh*. Cinquante.

P. پنداشتن *pendâšten*. Croire.

P. پنهان *pünhân*. Caché. شدن — *pünhân šüden*. Se cacher.

P. پوست *pûst*. Peau.

P. پوسیده *púsidè*. Gâté, corrompu, pourri.

P. پوشیدن *púšiden*. Revêtir.

در — Revêtir, cacher.

P. پوئیدن *púyíden*. Courir.

P. پهلو *pehlú*. Côté, à côté de.

P. پهلوان *pehleván*. Guerrier.

P. پهنا *pehná*. Rive, bord.

P. پی *pey*. Pied. پی هم *pey-hem*. Rapidement.

P. پیاده *piyádè*. Piéton.

شدن — Mettre pied à terre.

P. پیچیده *pičídè*. Entortillé, enveloppé.

P. پیدا *peydâ*. Visible. Manifeste.

آمدن — Se manifester, se produire.

شدن — Apparaître.

P. پیراهن *piráhen*. Chemise.

P. پیش *piš*. Avant, devant. Chez.

در — Devant, près de.

P. پیکان *peykán*. Pointe de flèche.

P. پیوستن *peyvesten*. Joindre, Rejoindre.

بجوار حقّ پیوستن Arriver dans le voisinage de Dieu, c'est à dire, mourir.

P. پیوسته *peyvustè*. Continuellement.

P. پی هم *pey-hem*. Vite, rapidement. L'un après l'autre.

ت

P. ت Pronom affixe de la deuxième personne. رویت *rúyet*, ton visage.

P. تا *tá*. Pour que, afin que, jusqu'à ce que, au point que, en sorte que, que. S'emploie aussi dans le sens de: voyons ce que, p. ex., p. 289, l. 1, et de: pour voir, p. 307.

تا آنکه که Jusqu'au moment où.

A. تاجر *tájir*. Négociant.

P. تاختن *táhten*. Se hâter, aller en toute hâte.

A. تأخیر *te'ehír*. Retard.

A. تاریخ وزرا *tárihi vüzerá*. Histoire des vizirs. Ouvrage de *Muḥemmed ben 'Ebdús*.

P. تازه *tázè*. Nouveau, frais.

کردن —*tázè kerden* Renouveler.

P. تازیانه *tázyánè*. Bastonnade.

A. تأسّف *te'essüf*. Regret.

خوردن — *te'essüf hürden*. Regretter.

A. تأمّل *te'emmül*. Action de considérer, de regarder.

کردن — Regarder.

A. تبسّم *tebessüm*. Sourire, s.

کردن — Sourire, v.

A. تحسین *tehsín*. Approbation.

A. تحفه *tühfè* Cadeau.

A. تحقیق *tehqíq*. Vérification. Preuve.

كردن — Vérifier. Prouver.

A. تحمّل *texemmül*. Action de supporter.

كردن — Supporter.

P. تخت *teḫt*. Trône. Lit. Canapé.

A. تخطئة *teḫtiyè*. Action de blâmer, litt. de taxer d'erreur.

كردن — Désaprouver, trouver mauvais.

A. تخليط *teḫlît*. Action de s'immiscer

كردن — s'immiscer.

P. تر *tèr*. Particule qui s'ajoute aux adjectifs pour former le comparatif.

A. تراجع *terâjü'*. Action de reculer.

يذير فتن — Rétrograder, reculer.

P. ترانه *terânè*. Modulation, chant.

A. تربيت *terbiyet*. Education.

كم — *kem-terbiyet*. Mal élevé, litt. de peu d'éducation.

A. ترتيب *tertîb* Ordre, classement. بترتيب dans un certain ordre, successivement.

كردن — Procurer. Se procurer.

A. ترحيب *terḫîb*. Action de souhaiter la bienvenue.

كردن — Souhaiter la bienvenue.

P. ترسان *tersân*. Craignant. Tremblant.

P. ترسيدن *tersîden*. Craindre.

P. ترش *türs*. Aigre.

روى ترش كردن *rüy türs kerden* Faire la mine, bouder, litt. faire un visage aigre.

A. ترقّى *tereqqy*. Avancement, progrès.

A. ترك *terk*. Abandon.

كردن — Renoncer à, abandonner.

A. ترنّم *terennüm*. Chant.

ـموـدن — Chanter.

A. تسليم *teslîm*. Action de livrer.

كردن — Livrer, donner.

A. تشنيع *teşnî'*. Action de faire honte.

زدن — Faire honte.

A. تشويش *teşvîş* Peine, fatigue.

A. تشييع *teşyî'*. Action d'accompagner, de reconduire.

A. تصوّر *tesevvür*. Imagination, supposition.

A. تضاعف *tezâ'üf*. Redoublement. Augmentation.

A. تضرّع *tezerrü'*. Humilité, humiliation.

كردن — Se faire humble, supplier.

A. تضريب *tezrîb*. Action de jeter le désordre.

كردن — Jeter le désordre.

A. تظلّم *tezallüm* Action de demander justice.

داشتن — Demander justice.

A. تعبية *te'biyè*. Action de ranger.

كردن — Ranger, placer en ordre.
A. تعجّب te'ejjüb. Etonnement.
A. تعجيل te'jîl. Promptitude.
بتعاجيل. En toute hâte.
A. تعذيب te'zîb. Punition, châtiment.
كردن — Punir.
A. تعلّل te'ellül. Prétexte.
A. تعيير te'yîr. Blâme. Insulte.
A. تفاخر tefâhür. Orgueil.
A. تفاريق tefârîq. Portions.
بتفاريق. En détail.
A. تفاوت tefâvüt. Différence. Variante.
A. تفتيش teftîš. Enquête.
كردن — Explorer.
A. تفضّل tefezzül. Faveur.
A. تفكّر tefekkür. Réflexion.
كردن — Réfléchir.
A. تقديم teqdîm. Offre Prééminence. Préférence.
بتقديم, رسانيدن Faire de préférence, Faire avant tout.
A. تقرير teqrîr. Rapport, exposition.
كردن — Raconter, exposer.
A. تقوى teqva. Piété.
A. تكذيب tekzîb. Démenti.
كردن — Donner un démenti.
A. تكلّف tekellüf. Cérémonies.

A. تكيه tekîè. Poussée.
زدن — Pousser.
A. تلقين telqîn. Enseignement.
كردن — Enseigner.
P. تماشاكاه temâšâgyâh. Lieu de promenade. Théâtre.
A. تمام temâm. Fin, complément. Totalité. تمام روز. Tout le jour. Complet parfait, absolu. كردن — Finir, compléter. شدن — Etre fini.
A. تمامت temâmet. Totalité.
A. تمسّك temessük. Action de s'attacher.
نمودن — S'attacher à. Frayer avec.
A. تملّق temellüq. Belles paroles, compliments.
T. تميز temîz. Propre, nettoyé.
كردن — Nettoyer.
T.P. تميزى temîzy. Propreté.
P. تن ten. Corps. P ext., personne, individu.
A. تنبيه tenbîh. Avertissement, appel à l'attention.
P. تو tu. Pronom de la deuxième personne du singulier. Tu. Toi.
P. توانستن tüvânisten. v. Pouvoir.
A. توبيخ tôbîh. Reproche.
A. توجّع teveǧǧü'. Action de déplorer. فرا نمودن — Déplorer.
A. توقّع teveqqü'. Retard.

بی‌توقّع Sans retard.

A. توقّف *teveqqŭf*. Halte, séjour.

کردن — S'arrêter. Attendre.

A. توقّی *teveqqy*. Action de se garder de.

نمودن — Se garder de.

A. توقیع *tóuqiʿ*. Sceau royal.

P. تهی *tehy*. Vide. Privé de.

P. تیر *tir*. Flèche.

P. تیغ *tiɣ*. Épée.

ت

A. ثابت *sâbit*. Ferme, solidement établi.

A. ثلث *sŭls*. Tiers.

A. ثلثان *sŭlsân*. Deux tiers.

A. ثمره *semerè*. Fruit.

A. ثواب *sevâb*. Récompense d'une œuvre pie.

A. ثیاب *siâb*. Vêtements, pl. de ثوب *sóub*

ج

P. جا *ǧâ*. Place. Voyez جای.

P. جامه *ǧâmè*. Vêtement.

جامهٔ خواب Lit, couche.

P. جان *ǧân*. Âme. Vie.

A. جنب *ǧânib*. Côté, direction. Région.

از — De la part de, au nom de.

P. جاه *ǧâh*. Rang, dignité.

P. جای *ǧây*. Place. Voir جا.

بجای آوردن — Exécuter, accomplir.

دادن — Faire asseoir.

گرفتن — Prendre place.

P. جایگه *ǧâygè*. Place, lieu.

P. جدا *ǧŭdâ*. Séparé.

شدن — Se séparer.

کردن — Séparer.

A. جرأت *ǧŭrʾet*. Audace.

A. جراحت *ǧerâxet*. Blessure.

A. جرم *ǧirm*. Crime.

P. جز *ǧŭz*. Excepté, si ce n'est, sauf.

A. جزع *ǧezeʿ*. Douleur, chagrin.

P. جستن *ǧesten*. Sauter. Échapper. Imp. جه *ǧeh*.

بر — Sauter.

A. جسر *ǧisr*. Pont.

A. جعفر بن یحیی البرمکی *ǧeʿfer ibn Yaxʾaʾl-Bermeky*. L'un des plus illustres des Barmécides. Il fut vizir de Hârûn et succéda à son frère Fezl, après la disgrâce de celui-ci. Mais, disgrâcié à son tour, il fut tué sur l'ordre de Hârûn en l'année 803 de notre ère

A. جلسا *ǧŭʿesâ* Compagnons, amis. Pl. de جلیس *ǧelîs*.

A. جلالت *ǧelâlet*. Puissance, splendeur.

A. جماعت ǧemâ'et. Réunion, société, assemblée, troupe.

A. جمع ǧem'. Réunion, troupe. شدن — کردن Réunir. se réunir.

A. جمعیّت ǧem'iyyet. Assemblée.

A.P. جملگی ǧümleɣy. Totalité.

A. جمله ǧümlè. Totalité.

از — Du nombre.

A. جمیع ǧemî'. Totalité.

مردم — Tous les hommes.

A. جنازه ǧenâzè. Cercueil, bière.

P. جنبانیدن ǧümbânîden. Remuer, déplacer.

A. جنون ǧenûn. Folie.

A. جنیب ǧenîb. Cheval qu'on mène par la bride, tout en étant monté sur un autre.

A. جواب ǧevâb. Réponse.

دادن — Répondre.

A. جوار ǧevâr. Voisinage.

A. جوانب ǧevânib. Côtés. Pl. de جانب ǧânib.

از — De plusieurs côtés.

P. جوانمرد ǧüvânmerd. Homme généreux.

P. جهان ǧehân. Monde.

A. جهت ǧihet. Cause, côté.

باجهت à cause, pour.

چ

P. چادر čâdir. Voile. Linceul.

P. چاره čârè. Moyen. Remède.

غیر از این که فرمودم چاره نیست. Il n'y a pas moyen de se dispenser de l'ordre que j'ai donné.

P. چرا čirâ. Pourquoi?

P. چراغ čirâɣ. Flambeau, lampe.

P. چرکین čerkîn. Sale, malpropre.

P. چشم češm. Œil. Individu.

بچشم En personne.

P. چگونه čiɣûnè. De quelle façon?

P. چنان čünân. Ainsi. چنانکه comme, ainsi que.

P. چند čend. Quelques. Combien?

هر — Combien que.

P. چندین čendîn. Autant, tant, tellement, plusieurs.

P. چو čû. Pour چون Lorsque.

P. چوب čûb. Bâton.

P. چون čûn. Lorsque, comme, puisque.

چونکه čûnki. Puisque, lorsque.

P. چه či. Quel? Quelle? Car. Quoi? Comment? — چه باشد Que ce serait agréable!

P. چهار čehâr. Quatre.

P. چهار پای *čehâr-pây*. Quadrupède.

P. چهارم *čehârüm*. Quatrième.

P. چیدن *čiden*. Cueillir. Imp. چین *čin*.

P. چیز *čiz*. Quelque chose. Rien (avec la négation). چیزی Quelque chose.

P. چین *čin*. Pli. چین در ابرو آوردن Froncer les sourcils.

ح

A. حاجت *xâjet*. Besoin. Chose qu'on désire.

A. حادثه *xâdisè*. Évènement. Malheur.

A. حاصل *xâsil*. Résultat, moisson. شدن — Résulter, parvenir à obtenir finalement.

A. حاضر *xâzir*. Présent, adj. کردانیدن — Faire venir, mander.

A. حال *xâl*. Situation. État. Affaire, ce dont il s'agit. هم در — et در — Aussitôt, sur le champ. بهمه — En tout cas, en tout état de cause. تا — می باید jusqu'au moment où il faudra.

A. حالا *xâlâ*. Maintenant.

A. حالت *xâlet*. Manière d'être. État, situation.

A. حامله *xâmilè*. Enceinte.

A. حبس *xebs*. Prison.

A. حجّت *xüjjet*. Argument, Preuve.

A. حاجره *xüjrè*. Cabinet.

A. حد *xedd*. Limite. Point. بحدّی که à tel point que.

A. حرب *xerb*. Guerre.

A. حرج *xerej*. Embarras, gêne.

A. حرف *xerf*. Mot, parole. زدن — Parler.

A.P. شنو — *xerf-šenöu*. Obéissant. Litt qui écoute ce qu'on lui dit.

A. حرفت ou حرفه *xirfet* ou *xirfè*. Art, métier.

A. حرکات *xerekât*. Mouvements, actions, procédés. Pl. de حرکت *xereket*.

A. حرم *xerem*. Appartement des femmes, harem.

A. حرمت *xürmet*. Respect, considération.

A. حزن *xüzn*. Chagrin.

A. حزین *xezin*. Mélancolique, triste.

A. حسن *xüsn*. Bonté. فعل — Bonne action.

A. حسن بن سهل‎ χesen ibn Sehl. N.P. Vizir de Me'emún.

A. حصول‎ χüsúl. Arrivée Obtention.

A. حضرت‎ χezret. Présence. Altesse, Majesté, titre des khalifes.

A. حضيض‎ χezíz. Fond. Dernier degré. Opposé à اوج‎ buǰ.

A. حفّار‎ χeffár. Fossoyeur.

A. حقّ‎ χeqq. Droit. Dieu.

— در‎ en faveur de, pour, à l'égard de.

A. حقوق‎ χüqúq. Droits. Pl. de حقّ‎ χeqq.

A. حقيقت‎ χeqíqet. Vérité, réalité.

A. حكايت‎ χikáyet. Histoire, conte.

— كردن‎ Raconter.

A. حكم‎ χükm. Ordre, décision.

A. حكم الوادى‎ χekem el-Wády. Nom d'un célèbre poète.

A. حكيم‎ χekím. Sage.

A. حلق‎ χelq. Gosier, gorge.

A. حلقه‎ χelqè. Anneau pour frapper à la porte.

A. حمّال‎ χemmál. Portefaix, porteur.

A. حمايت‎ χimáyet. Protection.

A. حمل‎ χeml. Action de porter.

— كردن‎ Porter.

A. حميد‎ χümeyd. N.P.

A. حواشى‎ χevášy. Domestiques. Pl. de حاشيه‎ χášiè.

A. حوالى‎ χevaly. Environs. Voisinage.

A. حيا‎ χeyá. Honte.

بى‌حيا‎ by-χeyá. Impudent, effronté.

A. حيران‎ χeyrán. Stupéfait, atterré.

A. حيرت‎ χeyret. Stupéfaction, frayeur.

A. حيل‎ χiyel. Ruses. Pl. de حيله‎ χílè.

خ‎

A. خاتمت‎ ȟátimet. Fin, conclusion. Issue.

A. خادم‎ ȟádem. Esclave, serviteur, eunuque.

P. خار‎ ȟár. Caresse amoureuse.

— كشيدن‎ se prostituer, se livrer, en parlant d'une femme.

P. خاستن‎ ȟásten. Se lever. Imp. خيز‎ ȟíz.

— بر‎, même sens.

A. خاطر‎ ȟátir. Esprit.

P. خاك‎ ȟák. Poussière, terre.

P. خالى‎ ȟály. Vide.

— كردانيدن‎ Faire évacuer.

— شدن‎ Se vider, devenir vide.

P. خاموش‎ ȟámúš. Silencieux.

— باش‎ Se taire. — شدن‎ Tais-toi.

P. خاندان‎ ȟánedán. Famille.

P. خانم *hânüm*. Dame. Demoiselle.

P. خانه *hânè*. Maison, palais.

A. خایف *hâyf*. Craintif, craignant.

بودن — Craindre.

A. خبر *heber*. Nouvelle, avis, connaissance.

کردن — Informer.

P. خدا *hüdâ*. Dieu.

A. خدّام *hüddâm*. Serviteurs. Pl. de خادم *hâdim*.

P. خداوند *hüdâvend*. Maître.

خداوندا *hüdâvendâ*. ô Dieu!

P. خدای. Voir. خدا.

A. خدمت *hidmet*. Service.

کردن — Servir, se mettre à la disposition, exécuter un ordre. Rendre ses devoirs.

P. خر *her*. Âne.

P. خراب *herâb*. En ruines, détruit.

کردن — Ruiner, détruire.

P. خرد *hürd*. Petit.

خرد و مرد کردن Broyer en petits morceaux.

A. خرطوم *hürtûm*. Trompe d'éléphant.

P. خرّم *hürrem*. Gai, joyeux.

P. خرید *herîd*. Achat.

P. خریدن *herîden*. Acheter.

P. خسپیدن *hüspîden*. Dormir.

A. خشب *heśeb*. Bois.

P. خشکی *hüšky*. Terre ferme. Litt sécheresse.

P. خشم *hišm*. Colère.

A. خشونت *hüśûnet*. Aspérité, rugosité.

A. خصومت *hüsûmet*. Dispute.

کردن — Se disputer.

A. خط *hett*. Ligne d'écriture. Ecriture.

P. خفتن *hüften*. Dormir. Imp. خواب *hâb*.

P. خفته *hüftè*. Endormi.

A. خفض *hifz*. Aisance.

A. خلاص *hilâs*. Délivrance. Piété sincère.

A. خلاصه *hülâsè*. Bref, en conclusion.

A. خلافة *hilâfè*. Le khalifat, dignité de *khalife*.

A. خلعت *hil'et*. Vêtement de gala.

A. خلق *hülq*. Caractère. Voyez بد.

A. خلل *helel* Brèche.

A. خلیفه *helîfè*. Khalife, chef suprême des Musulmans.

A. خمر *hemr*. Vin.

خمر و زمر *hemr û zemr*, Débauche. Litt. Vin et chants.

P. خنده *hendè*. Rire.

P. خنده زیاد Un rire trop fort.

P. خندیدن hendíden. Rire, v.

P. خواب ḫâb. Sommeil.

بخواب کردن Endormir.

P. خوابیدن ḫâbíden. Dormir.

P. خواجه ḫâğè. Maître.

P. خواستن ḫâsten. Demander, désirer, exiger. Imp. خواه ḫâh.

A. خواصّ ḫevâss. Familiers, favoris. Pl. de خاصّه ḫâssè.

P. خواندن ḫânden. Mander, appeler. Nommer. Lire. Chanter. — بر Lire d'un bout à l'autre.

P. خوب ḫûb. Bon. Beau.

P. خوبی ḫûby. Bonté.

P. خود ḫûd. Indique l'action réfléchie. — با en soi-même; mais aussi, avec soi.

P. خود پسند ḫûd-pesend. Content de soi.

P. خود خواه ḫûd-ḫâh. Égoïste.

P. خور ḫûr. Convenance. — در En rapport avec, digne de.

P. خوردار ḫûr-dâr. Situation convenable. Bon état.

P. خوردن ḫûrden. Manger. Boire. Éprouver, goûter.

P. خورشید ḫûršíd. Soleil.

خورشید خانم Mademoiselle ḫûršíd. N.P.

P. خوش ḫoš. Bon.
 — آمدن Plaire, être agréable.

P. خوشحال ḫoš-ḫâl. Content, de bonne humeur.

P.A. خوش خلق ḫoš-ḫûlq qui a bon caractère.

P. خوشدل ḫoš-dil. Content.

P. خوشی ḫošy. Amabilité, gentillesse.
 با کمال خوشی avec une amabilité parfaite.

A. خوف ḫôuf. Crainte.

P. خون ḫûn. Sang.

P. خویش ḫíš. Soi-même. Proche. Parent.

P. خویشتن ḫíšten. Soi-même. Litt. son propre corps.

P. خیر ḫeyr. Bien, bonheur.

P. خیزران ḫeyzürân. N.P. nom de la mère des khalifes El-Hâdy et Hârûn.

P. خیو ḫív. Salive.

د

P. دادن dâden. Donner. Imp. ده dè.
 — باز Redonner. Rendre.

A. دار dâr. Maison, demeure. دار خلافه ou دار الخلافه Palais des khalifes.
 دار الملك dâr el-mülk. Capitale.

P. داشتن *dâšten*. Avoir. Imp. دار *dâr*.

فرمان. Voir بر —.

A. داعی حقّ *dâ‛y*. Héraut, Le héraut de Dieu, l'ange de la mort.

P. دامن *dâmen*. Pan de la robe.

P. دانستن *dânisten*. Savoir, connaître, reconnaître. Juger de telle ou telle façon.

A. دجلة *diǧlè*. Nom que les Orientaux donnent au fleuve du Tigre.

P. دختر *duḫter*. Fille.

P. در *der*. Dans, en, sur.

P. در *der*. Porte.

P. دراز گوش *dirâz-gûš*. Âne. Litt. qui a de longues oreilles.

P. درازی *dirâzy*. Longueur.

A. دراعة *dirâ‛è*. Habit.

A. درجة *dereǧè*. Rang, dignité.

P. درخت *diraḫt*. Arbre.

P. درزی *derzy*. Tailleur.

P. درگاه *der-gâh*. Cour d'un prince. Palais d'un grand.

P. درم *direm*. Monnaie d'argent.

P. دروازه *dervazè*. Grande porte de la ville.

P. دروغ *derûǧ*. Mensonge.

گفتن —. Mentir.

P. درویش *derviš*. Pauvre. Religieux musulman qui a fait vœu de pauvreté.

P. دست *dest*. Main. Pied de devant d'un animal.

در کردن —. Plonger la main dans.

بدست آوردن —. Se procurer, obtenir.

P. دستار *destâr*. Turban.

P. دستان *destân*. Cordes d'instrument.

P. دست‌تنگی *dest-tenǧy*. Indigence. Litt. avoir la main étroite.

P. دستور *des'ûr*. Permission.

دستوری باشد Est-il permis?

P. دشمن *dušmen*. Ennemi.

P. دشنام *dušnâm*. Injures.

دادن —. Dire des injures.

A. دعا *du‛â*. Vœu, prière.

گفتن —. Faire des vœux pour, prier Dieu pour.

دعای بد کردن Souhaiter malheur.

A. دعوت *de‛vet*. Invitation.

کردن —. Inviter, engager.

A. دفن *defn*. Action d'ensevelir.

کردن —. Enterrer.

A. دقیقة *deqîqè*. Minute, instant.

P. دل *dil*. Cœur.

P. دل‌آویز *dil-âviz*. Séduisant, attrayant. Litt. qui accroche le cœur.

P. دل‌تنگی *dil-tenǧy*. Tristesse. Litt. Étroitesse de cœur.

P. دل‌شاد *dil-šâd*. Content. Litt. au cœur gai.

P. دلکش *dil-keš*. Ravissant. Litt. qui attire le cœur.

P. دم *düm*. Queue.

A. دما *dimâ*. Pl. de دم *dem* sang.

P. دمیدن *demiden*. Souffler.

P. دنبال *dümiâl*. Queue, derrière.

P. دندان *dendân*. Dent. Défense.

A. دنیا *dünyâ*. Monde.

P. دور *dûr*. Loin.

كردن — Eloigner.

بودن — Etre loin, se tenir loin de.

A. دور *dôur*. Tour. Autour.

كردن — Tournoyer.

P. دوست *dûst*. Ami

داشتن — Aimer.

P. دوش *dûš*. Épaule.

P. دوش *dûš*. Hier soir.

A. دولت *dôulet*. Bonheur. Pouvoir.

P. دوّم *düvvüm*. Second.

P. دویدن *deviden*. Courir.

P. ده *deh*. Dix.

P. ده *dih*. Village.

P. دهان *dehân*. Bouche.

A. دهشت *dehšet*. Stupeur, embarras, effroi.

P. دیدن *dîden*. Voir. Regarder. Eprouver. Imp. بین *bîn*

باز — Rendre visite.

P. دیروز *dîrûz*. Hier.

P. دیگر *dîyer*. Autre. — Voy. نماز.

از هر کس هشتنى دیگر خوردم. Je reçus de chacun un nouveau (litt. autre) coup. *Adverbialement* دیگر se rend par: une autre fois, dorénavant.

P. دینار *dînâr*. Monnaie d'or.

P. دیوان *dîvân*. Bureau, administration.

ذ

A. ذخیره *zehîrè*. Provision.

A. ذى الرياستين *zi-r-riyâseteyn*. L'homme aux deux pouvoirs, surnom de *Fezl ibn Sehl*, vizir du khalife *Me'emûn*.

ر

A. راجع *râgi'*. Qui revient, qui s'en retourne. Qui retombe sur.

با نفس او راجع گشت Cela retomba sur lui.

P. راز *râz*. Secret.

P. راست *râst*. Droit. Juste. Vrai.

A. راضى *râzy*. Content, satisfait.

P. ران *rân*. Cuisse, hanche.

P. راندن *rânden*. Pousser.

P. راه *râh.* Route.

دادن — Admettre.

A. رای *ráy.* Avis.

A. ربّانی *rebbány.* Du maître, divin.

فرمان — Ordre divin, parole de Dieu.

A. ربح *ribẖ.* Gain, profit.

P. ربودن *rebûden.* Ravir, enlever.

در —. Idem.

A. رخصت *ruẖset.* Permission.

A. رسالت *risâlet.* Message.

P. رسانیدن *resâníden.* Faire arriver, faire atteindre, faire parvenir. Faire se produire. Causatif de رسیدن.

P. رستن *resten.* Être délivré.

P. رسوا *rüsvâ.* Déshonoré.

A. رسول *resûl.* Envoyé, émissaire.

P. رسیدن *resíden.* Arriver. Se produire.

A. رضا *rizâ.* Agrément. Permission.

A. رعیّت *reïyyet.* Sujet. Homme du peuple.

P. رفتار *reftâr.* Conduite, tenue, manières.

P. رفتن *reften.* Aller, marcher, couler. Se produire. Voyez زبان.

اندر رفتن. Entrer.

A. رفق *rifq.* Douceur.

برفق Doucement.

کردن — User de douceur.

A. رقعه *rüqʿè.* Lettre, billet.

A. رکاب *rikâb.* Étrier.

در رکاب دویدن Courir à côté de l'étrier.

A. رکعت *rikʿet.* Inclination.

نماز — les inclinations rituelles des musulmans.

P. رنج *renğ.* Peine qu'on se donne.

رنجکش *renğ-keš.* Qui se donne du mal.

P. رنجیدن *renğíden.* Se fâcher, s'irriter.

P. روان *revân.* Qui va. L'âme.

کشتن — Aller, marcher.

A. روایت *rivâyet.* Tradition.

کردن — Raconter.

P. رود *rûd.* Rivière, fleuve.

P. روز *rûz.* Jour.

P. روزگار *rûzgâr.* Époque, temps, vie. Fortune.

P. روزی *rûzy.* Pain quotidien.

P. روشنائی *rûšnâʾí.* Lumière.

P. رومیئی روز *rûmiyyi rûz.* Le Grec du jour, c'est à dire, le jour blanc comme un Grec. Opposé à زنگی شب.

P. روی *rúy*. Visage. — از. Par, en vertu de.

آوردن et کردن — Se tourner vers, faire face.

نمودن — Se produire, se manifester, avoir lieu.

نهادن — Se tourner vers, se diriger vers.

P. ره *reh*. Route. Pour راه *ráh*.

P. رها *rehá*. Lâché, délivré.

شدن — Échapper.

کردن — Laisser, lâcher.

P. رهانیدن *rehániden*. Délivrer.

P. رهگذر *rehγüzer*. Lieu par où l'on passe, passage.

P. رهی *rehy*. Prisonnier.

P. ری *rey*. N.P. de ville.

P. ریختن *ríhten*. Verser. Déposer. Répandre. Imp. ریز *ríz*.

ز

P. ز *ze*. De. S'emploie dans le style poétique au lieu de از *ez*.

P. زانو *zánú*. Genou.

بزانوی ادب بنشست *bezánúi edeb benišest*. Il s'assit sur le genou de la politesse. C'est-à-dire, il s'assit avec politesse. Les Persans s'assoient à terre les jambes repliées sous eux, en sorte que les genoux touchent terre.

P. زبان *zebán*. Langue.

بر — راندن. Prononcer, parler. Litt. pousser sur la langue.

بر — رفتن. Sortir de la bouche, être prononcé. Litt. passer sur la langue.

— کشادن. Dire, parler. Litt. délier la langue.

A. زحمت *zeχmet*. Peine, ennui.

P. زخم *zeχm*. Coup, mauvais traitement, blessure. — خورده. Blessé. Litt. qui a goûté une blessure. — کردن. Blesser.

P. زخمه *zeχmè*. Son, archet.

P. زدن *zeden*. Frapper. Toucher d'un instrument de musique, jouer. Couper (la tête). Lancer (une flèche).

آتش در —. Incendier, mettre le feu.

بر زمین —. Jeter à terre.

P. زدودن. Frotter, nettoyer en frottant.

A. زمان *zemán*. Temps.

A. زمر *zemr*. Chant.

خمر و — Débauche. Litt. Vin et chants.

P. زمین *zemín*. Terre.

P. زن *zen*. Femme.

P. زندان *zindán*. Prison.

P. زنگ *zenγ*. Rouille.

P. زنگی *zenγy*. Éthiopien. Métaphoriquement زنگی شب l'Éthiopien de la nuit, la nuit noire

23

comme un Éthiopien, opposé à روُمى روز le Grec du jour, le jour blanc comme un Grec.

P. زود *zûd*. Vite. Bientôt.

A. زهد *zühd*. Continence.

P. زهر *zehr*. Poison.

P. زهره *zehrè*. Audace, hardiesse.

P. زياده *zyâdè*. Plus, davantage. شدن —. S'accroître.

P. زير *zîr*. Sous, dessous. در — Id.

P. زيرك *zîrek*. Perspicace, intelligent.

A. زينت *zînet*. Ornement. Décor d'un édifice.

س

A. سابقه Antériorité, priorité. On dit, p. e. ميان تو واو سابقهء معرفتى بوده است As-tu connu cette personne autrefois? On dit encore بى سابقهء وعده (c'est ainsi qu'il faut lire p. 312): sans promesse antérieure.

A. ساحل *sâxil*. Rive, bord.

P. ساختن *sâhten*. Faire, fabriquer. Composer. Accorder un instrument de musique sur tel ou tel mode.

A. ساخط *sâhit*. Irrité, en colère.

P. ساز *sâz*. Harmonie, accord. Son.

A. ساعت *sâ'et*. Heure. Moment.

P. سال *sâl*. Année.

A. ساير *sâyr*. Tout le reste.

A. سبب *sebeb*. Cause. Moyen. بسبب. A cause de, pour. Au moyen de.

P. سبو *sebû*. Cruche, vase.

P. سپاه *sipâh*. Armée.

P. سپاهى *sipâhy*. Soldat.

P. سپهسالار *sipehsâlâr*. Chef, général.

P. ستادن *sitâden*. Prendre, recevoir. Imp. ستان *sitân*.

P. ستايش *sitâyiš*. Louange, compliments.

P. ستم *sitem*. Injustice, violence. ديده — Qui a été victime d'une injustice. Litt. qui a vu l'injustice.

A. سحاب *sexâb*. Nuage.

A. سحر *sexer*. Aurore.

A. سخا *sehâ*. Libéralité.

P. سخت *sehit*. Fort, dur, violent.

P. سخن *sühen*. Parole. Affaire. گفتن — Parler, et subst., Parole, conversation.

A. سدوم *südûm*. Sodome.

P. سر *ser*. Tête. Extrémité. Commencement. Surface. Intention. S'emploie dans des locutions comme باز سر سرود گفتن روم (p. 290) „que je recommence à chanter", litt., que j'aille à l'intention de chanter de nouveau. بى — *by ser*. Décapité.

— بر ser. Auprès de.

— از ez ser. D'autour de.

A. سرّ sirr. Secret.

P. سرا serâ et سرای seráy. Palais. Corps de logis. Chambre.

P. سرخ sürh. Rouge.

P. سرزنش serzeniš. Blâme, réprimande.

A. سرعت sür'et. Vitesse, rapidité.

P. سرکاری serkârî. Altesse.

P. سرنگونسار serniγûnsâr. Qui a la tête en bas. کردن — mettre qq. un la tête en bas.

P. سرود sürûd. Chant, air. گفتن — Chanter.

A. سرور sürûr. Gaieté, joie.

P. سرهنگ serheny. Officier.

A. سفك sefk. Effusion, action de faire couler.

A. سقف seqf. Tablier d'un pont.

P. سگ sey. Chien.

A. سلام selâm. Salutation, salut. کردن ou دادن — Saluer.

A. سلام الابرش Sellâm El-ebreš. N.P.

A. سلامت selâmet. Délivrance, salut, bon état. بسلامت en bon état, sain et sauf.

A. سماع simâ'. Chant. کردن — Chanter.

P. سندلی et صندلی sendely. Chaise.

P. سنگستان senγistân. Lieu rocailleux.

A. سوء sû. Mal. خاتمت — Issue désastreuse.

A. سواد sevâd. Terre, champ. سوادان دیوان Terres de l'État.

P. سوار süvâr. Cavalier. شدن — Monter à cheval.

P. سواره süvârè. Id.

A. سؤال süâl. Demande. کردن — Demander.

P. سوختن sûhten. Brûler. Imp. سوز sûz.

P. سود sûd. Gain, profit.

P. سوزان sûzân. Brûlant.

P. سوگند sóuγend. Serment. دادن — Jurer. Adjurer.

P. سوی sûy. Côté. بسوی Du côté de, vers.

P. سه sè. Trois.

P. سی sy. Trente.

P. سیاه syâh. Noir.

P. سینه sînè. Sein.

P. سیّوم seyyüm. Troisième.

ش

P. ش š. Pronom affixe de la troisième personne.

P. شاخ šâh. Branche.

P. شاد šâd. Joyeux.

P. شادان šádán. Joyeux.

P. شادمان šâdmán. Id.

A. شارع šári‘. Grande rue.

P. شام šâm. Soir.

P. شايد šáyed. Peut-être.

P. شايستن šáyisten. Etre convenable.

P. شايسته šáyistè. Convenable.

P. شب šeb. Nuit.

A. شجره šeǵerè. Arbre.

A. شاخص šeḫs. Personne, individu.

شاخصى šeḫsy. Quelqu'un.

A. شداد šidâd. Forts, pl. de شديد šedíd.

A. شدّت šiddet. Violence.

كرما — La grande chaleur.

P. شدن šuden. Aller. Devenir. Verbe auxiliaire.

A. شرّ šerr. Méchanceté. Mal.

A. شراب šerâb. Vin.

A. شربت šerbet. Boisson. Sorbet.

A. شرح šerḥ. Exposition. Explication.

دادن — Exposer, expliquer.

A. شرط šert. Condition.

A. شرط šüret. Agents de police.

صاحب — . Commissaire de police.

A. شرق šerq. Orient.

A. شركت širket. Association.

P. شرم šerm. Honte.

A. شروع šürú‘. Commencement.

كردن — Commencer.

A. شريك šerík. Associé.

P. شستن šüsten. Laver. Imp. شوى šúy.

P. شش šeš. Six.

A. شعار ši‘âr. Marque distinctive.

A. شعر ši‘r. Poésie, vers.

A. شغل šüγl. Occupation. Affaire.

A. شفاعت šefâ‘et. Intercession.

كردن — Intercéder.

A. شفيع šefí‘. Intercesseur.

آوردن — Demander l'intercession de.

A. شكّ šekk. Doute.

كردن — Douter.

P. شكار šikâr. Chasse. كردن —. Chasser.

A. شكايت šikáyet. Plainte.

كردن — Se plaindre.

A. شكر šükr. Remerciement, action de grâces.

P. شكستن šikesten. Briser. Imp. شكن šiken.

P. شكسته šikestè. Brisé.

دل — Qui a le cœur brisé.

P. شكم šikem. Ventre.

P. شما šümâ. Vous.

P. شمردن šümürden. Compter. Considérer comme.

P. شناختن *šinâḥten*. Connaître, savoir. Reconnaître. Imp. شناس *šinâs*.

P. شنیدن *šeníden* et شنودن *šenûden*. Entendre. Entendre dire. Imp. شنو *šenôu*.

A. شهادت *šehâdet*. Profession de foi musulmane.

A.P. شومی *šûmí*. Etat d'être néfaste, sinistre.

P. شهر *šehr*. Ville.

P. شیر خواره *šîrhâré*. Litt. qui suce le lait. Enfant à la mamelle. کودك — Id.

P. شیرینی *šírîny*. Bonbons, sucreries.

A. شیطنت *šeytenet*. Diablerie. کردن — Faire le diable à quatre, faire beaucoup de bruit.

A. شیعه *šy'è*. Secte, principalement la secte des *šy'ites*, dont 'Ali est le chef.

P. شیوه *šívè*. Manière. Art.

ص

A. صاحب *sáḥib*. Maître, possesseur. شرط — Chef du guet, commissaire de police.

A. صبح *súbḥ*. Matin, aurore. *Adv.*, au matin.

A. صبر *sebr*. Patience. کردن — Attendre.

A. صحبت *súḥbet*. Compagnie, société. Conversation. نمودن — Causer avec.

A. صحرا *seḥrá*. Plaine. Désert.

A. صدر *sedr*. Commencement d'une lettre.

A. صرف *serf*. Emploi, dépense. کردن — Employer.

A. صعب *se'eb*. Violent, fort.

A. صفحه *sefḥè*. Face, surface.

A. صلاح *seláḥ*. Droiture, bonne vie. اهل — Honnêtes gens.

A. صله *silè*. Don, présent. Rapports, relations.

A. صناعت et صنعت *senâ'et* et *sen'et*. Métier, art.

A. صوب *sóub*. Côté, direction.

A. صوت *sóut*. Voix. Morceau de chant.

A. صورت *súret*. Façon, manière. در این —. Dans ce cas. حال —. L'état de l'affaire.

A. صیّاد *seyyád*. Chasseur.

A. صیحه *seyḥè*. Cri.

A. صید *seyd*. Chasse.

A. صیقل *seyqel*. Polisseur de métaux, armurier. P. 291, le matin est comparé à un armurier qui efface la rouille de la nuit.

ض

A. ضرب *zerb*. Coup meurtrissure.

A. ضریبه *zerîbè*. Contribution, apport quotidien de l'esclave.

A. ضمير *zemîr*. Esprit.

A. ضياع *ziâʿ*. Propriétés à la campagne, domaines. Pl. de ضيعة *zeyʿè*.

ط

A. طاهر *tâhir*. N.P.

A. طاهر بن الحسين *Tâhir ibn el-Hüseyn*. N.P. Célèbre général de khalife *Meʾemûn*.

A. طايل *tâyl*. Utilité.

P.A. طبرى *tebery*. Originaire du *Teberistân*, province de la Perse.

A. طرب *tereb*. Joie.

انگيز — Réjouissant. Litt. qui excite la joie.

A. طرف *teref*. Côté. Bout, extrémité. Région.

باين — وآن — De côté et d'autre.

A. طريق *terîq*. Chemin. Moyen.

A. طفل *tifl*. Enfant.

A. طلب *teleb*. Action de mander, de chercher.

كردن — Mander. Chercher.

A. طلوع *tülûʿ*. Lever, apparition, p. e. des astres.

A. طمع *temeʿ*. Désir.

A. طور *tôur*. Manière, façon.

A. طول *tôul*. Longueur.

A. طيب *tîb*. Parfum.

A. طيش *teyš*. Inconstance, infidélité. Prostitution.

كردن — Se prostituer.

ظ

A. ظالم *zâlim*. Mauvais, méchant, tyran.

A. ظاهر *zâhir*. Evident, manifeste.

A. ظلم *zülm*. Injustice, tyrannie.

ع

A. عاجز *ʿâjiz*. Impuissant à.

A. عادت *ʿâdet*. Coutume, habitude.

كردن — Avoir coutume.

A. عاقبت *ʿâqibet*. Fin, résultat.

A. عاقل *ʿâqil*. Intelligent. Est qqf. pris substantivement pour: homme intelligent.

A. عالى *ʿâly*. Haut, élevé.

A. عبّاسيان *ʿebbâsyân*. Les ʿAbbassides.

A. عبد الله *ʿAbd-Ullah*. N.P.

A. عاجب *ʿejeb*. Etonnement.

دانشتن — s'étonner.

A. عجز *ʿejz*. Insuffisance. Pénurie.

A. عذر *ʿüzr*. Excuse. آوردن — s'excuser.

A. عرض *ʿerz*. Largeur.

A. عرضه *ʿerzè*. Action de présenter, d'offrir, d'exposer, de raconter.

A. داشتنی ou كردن — Présenter, offrir, exposer, raconter.

A.P. عروسك 'erúsek. Poupée. Litt. la petite fiancée.

A. عريض 'eríz. Large. Important.

A. عزازت 'ezázet. Grandeur.

A. عزم 'ezm. Dessein, projet.

A. عزيمت 'ezímet. Id.

A. عشق 'išq. Amour.

A. عظمت 'ezemet. Grandeur.

A. عظيم 'ezím. Grand. Grave.

A. عفاف 'efáf. Abstinence.

— اهل Gens de mœurs austères.

A. عقاب 'uqqáb. Aigle, particulièrement aigle noir.

A. عقب 'eqeb. Suite.

— در. A la suite de, après.

A. علف 'elef. Fourrage, herbe.

A. علم 'ilm. Science.

A. علی 'elè. prép. Sur.

عليه 'eleyhi. Sur lui.

A. علی ابن ابو طالب 'Ely ibn Ebú Táleb. N.P. du quatrième khalife, reconnu comme chef par les šyites.

A. عمارت 'imáret. Edifice.

A. عمّال 'ummál. Agents politiques, préfets. Pl. de عامل 'ámil.

A. عمر 'ümr. Vie.

A. عمر بن ابی ربيعه 'Ümer ibn Eby Rebí'è. N.P. Célèbre poète.

A. عمق 'ümq. Profondeur.

A. عميق 'emíq. Profond.

A. عنوان 'ünván. Titre, en-tête.

P. عورت 'óuret. Femme.

A. عيال 'iyál. Famille (femmes, enfants et domesticité).

A. عيش 'eyš. Vie.

غ

A. غارس ɣáris. Celui qui plante, qui a planté.

A. غافل ɣáfil. Inoccupé, oisif.

A. غالب ɣálib. Vainqueur.

شدن ou آمدن — S'emparer de, triompher de.

A. غايت ɣáyet. Extrémité. Excès. Le plus fort de.

بغايت Extrêmement.

A. غذا ɣezá. Repas.

A. غربا ɣürebá. Etrangers. Pl. de غريب ɣeríb.

A. غرض ɣerez. But, intention.

A. غرق ɣerq. Action de se noyer.

— كردن Noyer.

A. غريب ɣeríb. Etranger.

A. غسول ɣesúl. Tout ce qui sert à laver les mains.

A. غصّه ɣüssè. Chagrin, angoisse.

A. غلّات ɣellát. Grains, céréales. Pl. de غلّه ɣellè.

A. غلاظ ɣiláz. Forts, épais. Pl. de غليظ ɣeliz.

A. غلام *ġülâm*. Serviteur, esclave.
A. غلط *ġelet*. Erreur.
P. غلطیدن *ġeltíden*. Se rouler.
A. غلمان *ġilmân*. Esclaves. Pages. Corps de Pages formant une troupe distincte. Pl. de غلام *ġülâm*.
A. غم *ġemm*. Chagrin.
P. غمناك *ġemnâk*. Affligé.
A. غنا *ġinâ*. Chant.
A. غنیمت *ġenîmet*. Butin, bonne fortune.
A. غوطه *ġoutè*. Plongeon.
خوردن — Plonger. Litt. boire un plongeon.
A. غیر *ġeyr*. Autre. از — En dehors de, en outre de, autrement que.
A. غیرت *ġeyret*. Jalousie.

ف

A. فاحش *fâxiš*. Affreux, abominable.
A. فارغ *fâriġ*. Vide, vacant. Qui a terminé.
شدن از — Terminer.
A. فایده *fâydè*. Utilité.
هیچ — نکرد Cela n'avança à rien.
A. فایض *fâyz*. Abondant. Qui excelle, qui surpasse.
P. فتادن *fitâden*. Tomber.
A. فتح *fetx*. N.P.

A. فتنه *fitnè*. Discorde, trouble, sédition.
A. فحش *fexš*. Sottises, injures.
دادن — injurier.
A. فدا *fidâ*. Rachat, rançon.
جان من فدای تو باد Puissé-je te sacrifier ma vie !
P. فرا *ferâ*. Vers, du côté de. Derrière.
پیش و پس و یمین و یسار — En avant, en arrière, à droite et à gauche.
رفتن — Aller vers, s'approcher.
گرفتن — Accepter.
P. فراپیش *ferâpîš*. En présence, devant.
گرفتن — Prendre avec soi.
P. فراز *ferâz*. Vers.
رفتن — S'approcher.
کردن — Allonger, tendre vers.
A. فراش *ferrâš*. Esclave qui étend les tapis.
A. فراشین *ferrâšîn*. Pl. de فراش.
P. فراموش *ferâmûš*. Oubli.
شدن — Sortir de l'esprit, être oublié.
A. فرج *feredj*. Délivrance.
P. فرزند *ferzend*. Fils.
P. فرستادن *firistâden*. Envoyer.
P. فرسنگ *fersenġ*. Parasange.
A. فرش *ferš*. Tapis. Lit.
P. فرشته *firištè*. Ange.

P. فرمان *fermán*. Ordre.

بیرداشتنی — exécuter un ordre.

ربّانی — Ordre divin, paroles de Dieu, p. e. dans le Coran.

P. فرمودن *fermúden*. Ordonner. Dire. Terme poli pour dire: Faire quelque chose, se rendre quelque part. Employé qqf. comme auxiliaire à la place de كردن.

P. فرو *fúrú*. En bas. — بودن Renverser.

رفتن ou شدن — Descendre, v. n.

گرفتن — Descendre, v. trans. Saisir, tirer à soi. Occuper, s'emparer de.

P. فروخت *ferúht*. Vente.

P. فروختن *ferúhten*. Vendre. Imp. فروش *ferúš*.

P. فرود *ferúd*. Dessous, en bas.

آمدن — Descendre, v. n.

آوردن — Descendre, v. trans

P. فرودست *ferúdest*. Subalterne. Litt. qui est sous la main.

P. فریاد *feryád*. Cri.

A. فزع *fezeʿ*. Peur. Crainte.

A. فصل *fesl*. Article, chapître, section.

A. فضل *fezl*. N.P. Fils de *Yexye ibn Háled* le Barmécide. Il fut, ainsi que son frère *Jefer*, vizir de *Hárún er Rešíd*.

A. فضل بن ربيع N.P. *Fezl ben Rebíʿ*. N.P. Vizir de *Hárún er Rešíd*.

A. فضل بن سهل *Fezl ben Sehl*. N.P. Vizir de *Meʾemún*.

A. فضول *fúzúl*. Bavard. Indiscret.

A. فضیحت *fezíxet*. Honte.

گردانیدن — Couvrir de honte.

A. فعل *fiʿl*. Action, acte.

A. فقر *feqr*. Pauvreté.

A. فكر *fikr*. Pensée.

P. فلان *fúlán*. Tel, telle. Un tel.

P. فلك *felek*. Ciel.

A. فوات *fevát*. Perte, anéantissement.

A. فوايد *feváyd*. Utilités. Pl. de فايده *fáydè*.

P. فیل *fíl*. Eléphant.

ق

A. قایم *qáym*. Debout, solide.

شدن — Se lever. Surgir.

A. قبض *qebz*. Action de prendre.

كردن — Recevoir.

A. قبول *qebúl*. Acceptation. Consentement.

كردن — Accepter.

A. قتّال *qettál*. Assassin, meurtrier.

A. قتل *qetl*. Meurtre.

كردن — Tuer, mettre à mort.

A. قتيل *qetíl*. Tué, assassiné.

A. قدر *qedr*. Quantité. قدرى *qedri*. Un peu.

آنقدر که *ânqedr ki* Autant que.

A. قرار *qerâr*. Stipulation. Condition.

A. قرآن *qürʻân*. Coran.

A. قربت *qürbet*. Familiarité, accès auprès de quelqu'un.

A. قصد *qesd*. Dessein. But.

كردن — Se diriger.

— بى Sans dessein.

A. قصر *qesr*. Palais.

A. قصّه *qissè*. Histoire, conte.

A. قضا *qezâ*. Jugement. Action d'accomplir, de s'acquitter de. قضاى سر Condamnation à mort.

حقّى — كردن Faire droit à qq. un.

A. قطمير *qitmyr*. Menu morceau. Voy. ذقير.

A. قعر *qeʻr*. Fond.

A. قلّت *qillet*. Peu.

مال — Pauvreté.

A. قلم *qelem*. Plume à écrire.

در — آوردن. Coucher par écrit.

A. قناط *qimât*. Langes.

A. قوّاد *qüvvâd*. Chefs. Pl. de قايد *qâyd*.

A. قوت *qüt*. Nourriture.

A. قول *qôul*. Parole, récit. Air. Chant.

A. قوم *qôum*. Gens.

A. قيام *qyâm*. Action de s'occuper de.

نمودن — s'appliquer à, s'occuper de.

A. قيمت *qeymet*. Prix.

A.P. قيمتى *qeymety*. Précieux.

ك

A. كاتب *kâtib*. Secrétaire.

P. كار *kâr*. Affaire, travail.

A. كاغذ *kâyez*. Papier. Lettre.

A. كافر *kâfir*. Infidèle.

P. كاركنان *kârkünân*. Travailleurs.

P. كاركر *kâryer*. Efficace.

آمدن — Faire effet, agir efficacement.

A. كامل *kâmil*. Parfait.

A. كتاب *kitâb*. Livre.

A. كتف *ketf*. Epaule.

A. كثرت *kesret*. Abondance, grand nombre.

P. كجا *küğâ*. Où? comment? quand?

در هر — et — هر Partout où.

P. كدام *küdâm*. Quel?

A. كرّ *kürr*. Mesure valant 1880 Menn.

P. كرّ *kürr*. Rivière de l'*Azerbeyğân*.

A. كراهت *kerâhet*. Répugnance.

A. كراهيت *keràhyet*. Répugnance, dégoût

A. كرايه *kiràyè*. Louage.

A. كرّت *kerret*. Fois.

P. كردن *kerden*. Faire. Mettre, placer. — دست. Porter la main.

A. كرم *kerem*. Générosité.

A. كره *kürh*. Mauvaise volonté.

A. كريم *kerîm*. Généreux. Pris substantivement, l'homme généreux.

P. كس *kes*. Quelqu'un. Personne.

— هيچ. Personne.

— هه. Tout le monde.

P. كشادن *küšâden*. Ouvrir. Découvrir.

P. كشتن *küšten*. Tuer.

P. كشته *küštè*. Tué, assassiné. Cadavre.

P. كشتى *kešty*. Bateau, barque.

P. كشيدن *kešiden*. Tirer. Qqf. s'attirer, et, de là, éprouver.

— آب. Porter de l'eau. — بر. Tirer.

A. كفايت *kifâyet*. Capacité.

A. كفن *kefen*. Linceul. Drap mortuaire.

A. كلمه *kelimè*. Parole, mot, phrase.

P. كم *kem*. Peu.

P.A. كم تربيت *kem-terbiet*. Mal élevé.

A. كمال *kemâl*. Perfection.

— از *ez kemâl*. Par suite de l'excès de.

P. كمان *kemân*. Arc.

P. كنار *kenâr*. Bord d'un fleuve. Giron, côté.

P. كندن *kenden*. Creuser. Imp. كن *ken*.

P. كنيز *kenîz*. Fille esclave.

P. كنيزك *kenîzek*. Id.

P. كوتهى *kütehy*. Petitesse. Brièveté.

P. كوجه *küčè*. Rue.

P. كودك *küdek*. Petit enfant.

P. كوزه *küzè*. Cruche.

P. كوشك *küšk*. Pavillon. Kiosque.

P. كوشيدن *küšiden*. S'efforcer.

P. كوفته *küftè*. Frappé, brisé.

— خاطر. L'esprit frappé, triste.

P. كوفه *küfè*. Nom de ville.

A. كوكب *kôukeb*. Etoile.

— خانم. Mademoiselle *Kôukeb*.

P. كه *ki*. Que, qui, lequel, laquelle. Où, dont, auquel. Parce que. Pour que. Car. Se met après le verbe كفتن pour annoncer le discours direct. Parfois même le verbe كفتن est omis, p. e. dans cette phrase خادم بيرون آمد كه اين قول كه ساخته است „Un domestique sortit en disant: „Qui a composé cet air?"

P. کی *key*. Quand?
P. کیسه *kîsè*. Bourse.

ک

P. گاه *gâh*. Endroit — ہمہ. Partout. Chaque fois que.
P. گبر *gebr*. Guèbre. Adorateur du feu.
P. گذاردن *gŭzârden*. Accomplir, s'acquitter de.
— شکر S'acquitter de remerciements.
P. گذاشتن *gŭzâsten*. Laisser.
— باز Abandonner, laisser.
P. گذر *gŭzer*. Passage.
کردن — Traverser.
P. گذرانیدن *gŭzerânîden*. Faire passer, faire partir. Enfoncer. Passer (son temps). Transitif de گذشتن *gŭzesten*.
P. گذشتن *gŭzesten*. Passer.
P. گر *ger*. Si, pour اگر *eger*.
P. گرداگرد *girdâgird*. Autour, tout autour.
P. گردانیدن *gerdânîden*. Tourner. Rendre, faire devenir.
P. گردن *gerden*. Cou.
P. گردیدن *gerdîden*. Tourner.
— باز S'en revenir, s'en retourner, s'en aller.
P. گرسنه *gŭrŭsnè*. Affamé.

P. گرفتن *giriften*. Prendre. Commencer, se mettre à.
— بر Enlever, soulever, relever, porter, prendre. Emmener.
— در Prendre sur qq. un, faire impression.
— فرو. Descendre qq. ch. ou qq. un.
— پیش Prélever. Prendre avec soi.
— فرا Accepter.
P. گرما *germâ*. Chaleur.
P. گریختن *gŭrîhten*. S'enfuir. Imp. گریز *gŭrîz*.
P. گریه *giryè*. Pleurs.
کردن — Pleurer.
P. گشتن *gesten*. Aller, s'en aller. Passer. Devenir.
— باز Revenir, s'en retourner.
— بر Revenir. Etre en désarroi.
P. گفتن *gŭften*. Dire. Réciter. Chanter. Imp. گوی *gûy*.
— باز Répéter.
P. گل *gil*. Bouc.
P. گلو *gelû*. Gorge, gosier.
P. گله *gellè*. Troupe, troupeau.
P. گله *gilè*. Plainte.
کردن — Se plaindre.
P. گواهی *gevâhy*. Preuve. Témoignage.
P. گور *gûr*. Fosse, tombeau.

P. كُوركن *ŷûr-ken*. Fossoyeur.
P. كُوش *ŷûš*. Oreille.
دادن — Écouter.
P. كُوشت *ŷûšt*. Viande.
P. كُوشه *ŷûšè*. Coin.
P. كُونه *ŷûnè*. Façon, manière.

ل

A. لایق *lâyq*. Digne, convenable.
A. لباس *libâs*. Vêtement.
A. لجّه *lüǧǧè*. Abîme.
A. لحد *lexd*. Fosse.
A. لحظه *lexzè*. Moment. Litt.: Clin d'œil.
A. لحن *lexn*. Mélodie.
P. لرزه *lerzè*. Tremblement.
P. لشكر *lešker*. Armée.
A. لطف *lütf*. Grâce, faveur. Bonté.
كردن — Faire une faveur.
A. لطمه *letmè*. Soufflet. Coup.
A. لطیف *letîf*. Beau, gracieux.
A. لعنت *lc'enet*. Malédiction.

م

P. م *em*. Pronom affixe de la première personne du singulier.
P. ما *mâ*. Nous.
A. ماجرا *mâ ǧerâ*. Locution arabe. Ce qui s'est passé. Evènement.

P. مادر *mâder*. Mère.
A. مادّه *mâddè*. Matière. Fonds.
P. مار *mâr*. Serpent.
A. مال *mâl*. Fortune, richesse, argent.
A. مالابد *mâ lâ büdd*. L'indispensable l'inévitable.
P. مالیدن *mâlîden*. Frotter.
A. مأمون *Me'emûn*. N.P. Célèbre khalife 'Abbâside.
P. ماندن *mânden*. Rester. Etre hors d'état de, être en détresse.
فرو — Manquer de.
P. مانده *mândè*. Fatigué.
A. مانع *mâni'*. Qui empêche.
آمدن — Empêcher, venir empêcher.
P. ماه *mâh*. Lune.
A. ماهر *mâhir*. Habile.
P. ماهی *mâhy*. Poisson.
A. مایده *mâydè*. Table dressée.
A. مایه *mâyè*. Capital. Fonds.
A. مبادی *mebâdy*. Commencements. Pl. de مبدأ *mebde'*.
A. مبلغ *mebleŷ*. Somme d'argent.
A. مبنی *mebny*. Bâti, construit.
A. متحرّز *mütexerriz*. Qui se tient sur ses gardes.
بودن — Se garder de, être sur la réserve.
A. متحیّر *mütexeyyir*. Etonné, stupéfait.

A. مترنّم *müterennim.* Qui chante.

شدن — Chanter.

A. متصرّف *müteserrif.* Agent.

A. متّصل *müttesil* Joint.

گردانیدن — Joindre.

A. متّعظ *mütte'iz.* Qui se laisse exhorter.

شدن — Ecouter les exhortations.

A. متفرّق *müteferriq.* Séparé, divisé.

شدن — Se disperser.

A. متفكّر *mütefekkir.* Pensif.

بودن — Réfléchir.

A. متقبّل *müteqebbil.* Qui accepte.

شدن — Accepter. Consentir.

A. متموّل *mütemevvil* Enrichi.

A. متنبّه *mütenebbih.* Attentif à.

شدن — Prêter attention.

A. متنظّر *mütenezzir.* Qui attend, Qui espère.

A. متواتر *mütevâtir* Qui se succède sans interruption, successif.

كشتنى — Se suivre à la file.

A. متوالی *mütevâly* Consécutif.

كشتنى — Se succéder.

A. متوحّش *müteveḫḫiš.* Effarouché, dépaysé.

A. متيقّن *müteyeqqin.* Certain, assuré.

A. مثال *misâl* Ressemblance. Décret, acte officiel.

بمثال Comme, semblable à.

A. مجال *meğâl.* Pouvoir, faculté.

A. مجتنب *müğtenib.* Qui se tient à l'écart.

بودن — Se tenir à l'écart.

A. مجروح *meğrûḫ.* Blessé.

كردن — Blesser.

A. مجلس *meğlis.* Salon, salle.

A. مجوس *meğûs.* Mage, adorateur du feu.

A. محبّت *meḫebbet.* Affection, amour.

A. محبوس *müḫbûs.* Emprisonné.

كردن — Emprisonner.

A. محتاج *müḫtâğ.* Qui a besoin.

A. محترز *müḫteriz.* Qui se garde de.

بودن — Etre sur ses gardes.

A. محترم *müḫterem.* Honoré.

A. محرّص *müḫerriz.* Qui excite à, qui pousse à, excitant.

A. محروم *meḫrûm.* Déçu, malheureux. Privé de.

A. محفّة *miḫeffè.* Litière.

A. محقّق *müḫeqqeq.* Vérifié, prouvé.

كشتنى — Etre prouvé, vérifié.

A. محلّ *meḫell.* Lieu. S'emploie dans des locutions comme ترا محلّ اعتماد ندانند. On ne t'accordera pas de confiance, litt. On ne reconnaîtra pas en toi le lieu de la confiance.

A. محمّد امين *Müxemmed Emîn.* N.P. d'un khalife ʿAbbâside.

A. محمّد بن عبدوس *Müxemmed ibn ʿebdûs.* N.P. Auteur de l'histoire des Vizirs.

A. محن *mixen.* Epreuves, souffrances. Pl. de محنت *mixnet.*

A. محنت *mixnet.* Epreuve, malheur, adversité.

A. مخالب *mehâlib.* Serres, griffes. Pl. de مخلب *mihleb.*

A. مختلف *mühtelif.* Divers, n'allant pas ensemble.

A. مخلّ *mühill.* Qui gâte, qui abîme. Qui empêche.

A. مخلب *mihleb.* Serre, griffe.

A. مخلوع *mehlûʿ.* Déposé (Roi).

A. مخمّر *mühemmer.* Gravé dans l'esprit. Litt. fermenté.

A. مدّاح *meddâx.* Panégyriste.

A. مداوات *müdâvât.* Action de soigner, traitement.

A. مدّت *müddet.* Laps de temps.

مدّتى *müddety.* Pendant un temps.

مدّتها *müddetha.* Quelque temps.

A. مدح *medx.* Eloge, flatterie.

A. مدهوش *medhûš.* Stupéfait, consterné.

A. مدينه *medîne.* Ville. Médine (la ville par excellence).

مدينة السلام Bagdad.

A. مذلّت *mezellet.* Abjection, abaissement.

A. مراجعت *mürâğeʿet.* Retour.

A. مراسلت *mürâselet.* Correspondance. Message.

كردن — Envoyer un message, correspondre.

A. مرتبه *mertebè.* Rang, dignité.

A. مرتفع *mürtefiʿ.* Elevé.

P. مرد *merd.* Homme.

P. مرد *mürd.* Petit morceau. Voyez خرد.

P. مردم *merdüm.* Les hommes.

P. مردن *mürden.* Mourir. Imp. ميبر *mîr.*

P. مرده *mürdè.* Homme mort, cadavre.

A. مرضى *merzy.* Agréable.

P. مرغ *mürġ.* Oiseau.

A. مرفّه *müreffeh.* Qui est dans le bien être, aisé.

P. مرگ *mery.* Mort.

A. مركب *merkeb.* Monture. Cheval.

P. مرو *Merv.* N.P. de ville. Capitale du Khorâsân.

A. مروّت *mürüvvet.* Rang d'homme de la bonne société.

اسباب — Les moyens de tenir son rang.

A. مستجاب *müsteğâb.* Exaucé.

A. مستقيم *müsteqîm.* Affermi, placé solidement.

A. مسجد *mesǧid*. Mosquée. Oratoire.

A. مسرّت *meserret*. Joie.

A. مسرور *mesrûr*. Joyeux.

A. مسكن *mesken*. Demeure, séjour.

A. مسكين *meskîn*. Indigent.

A.P. مسلمان *müsülmân*. Musulman.

A. مسند *müsned*. Trône.

A. مشارع *mešâriʿ*. Routes, passages. Chemins qui conduisent les troupeaux à l'abreuvoir. Pl. de مشرع *mešreʿ*.

A. مشاركت *müšâreket*. Association. Rapports, relations avec qq. un.

دأتن — Associer.

A. مشاهده *müšâhedè*. Action de voir.

اڤتادن — apparaître, être manifeste. كردن — Voir.

P. مشت *müšt*. Coup de poing.

A. مشترى *müštery*. La planète Jupiter.

خانم — Madame *Müštery*.

A. مشرع *mešreʿ*. Chemin conduisant à l'abreuvoir.

A. مشغول *mešγûl*. Occupé.

A. مشقّت *mešeqqet*. Ennui. Malheur.

A. مصالح *mesâliẕ*. Avantages. Pl. de مصلحت *meslexet*.

A. مصلحت Affaire. Avantage. Ce qu'il est convenable de faire.

دانستن — Juger bon.

A. مصلّى *müsella*. Tapis de prière.

A. مطالعه *mütâleʿè*. Action d'observer et d'examiner.

كردن — Regarder.

A. مطرب *mütrib*. Musicien. Chanteur.

A. مظلوم *mezlûm*. Traité injustement.

A. معاريف *meʿârîf*. Gens connus, notables. Pl. de معروف.

A. معاش *meʿâš*. Moyens d'existence.

A. معاشر *müʿâšir*. Ami, convive, courtisan.

A. معانى *meʿâny*. Sens, significations. Pl. de معنى *meʿny*.

A. معاونت *müʿâvenet*. Aide.

نمودن — Aider.

A. معتبر *müʿteber*. Honorable, respectable.

A. معتمد *müʿtemed*. Personne en qui on a confiance.

A. معدّ *müʿedd*. Préparé.

كردن — Préparer.

A. معرفت *meʿrifet*. Connaissance.

A. معروف *meʿrûf*. Connu.

A. معصيت *meʿsyet*. Péché.

A. معطّل *müʿettel*. Oisif.

A. معلوم *meʿlûm*. Connu, su.

شدن — Arriver au su de qq. un.

A. معمور *me'mûr*. Habité.

A. معنى *me'any*. Sens. Sentence. Idée.

A. معيشت *me'îšet*. Moyens d'existence.

A. مغنّى *müγenny*. Chanteur.

A. مفوّض *müfevvez*. Confié.

كردن — Confier.

A. مقبول *meqbûl*. Agréé. Favori.

A. مقدّم *müqeddem*. Supérieur.

A. مقرّب *müqerreb*. Courtisan admis dans l'intimité du prince (litt. rapproché). Pl. مقرّبان.

A. مقرّر *müqerrer*. Affermi. Etabli.

شدن ou كشتن — Etre bien établi. S'affermir.

A. مقصوره *meqsûrè*. Chambre réservée.

A. مكارى *mükâry*. Qui loue, p. e. des chameaux. Chamelier.

A. مكافات *mükâfât*. Rétribution, récompense.

A. مكتب *mekteb*. Ecole.

A.P. خانه — Ecole.

A. مكرّر *mükerrer*. Répété.

كردن — Répéter.

A. مكشوف *mekšûf*. Découvert, divulgué, expliqué.

A. مكّه *mekkè*. N.P. de ville. La Mecque, l'une des deux villes saintes des Musulmans.

P. مگر *meγer*. Peut-être que.

A. ملازم *mülâzim*. Attaché, commis au service de.

A. ملازمت *mülâzemet*. Action de suivre quelqu'un comme serviteur. Assiduité.

نمودن — Se mettre au service de qq. un, le suivre comme serviteur. Se montrer assidu auprès de qq. un.

A. ملامت *melâmet*. Blâme, reproche.

كردن — Blâmer.

A. ملتمس *mültemis*. Qui prie, qui demande.

كشتن — Demander.

A. ملحد *mülxid*. Impie. Hérétique.

A. ملك *mülk*. Propriété, possession.

A. ملوك *mülûk*. Rois. Pl. de ملك *melik*.

A. ممرّ *memerr*. Lieu de passage.

رهگذر — Id.

A. ممرّات *memerrât*. Lieux de passage. Pl. de ممرّ *memerr*.

P. من *men*. Moi.

آن — *âni men*. Celui de moi, c.-à-d. de ma composition.

A. منّ *menn*. Mesure de blé.

A. مناجات *münâǧât*. Prières, invocations.

A. مناسب *münâsib*. Qui a du rapport avec. Qui convient à, convenable.

A. منّت *minnet*. Faveur, grâce, bienfait. Louange.

مَنَّت داشتَن ou نهادن. Consentir, faire la grâce de. Faire une grâce. Obliger.

A. مُنتشر müntešir. Répandu, divulgué.

A. مُنتظر müntezir. Qui attend, qui s'attend à.

A. مُنتظم müntezim. Arrangé. Mis en ordre. Dont les affaires sont rétablies.

A. مندیل mendil. Etoffe.

A. منزل menzil. Maison, demeure, station.

A. منظور menzúr. Qui est vu d'un bon œil, considéré.

A. منع men'. Défense. Opposition.

کردن — Ecarter, empêcher.

A. منقاد münqád. Obéissant.

کردیدن — Obéir.

A. منقار minqár. Bec.

A. منقضی münqezy. Fini, terminé.

شدن — Etre fini.

A. منکر münker. Iniquité.

A. منکوحه menkúχè. Femme, épouse.

A. منهزم münhezim. Mis en fuite.

شدن — Etre mis en fuite.

A. موافق müváfiq. Conforme.

A. موافقت müváfeqet. Conformité.

کردن — Faire la même chose, agir à l'unisson.

A. موائد mevåyd. Tables dressées. Pl. de مائده máydè.

A. مؤثر müessir. Qui fait impression.

A. موجب múǧib. Cause.

A. موسی هادی Músa Hády. N.P. d'un khalife 'Abbâside.

A. موسیقی músyqy. Musique.

A. موضع móuzi'. Lieu, endroit.

A. موظف müvezzef. Imposé.

A. موقع móuqi'. Situation auprès de qq. un.

A. موقف móuqif. Lieu, endroit.

— در locut. prép., à, dans.

A. موکب móukib. Troupe. Escorte.

A. مؤنت münet. Ennui, souci, peine.

P. موی múy. Un cheveu.

A. مهارت meháret. Habileté.

A. مهدی Mehdy. N.P. d'un khalife 'Abbâside.

P. مهربان mehrebán. Aimable.

P. مهربانی mehrebány. Bienveillance. Amabilité. Bonté.

A. مهلت mühlet. Répit, délai.

A. مهمّ mühimm. Affaire importante.

P. مهمانی mehmány. Hospitalité.

مهمانی رفتن. Aller en visite.

A. مهموم mehmúm. Soucieux.

P. می my. Particule persane qui, ajoutée à l'aoriste des verbes, donne à ce temps la signification du présent, et ajoutée au prétérit, lui donne la valeur de l'imparfait.

P. ميان *miyân*. Milieu. *Prép.* Entre.

— در Au milieu, parmi, entre.

P. ميان تهى *miyân-tühy*. Creux, sans consistance. Litt. au milieu vide.

A. ميسّر *müyesser*. Facile, possible.

A. ميل *meyl*. Inclination, penchant

كردن — Avoir envie.

P. ميوه *mîvè*. Fruit.

(ن)

P. ن *ne*. Placé devant les verbes est la marque de la négation.

P. نا *nâ*. Négation formant des composés, p. e. نا سوخته non brûlé.

A. ناصيه *nâsyè*. Front.

P. ناگاه *nâgâh*. Tout à coup.

P. ناله *nâlè*. Plainte.

P. نام *nâm*. Nom. Ce mot placé après un substantif équivaut au latin *nomine*. مشترى خانم نام nommée madame *Müstery*.

P. نامه *nâmè*. Lettre, billet.

P. نان *nân*. Pain.

P. نباتى *nebâty*. Doux. Litt.: sucré.

A. نبض *nebez*. Pouls.

A. نبوى *nebevy*. Du prophète, prophétique.

A. نجات *neğât*. Délivrance.

A. نجوى *neğva*. Entretien à voix basse. كردن — S'entretenir à voix basse, chuchotter.

A. ندامت *nedâmet*. Repentir.

A. نذر *nezr*. Vœu. كردن — Faire le vœu de.

P. نرم *nerm*. Mou. كردن — Amollir. Broyer.

P. نزد *nezd*. Auprès. Près.

— در Id.

— از D'auprès de.

P. نزديك *nezdîk*. Auprès. Près.

رسيد — Le moment approcha.

نزديكان *nezdîkân*. Ceux qui sont près.

نزديكترين *nezdîkterîn*. Le plus proche.

P. نزديكى *nezdîky*. Voisinage. *Adverbialement*, dans le voisinage.

A. نزول *nüzûl*. 1° Descente. كردن — Descendre (chez qq. un) 2° Repas qu'on offre à qq. un en voyage.

A. نسخ *nesh*. Écriture.

A. نشاط *nesât*. Joie. Aise.

P. نشاندن *nisânden*. Faire asseoir. Placer, implanter. V. transitif de نشستن.

P. نشانيدن *nisânîden*. Id.

P. نشستن *nisesten*. S'asseoir.

بر — Monter à cheval.

A. نصف *nisf*. Moitié.

النهار — *nisf-ün-nehâr*. Milieu du jour, midi.

A. نصيب *nesîb*. Part, portion, lot, tâche, emploi.

A. نظر *nezer*. Regard. Coup d'œil. Examen.

A. نظم *nezm*. Poésie.

A. نعمت *ni'met*. Fortune. Bien-être.

A. نغمه *neymè*. Son. Chant, air.

A. نفر *nefer*. Personne, individu.

A. نفرت *nefret*. Aversion.

دادن — Inspirer de l'aversion pour quelqu'un. Engager à se détourner de lui.

P. نفرين *nefrîn*. Malédiction.

A. نفس *nefs*. Âme.

بنفس. En personne.

خود — Soi-même.

A. نفس *nefes*. Souffle. Pointe.

صبح — Aube du jour.

A. نفقه *nefeqè*. Dépense pour la nourriture. کردن — Dépenser pour son entretien.

A. نفور *nefûr*. Qui se détourne, qui fuit.

کشتن — Fuir, se détourner de.

A. نقل *neql*. Action de déplacer, de transporter.

A. نقیر *neqîr*. Menu morceau.

بنقیر و قضمیر Par le menu, en détail,

A. نکته *nüktè*. Bon mot, trait d'esprit.

P. نگاه *niγâh*. Garde. Regard.

داشتن — Garder.

P. نگریستن *niγeristen*. Regarder.

P. نماز *nemâz*. Prière. Dévotion.

— *nemâz-i-pîšîn*. Prière de midi.

— *nemâz-i-dîγer*. Prière du soir.

— *nemâz-i-hüften*. Prière qu'on récite avant de dormir.

A. نمنمه *nemnemè*. Sornettes. Chanson qu'on chante pour endormir les enfants.

P. نمودن *nümûden*. Paraître. Montrer. Employé comme auxiliaire à la place de کردن. Imp. نما *nemâ*.

فرا — comme نمودن

A. نوایب *nevâyb*. Vicissitudes. Pl. de نایبه *nâybè*.

A. نوبت *nûbet*. Fois. Tour de rôle.

P. نوشتن *nivišten*. Écrire.

P. نومید *nümîd*. Sans espoir.

P. نهادن *nehâden*. Placer, de là, appliquer, employer. Imp. نه *neh*.

باز — Remettre, placer.

A. نهار *nehâr*. Jour.

A. نهال *nihâl*. Plante, jeune arbre.

A. نهایت *nehâyet*. Extrémité. Comble.

A. نهب *nehb*. Action de ravir.

P. نیز *nîz*. Aussi, à son tour, encore, en outre, de plus.

P. نيك *nîk*. Bien (adverbe). Bon. به — وبد En bien ou en mal.

P. نيكو *nîkú*. Bon. Adv. Bien.

P. نيكوئى *nîkûyî*. Bonté, faveur, bienfait.

P. نيم *nîm*. Moitié.

P. نيمه *nimè*. Id.

و

P. و *u, vè*. Conj. Et.

A. واسطه *vâsitè*. Moyen (subst.)

A. وافر *vâfir*. Abondant, nombreux

A. واقعه *vâqi'è*. Evénement.

A. والده *vâlidè*. Mère.

A. والى *vâly*. Gouverneur.

A. وجود *vüğúd*. Existence. — با Malgré. Nonobstant.

A. وجوه *vüğúh*. 1° Pl. du mot suivant. 2° Notables, grands personnages.

A. وجه *veğh*. Moyen, sorte. — در En vue de; dans le cas où.

A. وخامت *vehâmet*. Mauvaiseté. عاقبت — Le mauvais résultat.

A. وزارت *vezâret*. Vizirat, dignité de vizir.

A. وزير *vezîr*. Ministre, vizir.

A. وسايل *vesâyl*. Moyens. Intermédiaires. Pl. de وسيله *vesîlè*.

A. وسواس *vesvâs*. Tentation, suggestion de Satan.

A. وصله *veslè*. Liaison, amitié.

A. وصيّت *vesiyyet*. Dernière volonté. Recommandation.

A. وضوء *vüzû*. Ablutions.

A. وعده *ve'edè*. Promesse.

A. وفات *vefât*. Mort.

A. وقت *veqt*. Temps, moment.

وقتى Une fois.

A P. وقتيكه *veqtiki*. Lorsque, au moment où.

A. ولايات *vilâyât*. Pl. du mot suivant.

A. ولايت *vilâyet*. Pays. Contrée.

P. ولوله *velvelè*. Cri, hurlement.

A. ولى عهد ou وليعهد *vely'ehd*. Héritier présomptif.

ه

A. هايل *hâyl*. Terrible, effrayant.

P. هر *her*. Chaque.

كجا — *herkügâ*. Partout où.

كه — *herki*. Quiconque.

كاه — *herγâh*. S'il arrive que. Chaque fois que. Partout.

يك — *heryek*. Chacun.

چند — *herčend*. Combien que, quelque quantité que.

چه — *herči*. Tout ce que.

تمامتر — Tout ce qu'il y a de plus parfait.

A. هرثمه *hersemè*. N.P. Voir ابو غانم.

P. هرگز *herγiz.* Jamais.

A. هرون *Hárûn.* N.P. du fameux khalife surnommé *Er-Rešid.*

P. هزار *hezár.* Mille.

P. هشتاد *heštád.* Quatre-vingts.

P. هشتصد *heštsed.* Huit cents.

P. هلاك *helák.* Mort. Perte.

شدن — Périr.

گردانیدن — Faire périr.

P. هم *hem.* Aussi. Même.

با — Ensemble.

درحال — Aussitôt.

P. همان *hemán.* Même, celui-là même, ce même.

P. همچنان *hemčünán.* De cette façon.

که — Ainsi que, de même que.

P. همرهی *hemreñy.* Compagnie de route.

کردن — Accompagner.

P. همگی *hemeγy.* Totalité.

P. همه *hemè.* Tout.

روز — Toute la journée.

کس — Tout le monde.

P. همیشه *hemíšè.* Toujours.

P. همین *hemín.* Ce même.

لحظه — Au même moment.

P. هنجار *henǧár.* Mouvement vers.

دادن — Emporter vers.

داشتن — Se diriger vers.

A. هند *hind.* Inde.

هند و سند *hind u sind.* C'est ainsi que les Orientaux désignent l'Hindoustan

P. هنر *hüner.* Mérite. Talent.

P. هنرمند *hünermend.* Homme de mérite.

P. هنرمندی *hünermendy.* Mérite. Talent, bravoure.

P. هنوز *henúz.* Encore.

P. هواداری *hevádáry.* Amour, affection.

P. هوش *húš.* Jugement. Intelligence.

با — *bá-húš.* Intelligent.

بیهوش *bí-húš.* Ayant perdu ses sens, évanoui. Stupide.

A. هیبت *heybet.* Crainte mêlée de respect à l'égard des supérieurs.

P. هیچ *híč.* Rien. Devant un substantif: aucun. Pris adverbialement: aucunement. *Interr.* Est ce que?

P. هیچکس *híč-kes.* Personne.

ى

P. یا *yá.* Ou bien. یا هم.... یا اگر Soit que.... soit que.

P. یاد *yád.* Souvenir.

آمدن — Revenir à la mémoire.

دادن — Rappeler qqch. à qqun.

گرفتن — Apprendre par cœur.

داشتن — Se souvenir.

P. یافتن *yáften*. Trouver. Obtenir. Imp. یاب *yáb*.

A. یحیی بن خاقان *Yexye ben liáqán*. N.P.

A. خالد — *Yexye ben liáled*. N.P. Voir ابو علی.

A. یسار *yesâr*. Côté gauche, main gauche. Abondance, bien.

A. یعنی *ye'eny*. C'est-à-dire.

A. یقین *yeqín*. Certain. شناختن — Tenir pour certain.

P. یک *yek*. Un. Un seul.

P. یک یک *yek yek*. Un à un.

P. یکبار *yekbár*. Une fois. بیکبار D'une seule fois, en un coup.

P. یکدیگر *yekdíyer*. L'un l'autre.

— بر L'un sur l'autre.

— با Ensemble.

P. یکروز *yekrúz*. Voir یک et روز.

P.A. یک لحظه *yeklexzè*. Un moment. Voir یک et لحظه.

P. یکی *yeky*. Un. Quelqu'un.

A. یمین *yemín*. Droite, main droite.

یمین از یسار خالی شده

ma main droite étant devenue vide de bien, c'est à dire, ayant dépensé tout ce que je possédais. Il y a là un jeu de mots sur یسار qui signifie encore main gauche, en sorte qu'on peut traduire: ma main droite ayant été privée du secours de ma main gauche.

ADDITIONS ET CORRECTIONS.

Page 5, ligne 20, au lieu de *buqu‘e*, lisez *büqü‘e*.
" 6 " 15 " *burîd*, " *bürîd*.
" 9 " 13 " *hôš*, " *hoš*.
" 21 " 10 " کرېستن, کرېه lisez کردستن, کرده.
" 30 " 2 " *šaĥ*, lisez *šâĥ*.
" 32 " 5 " نخجیرگاه lisez نخجیرگاه.
" 42 " 10 " رنگین " رنگین
" Ibid. " 11 " Ibid. " Ibid.
" 43 " 3 " بزرگی " بزرگی
" 50 " 6 " racines aoristes, lisez thêmes aoristes.
" 54 " 17 " هشتن lisez هشتن.
" 56 " 3, rétablir cette ligne comme il suit :

* آغشتن *ấyišten*, pétrir   inconnu ;

imp.: آغشته کن
ấyištè kün.

" 63, ligne 15, au lieu de § lisez § 4.
" 75 " 23 " *ĥâĥid*, lisez *ĥâĥid*.
" 84 " 18 " کذاشتن lisez کذاشتن.
" Ibid. " Ibid. " کذشتن " کذشتن.
" 90 " 8 " رنک " رنک.
" 94 " 11 " *šir* " *širi*.
" 96 " 15 " o quiescent " e quiescent
" 97 " 8 " *bepâdišâĥ* " *bepâdišâĥ*.
" 98 " 21 " *merrachtčirvânrâ*, lisez *merneĥčirvânrâ*.
" 99 " 18 " جنین lisez خنیان.

Page 102, ligne 8, au lieu de *uftâd*, lisez *üftâd*.
„ 103 „ 7, après ها ajoutez *hâ*.
„ 105 „ 10, au lieu de *nŭširvan* lisez *nŭširvân*
„ 106 „ 6 „ سپیورسات lisez سپوسات.
„ 107 „ 6 „ *ou* „ *u*.
„ 120 „ 26 „ لنکری „ لنگری.
„ 122 „ 13 „ افراحتن „ افراختن.
„ 130 „ 10 „ *ez ân hûd* „ *ez âni hûd*.
„ 140 „ 26 „ *lekedhubi* „ *lekedkûbi*.
„ 147 „ 30 „ طویله „ طویله.
„ 148 „ 8 „ پراکنده „ پراکنده.
„ Ibid. „ 14 „ *sâli* „ *šâli*.
„ Ibid. „ 15 „ *finğânu* „ *finğân u*.
„ 151 „ 4 „ après *müχâcireï* ajoutez *šehri*.
„ 169 „ 13 „ *melimâni*, lisez *mehmâni*.
„ Ibid. „ 27 „ *selis* „ *šelis*.
„ 184 „ 25 „ انکشت „ انگشت.
„ 198 „ 5 „ بلا „ بلا.
„ 203 „ 22 „ *γuzâštend* „ *γüzâštend*.
„ 223 „ 20 „ کرفتن „ گرفتن.
„ 224 „ 4 „ که که , که بکاه که کاه ,کاه بکاه lisez.
„ 226 „ 29 „ رسدمرا lisez سدمرا.
„ 228 „ 10, 12 „ کیرم „ کیرم.
„ 242 „ 12 „ *ğemhâri* „ *ğemhûri*.
„ 248 „ 24 „ *nd* „ *end*.
„ 249 „ 1 „ *ve* „ *emmâ*.
„ 256 „ 15 „ *rû* „ *râ*.
„ 259 „ 13 „ ومیکوی „ ومکوی.
„ Ibid. „ 15 „ *hâhy* „ *hâhy*.
„ 289 „ 9 „ حکیم „ حکم.
„ 305 „ 2 et 13 „ نیکوئی „ نیکوی.
„ 307 „ 13 „ روشنائیها „ روشنایها.
„ 312 „ 11 „ سابقه وعده lisez سابقه و عده.

Page 312, ligne 16, au lieu de نیبکوی lisez نیبکوئی.
 " 336, col. 2, ligne 6, au lieu de اوبار lisez اوتار.
 " 337 " 2 " 17 " باری " بازی.
 " 341 " 1 " 15 " بیوا " بیبدا.
 " 345 " 1 " 3 " ǧemʿ " gemʿ.
 " 346 " 1 " 29 " می باید تا — که — تا lisez می باید.
 " 349, col. 1, lignes 16, 19, 21, au lieu de *hüd* lisez *hūd*.
 " Ibid. " 1 " 30, au lieu de *ḫuršid* lisez *ḫūršid*.
 " 358 " 1 " 29 " *tōul* " *tūl*.

TABLE DES MATIÈRES.

PREMIÈRE PARTIE.

	Pages
CHAPITRE I. Des lettres et de leur prononciation.	
§ 1. Alphabet	1
§ 2. Prononciation des consonnes	4
§ 3. Prononciation des voyelles ی و ا	8
§ 4. Des signes d'épellation	12
CHAPITRE II. Exercices de lecture	14

DEUXIÈME PARTIE.

CHAPITRE I. Des verbes	17
CHAPITRE II. Des verbes non défectueux.	
§ 1. Verbe normal	18
§ 2. Particules préfixes des verbes	21
§ 3. Inflexion finale des verbes	23
§ 4. Paradigme du verbe non défectueux کندن *kenden*, arracher	24
§ 5. Remarques sur la formation des dérivés verbaux	29
§ 6. De l'infinitif	46
CHAPITRE III. Des verbes défectueux.	
§ 1. Des thêmes aoristes des verbes défectueux	47
§ 2. Classification des thêmes aoristes des verbes défectueux	50
§ 3. Tableau synoptique des verbes défectueux persans	55

	Pages
§ 4. Paradigmes des verbes défectueux	63
§ 5. Voix passive du verbe کشتن *küšten*, tuer	78
§ 6. Remarques sur la voix passive	80
CHAPITRE IV. Des différentes espèces de verbes persans.	
§ 1. Des verbes dérivés	83
§ 2. Verbes composés	85
§ 3. Verbes impersonnels et verbes causatifs	87

TROISIÈME PARTIE.

CHAPITRE I. Des noms substantifs	93
Des cas	95
Des nombres	102
§ 1. Des pluriels en ها *hâ*	103
§ 2. Des pluriels en ان *ân*	103
§ 3. Des pluriels en ات *ât*	105
§ 4. Des pluriels arabes	106
§ 5. De la déclinaison	107
CHAPITRE II. Des noms adjectifs	109
CHAPITRE III. De l'article	111
CHAPITRE IV. Degrés de comparaison	116
CHAPITRE V. Des noms composés et de leur dérivation	120
Section Première. Noms composés monogènes.	
§ 1. ی *y* relatif	121
§ 2. ه *é* voyelle	126
§ 3. چه *čè*, ک *k*	128
§ 4. ان *ân*, سار *sâr*, زار *zâr*, ستان *stân*	129
§ 5. دان *dân*	131
§ 6. سا *sâ*, آسا *âçâ*, فام *fâm*, وش *veš*, مان *mân*	131
§ 7. مند *mend*, ناک *nâk*, ک *âk*	132
§ 8. انه *ânè*, ین *yn*, ینه *ynè*	132

	Pages
§ 9. بان *bán*, وأن *ván*	133
§ 10. ار *ár* كر *γer*, كَار *γár*	133
§ 11. ش *iš* et يش *iš*	134

Section II. Noms composés polygènes.

§ 1. Deux substantifs	135
§ 2. Adjectif et substantif	137
§ 3. Deux fractions de verbe	138
§ 4. Substantif et thême aoriste	140
§ 5. Substantif et gérondif	141
§ 6. Substantif et participe passé	142
§ 7. Adjectif et thême aoriste	143
§ 8. Composé de particules indéclinables	143

CHAPITRE VI. Des numératifs.

§ 1. Numératifs cardinaux	144
§ 2. Numératifs ordinaux	149
§ 3. Des numératifs distributifs et multiplicatifs	151
§ 4. Des figures numériques	152

CHAPITRE VII. Des pronoms.

§ 1. Des pronoms personnels	155
Remarques sur l'emploi des pronoms personnels	159
§ 2. Pronoms possessifs	164
§ 3. Des pronoms refléchis	167
§ 4. Pronoms démonstratifs	174
§ 5. Des pronoms interrogatifs	179
§ 6. Pronoms indéfinis	190

QUATRIÈME PARTIE.

CHAPITRE I. Des particules.

§ 1. Adverbes	193
§ 2. Prépositions	201
§ 3. Conjonctions	204

	Pages
§ 4. Particules interrogatives	209
§ 5. Particules négatives	213
§ 6. Interjections	215
CHAPITRE II. Locutions exclamatives	218

CINQUIÈME PARTIE.

RÉSUMÉ.

Observations concernant l'étymologie et la syntaxe persanes. — Accent. Prononciation 232

CHAPITRE PREMIER. Des izafets et des cas obliques.

I. Izafets. § 1. Izafet du génitif 233
§ 2. Izafet d'adjectif 238
§ 3. Izafet pronominal 239
§ 4. Izafet des intitulations 239

II. Datif 244
III. Accusatif 247
IV. Vocatif 249
V. Ablatif 249

CHAPITRE II. Des temps du verbe.
§ 1. Infinitif apocopé 252
§ 2. Participe présent 253
§ 3. Participe passé 253
§ 4. Aoriste 257
§ 5. Présent 258
§ 6. Imparfait 259
§ 7. Prétérit 260
§ 8. Plus-que-parfait 262
§ 9. Futur 262

CHAPITRE III. Des propositions 264
De l'ordre des membres d'une proposition 266
De la concordance de nombre 271

CHAPITRE IV. De l'accent 274

	Pages
§ 1. Accent des verbes	275
§ 4. Accent des noms déclinables et indéclinables	276
CHAPITRE V. De la prononciation	279

TEXTES PERSANS.

Un virtuose à la cour du Khalife *Harûn er-Rešîd*	285
L'aigle sauveur	292
Le cadavre d'une bayadère décapitée	294
Intelligence des éléphants	298
Les Arabes de Bagdad au IXe siècle de notre ère	301
Mort du Khalife *Mouça el-Hâdi* et inauguration de son frère *Hârûn er-Rešîd* (A. D. 786)	313
Pourquoi Sodome a été détruite	318
L'idéal du bonheur d'un porteur d'eau	320
L'éducation d'une jeune fille persane	321

VOCABULAIRE PERSAN-FRANÇAIS . . 327
ADDITIONS & CORRECTIONS 376